我国惩罚性赔偿的类型化适用研究

——以功能主义为视角

黄娅琴 著

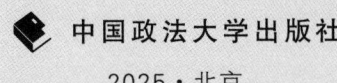

中国政法大学出版社

2025·北京

图书在版编目（ＣＩＰ）数据

我国惩罚性赔偿的类型化适用研究：以功能主义为视角 ／ 黄娅琴著.

北京：中国政法大学出版社，2025. 5. -- ISBN 978-7-5764-2149-1

Ⅰ. D923.04

中国国家版本馆 CIP 数据核字第 2025C941S6 号

出 版 者	中国政法大学出版社
地　　　址	北京市海淀区西土城路 25 号
邮寄地址	北京 100088 信箱 8034 分箱　邮编 100088
网　　　址	http://www.cuplpress.com (网络实名：中国政法大学出版社)
电　　　话	010-58908586(编辑部) 58908334(邮购部)
编辑邮箱	zhengfadch@126.com
承　　　印	固安华明印业有限公司
开　　　本	720mm×960mm　　1/16
印　　　张	18.5
字　　　数	320 千字
版　　　次	2025 年 5 月第 1 版
印　　　次	2025 年 5 月第 1 次印刷
定　　　价	79.00 元

目　录

第一章

惩罚性赔偿的演变轨迹与功能变迁

第一节　惩罚性赔偿的发展脉络

一、惩罚性赔偿的概况

惩罚性赔偿，亦称惩戒性赔偿，其界定方式主要呈现为两种视角。第一种视角侧重赔偿数额，即当被告因其轻率、恶意或欺诈行为被要求支付的赔偿金额超出了实际损害范围时，这部分超出的金额即被视为惩罚性赔偿，正如《布莱克法律词典》所定义的那样[1]。另一种视角则聚焦赔偿的目的或功能，强调惩罚性赔偿旨在惩戒不法行为人并起到威慑作用，以防止未来类似行为的发生，如《美国第二次侵权法重述》及《美国惩罚性赔偿示范法案》中的相关表述。

为了全面定义惩罚性赔偿，我们需要综合考量以下三个方面：首先，惩罚性赔偿是民事赔偿责任制度的一部分，要求不法行为人因其违法行为承担相应的赔偿责任。其次，从形式上讲，惩罚性赔偿体现为不法行为人支付的超出补偿性赔偿金之外的额外金额。最后，从功能上来看，惩罚性赔偿的主要目的在于惩戒不法行为人、威慑潜在违法者，并激励社会成员遵守法律。因此，惩罚性赔偿可以被定义为：不法行为人向请求人支付的，超出其实际损害范围的，旨在实现惩戒、威慑和激励功能的民事赔偿金。

惩罚性赔偿并非近现代产物，在人类社会的早期就出现了该制度，并且随着时代的发展而不断演化。在古罗马、古日耳曼王国以及我国古代法律制度包括少数民族的习惯法中，存在着大量的惩罚性赔偿规定。这些规定多集

---

[1]　Bryan A Gamer, *Black's Law Dictionary*, 7th ed. (2000), West Group.

中于杀人、盗窃等行为，而且其赔偿标准和数额有明确的阶级性和等级性。从整体来看，其用赔偿的手段取代原始的同态复仇或者报复，这是人类文明和时代发展的进步。正如有学者所说，"古代社会侵权法的重要特点在于它们具有惩罚性"，[1]而"当时立法者的着眼点是赔偿责任的惩罚功能"。[2]进入近现代时期，惩罚性赔偿制度的发展轨迹展现出了显著的分化特征。一方面，在欧洲以及亚洲采用大陆法系的国家中，惩罚性赔偿制度似乎逐渐被淡忘，不再占据显著位置；另一方面，在英美法系国家，随着惩罚性赔偿案件数量的攀升和判决金额的持续增长，对该制度的规定与研究也随之不断深化和丰富。

我国引入惩罚性赔偿之初，关于惩罚性赔偿的性质曾引起过较大的争议。传统民事赔偿的核心是补偿，而惩罚多与刑法联系在一起，因此，有学者认为惩罚性赔偿符合刑事制度的特征，但是由于诉讼适用的是民事诉讼程序，所以其是介于刑事和民事之间的准刑事制度。[3]有的认为其是经济法责任，因为惩罚性赔偿既保护了私人利益，又维护了社会公共利益，兼具公私法责任的属性，与经济法责任的综合性特点一致，且其作为经济法责任制度能够充分发挥惩罚性赔偿保护社会利益、国家利益、私人利益的作用。[4]

惩罚性赔偿在功能上似乎跨越了民事与刑事的界限，但从本质上讲，它仍属于民事责任的一种，与刑事责任存在显著区别。首先，惩罚性赔偿与刑事责任适用不同的法律程序和机制。刑事责任是由国家公诉机关依据刑事诉讼程序提起公诉，并经由法院判定后执行的，这体现了一种公共执法机制。而惩罚性赔偿则是由受到不法行为侵害的个人、组织或其代表，根据民事诉讼程序提起诉讼，并由法院裁决或通过当事人之间的调解来达成赔偿协议，这体现了一种私人执法机制。其次，刑事责任中的罚金最终归国家所有，而惩罚性赔偿金则主要归提起诉讼的原告或受害者。刑事责任作为公法责任，是代表国家追究的法律责任，因此罚金会上缴国库。而惩罚性赔偿是由个人或组织依据民事诉讼程序提起的，属于由民众追究的法律责任，其赔偿金主

---

〔1〕 参见张民安：《过错侵权责任制度研究》，中国政法大学出版社 2002 年版，第 28 页。

〔2〕 参见王卫国：《过错责任原则：第三次勃兴》，中国法制出版社 2000 年版，第 19 页。

〔3〕 参见黄鸿图：《惩罚性损害赔偿制度之研究——兼论两岸〈消保法〉之法制》，中国政法大学 2006 年博士学位论文。

〔4〕 参见金海福：《惩罚性赔偿制度研究》，法律出版社 2008 年版，第 172 页。

要支付给受害者，从而鼓励受害人积极打击不法行为并维护自身权益。最后，刑事受害人通常不能放弃对犯罪分子的刑事诉讼和惩罚，但惩罚性赔偿的受害人则可以自主决定是否追究不法行为人的责任。由于惩罚性赔偿属于民事责任，受害人有权决定是否放弃对自身民事权益的追索。因此，在惩罚性赔偿纠纷中，只要当事人达成和解或赔偿协议，受害人就不必将案件诉诸法院要求适用惩罚性赔偿。

综上所述，我们不能因为惩罚性赔偿具有惩罚性就否定其民事责任的性质。民事责任与刑事责任的划分不能仅凭其功能属性来判断，因为刑事责任也可能包含补偿功能，而民事责任也并非仅限于对受害者的补偿。例如，民法中的违约金制度就有不以实际损失为前提的惩罚性违约金，其数额可能超出实际损失。在大陆法系国家的立法中，也存在一些高额的补偿性赔偿金，这些赔偿金中相当一部分是受害者损失之外的赔偿，同样具有惩罚性。比如《德国有缺陷产品责任法》第 10 条规定："如果人身伤害是由于一项产品或有同样缺陷的数产品而发生，赔偿义务人在不超过 16 000 万马克之最高额内承担责任。"[1]

对于认为惩罚性赔偿为经济法责任的观点[2]，笔者也并不赞同。首先，惩罚性赔偿虽然不同于传统的民事补偿制度，其"惩罚"特性并不等同于具有公法性质。在民事领域内，同样存在着具有惩罚性质的赔偿制度。其次，将惩罚性赔偿归入经济法范畴可能会导致人们对惩罚性赔偿的理解产生偏差，进而引发其适用范围的无限制扩大。经济法是以社会为本位的法律，旨在维护社会经济活动的公共利益及国家权威，其服务定位与民法截然不同。若将惩罚性赔偿从国家层面进行定位，它可能会被误用为一个维护国家权威的万能机制，导致任何违法行为都可能触发惩罚性赔偿，且赔偿数额可能无法控制。然而，惩罚性赔偿的初衷是对特定侵权行为下的加害人进行适度惩戒，这种惩戒不应与刑事惩罚相提并论，也不应与经济法上的责任等同视之。尽管历史上美国在惩罚性赔偿案例中曾出现过巨额赔偿，但近年来，英美国家已开始反思这种做法，赔偿数额也逐渐趋于合理。显然，人们开始认识到惩罚性赔偿本质上是民事赔偿制度，而非经济法的惩罚机制。对惩罚性赔偿的

---

〔1〕　参见米尉中：《联邦德国有缺陷产品责任法》，载《环球法律评论》1990 年第 5 期。

〔2〕　参见金福海：《惩罚性赔偿制度研究》，法律出版社 2008 年版，第 102～106 页。

正确定位对于构建其制度至关重要，也决定了我们在后续对惩罚性赔偿的标准、数额等方面的把握上，应基于其本质定位进行考量。

综上所述，惩罚性赔偿在性质上属于民事赔偿制度的一种，尽管它与其他民事赔偿制度存在较大差异，本质上是对被告的一种财产制裁，类似于私人罚款，但由于其采用私人诉讼机制，并由私人获得惩罚性赔偿金，这体现了民事制度的主要特点，因此与刑事责任相区别。同时，尽管惩罚性赔偿主要应用于经济活动的侵权领域，但它并非国家对违法经济活动的直接干预和处罚，因此也不属于经济法责任。

二、英美法系惩罚性赔偿的变迁

（一）初始阶段

惩罚性赔偿滥觞于英美。在英美国家，惩罚性赔偿的初始阶段主要用于对欺侮以及羞辱的惩罚。18 世纪和 19 世纪英国和美国的很多案例能说明当时惩罚性赔偿的作用。如英国最早确立惩罚性赔偿的王室不法监禁批评乔治三世国王的报纸印刷者案[1]、一个上校鞭打一个列兵的本森诉弗雷德里克案[2]、穷人家的雇员恶意剪除女乞丐头发的案件[3]、原告没有邀请国会上议院议员参加其狩猎聚会被公开羞辱并威胁要起诉原告非法侵入地界的案件[4]、被告编造原告犯了重罪企图证明其对原告公开故意非法监禁的合法性案件[5]等。这些早期的英国判例适用惩罚性赔偿的动机主要在于被告实施故意不法行为的欺侮或者羞辱。

同样的，在美国法律体系中，惩罚性赔偿的适用主要聚焦于那些侵权人行为带有欺侮和羞辱性质的案件。以美国首个惩罚性赔偿案件——热奈诉诺里斯案为例，被告作为一名医生，向其世仇原告酒杯中投放大剂量斑蝥，导致原告在与被告手枪决斗前因剧痛而瘫倒。[6]另一个早期典型案例是 1971 年新泽西州的科迪尔诉科尔鲍案，陪审团在法官指导下，未考虑实际损失，对

---

〔1〕 Huckle v Money，95 English Reports，King's Bench（Eng. Rep.）768（K. B. 1763）.

〔2〕 97 Eng. Rep. 1130（K. B. 1766）.

〔3〕 172 Eng. Rep. 687（Horsham Assizes 1830）.

〔4〕 128 Eng. Rep. 761（C. P. 1814）.

〔5〕 12 Meeson & Welsby's Exchequer Reports（M&W）507（1844）.

〔6〕 1 South Carolina Law Reports（S. C. L）（1 Bay）6（1784）.

违背结婚承诺的被告作出了惩罚性赔偿判决。学者们指出，这些美国案例秉承了 18 世纪英格兰确立的原则，即惩罚性赔偿旨在惩罚那些通过行为表现出对原告羞辱和欺侮态度的侵权人："大约从 17 世纪 20 年代至 19 世纪 20 年代，所报告的案件……涵盖诽谤、教唆、羞辱性殴打、通过刑事手段掠夺财物、恶意起诉、非法侵入住宅、扣押私人信件、无理非法侵入私人领地以及非法监禁等。尽管这些案件各具特点，但它们共同的特征在于：都涉及公然侮辱受害人荣誉的行为。"[1]在当时，侮辱被视为一种极易激起受害人私人报复的不当行为，对这类行为者施以惩罚性赔偿，被视为维护以法律为基础的和平与秩序的必要手段。至 19 世纪中叶，惩罚性赔偿已成为美国法律体系不可或缺的一部分。[2]

（二）过渡阶段

美国惩罚性赔偿在 20 世纪伊始进入了一个过渡阶段，这个阶段的惩罚性赔偿用于对权力滥用的惩罚。这种权力滥用惩罚性赔偿的适用主要体现在两类案件中：一类是原告不正当地履行自己的职责、滥用权力损害被告的合法权益，被告受到了原告不平等或者不公正对待的案件，比如铁路和电车公司不法驱逐乘客、带乘客坐过站、侵辱乘客、当有信号的时候没有能停下、允许侵辱和斗殴、故意耽搁乘客、拒绝载乘盲人、未能照顾好已知的生病乘客。[3]作为美国政治文化改变的结果，特别是劳工运动以及变革主义的兴起，法院逐渐开始主动地审查私人交易，并且回顾考察劳动以及消费合同的条件。因此，当商业关系被用作行使和滥用经济权力的媒介时，就开始适用惩罚性赔偿了[4]；另一类是滥用权力欺诈对方，破坏交易的公平性。这里的权力并非指行政职权，而是交易一方所具有的优于交易对象的信息优势或者专业优

---

〔1〕 Dorsey D. Eills, "Fairness and Efficiency in the Law of Punitive Damages", 56 S. *Cal. L. Rev.* 1, 14-15（Nov. 1982）.

〔2〕 David G. Owen, "A Punitive Damages Overview：Function, Problems and Reform", 39 *Vill. L. Rev.* 363, 369（1994）.

〔3〕 A. G. Nichols Jr., Comment, Punitive Damages in Mississippi-A Brief Survey, 37 *Miss. L. J.* 131, 138（1965）.

〔4〕 参见安东尼·J. 塞博克：《美国的惩罚性赔偿金》，载［奥］赫尔穆特·考茨欧、瓦内萨·威尔科克斯主编：《惩罚性赔偿金：普通法与大陆法的视角》，窦海阳译，中国法制出版社 2012 年版，第 202 页。

势。如针对旧车买卖欺诈的案件[1]、被告图谋出卖原告没有用处的石油财产案件[2]、被告欺诈地出卖在一家私有公司股票的案件[3]、出卖明知有病的牲畜的案件[4]等。

可以看到，20世纪美国的惩罚性赔偿从初始阶段对人格权益的维护慢慢转向商业领域。19世纪末，随着代理理论和雇主责任理论的兴起，惩罚性赔偿的适用扩展到对公司不当行为的威慑和惩罚，惩罚性赔偿适应社会发展的需要，成为管制未受刑法制裁的强大利益集团的有效社会控制手段之一。[5]从欺侮羞辱到权力滥用看似都是对人身权益的维护，但两者保护的重心已经发生了变化。欺侮羞辱是传统人身侵权表现，其维护的是人的基本尊严与荣誉。而权力滥用的惩戒则不仅仅是为了对人身的保护，更是对公正交易秩序的维护。

英国在惩罚性赔偿的适用上一直秉持着审慎的原则。1963年，英国上议院在 Rookes v. Barnard 一案中，对惩罚性赔偿的适用类型作出了明确限定。该案涉及一名非工会会员的原告，其雇主因受到工会领导通过罢工进行的威胁，而被迫解雇了原告。陪审团原本判决对被告施以惩罚性赔偿，但被告随后提起上诉，上议院最终推翻了这一原判。审理此案的 Devlin 勋爵提出，惩罚性赔偿的适用应严格限于三类情况：一是政府工作人员的剥削性、专断性或违宪行为；二是被告预计其从违法行为中获得的利益将超过可能支付给原告的损害赔偿金；三是法律条文明确规定了可以施加惩罚性赔偿的情形。[6]

（三）变革发展阶段

从20世纪60年代开始，惩罚性赔偿开始多用于商业侵权领域，其中以产品责任最为突出。美国真正意义上的产品责任领域适用惩罚性赔偿的典型案件是1967年的 Toole v. R ichard son-Merrell Inc. 案[7]，其使得惩罚性赔偿在产品责任领域获得广泛的正式认可。在该案中，被告出卖一种降低胆固醇

---

[1] HuffmanuMoore, 115 South Eastern Reporter (S. E.) 634 (S. C. 1923).

[2] Greene 1 Keithley, 86 Federal Reporter, Second Series (F. 2d) 238 (8th Cir. 1936).

[3] Southern Bldg. & Loan Ass'n Dinsmore, 144 So. 21 (Ala. 1932).

[4] Hobbs v Smith, 115P. 347 (Okla. 1911)

[5] See Michael Rustad, Thomas Koenig, "The Historical Continuity of Punitive Damages Awards: Reforming the Tort Reformers", 42 *Am. U. L. Rev.* 1269, 1296 (1993).

[6] Rookes v. Barnard, (1964) A. C. 1129 (H. L), at 1226.

[7] Toole v. Richardson-Merrell Inc., 251 Cap App 2d 69, 60 Cal Rptr 398 (1967).

的药，被告明知该药具有会使多数使用者患上白内障的副作用，但却未将之公开。最初法院判决惩罚性赔偿金 50 万美元，但在发回重审后，将惩罚性赔偿金减为 25 万美元。到了 70 年代，判决惩罚性赔偿的产品责任案件逐渐增多，至 80 年代已呈激增之势。[1]工业革命后大量大公司、大企业蓬勃兴起，其制造的各种不合格商品对消费者造成了严重的损害。惩罚性赔偿的发展契合了当时惩戒这些大公司、大企业漠视公众安危、威慑不法商业行为和激励正当商业行为的社会需求。如 70 年代轰动一时的斑马车案，大致案情是，1972 年某天，一个 13 岁的孩子格林萧乘坐邻居驾驶的福特车回家，突然正常行驶的汽车无故减速、停止，被后车追尾，油箱爆炸，汽油外溢，引起车身进一步起火、爆炸。驾车的女司机当场死亡，小格林萧严重烧伤面积达 90%，还失去了鼻子、左耳和大部分左手。这次事故后的 6 年里，小格林萧先后接受了 60 多次手术治疗以修补被毁坏的面容和其他损伤。受害者向法院起诉了福特公司，而令人震惊的是，福特公司明知道该车油箱安装在车辆的后座下部，距离离合器只有 8 厘米多一点，一旦有中等强度的碰撞就能引起爆炸，但是为了节约成本，仍然选择漠视这种设计错误。他们的理由是，如果要生产 1100 万辆家用轿车和 150 万辆卡车，那么增加防爆炸的附加装置需要的成本为 13 750 万美元。而假设有 180 辆车的车主因事故导致死亡，另有 180 位被烧伤，2100 辆汽车被烧毁，那么依据当时判例，福特公司将可能赔偿每个死者 20 万美元，每位烧伤者 67 000 美元，每辆汽车损失 700 美元，也就是说在不安装附加安全设施的情况下，可能的最大支出仅为 4953 万美元，相比于安装安全设施花费的 13 750 万美元，明显是更经济的。因此，在案件中，被告福特公司直言不讳地表达了其态度，它不会因为原告所主张的缺陷而被起诉，或者即使被起诉了，最终也不会承担责任。因为如果它被起诉并对因缺陷产品致死事件承担责任，那么，比起改进其产品而减少的收益来说，完全支付具有赔偿性质的损害赔偿金仍然是更划算的。而巨额的惩罚性赔偿让福特公司的如意算盘落空，正如该案法院所指出的，消费者已经开始依赖于惩罚性赔偿来进行自我保护，因为无论是赔偿全部损害的威胁还是政府管控都

---

〔1〕　Michael Rustad, Thomas Koening, "The Historical Continuity of Punitive Damages Awards: Reforming the Tort Reformers", 42 *Am. U. L. Rev.* 1269, 1317 (19993).

不会促使一个公司为公共利益实施行为。[1]

除了惩戒公司的不法行为，惩罚性赔偿还有激励与威慑的作用。美国法官和学者普遍认为，惩罚性赔偿让个人成为私人检察长的角色，原因在于，其为原告提供了一种起诉的激励，否则，原告可能因为花费巨大而不起诉，或者被告不太可能遭受刑事控诉。[2]惩罚性赔偿为私人提供了执行法律规定的动因，并为他们补偿这样做的费用，这些费用可能相当大，且不可以用其他方式补救。在传统的非商事故意侵权中，补偿性赔偿本身可以用作对未来不当行为的有效威慑，但在与商事有关的侵权中，生产者会发现，把补偿性赔偿视为经营成本的一部分比补救瑕疵更有利可图。政府的安全标准和刑法不能对消费者提供充分保护，难以防范瑕疵产品的生产和分销。而惩罚性赔偿使得这种不考虑消费者人身财产安全的成本核算变成无效，因为从整个社会看来，倘若经营决策不能使得社会的净财富最大化，纵然在商业利润上其得以最大化，那么它也是有害的。

2001年的Blake案[3]让英国上议院认识到，要保护合同双方的利益，单靠补偿性赔偿已经远远不够，惩罚性赔偿对不充分弥补合同一方损害的场合起到了重要的作用。该案的基本案情是，原告Blake曾是受雇于英国情报局的情报人员，后又成为苏联的间谍，为苏联政府提供大量情报，因其间谍行为被发现而被判处监禁42年。5年后，Blake竟戏剧性地越狱并根据其自身经历完成了自传体小说。原告将该小说交给一出版商出版，约定出版商支付其15万英镑的费用。1991年，英国检察总长起诉Blake和出版商，认为Blake违反了与王室之间签订的雇佣合同。合同规定，不能将其在任职期间获得的任何国家机密公之于众。Blake违约是事实，然而，如果根据英国合同法中的期待利益计算规则计算损害赔偿，英国王室所能获得的赔偿金为零或者仅仅是名义上的损害赔偿，同时Blake还能保有其违反合同所获得的利润，明显不公平。该案历经三审，最终上诉法院以被告违反合同并获得利益为由给予了原告返还请求权，剥夺了被告的违约获利。基于此案，惩罚性赔偿成为英国合同法的救济方式之一，其不仅避免了在部分案件中只有补偿性赔偿而导致的

---

〔1〕 Grimshaw, Cal. Rptr. at 382, 388.

〔2〕 Leslie E. John, "Formulating Standards for Awards of Punitive Damages in the Borderland of Contract and Tort", *74 Cal. L. Rev.* 2033, 2051 (1986).

〔3〕 Attorney General v. Blake, (2001) 1 AC 268 (HL).

判决不公，更重要的是其保障了整个社会的交易秩序。合同法的核心价值就是保障和促进交易的安全和秩序。合同行为与社会和经济息息相关，相互作用，合同主体自由的订约、履约自然有利于社会的稳定和发展，若当事人恶意地撕毁合约或者违反先前之约定，则必然将破坏社会的整体安定和交易秩序。而没有稳定和秩序，合同主体又无法对其商业活动作出正确的判断和预期，长此以往，必然形成恶性循环。

三、大陆法系惩罚性赔偿的发展

（一）总体的不认可

大陆法系国家普遍未在立法中正式认可惩罚性赔偿制度，主要是因为这些受罗马法所影响的国家和地区仍然固守着民事补偿这一赔偿的根本原则。

在德国，从 1900 年《德国民法典》起到目前为止，德国司法界和学术界对惩罚性赔偿仍持否定态度。整个 20 世纪，几乎没有出现惩罚性赔偿的判决。在 20 世纪下半叶，德国联邦最高法院常常强调补偿是法律赔偿之根本。这个强调成为 20 世纪的主流。在当时的德国看来，惩罚性赔偿超出了所有补偿性赔偿内在的基本功能，但其并不能使原告变富，更不能达到惩罚和吓阻侵权者的目的。

在法国，惩罚性赔偿在法国民法中也被认为是不存在的。法院不允许判决惩罚性赔偿。对于合同责任，法国最高法院一直坚持全部赔偿原则，原告必须赔偿被告所遭受的所有损失，但是被告不可能因此而变得更为富有或者贫困[1]。法国律师也认为，赔偿必须是补偿受害人的全部损失，但范围只限于损失别无其他。

《日本民法典》和相关民事立法中也没有直接的惩罚性赔偿规定，而唯一带有制裁性的民事赔偿是第 710 条的"慰谢金"。该赔偿被解释为具有以金钱抚慰受害人精神痛苦的慰谢功能。但是，这种赔偿的制裁功能极其有限，在 1989 年至 1993 年的侵害名誉权案中，被判定慰谢金的 35 件案例里，最高额的慰谢金也不过 200 万日元，平均金额是 75.3 万日元，而法人名誉侵权的最

---

〔1〕　J. Rivero／J. Waline, Droit administratif（21st ed. 2006）no. 471.

高额慰谢金也仅为 500 万日元，其更多的还是起到精神损害补偿的作用。[1]

西班牙的主流观点认为赔偿仍应以补偿为主而不是惩罚。尽管有一些学者提出相反的观点，但只是极少数。在西班牙，侵权法领域最具影响力的学者之一 F. Pantaleón 教授深度阐述了传统理论和解释为什么把补偿功能作为民事赔偿的主要功能。在他看来，对于侵权人而言，惩罚性赔偿只是让其损失了部分金钱，只能对其个人产生影响，这种影响来自支付金钱或者承担义务的恐惧，其自身并不具有惩戒、威慑等功能。

意大利的侵权法学家和司法机关总体也不支持惩罚性赔偿，他们认为出于公共利益的考虑，实际损失与损失的补偿应该保持一致。学者们认为在法律中特别是侵权法中基于惩罚性目的给付非经济损失赔偿可能导致诸多不公，比如同样的侵权案件，可能只是因为侵权人的不同而使得受害人获得不同的赔偿数额。像同样的交通事故，如果侵权人是一时疏忽而给原告造成伤害，原告可能得到的赔偿极低；而若侵权人是醉酒驾车，则受害人可能获得较多的赔偿。又比如在同样的医疗事故中，由于受害者的年龄和财产状况的差异，有的可能得到的是极少数的赔偿，而有的赔偿数额巨大，显然也是不公的。

匈牙利的侵权法也没有惩罚性赔偿规定。侵权人的赔偿范围被严格限制在受害人损失范围之内。根据《匈牙利民法典》第 355 条的规定，侵权人应恢复受害者至原始状态，如果受害一方有合理的理由拒绝恢复的，则侵权人要赔偿其所承受的经济损失和非经济的损失。赔偿范围包括财产折旧后的价值、受害者因侵权人侵权行为所导致的经济损失、请求赔偿这些损失的花费。这些条款不仅表明了匈牙利侵权损害赔偿的全部赔偿原则，同时也意味着赔偿范围是受到严格限制的。匈牙利的侵权法与大陆法系其他国家一样，遵守着任何人不能从赔偿中获利的基本原则。虽然这个原则在《匈牙利民法典》中没有明确规定，但是却被普遍地接受和认可。因而，依据该规则，受害者所获得的赔偿数额必须扣除其因侵权行为所获得的任何利益。

（二）具有惩罚元素的相关制度

随着经济与法律全球化的发展，大陆法系国家内部也开始出现对惩罚性赔偿的理论探讨和争论，而学术上的争议也让司法部门开始反思：补偿是否

---

[1] 参见［日］浦川道太郎：《日本法上的惩罚性损害赔偿与制裁性慰谢金》，载《法学家》2001年第 5 期。

为民事赔偿的唯一原则。

德国法院在"痛苦和创伤"的损害赔偿中开始体现出惩罚性因素。比如1958 年的骑士案,法院类推解释了"一般人格权",放弃了传统的受害人本位视角,将目光从"损害"转移到侵权人的"不正当行为"。在 1996 年的王妃卡罗林案中,德国法院在赔偿金上更是打破了以前存在的一切有关侵犯人格权案件的损害赔偿上限。还有知识产权的侵权案件,德国法院对于侵权人损害赔偿的数额不再严守赔偿的补偿性质,而是基于"不得从错误行为中获利"的自然正义观念确定,在这种观念下,损害赔偿具有"抑止性"作用,同时是"强化法律运行的有效的社会心理工具"[1]。

法国适用于合同中的违约金和逾期罚款都是带有惩罚性的赔偿。《法国民法典》允许违约金的数额由当事人或者法官调整,这就意味着违约金并非完全等同于另一方的实际损失,而且司法实务之中,在恶意违约的情况下,通过违约金予以惩罚恶意违约的一方是被鼓励的。[2]如果没有违约金的约定,法官则习惯采用扩大补偿性赔偿数额等办法来惩戒恶意违约方。逾期罚款是法官对于不履行义务的当事人要求其给予权利人除自身基本义务、对方实际损失之外的赔偿金额。法院一旦作出决定,义务人就必须支付。逾期罚款多用于违约之中,只有少数情况下用于侵权,如侵权人拒绝支付法院已判决的赔偿费用或者之前根据其签订协议应当支付的赔偿费用。

日本的不少学者提出在一些侵权案件中适用惩罚性赔偿的建议,比如媒体为了获得人气增加发行量而进行虚假报道的侵害名誉权案件、制造无责任和欺诈性商业经营等侵害消费者权益案件等[3]。学者的声音也反映在了日本法律制定中,如东京律师协会的《制造物草案》和日本律师联合会的《制造物责任法要纲》都提出了"制造者具有故意或过失时,裁判所根据受害人的请求,对制造者除责令其支付损害金外,另责令其支付以损害金 2 倍为限度的附加金"。

西班牙 1982 年 5 月通过的对名誉、个人和家庭隐私以及形象民事保护州

---

[1] Volker Bchr, "Punitve Damages in American and German Law-Tendencies towards Approximation of Apparently Irreconcilable Concepts", *Chi-Kent. L. Rev.*, 105 (2003), p. 140.

[2] Supera notes 141-142 and accopanying text.

[3] 参见 [日] 浦川道太郎:《日本法上的惩罚性损害赔偿与制裁性慰谢金》,载《法学家》2001 年第 5 期。

法令 1 号第 93 条的规定被认为突破了传统的补偿范围，根据该规定，赔偿范围包括非经济损失，且赔偿的判定要考虑案件具体情况、实际损失的严重程度、行为目的或通过媒介传播的范围、侵害人的获利情况等。2001 年修改的《商标法案》中有两个特别条款被认为与惩罚性赔偿有关：一个是第 43 条第 5 款规定侵犯商标持有人所持有的商标，商标权利人不能确定所遭受的损失的，最高可以请求侵权人通过使用非法商标而获得的利润的 1%。另外，如果侵权人导致了商标权利人更大的损害，可以提出更多的赔偿请求。另一个是被称为"停止性赔偿"的第 44 条规定，侵权人拖延执行法院停止侵权决定的，将赔偿给受害人每天 600 欧元的损失。

尽管意大利司法排除惩罚性赔偿的适用，但是在部分法律中，还是可以看到带有惩罚性的条文。如《意大利工业产权法典》第 125 条第 1 款规定，对受害者损害的补偿要考虑受害者的经济利益损失、侵害人的获利情况以及受害者的痛苦等。在意大利的环境法里也有类似的情况，对环境侵权的侵害人不能恢复到侵害前的原始状态的，若构成刑事犯罪，要判处刑罚，同时还要承担对原告每天 400 欧元的赔偿。

与法国类似，匈牙利也承认合同中的处罚约定。根据《匈牙利民法典》第 246 条的规定，合同中若有处罚约定，则在义务人没有履行合同或者因为自身的原因履行合同不符合约定时，义务人应给予受害方一定数额金钱的惩罚性赔偿。而且，该金钱惩罚并不能免除对方履行自己的义务，因为根据该条第 2 款的规定，权利人有权请求因一方当事人违约所致且超过处罚约定的那部分损失的弥补和基于违约产生的其他权利。可见，该金钱惩罚具有两种作用：一是受害方可以得到数额不菲的金钱补偿；二是对于违约行为可以起到一定的遏制作用，即便是在违反合同未导致损失的情况下，合同当事人也要严格履行合同。

从前述大陆法系国家惩罚性赔偿的发展可以看到，尽管在部分立法和司法裁判中已经出现带有惩罚因素的制度或者赔偿案例，但是整体而言大陆法系对惩罚性赔偿的主流观点仍是不完全认可。主要原因有二：一是大陆法系国家固守公私法二元理论，认为惩罚和制裁不法行为应是公法的职能，而对受害人进行补偿和救济才应是私法的职能。按照德国著名的巴尔教授的观点："侵权行为法是私法的一部分。它决定某人受到侵害后是否有权得到赔偿，尽管受到损害只构成双方当事人之间的法定之债。既作为法律部门又是实体法的侵权行为法只能从构成其核心部分的两个要素发展起来。这两个要素在任何地方都是得到公认的：首先，其作为赔偿损害之制度的功能；其次，其适用不要求在受害人和加害人之间存在法律关系。"〔1〕可见，侵权法公认的功能就是填补受害者的损害。二是在公私法二元论的传统思路下，带有惩罚因素的责任被全部纳入刑事责任或行政责任的领域，于是早期大陆法系的损害赔偿法必须秉持损害填补这一基本功能。〔2〕根据《德国民法典》起草者的观点，民事侵权法纯粹是损害填补性的，仅仅在《刑法》中才能适用惩罚。正如《德国民法典》的预备文件所言："关于以过错为基础的损害赔偿责任，虽然好几部民法典如《普鲁士民法典》采取了按照过错的层级和类型判处赔偿金数额的制度，但是草案拒绝了这种做法。在决定不法行为法律效果的时候，人们必须抛弃将道德因素和刑罚因素包括在损害赔偿法中的思想。这种区分就是在此基础上建立起来的。共同的法律原则是导致的损害数额限定了从法律的观点看可赔偿的损害赔偿金数额。"〔3〕

四、我国惩罚性赔偿的发展

（一）我国惩罚性赔偿法律体系的构建

我国惩罚性赔偿规定，最早在1993年的《消费者权益保护法》中出现，立法者试图通过该制度鼓励消费者运用法律武器打击不诚信的商业行为，肃清交易环境，惩戒和吓阻不法经营者。在此之后，我国立法对惩罚性赔偿采取较为谨慎的态度，并未将其扩展到其他领域。随着社会主义市场经济的快速发展，食品安全、消费欺诈、产品责任、知识产权侵权等重大或者恶性的事件时有发生，严重影响了人民群众的生活，不利于社会稳定。因此，惩罚性赔偿作为民事惩戒的利器在立法上逐渐受到重视。到目前为止，我国立法上形成了以《民法典》为基础、部门法为核心、司法解释为补充的基本体系。

1.《民法典》的规定

2020年通过的《民法典》在四处出现了惩罚性赔偿的规定，包括：①第179条第2款规定："法律规定惩罚性赔偿的，依照其规定。"②第1185条规定：

---

〔1〕　参见［德］克雷斯蒂安·冯·巴尔：《欧洲比较侵权行为法》（上卷），焦美华译，法律出版社2004年版，第1页。

〔2〕　参见许凯：《比较法视野下惩罚性赔偿的识别标准》，载《江西社会科学》2021年第11期。

〔3〕　Motive zu dem Entwurfe eines Bürgerlichen Gesetzbuches für das Deutsche Reich, 218 799 BGB.

"故意侵害他人知识产权，情节严重的，被侵权人有权请求相应的惩罚性赔偿。"③第1207规定："明知产品存在缺陷仍然生产、销售，或者没有依据前条规定采取补救措施，造成他人死亡或者健康严重损害的，被侵权人有权请求相应的惩罚性赔偿。"④第1232条规定："侵权人违反法律规定污染环境、破坏生态造成严重后果的，被侵权人有权请求相应的惩罚性赔偿。"其中第179条第2款是原《民法总则》规定的；第1185条是新增加的对故意侵害知识产权适用惩罚性赔偿的规定；第1207条是在原《侵权责任法》第47条基础上修改而成的，增加了对产品流通后发现存在缺陷没有及时采取补救措施的惩罚性赔偿。《民法典》第1206条规定，产品投入流通后发现存在缺陷的，生产者、销售者应当及时采取停止销售、警示、召回等补救措施。生产者、销售者没有依据该规定采取有效补救措施，造成他人死亡或者健康严重损害的，被侵权人也有权根据《民法典》第1207条请求惩罚性赔偿。第1232条是对环境污染和生态破坏惩罚性赔偿的规定，是环境污染和生态破坏责任的新规则。

《民法典》作为民事最高法律，这些规定为下位部门法中惩罚性赔偿的设置提供了法律依据。《民法典》第179条第2款规定："法律规定惩罚性赔偿的，依照其规定。"该条文既肯定了惩罚性赔偿作为民事责任的地位，同时也强调了其适用的法定性。该条款为惩罚性赔偿责任适用的一般性规定，此规定的用意有几个：其一，确定惩罚性赔偿责任的合法性。在某些特殊的民事法律关系中，为惩戒和威慑具有恶意的侵权人和违约人，同时激励受害者与潜在受害群体，要求不法行为人承担超出其实际损失的赔偿数额，也是不法行为人应当承担的民事责任方式之一。其二，明确惩罚性赔偿的法定性。依照《民法典》的规定，惩罚性赔偿的适用必须具有"法律规定"，且要依照其规定进行，这也就意味着惩罚性赔偿并不存在请求权的法律基础，明确的法律规定才是其请求权的基础与依据，以及适用于全国的行政法规和司法解释。惩罚性赔偿之"法"在我国是指全国人民代表大会及其常委会通过的法律，以及适用于全国的行政法规和司法解释。而国家的政策、习惯法、政府决定、命令及地方性法规，都不能包含在内。

惩罚性赔偿法定性中的"定"针对的是惩罚性赔偿的主要内容。通常人们认为，法定主要包括种类强制和种类固定两项内容，一方面表现为不能创设法律所不认可的新的适用惩罚性赔偿的类型；另一方面表现为不得创设与惩罚性赔偿内容相悖的内容。惩罚性赔偿的法定性从两个方面体现出来：其一，适用惩罚性赔偿的范围法定。最直接的表现就是哪些种类的侵权案件适用惩罚性赔偿责任，在民事责任领域，侵犯的权利类型应由法律预先规定，且只能由法律规定，当事人之间不能创设。这样就排除了当事人发挥想象力或基于需要，在法定的适用惩罚性赔偿的侵权类型之外创造出新的类型。其二，惩罚性赔偿的内容法定。依照《立法法》第 11 条的规定，民事基本制度只能由法律制定。民事法律对各种适用惩罚性赔偿的侵权行为类型进行规定时，会同时规定各种类型的基本要素，这些基本要素也要求是强制的、法定的，当事人不得创设内容之外的赔偿。惩罚性赔偿针对的是那些行为人主观上存在故意、重大过失造成的侵权行为后果而给予的制裁，希望达到威慑和激励的作用。这种制裁的惩罚性使不法行为人情感上产生痛苦，财产上产生损失，是一种极其严厉的惩罚手段。因此法律必须严格规定其适用的条件，避免制度的滥用，过分地加重不法行为人的负担，生成新的不公平。

除总则外，《民法典》还规定了其他三项侵权惩罚性赔偿规范。第 1185 条既是一个具体规范也是一个一般规范，包括授权知识产权法可以规定惩罚性赔偿责任。若有故意侵害他人知识产权情节严重的，可以直接适用该条规范；同时在知识产权单行法中，如在《著作权法》等法律中也可以规定侵权惩罚性赔偿的具体规则。第 1207 条和第 1232 条是侵权惩罚性赔偿请求权的具体规范，符合这两个条文规定的产品责任或污染环境、破坏生态的侵权行为，被侵权人可以请求侵权人承担惩罚性赔偿责任。

《民法典》第 1207 条规定了两种需要承担惩罚性赔偿责任的行为：一种是明知产品存在缺陷仍然生产、销售；另一种是产品投入流通后发现存在缺陷未采取有效补救措施。其中，第一种为积极作为，第二种为消极不作为。无论哪一种行为，都只在造成他人死亡或者健康严重损害时，才产生惩罚性赔偿责任。产品责任领域惩罚性赔偿制度的一般条款并未被规定在《民法典》第七编第二章"损害赔偿"中，而是被规定在《民法典》第七编第四章"产品责任"中，这一点沿袭现行规范性文件关于《侵权责任法》的条文安排。在 2009 年制定《侵权责任法》的过程中，关于惩罚性赔偿制度应该如何规定，出现了两种不同意见，一种是将惩罚性赔偿制度放进总则，与此不同，另一种意见是不把其作为总则性规定，而仅将部分可以适用惩罚性赔偿制度的侵权行为类型规定在分则规定中，即在产品责任领域对其进行规定。当然，并非所有学者都赞同将惩罚性赔偿纳入《侵权责任法》，最终立法者在原《侵权责任法》中采纳了第二种立法意见，将惩罚性赔偿制度限制在了产品责任领域。这实际上是将 2009 年《侵权责任法》第 47 条作为产品责任中惩罚性赔偿制度的一般条款，与 2013 年《消费者权益保护法》第 55 条、2021 年《食品安全法》第 148 条第 2 款、2019 年《药品管理法》第 144 条第 3 款构成一般规定与特别规定的关系。

《民法典》新增加规定的生态环境惩罚性赔偿制度，是生态环境侵权民事责任体系的一项重要内容，也是民法典对现代社会环境问题作出的时代回应。《民法典》对生态环境领域惩罚性赔偿制度的体系设计与产品责任领域的制度设计基本保持一致，《民法典》将其规定在第七编第七章"环境污染和生态破坏责任"中，与其他特别法的相关规定构成一般规范与特别规范关系。与产品责任领域惩罚性赔偿第 1207 条不同的是，第 1207 条沿袭了 2009 年《侵权责任法》的相关规定，而第 1232 条环境领域的惩罚性赔偿制度是《民法典》制定过程中的新增内容。其实很早就有学者主张在生态环境领域引入惩罚性赔偿制度，钱水苗教授曾指出，惩罚性赔偿制度在环境侵权领域发挥出了行政罚款和刑法罚金无法发挥的作用和功能，并且该制度所发挥出的对环境污染的预防作用也是其他两种处罚无法代替的。[1]

2. 部门法的规定

除了《民法典》，我国还有九部单行法律中有惩罚性赔偿的条款。这九部法律分别是：《消费者权益保护法》《食品安全法》《药品管理法》《旅游法》《商标法》《著作权法》《专利法》《种子法》和《反不正当竞争法》。《消费者权益保护法》在 1993 年版的基础上于 2013 年进行了修正，惩罚性赔偿规定也发生了变化，分为两款，第 1 款是对于经营者欺诈行为的惩戒，整个惩罚的倍数和金额较之前的规定有了提升，且规定了最低赔偿标准 500 元；第 2 款是对于经营者明知商品或者服务有缺陷且造成消费者或其他受害人死亡或健康严重损害的，可请求所受损失 2 倍以下的惩罚性赔偿。1993 年的《消费者权益保护法》主要规制的是经营者的欺诈行为，2013 年新增了恶意产品和服务致害的惩罚性赔偿规定，明确了在恶意产品和服务致害的情况下，消费者可以获得的赔偿范围和金额，为消费者提供了更为有力的法律保障，该规

---

〔1〕 参见吴辰等：《惩罚性赔偿：原理、规则与判例》，法律出版社 2022 年版，第 147 页。

定也意在加大对恶意经营者的打击力度，维护市场经济秩序和公平竞争。

《食品安全法》《药品管理法》《旅游法》都是在《消费者权益保护法》对恶意经营者损害消费者行为惩戒基础上的进一步拓展和延伸。2021年《食品安全法》第148条第2款规定："生产不符合食品安全标准的食品或者经营明知是不符合食品安全标准的食品，消费者除要求赔偿损失外，还可以向生产者或者经营者要求支付价款十倍或者损失3倍的赔偿金；增加赔偿的金额不足一千元的，为一千元。但是，食品的标签、说明书存在不影响食品安全且不会对消费者造成误导的瑕疵的除外。"食品属于产品，生产、经营不符合安全标准的食品是生产、销售缺陷产品的特殊情形。该条款明确了生产不符合食品安全标准食品的经营者和经营明知是不符合食品安全标准的经营者的赔偿标准，即价款10倍或者损失3倍，且不足1000元的为1000元，将《消费者权益保护法》中的最低标准提高了1倍。这些年媒体曝光的毒奶粉、毒大米、毒辣椒、地沟油等食品安全事件时有发生，百姓对加强食品安全的呼声日益高涨，立法顺应民意也从各方面加强对食品生产和销售的法律规制，民事领域的惩罚性赔偿一方面能有效提高食品生产和销售者对食品安全的重视程度，通过对违法行为人进行罚款或赔偿，迫使其更加严格遵守食品安全标准，从而降低食品生产和销售环节的不合格率，提升整体食品安全水平；另一方面通过严惩违法者，惩罚性赔偿制度形成对其他潜在违法者的震慑作用，这种威慑效应有助于减少食品安全违法行为的发生，进一步维护食品市场的安全和稳定。

2019年《药品管理法》第144条第3款规定："生产假药、劣药或者明知是假药、劣药仍然销售、使用的，受害人或者其近亲属除请求赔偿损失外，还可以请求支付价款十倍或者损失三倍的赔偿金；增加赔偿的金额不足一千元的，为一千元。"该规定是针对生产假药、劣药和明知是假药、劣药仍然销售、使用两种行为规定的惩罚性赔偿，与2021年《食品安全法》第148条第2款针对生产不符合食品安全标准的食品和经营明知是不符合食品安全标准的食品两种行为规定的惩罚性赔偿几乎完全相同。药品同样属于产品，生产、销售、使用假药、劣药一般也属于生产、销售缺陷产品。

2018年《旅游法》第70条第1款规定："旅行社不履行包价旅游合同义务或者履行合同义务不符合约定的，应当依法承担继续履行、采取补救措施或者赔偿损失等违约责任；造成旅游者人身损害、财产损失的，应当依法承担赔偿责任。旅行社具备履行条件，经旅游者要求仍拒绝履行合同，造成旅游者人身损害、滞留等严重后果的，旅游者还可以要求旅行社支付旅游费用一倍以上三倍以下的赔偿金。"这个规定为消费者在遭受旅行社违约时提供了明确的法律依据和救济途径，保障了消费者在旅游活动中的合法权益不受侵犯，增强了消费者旅游消费的信心和安全感。数倍的惩罚性赔偿对不诚信的旅行社也能起到震慑作用，促使其提高服务水平，进而使得企业的经营行为得到规范，整个行业的服务质量得到提升。

党的十九届五中全会规划了我国未来五年发展蓝图，设定了 2035 年的远景目标。当前，我国已转向高质量发展阶段，知识产权司法保护应当贯彻新发展理念，体现高质量发展要求，服务保障构建新发展格局。引入和落实知识产权惩罚性赔偿制度，依法惩处严重侵害知识产权行为，可以阻遏侵权并充分补偿权利人，符合新发展理念内在要求，有利于全面加强知识产权保护，有利于激发社会创新活力，有利于推动高质量发展。2018 年 11 月 5 日，在首届中国国际进口博览会上，我国宣布将引入惩罚性赔偿制度。此后，惩罚性赔偿制度的法律修订和政策制定工作加速推进。《商标法》《著作权法》《专利法》《种子法》和《反不正当竞争法》这五部法律集中了知识产权领域的惩罚性赔偿规定。2013 年《商标法》首次在知识产权领域引入了惩罚性赔偿规则（第 63 条第 1 款）；2015 年《种子法》在侵犯植物新品种权案件中引入了惩罚性赔偿规则（第 73 条第 3 款）；2019 年《反不正当竞争法》在侵犯商业秘密案件中引入了惩罚性赔偿规则（第 17 条第 3 款）。

《民法典》颁布之后，2020 年《专利法》《著作权法》均引入了惩罚性赔偿规则。至此，我国知识产权领域的惩罚性赔偿制度基本建立起来。2021 年《种子法》根据《民法典》对惩罚性赔偿的构成要件进行了调整（第 72 条第 3 款）。法律规定恶意或故意侵犯他人商标专用权、著作权或与著作权有关的其他权、专利权、植物新品种权和商业秘密情节严重的行为人，要给予受害者 1~5 倍的惩罚性赔偿。它们涵盖了知识产权的主要权利和权益类型，在立法上通过惩罚性赔偿形成了较为全面的知识产权保护体系，标志着我国对知识产权保护的加强和对侵权行为高压态势的形成。传统侵权法上的惩罚性赔偿规则主要体现在法律对严重侵权者的谴责与非难。在知识产权领域，由于创新行为具有伦理中立性的特征，并不需要通过惩罚性赔偿对侵权行为进行道德上的非难，而是利用惩罚机制强化对知识产权侵权行为的遏制效果。现有知识产权侵权损害赔偿规则，通过将实际损失的内化或使侵权行为变得无利可图，实现预防侵权发生的目的。[1]知识产权惩罚性赔偿不仅能遏制、震慑知识产权侵权行为，鼓励个人和企业维护自己的权益，为其提供公平优质的创新环境，形成尊重知识产权的社会氛围，从而达到优化整体创新秩序的目的，而且还能极大地提升我国在国际舞台上的形象和国家的国际竞争力，这有助于我们吸引更多的国际合作伙伴，加强跨国科技合作和文化交流。总之，这5部法律中知识产权惩罚性赔偿的规定对于保护创新成果、维护市场秩序、促进技术进步和文化发展都具有重要的意义。

　　3. 司法解释的规定

　　与惩罚性赔偿直接相关的最高人民法院司法解释有三个，分别是《院关于审理食品药品惩罚性赔偿纠纷案件适用法律若干问题的解释》（以下简称《食品药品惩罚性赔偿的解释》）、《关于审理生态环境侵权纠纷案件适用惩罚性赔偿的解释》（以下简称《环境惩罚性赔偿的解释》）、《关于审理侵害知识产权民事案件适用惩罚性赔偿的解释》（以下简称《知识产权惩罚性赔偿的解释》）。

　　《食品药品惩罚性赔偿的解释》是在深入贯彻落实党的二十届三中全会精神，特别是关于完善食品药品安全责任体系和强化惩罚性赔偿制度的具体要求下应运而生的。这一司法解释的制定，积极响应了新时代人民群众对于食品药品安全日益增长的新期待，旨在进一步保障公众健康，维护市场秩序。该解释全面而详尽，共计19个条文，精准聚焦于实践中频繁出现且争议不断的几个关键问题，包括但不限于食品标签及说明书瑕疵的认定标准、代购人员的法律责任界定、小型食品作坊的合规要求，以及"知假买假"行为的索赔处理等。在具体内容上，该解释涵盖了多个重要方面：首先，它明确规定了对于普通消费者而言，在计算惩罚性赔偿时，应以消费者实际支付的价款作为基数，这一规定确保了赔偿计算的合理性和公平性。其次，确立了退款和返还食品药品的具体规则，为消费者在遭遇食品药品安全问题时提供了明确的救济途径。再次，针对代购人员和小型食品作坊，解释详细阐述了其法律责任，有助于厘清责任边界，促进相关行业的规范发展。此外，该解释还

---

　　[1]　Roger D. Blair, Thomas F. Cotter, "An Economic Analysis of Damages Rules in Intellectual Property Law", *39 William & Mary Law Review 1585*, 1590（1998）.

明确指出，违反哪些具体的食品安全标准将承担惩罚性赔偿责任，这一规定为食品安全监管提供了有力的法律支撑。同时，对于标签、说明书瑕疵的认定，解释也给出了明确的规则，有助于减少因信息不准确或误导性标签而引发的纠纷。在惩罚性赔偿责任的适用上，解释规定了不同情形的适用规则，确保了法律适用的准确性和一致性。最后，针对恶意索赔行为，该解释也进行了有效规制，防止了滥用诉讼权利、扰乱市场秩序的不良现象。

《环境惩罚性赔偿的解释》是一部详尽而系统的司法解释，共计 14 个条文，针对生态环境侵权纠纷案件中惩罚性赔偿的适用范围、认定要件、计算基数和倍数等关键问题进行了全面而细致的规范。这部解释的出台，不仅是对预防性、恢复性司法措施如禁止令和生态环境修复的有效补充，更是明确了惩罚性赔偿在生态环境侵权纠纷中的具体适用，为环境司法提供了更为丰富和完善的措施选项。在内容上，该解释详细规定了惩罚性赔偿的特别构成要件及其考量因素和典型情形，使得法院在审理相关案件时能够有更加明确和具体的法律依据。同时，为了保障被侵权人的合法权益，根据《民事诉讼法》"谁主张，谁举证"的基本原则，该解释进一步明确了被侵权人对上述特别要件负举证证明责任，这一规定有助于确保诉讼的公平性和效率性。在惩罚性赔偿金数额的确定上，该解释以环境污染、生态破坏造成的人身损害赔偿金、财产损失数额作为计算基数，这一做法既符合公平原则，也体现了对受害人损失的充分救济。同时，为了更全面地反映侵权行为的严重性和侵权人的主观恶性，该解释还规定了在计算赔偿金时应综合考量侵权人的恶意程度、侵权后果的严重程度、侵权人所获利益、侵权人事后采取的修复措施和效果等因素。此外，为了防止惩罚过度，该解释还规定了惩罚性赔偿金数额一般不超过基数 2 倍的限制，确保了惩罚的合理性。该解释的出台，是贯彻落实党中央关于用最严格制度、最严密法治保护生态环境要求的具体实践。它不仅有利于正确统一适用民法典的相关规定，为受害人提供充分的法律救济，同时也能够对恶意侵权人进行严厉的惩罚，起到警示和震慑作用，防止类似侵权行为的再次发生。通过具体化惩罚性赔偿的适用条件和计算基数、倍数等，该解释极大地增强了法律在生态环境保护方面的可操作性和统一性，确保了惩罚性赔偿制度的严密性和公平性。总的来说，该解释的出台为生态环境提供了全面的法律救济，有力地保护了环境污染受害者的合法权益，同时也为推动我国生态环境保护事业的持续发展提供了有力的法律保障。

　　《知识产权惩罚性赔偿的解释》共包含 7 个条理清晰的条文，为侵害知识产权民事案件中惩罚性赔偿的适用提供了全面而具体的指导。该解释的第 1 条便明确了适用惩罚性赔偿的程序性条件，强调了尊重当事人对其权利的处分原则。这意味着，如果当事人不主动向法院提出申请适用惩罚性赔偿，法院将不会主动适用该制度，这一规定充分保障了当事人的诉讼自主权和处分权。在实体性问题方面，该解释的第 3 条和第 4 条着重阐述了适用惩罚性赔偿所需满足的主观要件以及侵权情节的认定标准。通过详细解析和明晰这些实体要件的法律适用标准，该解释显著增强了惩罚性赔偿在司法实践中的可操作性，为当事人提供了明确、具体的诉讼指引。这不仅有助于当事人更好地理解法律规定，合理行使诉讼权利，也提升了法院在审理此类案件时的效率和准确性。同时，为了确保惩罚性赔偿制度的公正合理适用，防止其被滥用，该解释对适用条件进行了严格规定。这些规定不仅体现了法律对知识产权保护的严谨态度，也彰显了司法公正和法治精神。在解决惩罚性赔偿数额的实践难题方面，该解释的第 5 条和第 6 条发挥了关键作用。它们详细规定了惩罚性赔偿基数的计算方式、倍数问题，以及惩罚性赔偿与刑事罚金、行政罚款之间的关系处理原则。这些规定为法院在审理案件时提供了明确的计算依据和判断标准，有助于确保惩罚性赔偿数额的确定既合法又合理，既能够充分维护受害人的合法权益，又能够避免对侵权人造成不必要的过度惩罚。

　　（二）其他涉及惩罚性赔偿的地方性规范与司法文件

　　为了更好地贯彻执行法律中关于惩罚性赔偿的相关规定，并充分发挥其在惩戒违法行为、形成有效威慑以及激励合法行为方面的积极作用，全国各地纷纷响应，出台了一系列地方规范性文件和司法文件。这些举措旨在确保惩罚性赔偿制度能够切实落地，有效维护市场秩序，保护消费者权益，以及促进生态环境的可持续发展。

　　在地方性规范性文件方面，南昌市、重庆市、杭州市和南通市等地均推出了针对性的实施意见或工作指引。例如，南昌市市场监督管理局、南昌市中级人民法院及南昌市消费者权益保护委员会共同印发了《关于建立落实食品药品安全领域惩罚性赔偿制度联动机制的意见（试行）》，旨在通过跨部门协作，形成食品药品安全领域惩罚性赔偿制度的有效联动机制。重庆市则集合了重庆市市场监督管理局、重庆市高级人民法院、重庆市药品监督管理局及重庆市消费者权益保护委员会等多部门力量，共同出台了《关于推进落实食品药品领域惩罚性赔偿制度的实施办法（试行）》，以全面推动该制度在食品药品领域的深入实施。杭州市在生态环境和食品药品安全两大领域均推出了相关文件，如《杭州市生态环境损害惩罚性赔偿制度适用衔接工作指引（试行）》《关于进一步强化落实食品药品安全领域惩罚性赔偿制度的实施办法（试行）》，分别就生态环境损害和食品药品安全领域的惩罚性赔偿制度提供了具体的操作指引。南通市生态环境局也发布了相关意见，明确了在办理生态环境损害赔偿案件时适用惩罚性赔偿的具体要求。

在地方性司法文件方面，广州知识产权法院、北京市高级人民法院、山东省高级人民法院、天津市高级人民法院以及郑州市中级人民法院等地方法院均发布了关于全面落实或审理指南等文件。如广州知识产权法院印发的《关于全面落实惩罚性赔偿制度的意见》，旨在通过全面落实惩罚性赔偿制度，加大对知识产权侵权行为的打击力度。北京市高级人民法院发布的《关于侵害知识产权民事案件适用惩罚性赔偿的审理指南》，则为审理此类案件提供了具体的裁判标准和指导。山东省高级人民法院发布的《关于审理侵害知识产权民事案件适用惩罚性赔偿的裁判指引》，同样为全省人民法院在审理相关案件时提供了明确的裁判依据。天津市高级人民法院和郑州市中级人民法院也分别发布了相关审判委员会纪要和意见，就知识产权侵权案件中惩罚性赔偿的适用问题进行了深入探讨和规范。这些地方性规范性文件和司法文件的出台，不仅为惩罚性赔偿的具体适用提供了详细的保障机制和裁判指引，还有助于推动各地在相关领域内的法治化进程，进一步提升社会治理水平和司法公信力。

第二节 早期惩罚性赔偿的角色与核心功能

一、古罗马和日耳曼早期的惩罚性赔偿

如果追溯到古罗马时期，惩罚性赔偿在当时是替代刑事处罚的一种民事补偿制度。与古代法律民刑不分的特点相适应，古代罗马人对侵权纠纷最初也采用刑事制裁的方式，经历了一个相当长的时期，逐步向民、刑制裁并用过渡。总体上说，罗马法对私犯行为经历了从"私人报复—协议赎罪金—法定罚金诉—（罚金与赔偿）混合诉—损害赔偿诉"这样一个发展阶段。在部落

公社时期实行的血亲复仇，往往是受害人的家族对侵害人的家族实行报复，"为一个被杀害的亲属报仇是一项公认的义务"。[1]随着社会文明程度的提高，这种漫无节制的血亲复仇逐步演变成"同态复仇"，即所谓"以牙还牙，以眼还眼"，不再允许复仇程度任意扩大。由于当时财产观念并不深化，人们对损害赔偿的意识尚且淡漠，复仇是为了满足被害人或家族感情上的需要，并不关注实际上是否得到补偿。此后随着农业生产的发展，商品交换的确立，人们对物质补偿的需求终究战胜了对心理快感的满足，于是同态复仇就发展为赎罪金制度，由侵害方向受害方给付一定的金额作为补偿。最初的赎罪金是由双方自由协商确定的，若协商不成仍可实施同态复仇，因此从本质上说，协商性赎罪金是私人报复主义的替代物，它的存在也是对报复合法性的确认，显然，其惩罚性要远大于其补偿性。由于损害双方往往难以就赎罪金达成协议，于是产生了赎罪金法定化的要求，即由法律制度对赎金的数额作出规定。公元前451年制定的《十二铜表法》是早期罗马习惯法的总结和汇编。其中损害赔偿的规定多与惩罚性赔偿有关。如任何人将盗窃的木材用于建筑物，都要支付双倍的损害赔偿金；对于盗窃庄稼的未成年人的惩罚是鞭打和2倍的赔偿；陷害他人的盗窃，承担3倍的损害赔偿金；普通盗窃，承担2倍的损害赔偿；放高利贷者（利率超过12%），给付4倍的损害赔偿金；非法转让他人财产的，给付2倍赔偿金；另外，两个以上的监护人对被监护人的盗窃行为承担连带的2倍赔偿责任。《阿奎利亚法》是罗马共和国时期关于私犯行为的专门立法。该法对《十二铜表法》中部分私犯行为的金钱处罚由原来的定额罚金过渡到最高市价赔偿。如第1章针对的是杀死奴隶和家畜行为，规定"凡不法杀害他人的男奴隶或他人的女奴隶或他人之四足牲畜者，须以被害物当年的最高价值向其所有主以金钱赔偿"。第3章规定："凡不法杀害他人的奴隶和牧群中的牲畜，或杀死、伤害其他动物以及毁灭损害其他物件的，行为人应按加害之日起30日内被害动物或物件的最高市价赔偿损失。"6世纪的优士丁尼《民法大全》在总结吸收早期市民法和后来裁判官法有关私犯制裁的内容基础上，记载了4类私犯，即盗窃、对人私犯、对物私犯、抢劫。同时，对上述私犯规定了更为合理的罚金与损害赔偿并存的制裁原则。优士

---

〔1〕 参见［美］路易斯·亨利·摩尔根：《古代社会》，杨东莼、马雍、马巨译，商务印书馆1977年版，第75页。

丁尼《法学阶梯》采纳了裁判官法的规定，取消了对现行盗窃笞刑后交被害人处理，或罚为债务奴隶或予以杀戮的酷刑，改为处以 4 倍于盗窃物价值的罚金。对于盗窃之诉，无论是非现行的 2 倍还是现行的 4 倍之诉，都只涉及罚金之追究，为典型罚金之诉。所有人还享有对物本身的追究，即损害赔偿之诉，他可以通过请求返还之诉或要求给付之诉达到这一目的。关于"对人私犯"的制裁，《十二表法》规定严重伤害保留同态复仇，较轻伤害支付固定罚金。优士丁尼《法学阶梯》沿袭裁判官法的规定，取消同态复仇，无论是较重的还是较轻的侵害，一律改为罚金制裁。允许受害者自己对侵害进行估价，承审员则根据受害者的估价作出判决，抑或根据承审员自己的看法，就较小的金额作出判决。被评估为严重侵害的，一般主要考虑到侵害的行为、地点以及受害者的身份等因素。对严重侵害，由裁判官定一个最高限价，再由承审员在限额内确定具体罚金额，其数额通常与最高限额相差无几，此时的罚金已基本接近赔偿金性质。与《阿奎利亚法》所规定的"一定时期的最高限价"原则不同，优士丁尼《法学阶梯》对侵害物的行为规定必须估价损失。而损失包括受害人的直接损失和间接损失。如，被指定为继承人的奴隶在接受遗产之前被杀，计算损失则不仅包括该奴隶的价值，还应将失去的遗产也计算在内；如果杀害了一对骡子中的一头，或四驾马车中的一马；或一对喜剧演员中的一个奴隶被杀，不仅要对被杀的估价，而且也要进一步计算那些活着的贬值了多少。此外，优士丁尼《法学阶梯》还对裁判官所创设的一种私犯——抢劫（即以暴力攫取财产）加以明确化，定性为混合诉。受害人可提起被窃物价值 4 倍的罚金诉，但 4 倍并非全然罚金，对物的追究在 4 倍之内。所以，不论抢劫是不是现行，罚金都是 3 倍。

5 世纪至 11 世纪的各日耳曼王国的法律里，惩罚性赔偿在盗窃处罚中随处可见。在西哥特，自由民盗窃他人财产的，须向财产所有人支付相当于 9 倍于被盗财产价格的赔偿金，奴隶盗窃的，须赔偿 6 倍于被盗窃财产的价格。在勃艮第，一个自由民犯了盗窃罪，假如不是需要被判处死刑的罪行，自由民须支付 3 倍于被盗窃财产价格的赔偿金。在伦巴德，自由民男子犯了盗窃罪且当场被抓获，如果所盗财产的金额超过 5 索尔第，他须赔偿 9 倍于所盗物品的价格，并且还须缴纳罚款 80 索尔第。在法兰克，自由民在户外盗窃价值 2 但尼尔的物品的，他在归还所盗物品（或其价格）及补偿所有人因丧失它的使用而遭受的损失外，还须支付 15 索尔第的赔偿金。在不列颠，自由民盗窃另一自由民的财产的，须支付 3 倍于被盗物品价格的赔偿金，而且国王得到罚款或所有物品，若是奴隶盗窃，须支付 2 倍于被盗物品价格的赔偿金。[1]

二、中国早期的惩罚性赔偿

中国古代法律制度中也存在着惩罚性赔偿规定，而且在少数民族习惯法中该规则也时常出现。周厉王时期（公元前 857 年~公元前 841 年）的《矢人盘》铭文中记载着这样一个案例：矢氏侵扰散氏的地盘，造成损害。根据散氏的要求，矢氏拿出他的两块田作为赔偿。[2]这可能是迄今为止所见到的我国最早关于惩罚性赔偿的案例，这说明当时的习惯法是认可惩罚性赔偿制度的。赔命价制度是少数民族习惯法中的一个典型的惩罚性赔偿制度，在秦惠王时的法律就有载有西南少数民族"杀人者得以钱赎刑"的规定，而后的吐蕃、鲜卑、蒙古等少数民族建立的政权中都以成文法的形式确认了这一习惯。到了至元二年（公元 1265 年），中国历史上出现了第一部适用于全国的命价赔偿法律——"烧埋钱"制度，它的具体内容是"凡杀人者虽偿命价，仍征烧埋银五十两。若经赦罪者，倍之。"[3]到了明清两代的《大明律》《大清律例》及其他法律形式虽没有给予"烧埋银"制度合法的地位，但因"习惯难以尽革，官法难以尽行"，统治者不得不"因俗而治"，认可或默许赔命价这一习惯法。[4]

从上述的规定中我们不难发现，古代时期的惩罚性赔偿多数集中针对杀人、盗窃等行为，而且其赔偿标准和数额在不少国家中有着明确的等级性和阶级性，这显然是与其特殊的时代背景有关。整体来看，用赔偿的手段取代同态复仇或者报复，这是人类文明和时代发展的进步。杀人或者伤害是最为严重的人身暴力行为，而盗窃则是常见的财产损害行为，对这些行为加之惩罚性赔偿在达到遏制目的的同时还能再次避免血腥的杀戮或者残害，正如耶林所总结的"对损害的完全补偿可以让单纯的宿命论观点平静下来。然而狂热并不会因此停止，它要求更多，报复心的满足，对对方的惩罚，简单讲，

---

[1]　参见李秀清：《日耳曼法研究》，商务印书馆 2005 年版，第 350~353 页。

[2]　参见胡留元、冯卓慧：《从陕西金文看西周民法规范及民事诉讼制度》，载《考古与文物》1983 年第 6 期。

[3]　《元典章》卷四十三。

[4]　参见陈金全主编：《西南少数民族习惯法研究》，法律出版社 2008 年版，第 281~282 页。

即私法惩罚。惩罚贯穿了整个古代私法，所有的法律关系要么一开始就带有惩罚，要么一旦走向诉讼就带有惩罚，因此，需要调查的问题应该是哪里没有惩罚，而不是哪里有惩罚。所有的不法，不管是针对物的还是人的，必须并且能够通过金钱来偿还。被伤害的肢体、被毁坏的面孔，甚至女人的放荡和通奸都可以在嫁资的扣除中获得平衡。只有不能支付金钱的人才会用身体来补偿。只有现行盗窃是原始的例外。非现行的盗窃可以用 2 倍来赎身，而现行盗窃则要带着其全部财产变为失主的奴隶。直到后来裁判官允许现行盗窃也可以用 4 倍赔偿赎身。"〔1〕可见惩罚在古代法律中的统治地位。〔2〕

三、英美早期的惩罚性赔偿

从英美惩罚性赔偿制度早期的历史发展来看，传统惩罚性赔偿是对个人权益侵害的救济手段。17 世纪~18 世纪，惩罚性赔偿主要适用于诽谤、诱奸、恶意攻击、诬告、不法侵占住宅、占有私人文件、非法拘禁等使受害人遭受名誉损失及精神痛苦的案件。〔3〕惩罚性赔偿在当时的主要功能是补偿，而非惩罚与威慑。

在英美司法实践相当长一段时间中，传统惩罚性赔偿被当作侵权中民事补偿的一部分，其主要原因有几个方面：第一，具体损害赔偿无法弥补受害者的损失。早期英国普通法对于非具体损害，例如精神痛苦与情绪受挫，无法以金钱计算，认为不得请求损害赔偿，而惩罚性赔偿金制度即在于补其不足。〔4〕英美法系的其他国家也存在此类情况。如 1886 年澳大利亚的 Victorian Railways Commissioner v. Coultas 案，该案中詹姆斯和妻子乘马车从墨尔本回家，由于铁道交叉口看管者的疏忽，他们被允许通过铁路，而这时火车正开往这里，虽然詹姆斯及时躲过了碰撞，但他妻子却因此惊吓过度，遭受了严重的精神损害。澳大利亚维多利亚省最高法院在审理此案时，陪审团支持了原告赔偿请求，但上议院却以原告未受到身体伤害为由驳回了原告赔偿诉请。〔5〕

---

〔1〕 参见［德］鲁道夫·冯·耶林：《罗马私法中的过错要素》，柯伟才译，中国法制出版社 2009 年版，第 29~30 页。

〔2〕 参见张民安：《过错侵权责任制度研究》，中国政法大学出版社 2002 年版，第 28 页。

〔3〕 参见王利明：《美国惩罚性赔偿制度研究》，载《比较法研究》2003 年第 5 期。

〔4〕 参见陈聪富：《美国法上之惩罚性赔偿金制度》，载《台大法学论丛》2002 年第 5 期，第 27 页。

〔5〕 Victorian Railways Commissioner v. Coultas 13 App Cas 222（1888）.

需要说明的是，在现代英美法中有一些与惩罚性赔偿相类似或者相关的赔偿类型，如加重赔偿、返还性损害赔偿和多倍损害赔偿。加重赔偿目的在于补偿受伤害者的情感，如果被告人的行为造成了对方精神损害，适用加重赔偿而非惩罚性赔偿；如果没有精神损害，被告人的行为需要制裁，则适用惩罚性赔偿；如果同时造成精神损害，又需要对其行为予以制裁，就要同时适用加重赔偿和惩罚性赔偿。加重赔偿大体相当于大陆法系中的非财产上的赔偿或精神损害赔偿。在英美法早期，加重赔偿与惩罚性赔偿往往不加区分，而在现代英美法的司法实践中，也仍然有将加重赔偿与惩罚性赔偿不加区分或者等同适用的情形。返还性损害赔偿是一种旨在剥夺被告人非法所得的金钱赔偿责任。也就是说，在被告通过不法行为非法获利的情况下，将被告所获得的不法利益判给原告的损害赔偿，它与惩罚性赔偿的关系是，多数情况下英美法理论和实践并不将返还性损害赔偿作为一种独立的损害赔偿类型，而是作为惩罚性赔偿的一部分判给原告，包含在惩罚性赔偿之中。多倍的损害赔偿，是指按照损害额一定的倍数判给原告的赔偿，与惩罚性赔偿的基本含义相同，都是为惩罚和遏制不法行为而判给原告的一笔金钱。不同的是，惩罚性赔偿一般是英美普通法上的损害赔偿，不由法律规定而是法院根据判例决定是否适用，也没有明确的数额限制。多倍的损害赔偿则是指制定法明确规定的，且有一定数额限制的损害赔偿。

第二，英美法诉因制度限制了受害者获得具体损失之外的赔偿。在早期的英国，人们要在普通法院提起诉讼，须先请求国王发布令状。换言之，一项普通法上的诉讼，总是从令状开始其程序。根据美国学者库恩的研究，令状的作用有二：一是作为起诉所必需的一种国王同意的表示；二是使被告到法院出庭。令状是王国司法官员的一项命令，要求被告采取规定的步骤，对令状中陈述的不法行为作出回应。在采取此类步骤以恢复安宁时，被告需要进行答辩。[1]令状陈述一种违反社会安宁的过错，构成法院审判管辖权的依据。由于令状是法院采取行动的职权的基础，因此法院的管辖权也就与所指控的不法行为的性质直接相关。在 12 世纪~18 世纪，令状诉讼程序的适用范围不断扩展，从一开始作为防止暴力的依据演进为权利和救济的丰富法理。在此过程中，产生了各种不同种类的令状，这些令状被称作程序格式。随着

---

〔1〕　参见［美］阿瑟·库恩：《英美法原理》，陈朝璧译注，法律出版社 2002 年版，第 50~53 页。

英国普通法实践的发展，诉因被认为仅与不法事实密切相关，当出现以前的令状所描述的不法事实时，原告就拥有了诉因；如果是以前的令状所没有描述过的不法事实，法院也应当发明新的令状或者新的程序格式给当事人以救济。这一阶段诉因的作用主要体现在两个方面：一是有了诉因，原告就拥有了诉权，此一诉权使原告可以申请到令状，从而启动相应的程序格式；二是在启动诉讼程序的同时，也意味着原告可以主张并获得与该程序格式相对应的救济。而当时的英美法认为，伤害身体并直接引起精神痛苦的可以构成赔偿的理由，受害人除人体伤害部分请求赔偿外，还可以就精神损害请求予以赔偿。但是，若是因为他人或财产遭受侵害以致引起精神痛苦的就不能要求赔偿，这就是英美法主张"精神痛苦说"的根据。也就是说，如果当事人只是以侵害财产权的诉因起诉的话，那么将无法获得与之相关的精神损害赔偿救济。

第三节　现代惩罚性赔偿的转型与核心功能转变

一、现代惩罚性赔偿的转变

如果说 17、18 世纪的英美法国家是把惩罚性赔偿作为对受害者救济手段之一种，弥补受害者精神痛苦与所获补偿的不足，那么"自 19 世纪以来，惩罚性赔偿转向制裁和遏制不法行为，而主要并不在于弥补受害人的精神痛苦"。[1]惩罚性赔偿的转向与时代发展下的侵权法变革息息相关。

早期社会并没有部门法的划分，民刑一体，侵权法还未从刑法中脱离出来，制裁方式也是以"同态复仇"为主。而当罗马法中的《十二表法》与《阿奎利亚法》废除"同态复仇"，且按实际损害来赔偿受害者时，侵权法开始形成，而这时期的侵权法还未完全脱离刑法的影响，自然是以惩罚为主，以对受害者的损害补偿为次要。到了 12、13 世纪，资本主义经济在欧洲萌芽并获得了广泛发展，罗马法的复兴运动也在法学领域展开。这一时期的侵权法由于和刑法已经逐渐分离，惩罚性功能大大削弱，以金钱赔偿为主的责任承担方式凸显了其对受害者损害补偿的功能。在法律理念上，个人责任和主

---

〔1〕　参见王利明：《惩罚性赔偿研究》，载《中国社会科学》2000 年第 4 期。

观责任在当时平等、自由的观念下得到确立，最明显的标志就是过错责任成为资本主义私法三大理论基石之一，并且在许多国家的民法典中确立。个人责任和主观责任意为自己对自己的行为负责，要求尊重个人的意志和行为的自由，减少法律对个人行为的干预，而惩罚性的私法与此精神相背离，因而在推崇自治私法下的惩罚性赔偿难以发挥其惩罚、威慑和鼓励的功能。到了19世纪，随着工业革命的到来，各类产品责任事故对人们的人身和财产安全造成了严重的损害和重大的威胁，侵权法"补偿不能超过损害"的理念受到挑战。同时，随着社会化思想在法学领域的渗透，抽象意义上的平等已不符合社会发展的现实，加强对受害人的保护，充分解决事故损害以实现实质上的平等成为法律的发展趋势。[1]这时，惩罚性赔偿作为对加害人的惩罚被视为保护受害人的手段之一。

二、现代惩罚性赔偿的核心功能转变

纵观现代美国司法惩罚性赔偿的变革，其亦是政府通过惩罚性赔偿惩罚、遏制不良经营者和激励广大受害消费者与其斗争的历程。该历程主要分为三个阶段：第一阶段是以程序钳制实体；第二阶段是实体标准的限缩与细化；第三阶段是实体标准的内涵拓展。这些司法上的变革主要是让惩罚性赔偿更加制度化、规范化。因为随着赔偿金数额的节节攀升和随后对其质疑声音的不断高涨，美国司法界开始意识到惩罚性赔偿实为一把双刃剑，若任由其发展而只一味强调巨额赔偿的惩罚作用，在打击商业欺诈的同时亦将可能沦为褫夺他人财产的工具，更甚者对一定范围内的产业经济带来毁灭性的灾难。

第一阶段通过3个案件引发了惩罚性赔偿违宪的讨论。这3个案子是1986年的 Aetna Life Insurance Co. v. Lavoie 案、1988 年的 Bankers Life & Casualty Co. Crenshaw 案和 1989 年的 Browing-Ferris Industries of Vermont, Inc. v. Kelco Disposal, Inc. 案。前两个都是保险公司恶意拒绝支付保险金，法院判决保险公司在支付填补性损害赔偿之外还要支付较大数额的惩罚性赔偿金，而被告认为这种判决违反了宪法，在这 2 个案子中联邦最高法院的法官并未正面回应惩罚性赔偿是否违宪的问题。第 3 个案子是反托拉斯案件，在这个案例中，Ferris Industries 是一家位于佛蒙特州的废物处理公司，而 Kelco Disposal 是一

---

〔1〕　参见朱凯：《惩罚性赔偿制度在侵权法中的基础及其适用》，载《中国法学》2003 年第 3 期。

家位于纽约州的废物处理公司。两家公司在东北地区的废物处理市场上存在竞争关系。Ferris Industries 起诉 Kelco Disposal，称其通过与竞争对手达成协议，固定价格并划分市场，违反了美国《反托拉斯法》。联邦最高法院对此案作出了裁决，认为 Kelco Disposal 的行为确实违反了《反托拉斯法》，要求被告在 5 万美元的填补性损害赔偿之外加上 600 万美元的惩罚性赔偿金。被告认为惩罚性赔偿金额显然过高，应属违宪，提出上诉。而联邦最高法院多数见解认为，《宪法》增修条文第 8 条禁止过度课处罚金之规定，在政府未提起诉讼亦未分享任何赔偿金额时，对私人间之民事诉讼不适用。至于《宪法》增修条文第 14 条关于正当法律程序之规定，因当事人未为适切主张，暂不论列。大法官 O'Connor 在意见书中写道："在 10 年前，上诉法院关于产品责任案件判决的惩罚性赔偿金，联邦最高法院是 25 万美元。自此以后，惩罚性赔偿金已高于以往 30 倍以上。从而，正当法律程序应对惩罚性赔偿金予以程序上及实质上的限制。"[1] 从不正面回应到简单排除《宪法修正案》第 8 条的禁止过度课处罚金之规定，美国法院开始对惩罚性赔偿金的违宪问题予以关注。直至 1991 年出现轰动一时的 Pacific Mutual Life Insurance Co. v. Haslip 案（以下简称"Haslip 案"）[2]，美国法院开始积极回应惩罚性赔偿金是否违反《宪法》中正当法律程序之规定问题。同样是保险诈骗案例，陪审团判决上诉人公司赔偿 104 万美元，其中至少 84 万美元为惩罚性赔偿金，即为填补性损害赔偿之 4 倍，为原告支出之 200 倍。对于上诉人公司提出的违反《宪法》正当法律程序条款的主张，联邦最高法院给予了明确的答复，即正当法律程序条款在惩罚性赔偿金之判决程序上应予以适用。同时，其对法院审理此类案件所应遵循的"正当程序"予以了说明：①事实审法院应确认被告行为系属显然恶意重大之诈欺；②事实审法院应告知陪审团惩罚性赔偿金之性质及目的、确认该赔偿金系为民事上的处罚，非属强制性处罚；③上诉法院应对事实审法院之惩罚性赔偿金判决进行审查，并表明其判断理由；④被告之财务状况不应作为决定惩罚性赔偿金之重要标准。而该案支持原告诉请的理由概而言之有三点：其一，上诉人公司对代理人的欺诈行为早已知悉，故存

---

〔1〕 Browing-Ferris Industries of Vermont, Inc. v. Kelco Disposal, Inc, 492 U. S. 257, 262, 264, 277 (1989).

〔2〕 案情简介：Haslip 为 Alabama 市的雇员，参加上诉人公司的团体健康保险，但因上诉人公司之代理人私吞 Alabama 市代扣缴交的保费，以致其住院费用 3000 美元未能获得保险给付。

在可责难性；其二，宪法对惩罚性赔偿金并无"数字上的明显界限"，本案下级法院的判决亦未"跨越到宪法认为不适当的范围"，虽然 4∶1 的惩罚性与填补性赔偿金的比例已经"接近了这个界限"。其三，本案下级法院的判决符合上述正当法律程序之最低要求[1]。从该案审判过程来看，联邦最高法院显然也认识到了陪审团不受限的自由裁量权在确定惩罚性赔偿时会导致严重后果，甚至会与个人宪法权利相冲突，但其却并未对宪法可接受和不可接受的界限确定广泛标准而是转而分析亚拉巴马州法院作出惩罚性赔偿程序的合理性，确立了判断惩罚性赔偿是否符合正当程序的初步体系。

谙熟美国宪法的人都知道，最初仅指程序正当性的正当法律程序条款在经过 1873 年屠宰场案和 1887 年芒恩案之后已经扩展为包含程序与实质权利双重正当的法律条款，这意味着在保障权利剥夺程序正当性的同时对权利本身的任何限制也应予监督和审查。Halisp 案解决了惩罚性赔偿的程序正当性的问题，随之而来的另一则著名判例 TXO Production Corp. v. Alliance Resources Corp. 案（以下简称"TXO 案"）则开始审查一项高于实际损害 526 倍的惩罚性赔偿金是否违反被告实质上正当法律程序所保护之权利。该案最后审理的联邦最高法院并不认为高于实际损害 526 倍的惩罚性赔偿金违反被告实质上正当法律程序所保护之权利，相反认为此笔赔偿金合理，因为上诉人公司的欺诈行为若成功，将可获得 500 万~800 万美元的不当利益[2]。联邦最高法院适用正当程序原则之用意在于避免陪审团对惩罚性赔偿理解的偏差和对自由裁量权带有强烈主观意愿的恣意使用，而这正是该制度的批判者和改革者提出怀疑的主要原因。如果说正当程序原则是通过强调陪审团对惩罚性赔偿的对象、性质、目的的正确认知和理解以保证其作出的判决合理的话，那么在许多州所进行的程序法改革则是从审判方式上直接限制了陪审团的自由裁量权。改革分 2 项，第 1 项为分阶段审理方式，即第 1 阶段由陪审团对于被告是否需负赔偿责任的事实认定，而后就第 2 阶段再由其就该赔偿是否恰当以及数额的合理性加以审理。分别审理的目的即在于避免陪审团的偏见。例如，被告的财力状况是作为后阶段审理惩罚性赔偿金数额斟酌的因素，但在前阶段判断被告是否应对不法行为负责时，则不应予以考虑。程序法上的第 2

---

〔1〕 Pacific Mutual Life Insurance Co. v. Haslip, 499 U. S. 7, 18, 23-24 (1991).

〔2〕 TXO Production Corp. v. Alliance Resources Corp, 509 U. S. 443-462 (1993).

项变革方式为由陪审团决定被告是否应负惩罚性赔偿责任，再由法官决定赔偿金数额。本项改革的原因在于反对惩罚性赔偿金者批评审案件的陪审员往往缺乏专业理性，在裁判时带有同情弱者的主观倾向性情绪，而不考虑像法官判决时应当考量的经济、社会、企业风险等因素而实行公平裁判。程序上改革最直接的后果是限缩了陪审团的权力，而这引起了许多反联邦主义者的不满。在他们看来，美国宪法第七修正案所确立的陪审团在普通法诉讼中的权力有着反对政府专制、反对司法偏见和反对垄断集团或财团特权的政治意义，随意限制陪审团的权力是对公民参与式民主的践踏，同时也不利于保护作为弱者的原告的合法权益。就惩罚性赔偿案件的审理而言，陪审团与法官之间在赔偿数额上的差异是源于其对惩罚目的的理解或者说是他们的道理标准的不同，因而陪审员对弱者更为同情、更加质疑政府行为而且更不能容忍那些对公众身体、安全造成破坏的商业行为。故不能将宪法中的正当程序原则理解为对陪审员自由裁量权的限制，也不能将其用于限制法律所保护的原告利益。惩罚性赔偿的程序正义为其更好地发挥惩罚、威慑和激励功能提供正义的支撑。

美国现代惩罚性赔偿的第 2 阶段变革是实体标准的限缩与细化。在批评与质疑声中，联邦最高法院逐步深入地对惩罚性赔偿案件判罚标准予以细化，以深化、统一审判人员的认识。之前的 TXO 案中，联邦最高法院曾对惩罚性赔偿金的数额是否符合惩罚及威慑的目的合理性角度提示了诸如被告行为可责性等 7 项因素。这些因素的提出为法官及陪审员理性判处惩罚性赔偿金提供了有益参考，但是这些参考因素显然过于零散和宽泛，孰其孰重难以判断。1996 年的 BMW of North Amercia, Inc. v. Gore 案（以下简称 "BMW 案"）中，联邦最高法院确立了该类案件审理的 3 个 "参照标准"，而这 3 个标准成为此后该类案件判罚的主要考量依据[1]。这 3 个标准之间，存在着一定的内在逻辑性和关联性。第 1 个标准是判断被告是否应对其行为承担惩罚性赔偿

---

〔1〕 案情大体为：原告在被告 BMW 经销商处购买了一辆车，但被告未主动告知原告该车曾维修的事实，一审陪审团认为被告构成重大或者恶意欺诈，要求支付 4000 美元补偿性损害赔偿金以及 400 万美元的惩罚性赔偿金。随后的上诉审理中，亚拉巴马州最高法院将惩罚性赔偿金从 400 万美元减少到 200 万美元，而最终联邦最高法院以 5：4 的微弱多数作出终审判决：亚拉巴马州最高法院作出的 200 万美元惩罚性赔偿的裁决极为过分，不符合联邦宪法第 14 条修正案的正当程序条款。最高法院在其判决书中确立了认定是否被告承担惩罚性赔偿及赔偿数额的三个 "参照标准"：① 被告行为的可责性程度；②惩罚性损害赔偿金和实际损害的关系；③相似案件中的民事制裁和惩罚性赔偿金的比较。

的最为关键的因素。行为的可责性程度看似是对行为人主观状态的评判依据，但根据联邦最高法院对案件的分析解释中所作出的表述，可责性并非完全等同于传统侵权中行为人动机的"故意"或者"重大过失"，甚至是"疏忽"，其含义应该还包括行为给当事人所带来的后果。本案中，后果被区分了纯经济损失和身体伤害，在标准制定者眼中，身体伤害的可责性是比纯粹经济损失的可责性要严重的。那么行为的可责性是否只是从行为人的主观状态和行为后果这两方面来判断呢？除此之外是否还存在其他的考量因素？对此联邦最高法院并未给出答案。而第 2 个标准和第 3 个标准是在确定承担惩罚性赔偿后对其适宜数额的判断标准。在第 2 个标准中，联邦最高法院在惩罚性赔偿与实际损失之间的比例上大做文章，法官 Stevens 解释说，Halisp 案件中的 4：1 已经接近了宪法极限，而在 TXO 案中法院曾经建议比例不超过 10：1。但最终谁也无法给出一个固定的比例值，而且如果实际损失赔偿数额太小的话，10：1 也非绝对。联邦最高法院确立的比例标准似乎是为作出巨额惩罚性赔偿金而遭受冲动和感性指责的陪审团或法官们给出一个相对理性和固定的参考基础，提醒他们惩罚性赔偿与填补性赔偿虽在功能上相异，应该注意与其保持适当且合理的关系。第 3 个标准的目的很明显，是为了避免相似案件的判罚差异过大，有失法律的公正。换言之，法官在审理惩罚性赔偿的案例时，不仅要考虑个案的正义，还应参考其与同类型的其他案例的判决，尽可能地统一裁判尺度。

　　综观这三个标准，如果说之前的 TXO 案为惩罚性赔偿的限制找到了突破口，那么 BMW 案则在此突破基础上予以了强化，由外部限制转为内部指引，寻求承担和限制赔偿的科学的可操作性标准。7 年后，联邦最高法院在 State Farm Mutual Automobile Insurance Company v. Cambell. 案（以下简称"State Farm 案"）中对 BMW 案中所确定的标准进行了进一步的阐释。该案同样是一起保险公司欺诈案件。联邦最高法院认为本案被告的行为构成恶意、欺诈和故意施加精神伤害，指出在适应上述第 1 个参照标准时，可以考虑伤害的类型、被告行为所表达出来的对他人安全与健康的态度、被告行为对原告经济状况的影响、被告行为的频率、被告的行为是否为主观恶意等。接下来，法院适用上述 BMW 案中所确立的第 2 个参照标准来分析赔偿金数额，认为在一般情形下，不违反正当程序要求惩罚性赔偿金与填补性赔偿金两者比例不能超过个位数，当然，填补性数额过小的除外。而该案中 145：1 的比例明显过高，而且本案原告受到的伤害是纯粹经济的。因此，法院认为本案中的惩罚性赔偿金是对被告财产的任意剥夺。很显然，在 State Farm 案中，法院延续了 BMW 案中所总结出来的标准，并对其中最为关键的判断要素即可责性条件予以了更为详尽的解释，这几个要素大体可分为 2 个层面：二是从被告的主观及行为层面，一是从行为后果层面。在主观和行为上，除恶意、欺诈之外，行为人是否存在对他人安全和健康的漠视。这两个层面凸显了对作为社会上或体力上处于弱势的消费者身体和健康权益的保护和对为追求自身利益不顾劳工与大众安全的企业公司的惩戒与威慑。这也正是自 20 世纪末开始的惩罚性赔偿最为核心的目的和功能[1]。但是法院将在 TXO 案中模棱两可的个位数比例建议直接作为否认该案惩罚性赔偿的理由限制了对不法企业的遏制力度。而这与美国 20 世纪 80 年代以来的民事责任体制改革，尤其是社会上与政治上对惩罚性赔偿金制度的改革主张有着密切关联。惩罚性赔偿的反对者和改革派在 20 世纪 80 年代中期以后，就借着美国民事责任改革的浪潮，从最初的学术论战，到积极的、有组织的以及有财力支持的政治性活动，被认为是利益团体为其自身利益而寻求民事责任制度改革之运动[2]。改革派的努力让美国政府和法院逐步加大了对惩罚性赔偿数额的限制。实际上，比例标准在美国一些州的法律和案例中已经成为衡量惩罚性赔偿金数额恰当与否的重要考量因素。美国有 5 个州采取惩罚性赔偿金对填补性赔偿固定比率的限制。例如，在佛罗里达州，除非原告能以"明白、有说服力之证据"证明其有更大的损害，否则惩罚性赔偿金不得超过填补性赔偿金最高额的 3 倍[3]。

美国现代惩罚性赔偿的第 3 阶段变革是实体标准的内涵拓展。2009 年结案的美国著名 Philip Morris USA v. Williams 案（以下简称"Morris 案"），使得原本似乎较为清晰的惩罚性赔偿金的标准又开始模糊起来。Philip Morris 是美国最大的烟草生产商，Williams 的丈夫因患有肺癌而死亡，其遗孀认为丈夫的死亡与其生前嗜烟有密切关系，同时认为烟草公司在烟草广告中存在着欺诈的行为，于是在丈夫死后，其以自己名义起诉该公司，最终获得 821 000 美元的填补性赔偿金以及 7950 万美元的惩罚性赔偿金。本案中，联邦最高法院

〔1〕 David, F. Parlett, "Punitive Damages: legal Hot Zones", *56 Ala. L. Rev. 781* (1996).

〔2〕 Stephen Daniels, "Joanne Martin, Myth and Reality in Punitive Damages", *75 Minn. L. Rev.* 9–14 (1990).

〔3〕 Dan Quayle, "Civil Justice Reform", *41 Am. U. L. Rev. 1281* (1989).

与俄勒冈最高法院在惩罚性赔偿金的数额上有两次激烈的交锋，前者2次以惩罚性赔偿数额过高为由发回后者重审，而后者则始终维持原判决，最后联邦最高法院以维持原判结束此案[1]。这个案件的判罚数额无疑是令人咋舌的，之前对惩罚性赔偿的种种限制措施似乎都成为一种摆设。但是，如果仔细分析会发现，Morris案有着不同于以往案件之处即该案件的受害者或者说是潜在受害者为人数众多的群体。在 BMW 案、State Farm 案、TXO 案中，法官虽然也考虑到了被告的欺诈行为给原告以外的第三人造成了伤害或者具有造成伤害的可能性，但是与烟草生产商的消费对象——吸烟者相比，上述案件的受害者或潜在受害者只是少数。正如法官 Breyer 所说："……同时我们认识到对大多数人有造成伤害危险的行为甚至比给少数人已经造成伤害的行为更应受到谴责。陪审团据此事实来确定被告的可责性。"[2]因对多数人具有造成损害的危险性而处以巨额赔偿金解释了陪审员的判罚原因，那么这种巨额赔偿的基础是什么呢？美国 Sharkey 教授给出了答案。他认为，陪审员所作出的补偿性赔偿应分为2个部分：一部分是对在法庭上的受害者损失的补偿，一部分是对不在法庭上的其他人所产生的损害补偿。社会性损害是被告行为所导致的确实存在着的、可以计算的社会损失，其推进了补偿侵权理论所根植的公平、正义之目标，已经脱离了传统补偿性赔偿的意义和功能。社会性损害与威慑的经济理论有着紧密的联系：这种赔偿在救济原告的同时对被告的违法行为起着威慑的作用，即使被告造成的外部社会成本内在化[3]。Sharkey 教授还认为，美国8个州的分立式赔偿规则背后的立法动机即蕴含着这样的理念——惩罚性赔偿是一种社会利益而非个人利益。换言之，社会性赔偿的观念其实已经为立法及司法实践所接纳和采用。社会性赔偿的理论是社会本位思想在私法领域渗透的结果，与传统侵权法过错责任下的补偿理论并不一样。后者以维护受害人个人利益为目的，通过侵权人个人责任补偿受害人损失达到此目的，其对潜在侵权人和潜在的侵权行为并无太大威慑作用。而社会性赔偿理论下的惩罚性赔偿以维护社会整体利益为最高目的，通过惩罚、威慑侵权人和激励受害者来达到此目的。

---

〔1〕　Dan Quayle，"Civil Justice Reform"，*41 Am. U. L. Rev. 1281* （1989）.

〔2〕　Phlips Morris USA v. Wissiams，549 U. S.（2007）. Philips Morris USA, Inc. v. Williams，128 S. Ct（2008）. Philips Morris USA, Inc. V. Williams，129 S. Ct （2009）.

〔3〕　Catherine M. Sharkey，"Punitive Damages As Social Damages"，*Yale Law Journal. 5* （2003）.

可以看到，现代惩罚性赔偿的每一次变革都离不开巨额惩罚性赔偿的判例推动。这些有名的惩罚性赔偿案例几乎都是针对为社会公众提供服务或产品但是却漠视公众人身、财产安全的大公司和大财团的不诚信或失德行为。惩罚性赔偿的意义就在于惩戒、威慑这些公司和财团，并且激励广大公众与其斗争，维护弱势公众的合法权益和营造诚信、安全的商业环境。

三、惩罚性赔偿功能转变的主要原因

现代惩罚性赔偿由早期的补偿为主变为惩罚为主并非一蹴而就，这背后有其深刻的原因。

第一，社会变革原因——工业革命后产品侵权案件的迅猛增长。现代工业革命与科技发展极大地改变了人类的生存方式和生活水平，使得现代文明社会逐步迈入了"风险社会"。各种类型的侵权案件不断涌现，产品责任、事故责任、环境污染责任等对人的生命和财产权益造成了极大的危害。如何为受害者提供更为合理、全面的保护和赔偿成为现代侵权法亟待解决的重要问题。市场经济社会，人在法律上被设计为个人利益的精明追求者，能理智地决策并避免损失。当人们整体处在熟人社会之中时，分工没有充分展开，产品具有同质化，生产者之间、生产者与消费者之间信息不对称问题并没有尖锐地暴露出来。在这种"透明"的环境中，侵权的发现成本极低，任何一方的投机主义，都可以因受害人发动诉讼而使加害人利益归于消灭。但在陌生人社会中，要做到加害行为与责任追究之间的"一一对应"，成本太大甚至不可能，责任追究的不完全性开始显露出来。惩罚性赔偿的应用则是为了弥补传统赔偿在该方面的不足。而与此同时，法经济学的兴起为该问题的解决提供了方法支撑。

第二，司法制度原因——陪审团、私人检察官、风险代理等制度的影响。首先是陪审团制度。在英国普通法早期，陪审团扮演着调查与审判的角色。当时的法官对损害赔偿数额并无清晰的衡量标准，而陪审团对于案件事实甚为熟悉，因此，陪审团更有优势判决超越损害填补数额的惩罚性赔偿。反之，法官既无能力审查陪审团判决赔偿的数额，也没有权力推翻陪审团判决的赔偿金额。即便到了18世纪后期，关于侵权行为、契约与财产案件，普通法法院已经逐渐建立损害赔偿标准，然而普通法法院仍然不想也不去干涉陪审团的惩罚性赔偿判决，一方面是不愿意招惹麻烦；另一方面也认为，如果不法

行为人是基于恶意，给予惩罚性赔偿是正当的。[1]这也很好地说明了为什么惩罚性赔偿最先出现于英国。[2]此外，美国《宪法》也明确承认了陪审团的审判权。美国《宪法》第7条规定："在普通法诉讼中，如果争议的标的超过20美元，由陪审团审判的权利就应予以保留，而且透过陪审团审讯而获得的事实，美国任何法院不得重新审视，除非普通法的规则容许这样做。"陪审团在审判中的权力与地位深深根植于英美法系的传统之中，而在美国更有《宪法》的保障，因此，即便陪审团成员是一些普通百姓，可能会基于对不法行为的愤怒、讨厌等情绪而判决高额赔偿以惩戒这些不法行为人，法官仍无权推翻，除非法官有很强有力的理由，比如陪审团滥用裁量权。其次是私人检察官制度。在传统上，英国人民就不愿意国家建立强大的警察或检察制度，害怕行政力量过强，有侵犯人民自由之疑虑，因而许可私人扮演检察官的角色，从而节省政府建立强大检察体系的费用。由于执法人员的缺乏，对于公共秩序的维护，特别是经济秩序，就有赖于私人诉讼来完成公共目的。因此，惩罚性赔偿就是激励私人兴诉，间接执行行政法规。20世纪60年代以后，在各种领域如民事权利、产品责任证券欺诈、消费者权益以及环境与资源保护方面，通过私人诉讼来执行已经常规化，成为司空见惯的事情。例如，在美国，民事诉讼在反托拉斯法的执行中占了90%的比例。[3]因此，不能简单地将惩罚性赔偿视为一种纯粹的损害赔偿制度，往深层次上说，惩罚性赔偿还扮演了社会控制的角色，即通过惩罚性赔偿中的高额金钱来鼓励人们与不法行为作斗争，从而维护良好的生活秩序。[4]最后是风险代理制度。在一般的诉讼案件中，美国许可和鼓励"风险代理"：原告的律师通常只收取"成功酬金"，即律师事先负担诉讼费用，等法院判决出台之后，如果当事人胜诉，律师将获得所判决的一定比例的赔偿金；如果败诉，则一毛钱也拿不到，支付的诉讼费用就收不回来，因而是风险代理。这种制度客观上会刺激律师鼓励受害者对不法企业或财团提起诉讼，并在诉讼请求中提出高额的惩罚性赔偿。

　　第三，理论发展原因——法经济学的兴起。法经济学运动出现在最发达

---

〔1〕　参见陈聪富：《侵权归责原则与损害赔偿》，北京大学出版社2005年版，第199~200页。

〔2〕　参见李珂、冯玉军：《惩罚性赔偿制度的法经济学分析——兼论中国〈消法〉第49条的法律适用》，载《首都师范大学学报（社会科学版）》2005年第4期。

〔3〕　Lawlor v. National Screen Service Corp., 349 U. S. 322（1995）.

〔4〕　参见张新宝、李倩：《惩罚性赔偿的立法选择》，载《清华法学》2009年第4期。

的资本主义国家——美国并不是偶然的。一方面，现代经济学的理论研究不断扩张和渗透到其他社会科学领域，形成了"经济学帝国主义"的学术格局，运用理性预期理论、新制度经济学、福利经济学、公共选择理论、博弈论与信息经济学的理论和方法分析法律现象更具"科学性"和解释力。运用理性预期理论、新制度经济学、福利经济学、公共选择理论、博弈论与信息经济学的理论和方法分析法律现象更具科学性和解释力。另一方面，继美国法学家霍姆斯提出"法律的生命不在逻辑，而在经验"的著名论断之后，以弗兰克和卢埃林等法学家为首发起了法律现实主义运动，在法学研究中逐步运用经济理论和方法，以揭示法律制度和经济体制相互运行之间的制约关系和影响。他们对正统的法律家们采取的"概念法学"和"法条主义"立场提出批判，强调法律的社会目的和效果，即不仅考虑法的"正义性""公平性"，也优先考虑法的"效益性"，注重对与法律有关的政治、经济、社会等诸问题的研究，由此引起的法学思维方式和方法论的革新为法经济学的出现奠定了思想基础。从经济的角度来看侵权赔偿，要形成对加害行为防范的有效激励，侵害人的补偿必须是完全的，前提条件是，每一个受害者都能实际地享有权利。由于受不同受害人偏好和实际能力的影响，全体受害人权利的行使会存在只有部分人索赔并得到补偿的问题。当加害人对全部受害人的补偿是不完全时，其"责任概率"会下降，超过赔偿部分的成本被转嫁到了社会，因此所获得的利益则为自己所独享。其结果必然削弱了加害人采取预防性措施的动力，他宁愿花费一定的代价去补充部分受害者的损害赔偿，也不愿意停止侵害行为。而惩罚性赔偿将赔偿数额与发生概率联系在一起，既克服和缓解了侵害者责任不足的问题，同时也为防范潜在的违法行为提供了动因。根据经济学的最优威慑理论，当实际赔偿的概率低于 1 时，赔偿就必须提高，以保证赔偿的完全性，使预期的赔偿应与违法行为造成的损失相等；由于被发现和实际赔偿存在或然性，实际的赔偿等于补偿性赔偿除以发现违法并予以惩罚的概率。"容许每一个受损害的消费者都要求赔偿惩罚性赔偿金并使惩罚倍数等于履行差错的倒数，就能恢复实行有效预防的动力。"[1]可见，法经济学的发展为惩罚性赔偿的广泛适用提供了科学的依据和精准的方法，使受害

---

[1] 参见［美］罗伯特·考特、托马斯·尤伦：《法和经济学》，张军等译，上海三联书店、上海人民出版社 1994 年版，第 540 页。

者能够得到更为全面的赔偿和保护，而对加害方则起到适度的威慑作用。

第四，法律制度原因——刑事处罚的局限性。很多美国学者认为，刑事处罚的局限性是具有惩罚性的惩罚性赔偿得以不断发展的重要原因。[1]刑事处罚相比于民事责任而言，对行为人的人身和财产影响更大。为了避免伤及无辜，对当事人施加刑事惩罚就需要遵守严格的刑事诉讼程序，并且达到更高的证据证明标准。比如，美国20世纪轰动的辛普森案件，前足球运动员兼演员辛普森被指控杀害其前妻及其朋友，但最后由于检方的证据未能达到排除合理怀疑的标准，基于"疑罪从无"的原则，法院最终作出了无罪判决。辛普森被释放后，被害人的家人对他提起了民事赔偿诉讼。陪审团认定辛普森有责任并判给原告1250万美元的补偿性赔偿和2500万美元的惩罚性赔偿。[2]为何刑事责任不成立而惩罚性赔偿就能获得支持呢？原因在于，认定惩罚性赔偿是基于民事诉讼的证明标准，其不需要达到刑事定罪所要求的排除合理怀疑，而只需要达到优势证据即可。另外，从刑事诉讼实践看，由于积案太多，公诉人有时会放弃对自认为不太严重案件的控诉，这也会造成刑法无法充分发挥作用。[3]

---

〔1〕 Clarence Morris, "Punitive Damages in Tort Cases", *44 Harv. L. Rev. 1173*, 1196（1931）; Nicholas K. Kile, "Constitutional Defenses Against Punitive Damages: Down But Not Out", *65（1）Ind. L. J. 141*, 142（1989）; David F. Partlett, "Punitive Damages: Legal Hot Zones", *56La. L. Rev. 781*, 783（1996）.

〔2〕 Rufo v. Simpson, 86 Cal. App. 4th 573, 103 Cal. Rptr. 2d 492（2001）.

〔3〕 参见朱广新：《美国惩罚性赔偿制度探究》，载《比较法研究》2022年第3期。

第二章

功能主义视角下惩罚性赔偿的研究意义

第一节　功能主义的理念阐释

"功能主义"的一个语源，是社会学理论中的"结构功能主义"。这一理论主张社会是具有一定结构的系统，其组成部分以有序形式对社会整体发生相应功能。法律规范是社会整体系统的组成部分之一，故在这一理论下，法学研究能够观察到法律规范内容与社会系统的互动作用。"功能主义"的另一个语源，是自20世纪70年代以来比较法研究中形成的"功能性"原则这一基本方法。此方法主张对于异域法律，只有具有类似社会功能的立法才有比较的意义。该方法在我国亦为学者所广泛接受，并直接在民法学的具体研究中产生了影响。[1]在汉语语义和外来理论的双重作用下，我国学者在宪法、刑法、经济法、行政法等诸多部门法研究领域开始自发使用"功能主义"这一称谓。

功能主义作为社会学研究的重要分析工具，大致经历了早期功能主义、结构功能主义和新结构功能主义几个阶段。最初有关功能主义的论述，主要集中于孔德、斯宾塞和迪尔凯姆的相关著作中。例如，斯宾塞在孔德"有机体类比"的基础上提出，"结构的分化伴随着功能的分化，每一分化的结构为整个系统'生命'的维持完成一定的功能"。[2]迪尔凯姆则认为，各种社会组织的存在，仅仅是为了满足特定的社会需求，"一切道德体系"都构成"一种

---

〔1〕　参见申晨：《论中国民法学研究中的功能主义范式》，载《法制与社会发展》2023年第5期。

〔2〕　参见［美］乔纳森·特纳：《社会学理论的结构》（上）（第6版），邱泽奇等译，华夏出版社2001年版，第8~10页。

社会组织的功能"。〔1〕结构功能主义学者莫顿将功能定义为"有助于既定系统的适应或调整的可观察的结果"。〔2〕帕森斯则把社会系统分析看作一种"结构—功能"分析，即：系统的环境适应、系统目标的实现和系统的结构维持等过程是与系统的功能性必要条件的满足相联系的，当功能性必要条件得不到满足时，系统就要向着提高环境适应能力的方向发生结构变动。〔3〕新结构功能主义的领袖卢曼将功能主义思想运用至法律制度中，认为"由于法律管理和调整人们参与角色和程序以及社会分化一定在角色层次发生，因而如果社会想要分化或进化，法律就是极为重要的子系统"。〔4〕对此，卢曼给出的建议是："我们不能再从本体论的角度来理解法律，而只有从功能上去理解它。"〔5〕这种解释范式逐渐形成了法社会学的主要观点和立场，故而社会法学也被称为功能法学。〔6〕在社会法学派看来，"法始终是一个社会事实，只有从它们与有关社会关系的角度才能予以研究"。〔7〕因此，所有法律的规定都具有"维护社会的生活条件之目的"。〔8〕为了充分实现对法律的社会意义的解读和刻画，功能主义逐渐演变为法学研究者的重要分析工具。

　　在法学研究中，功能主义往往在两个语境下使用。第一个是作为研究范式来使用。所谓研究范式是指以被研究者所公认的范例（包括定律、理论、应用、仪器等）为连贯的科学研究活动提供确定的模型，进而规定一个研究领域的合理问题和方法。〔9〕此处的功能主义含义最为宽泛。功能主义范式指

〔1〕　参见［英］艾伦·斯温杰伍德：《社会学思想简史》，陈玮、冯克利译，社会科学文献出版社1988年版，第231页。

〔2〕　参见［英］艾伦·斯温杰伍德：《社会学思想简史》，陈玮、冯克利译，社会科学文献出版社1988年版，第247页。

〔3〕　参见［日］富永健一：《社会学原理》，严立贤等译，社会科学文献出版社1992年版，第54页。

〔4〕　参见［日］富永健一：《社会学原理》，严立贤等译，社会科学文献出版社1992年版，第76页。

〔5〕　参见［英］马丁·洛克林：《公法与政治理论》，郑戈译，商务印书馆2002年版，第357页。

〔6〕　参见沈宗灵：《现代西方法理学》，北京大学出版社1992年版，第248页。

〔7〕　参见［葡］叶士朋：《欧洲法学史导论》，吕平义、苏健译，中国政法大学出版社1998年版，第207页。

〔8〕　参见［德］阿图尔·考夫曼、温弗里德·哈斯默尔主编：《当代法哲学和法律理论导论》，郑永流译，法律出版社2002年版，第166页。

〔9〕　参见［美］托马斯·库恩：《科学革命的结构》，金吾伦、胡新和译，北京大学出版社2012年版，第8页。

的是不设置先验的价值依据，仅根据议题性质，提供价值测量的尺度，再将议题所涉的社会事实进行分化剖析，代入尺度中予以衡量和评价，以此得出判断结论。从学术史上看，与功能主义研究范式相对应的是形式主义的研究范式。与功能主义不同，形式主义研究范式是寻求某种先验理念作为逻辑前提，再通过一定的逻辑推导规则形成结论。而功能主义研究范式是在既有规范中根据规范功能效果提炼出不具有明确先验性但足以凝聚一定价值共识的开放性逻辑前提。概言之，形式主义侧重法律文本的抽象涵摄和逻辑推导，而功能主义则关注法律规范的社会效果和衡量式论证。法学发展史上，概念法学之后的诸多法学研究方法都可以归为功能主义法学。如以"目的"或"利益"作为规范内容的判断标准利益法学，还有强调关注和反映社会价值和利益冲突与协调的评价法学。功能主义的研究模式大致包括三个基本部分：一是尺度，即需在何种维度上讨论与评价。具体的尺度可以表现为"社会功能""目的""利益""社会效果""效率"等。二是具体因素，即在上述尺度下，将所需评价的社会现象或议题转化为衡量尺度的具体因素。如要衡量某规范的利益，那么必须找出规范涉及的各方具体利益。三是研究方法，即对上述因素进行汇总、比较和分析，最后得出结论。当然，实践中功能主义研究范式并非全部按照上述三个部分逐一完成，最简单的研究可以直接在特定尺度下指出关键性的因素，并论证此因素的重要地位或者在判断中的优先地位。若更复杂、全面一些，则对因素尽可能地列举完全，并通过科学的方法对这些因素进行比较和衡量，最后得出结论，显然后者比前者的论证更具说服力。

第二个是作为法律方法。功能主义的法律方法主要体现在法律解释、漏洞填补和价值衡量三个方面。首先，功能主义在法律解释中，强调的是法律的社会功能、实际效果以及法律规范所追求的目的。它不仅仅关注法律条文的字面含义，还注重法律条文在特定社会背景下的实际作用和效果。功能主义释意模式将无所把握的目的解释融入法律之中，使得目的解释客观化并具有可接受性，同时，也将非正式法律规范的政策与情理融入法律，实现法律规范的合社会性。运用功能主义解释法律时，会从法律条文的字面含义出发，但不仅仅局限于此。其结合立法原意、法理以及社会现实等多种因素，对法律条文进行综合性的解释和适用。这种解释方式有助于避免对法律条文的片面解读，确保法律适用公正和合理。针对一些新兴问题和模糊性法律条文，运用功能主义结合实际情况和社会发展，对这些问题进行适应性的解释，确保法律能够与时俱进，满足社会发展的需求。其次，功能主义在填补法律漏洞时，通过非正式法律规范的统合，以及法律效果与社会效果的统一等途径，为法律规范的动态适应性和实质正义的实现提供了可能。从非正式法律规范的统合角度来看，功能主义通过引入政策、习惯等非正式法律规范，将这些规范与正式法律规范相结合，从而填补成文法中的漏洞。功能主义将非正式法律规范的政策与情理融入法律，实现法律规范的合社会性。这种方法在处理民事、行政指导性裁判案件中的法律漏洞时尤为明显。从法律效果与社会效果的统一角度来看，功能主义强调法律实施的效果应与社会的实际效果相一致。这种思维方式促使法官和立法者在面对法律漏洞时，不仅要考虑法律条文本身，还要考虑法律实施后对社会的影响和反馈。这有助于法律规范更好地适应社会需求，同时也增强了法律的灵活性和适用性。最后，在价值衡量上，功能主义强调对规范社会功能效果的量化考察，而非仅仅依据先验价值前提进行判断。功能主义在价值衡量上立足于社会功能效果的量化考察，这一点区别于形式主义的先验价值推导。在思维方法上，功能主义采用分析综合法，将社会事实还原为基础要素再进行综合计算，而不是简单的三段论推理。

第二节 功能主义在民法领域的应用

一、功能主义与民法

功能主义在我国民法中的运用非常广泛，其不仅仅作为具体规范解释、体系构建的方法或是某个规范漏洞填补的方法，在长期的发展过程中，更是成为一种独特的研究范式。如前所述，形式主义与功能主义被认为是现代民法研究中的两大范式。我国民法学在发展初期，研究的主要依据就是"自由""平等""公平"等私法理念和伦理道德、社会主义意识形态理念[1]，通过这些抽象理念再来涵摄构建规范正当性的路径，这就是早期形式主义研究范

---

[1] 参见柳经纬：《改革开放以来民法学的理论转型——百年中国民法学之考察之二》，载《中国政法大学学报》2010 年第 3 期。

式的特征。20 世纪 80 年代，由于"拿来主义"的影响，国外成文法规范取代了原有的私法理念成为形式逻辑的先验前提。进入 21 世纪，我国加大了民事立法的步伐，并且开始强调立法本土性和民族性的中国特色，加上这时期国外功能主义民法学的研究成果被陆续介绍到国内，为民法研究从形式主义向功能主义的范式转型提供了丰富的资料，这些促使了我国一批功能主义学术成果的诞生。如在《合同法》立法过程中，王利明老师就撰文强调了合同法所应具备的规范功能、保护功能和鼓励交易功能，特别是鼓励交易功能的确立，能更好地发挥《合同法》在我国市场经济社会中的重要作用。而在我国之前的合同立法与司法实践中存在诸多与该功能相悖的规定和现象，如过宽地使用合同无效和解除制度、过多地宣告合同无效和解除。把鼓励交易功能作为合同法的主要功能之一，鼓励当事人从事更多的市场活动，市场主体越活跃，市场活动越频繁，市场经济才能真正得到发展。〔1〕在制定《物权法》时，物权公示原则的安全功能也受到学者关注。物权法着重保障当事人与第三人之间的利益关系安全。这种安全功能体现在：其一，保护人们的"系统信任"，鼓励、保护人们的交易信心。交易信心往往决定一个交易的规模、成败进而决定整个交易秩序。其二，降低排他成本。排除他人侵犯、干涉需要成本，这种成本在一个仅依靠权利人个人保护的社会里是相当大的，而物权通过占有、交付和登记作为物权享有和物权变动的表征最大限度地降低了排他的成本。其三，降低交易信息搜寻成本。物权公示原则免除了交易人对相对人身份不真实的风险，从而在事实上将超出公示合理范围的成本排除在了市场交易的正常信息搜寻成本之外。〔2〕

学者也逐渐关注民事法律的社会功能，如民法领域中，从功能主义角度来尝试分析与解决理论与实务难题的成果最为丰富，涉及范围包括主体分类、权力配置、法律适用、责任类型化等。如何对我国的法人进行分类规定是制定《民法总则》时争议较大的问题，德国民法依照传统结构主义将法人分为"社团法人"和"财团法人"两大类，但是我国立法最终没有采取这种分类，而是按照"营利法人""非营利法人"及"特别法人"三个类型来划分。这种类型划分考虑到不同法人的社会功能，从体系建构和规范功能实现的需求

---

〔1〕 参见王利明：《合同法的目标与鼓励交易》，载《法学研究》1996 年第 3 期。
〔2〕 参见霍海红：《物权公示原则的多重视角》，载《法学论坛》2004 年第 2 期。

出发，具有形式逻辑上的周延性和自足性，其所建立的法人类型体系具有开放性与流动性，有利于与其他法律的衔接，便于充分发挥不同类型法人的功能，便于管理。与结构主义不同的是，功能主义的分类方式更注重法人的社会功能和目的，而非仅仅基于其成立基础（如人合性或资合性）。这种分类方法不仅有助于明确不同类型的法人在法律上的权利、义务和责任，而且也促进了法人制度与社会需求之间更好地匹配。[1]在制定《侵权责任法》时，有研究就提出现代侵权法的基本功能应是填补功能，而不应包括有学者所认为的惩罚和预防功能，传统侵权法中的预防功能已经成为填补损害的反射作用，惩罚功能在侵权法中已消失。[2]虽然这种观点并未被立法所采纳，但是这种法律功能主义的思维对侵权法的研究产生了影响。在民事立法繁荣的 20 世纪 90 年代，功能主义逐渐在形式主义主导的立法进程中，发挥着辅助论证的作用。

21 世纪以来，随着我国民事法律规范体系的成熟，形式主义民法学的研究范式不可避免的逻辑前提的封闭性矛盾日益凸显，功能主义进路研究热度也持续升温。概括起来，功能主义在我国民法学的应用集中在三个领域。

二、功能主义在民法领域中的应用之一——补充传统法释义学下的规范解释

传统形式主义民法学下的法解释是以法律规范作为核心对象，通过对法律文本中的规范进行程式化的涵摄来解释规范的含义，明确规范的实质内容。但是，形式主义在适用中也有一些问题：首先，规范中的语义、逻辑范围都有边界，可能无法涵盖要解决的所有问题；其次，运用不同的解释方法和解释路径，同一个规范可能得出的结论是不同的，甚至是相互矛盾的；最后，在某些情形下，严格按照传统解释学的方法解释规范所得出来的结论可能会与实质正义观念、公序良俗的原则相背离。由此，民法学者往往会采取功能主义来补足形式主义法释义下的解释论结论。例如，我国《民法典》第 585

---

〔1〕 参见张新宝：《从〈民法通则〉到〈民法总则〉：基于功能主义的法人分类》，载《比较法研究》2017 年第 4 期。

〔2〕 参见尹志强：《侵权行为法的社会功能》，载《政法论坛（中国政法大学学报）》2007 年第 5 期。

条规定了约定违约金制度。按照传统形式主义解释学的理解，约定违约金属于违约损害赔偿的一种特殊形式。[1] 从文义解释看，该条第 1 款、第 2 款均明确将违约金与"违约造成的损失"挂钩；从体系解释看，该条位于《民法典》合同编的违约责任内容中，显然，约定违约金依照这两种解释都不得高于违约造成的实际损失，当事人接受违约金后也不能要求违约方继续履行约定，否则将违反"不得基于违法行为获利"的理念。然而，这种从形式主义出发对规范的理解与交易实践并不相吻合。在交易过程中，通常当事人在订立合同时约定违约金，其最主要的作用是担保合同的履行而非约定损害赔偿，同时合同还未实际履行，情况在不断变化，当事人无法精确预见到违约的实际损失。由此，很多学者采用功能主义范式，从违约金的社会功能角度展开论述，强调违约金应当具备赔偿性和惩罚性的双重属性，并根据这一功能定位，提出了针对违约金规范的类型化或衡量化的解释方案。有学者从赔偿与惩罚的功能层面将违约金分为赔偿性违约金和惩罚性违约金。前者主要用于解决某些纠纷中实际损失难以准确计算的问题，后者不在于惩罚违约的债务人，而在于履约担保。在实务中，应在"单一属性说"的基础上坚持以赔偿性为原则、以担保性为例外对违约金进行事前判断；赔偿性违约金是否过高应以债权人为观察对象判断，惩罚性违约金是否过高应以债务人为观察对象独立判断。能否并用继续履行或替代履行的损害赔偿取决于违约金所针对的违约事由，整体上与违约金的性质没有必然联系，但可以作为是否应调整违约金的考量因素。[2] 还有学者认为，违约金在历史上就是仅作为债务履行的担保工具而存在的，违约金的目的就在于担保履行，而非解决损害赔偿，是固有意义的违约金。但是违约金也并不当然具有惩罚违约行为之目的。而惩罚性违约金的效力在于，违约方除须支付违约金外，尚需继续履行债务或者负担损害赔偿债务。赔偿性违约金本不属于违约金之范畴，其本意是当事人在订立合同时对损害赔偿总额的预定。后世法律为简化损害赔偿程序、平衡当事人利益，将违约金推定为损害赔偿总额预定，于是产生了赔偿性违约金。我国法律以规范赔偿性违约金为主，但亦不完全否定惩罚性违约金，其主要

---

〔1〕 参见姚明斌：《违约金双重功能论》，载《清华法学》2016 年第 5 期。

〔2〕 参见罗昆：《违约金的性质反思与类型重构——一种功能主义的视角》，载《法商研究》2015 年第 5 期。

问题在于，违约金固有的担保功能丧失殆尽，而赔偿性违约金的简化损害赔偿的功能也没能充分发挥。因此，应对现行违约金条款在重新解释的基础上进行必要的改造，以明确违约金的功能定位，并改进其法律效力。[1]但也有学者认为，违约金的压力功能和赔偿功能起源于罗马法，经过长时间的发展，已成为现代比较民法的共识。违约金与合同义务之间具有"原次"和"主从"关系，这正是双重功能在法技术层面的体现。中国法上的违约金功能定位更接近于以法国法为代表的规范安排，即以赔偿功能为主，同时存在一定的惩罚性，但这"惩罚"并不具有典型意义，而只是具有超额赔偿的结果意义[2]。违约金的功能主义分析还扩展至违约金相关规定的适用。比如，有学者认为《民法典》规定的违约金酌减规则只适用于赔偿功能违约金的解释并无逻辑与实质根据，赔偿性违约金并非恢复违约金约定实质自由的适合工具。从当事人意思自由出发，惩罚性违约金才是本来意义上的违约金，主要发挥履约担保的功能，是原给付义务，是从给付义务，而与作为损害赔偿额之预定的赔偿性违约金不同。因此，基于违约金的赔偿与惩罚功能，在适用违约金的酌减规则时，不应仅考虑实际损害的大小，而应根据债权人的担保目的予以判断，由此形成当事人之间的实质平衡。[3]

三、功能主义在民法领域中的应用之二——解决传统大陆法系民法规范外的新问题

民法中的多数制度借鉴了大陆法系国家的民法制度。由于在先理论的建构不足，形式主义的运用在某些时候面临困境，功能主义为解决这些困境提供了办法和思路。形式主义困顿的情形主要有两种：一是具有我国本土特色而大陆法系国家鲜有的制度；二是基于社会发展所产生的全新法律问题。我国本土特色制度运用功能主义研究的例子很多，如彩礼制度、农村土地经营性流转、土地承包经营权继承等。以彩礼制度为例，彩礼是我国几千年来的民间婚嫁习俗，彩礼数额不断攀升，不少地区男子因为家里经济条件不好而

---

[1]　参见韩强：《违约金担保功能的异化与回归：以对违约金类型的考察为中心》，载《法学研究》2015 年第 3 期。

[2]　参见姚明斌：《违约金双重功能论》，载《清华法学》2016 年第 5 期。

[3]　参见王洪亮：《违约金功能定位的反思》，载《法律科学（西北政法学院学报）》2014 年第 2 期。

很难娶到媳妇，因此，彩礼问题就成了我国婚姻纠纷中的难点问题。《民法典》和之前的《婚姻法》对此也没有作出规定，2020 年最高人民法院《关于适用〈中华人民共和国民法典〉婚姻家庭编的解释（一）》只粗略地规定了彩礼返还的三种情形，但实务界和理论界对彩礼问题的争议仍然很大，如何规制以及在何种情形下应返还及返还多少似乎并没有找到令人信服的办法。为此，有学者就从功能主义角度为思考和解决彩礼问题提供了新的思路。学者认为彩礼传统的伦理价值、补偿女方家庭经济损失的对价、惩罚违反婚约行为的手段等功能已经逐渐衰退，而现代社会中的彩礼功能主要是家庭财富的传承和父母对新生家庭生活的资助。法律应对彩礼规则进行重构，将其认定为以新生家庭的共同生活为目的的赠与。在司法实践中，法官应根据共同生活的实现程度决定返还彩礼的比例和额度，以消除彩礼导致婚姻商品化的嫌疑，应家庭多元化的趋势，鼓励女性把彩礼用于家庭生活中。为避免违反婚约行为对彩礼功能的干扰，法律还应保护当事人对婚约的信赖，要求违反婚约方承担信赖责任，同时起到把未婚男女引入婚姻关系的社会效果。[1]

基于社会发展产生的新法律问题在功能主义范式下往往也能提出更贴合现实需要的方案。例如，随着互联网的发展，大量以信息为客体的新社会关系涌现，而个人信息保护成为信息时代法律所需解决的重大问题。

就私法保护方法而言，形式主义范式下的方案主要是通过概念涵摄或者类比的方法，把个人信息这个新事物装入"民事权利"这个老酒当中去，再依据其独有特性在核心概念下不断补足原有概念或规范。例如，主张将针对个人信息确立"个人信息权"这一民事权利。整体而言，个人信息的概念远远超出了隐私权的范畴，隐私和个人信息之间虽然在权利主体、价值基础、权利客体和侵害后果上存在一定的相似性，但权利属性、权利客体、权利内容以及保护方式上都还有着较大差异。在民事权利体系下，个人信息权应该单独规定，而非附属于隐私权之下，也就是将个人信息权作为一种具体的人格权加以保护，并制定个人信息保护法。[2]但是个人信息权的提法只是考虑了个人信息的私法保护，同时权利主体对个人信息权利的支配地位会给公法

---

〔1〕 参见李付雷：《论彩礼的功能转化与规则重构》，载《中国社会科学院研究生院学报》2021年第 1 期。

〔2〕 参见王利明：《论个人信息权的法律保护——以个人信息权与隐私权的界分为中心》，载《现代法学》2013 年第 4 期。

对个人信息的管理带来困难与法律障碍。

再比如对于网络虚拟财产等数据财产，主张对其类比适用物权规则。[1]而网络虚拟财产若作为物权，一来无法体现物权的支配性和法定性，二来物权法保护将使得网络运营商和用户都陷入财产处置的两难处境。正因为如此，《民法典》对这两种依据形式主义范式提出的方案都没有采纳。在此情形下，有学者转而选择功能主义路径，通过观察现实功能需求和社会效果来回应上述两个新时代法律问题。如对个人信息保护的问题，学者提出将个人信息先定位于民事权益而不是民事权利，对个人信息采取公法与私法并重的综合性保护方法。我国《民法典》应规定个人信息保护，这样不仅奠定了个人信息保护的正当性基础，也为个人信息保护立法提供了基本法律依据。自然人对个人信息并不享有绝对权和支配权，而只享有应受法律保护的利益。该利益是指自然人享有的防止因个人信息被非法收集、泄露、买卖或利用进而导致人身财产权益遭受侵害或人格尊严、个人自由受到损害的利益。只有行为人违反保护性法律侵害个人信息时，才产生侵害个人信息的侵权责任。[2]

对于网络虚拟财产的保护，功能主义思路认为可以根据网络服务的功能属性，确定对用户与网络运营商的具体权利义务分配。[3]网络虚拟财产法律保护需要解决的最现实和具体的问题，即利益蒙受损失时由谁来负责的问题。在司法实践中，以纠纷主体为划分标准，网络虚拟财产纠纷主要分为两种类型：网络用户与网络运营商之间的纠纷和网络用户与网络用户之间的纠纷。前者主要是由于网络服务协议的履行引起的纠纷，由于网络运营商为网络用户行使限权、停权、封号等措施引起的纠纷；后者主要是由于虚拟财产被盗、被毁损、数据被篡改等引起的纠纷。因此，民事利益定位下的网络虚拟财产的保护规则就应从这两方面进行构建。[4]这种功能主义进路方案改变了传统"先赋权、后保护"的惯性模式，而对于具有天然工具属性、只服从于系统和代码等技术规则的网络虚拟财产，形式主义路径显然并不符合其特性。

---

〔1〕　参见杨立新、王中合：《论网络虚拟财产的物权属性及其基本规则》，载《国家检察官学院学报》2004 年第 6 期。

〔2〕　参见程啸：《民法典编纂视野下的个人信息保护》，载《中国法学》2019 年第 4 期。

〔3〕　参见申晨：《虚拟财产规则的路径重构》，载《法学家》2016 年第 1 期。

〔4〕　参见高郦梅：《网络虚拟财产保护的解释路径》，载《清华法学》2021 年第 3 期。

四、功能主义在民法领域中的应用之三——法律漏洞的填补

在成文法国家，立法者在确定立法规范后由法官对这些法律条文进行理解和逻辑推理得出裁判结论，而如果无法找到完整且适当的规范，法官便无法适用，此种情况即为"法律漏洞"。运用功能主义解决法律漏洞在民法实践中也不鲜见。对"知假买假"者是否适用惩罚性赔偿的问题，学者提出的功能主义论证方案为司法实践解决这个长期争议的问题提供了新的思路。依照《消费者权益保护法》第55条的规定，经营者提供的产品存在欺诈情况的，消费者可以提出惩罚性赔偿。而实践中，有的消费者利用该条款在明知的情况下向欺诈的经营者主张惩罚性赔偿以获取其购买商品或服务价款3倍的赔偿。甚至，现实中还出现了专业的打假集团或公司，严重扰乱了市场经济秩序，也背离了《消费者权益保护法》对消费者保护的初衷。形式主义通常的做法要么是对规范中的"欺诈""消费者"等概念作限缩解释否定惩罚性赔偿的适用，要么判定"知假买假"亦符合规范的构成要件认可惩罚性赔偿的适用。两种结论相互冲突，但各有利弊。而这种形式主义范式下的"知假买假"分析可能会存在两个误区：一是仅凭法官的朴素感知对打假者的积极作用，而忽略或未重视其可能或者已经带来的消极作用；二是对"知假买假"的消极作用缺乏深入思考和应对。正视"知假买假"惩罚性赔偿给社会带来的问题以及其所产生的功能，区分"良性知假买假"和"恶性知假买假"，能够使得对《食品安全法》第148条第2款和第150条所规定的"食品安全"和《消费者权益保护法》第55条中的"欺诈"获得正当化依据。如此，能发挥民法与行政法、刑法的协同治理效应，更有效地回应社会现实的法治需求，更好地增进人们的社会福利。[1]之后的司法解释也倾向于采用这种方案，而不是一刀切地承认或者否认"知假买假"适用惩罚性赔偿。

另一例子就是非典型担保的法律漏洞弥补。非典型性担保并非真正意义上的法律担保，而是当事人双方通过达成某种交易协议，但协议的目的并非为某种交易而是为债务提供担保的行为。实践中大量存在的让与担保、所有权保留、买卖型担保、保理等即为非典型性担保。非典型性担保的双方当事

---

[1] 参见熊丙万：《法律的形式与功能 以"知假买假"案为分析范例》，载《中外法学》2017年第2期。

人通过签订买卖、租赁合同之名义真正达成担保的实际意图，因此在法律形式上，它不属于我国物权法上的任何一种担保类型。而我国物权法规定了物权法定原则，这种非典型性担保由于非物权法规定的担保类型，其是否有效、如何处理成为《民法典》编纂中的争议问题。动产担保交易立法有功能主义与形式主义两种模式。功能主义强调特定交易在经济上的作用，只要在功能上具有担保作用的交易均应纳入动产担保交易法的规制范畴；形式主义则着重当事人就交易安排的表象，依交易的形式归属不同的法域予以调整。学者认为，应从保障中小企业融资、优化营商环境的功能主义视角，赋予非典型担保效力。我国《民法典》的规定也采纳了此观点，并在法理上进行了阐释。物权编以所有权（自物权）为基础展开其制度逻辑，推及至用益物权与担保物权等他物权，由此，担保物权就被定位于在他人财产上所设立的定限物权，所有权自然不包括在内。凡以所有权为担保者，无法在物权编担保物权分编中找到其体系位置；所有权保留交易、融资租赁交易等起着担保功能的交易也就无法植入既有的担保物权体系之中。正因此，《民法典》将这些起着担保功能的非典型动产担保交易与动产抵押交易在规则上做了类似的设计，统一适用登记对抗规则，为动产担保交易其他规则的一体化提供了解释前提。[1]

第三节　功能主义在其他法律领域的应用

一、在比较法中的应用实践

其实，功能主义在我国最早被比较法学研究者借鉴和使用，并形成了较为清晰和稳定的学术发展脉络。在比较法上，"功能主义原则意在寻找不同法律体系对同样或类似的社会问题提出的解决办法中的功能等值物，并对之进行评价"。[2]德国比较法学家拉贝尔最早将包含"功能"和"语境"两个要素的功能主义应用在比较法上，促使比较法学的研究范式发生了整体上的转变——把关注焦点从法律规范和原则的外在形式，转向这些规范和原则实际

---

〔1〕　参见高圣平：《动产担保交易的功能主义与形式主义——中国〈民法典〉的处理模式及其影响》，载《国外社会科学》2020年第4期。

〔2〕　参见雷安军：《比较法的功能主义原则：危机与出路》，载《中南大学学报（社会科学版）》2014年第1期。

上发挥的"功能"。[1]当时，由于比较法深受法律实证主义和概念法学的影响，把不同国家的正式的规则、制度和程序即"书面上的法律"作为研究对象。在法律实践中，德国法学家曾在 19 世纪最后 20 年专心致志地准备《德国民法典》的制定，又在此后 15 年对他们一手缔造的民法典进行彻底的检查和研究，这进一步强化了他们根深蒂固的以法律文本为中心的思考习惯。然而，这种拘泥于法律外在形式的方法无法满足新的社会条件，迫使人们寻找一种较为有效的替代品。这一时期，利益法学、自由法学、法律社会学和法律现实主义以各种形式对概念法学和法律实证主义展开批判，粉碎了各国建立的概念体系、高度精密的学说和教条结构，为人们对法律的认识提供了新思路。这些学派虽然各有自己的主张，但在一点上却取得了共识，即法律科学的对象并不是概念的法律结构，而是这些法律结构应当解决的生活问题；法是"社会工程"，法律科学是社会科学。这些新认识已经含有从功能角度来理解法律的意味，为比较法提供了思想和方法的理论基础。为了使功能主义具有可操作性，德国比较法学家茨威格特和克茨提出三个理论假设来缩小该方法所要求的"语境"分析的范围，[2]并正式确立了功能主义在比较法研究中的主导地位。"各种不同的法律秩序的法律形式，只要具有类似的功能并且执行类似的任务，就有可能进行有意义的比较。功能是一切比较法的出发点和基础。"[3]随着功能主义成为正统且它的革命性主张变成社会常识，后期的理论家试图借鉴新兴的学科理论为其注入活力。其中，意大利比较法学家萨科提出的"法律共振峰"学说以"结构—功能主义"为基础进行了有益的尝试。其从法律渊源角度拆解了传统功能主义暗含的普遍主义观念，使在比较中动态地考察多种多样且相互冲突的法律规则成为可能。[4]

在比较法之后，功能主义在我国法学界展开了广泛的学术实践。在宪法领域，通过对民主集中制原则的功能主义构建功能主义的国家权力配置观，以国家的效能和治理能力为目标，强调将权力配置给在组织、结构、程序、人

---

〔1〕 参见朱淑丽：《比较法学中的反法条主义进路》，载《社会科学》2014 年第 4 期。

〔2〕 参见朱淑丽：《比较法学中的反法条主义进路》，载《社会科学》2014 年第 4 期。

〔3〕 参见［德］茨威格特、克茨：《比较法总论》（上），潘汉典等译，中国法制出版社 2017 年版，第 78~79 页。

〔4〕 参见朱淑丽：《挣扎在理想与现实之间 功能主义比较法 90 年回顾》，载《中外法学》2011 年第 6 期。

员上最具优势、最有可能作出正确决定的机关，同时，要求承担某项国家权力的机关在组织、结构、程序、人员上相应调整以适应职能。功能主义的权力配置观指向国家决策的正确性和理性化，并以"民主集中制—正确性—功能适当"的逻辑脉络实质性地填充了民主集中制的内涵。用"功能适当性"，即在"功能—机关"的维度，功能主义的权力配置原则可以概括为两项规范教义：以机关结构决定职权归属与因应职权需要来调整机关结构，以充实民主集中制原则的内涵，补强其精确性和规范性，这有助于未来的国家组织建设形成规范指引。[1]

二、在行政法中的应用实践

在行政法领域，20世纪80年代以来，行政法学界仅对"控权论"这类"规范主义学说"进行了理论阐述和研究，而对在理论基础方面与"控权论"相反，处于另一端的"功能主义学说"缺乏最基本的研究，这种态势注定了该学科发展有"先天性缺陷"，其原因可能在于：其一，五四运动以来，缺乏前进的基本理论导向。其二，由于我国立法与执法之间的差距以及法治现代化进程的后发，法学人过度沉溺于"语言哲学"的怪圈。尤其是在语言学派的推动下，借助如哈特《法律的概念》和麦考密克等人的《制度法论》等作品，使得公法研究过度依赖这种单一路径。因此，有学者提出"现在，首要的任务是对行政法学基础理论的两种理想类型作出细致精密的分析，尤其是对'功能主义学派'的历史背景、基本观点、其在社会发展中的积极作用做一梳理，毕竟它的存在是有一定合理性的"。[2]当然，也有少量学者运用功能主义的建构范式研究行政裁量的规制。功能主义在此成为方法论意义上的建构方式，其核心理念主要包括：其一，功能观，即对需要的满足。功能的概念在功能主义的理论体系中处于核心的位置。功能分析是一种重要的认知模式和研究路径。正如论者所言："从亚里士多德开始，人们把事物看成只是由要素和结构（质料和形式）两个方面构成的，功能主义指出了有关事物规定性的另一面——功能，从而使人们对事物的理解有了一大进步，事物被看成由

---

〔1〕　参见张翔：《我国国家权力配置原则的功能主义解释》，载《中外法学》2018年第2期。

〔2〕　参见朱维究、徐文星：《英国公法传统中的"功能主义学派"及其启示——兼论中国二十一世纪"统一公法学"的走向》，载《浙江学刊》2005年第6期。

要素、结构和功能三方面构成的，这是思维方法论的一大飞跃。"[1]其二，系统观。功能主义并不主张孤立地进行功能分析，而是首先将各要素置于"系统"之中来具体考察其功能。这就决定了功能主义一方面特别强调整体，社会是一个由个人、家庭、社团和机构等众多要素组成的有机整体。另一方面特别强调结构，组成系统的诸要素之间具有一种相对稳定的相互联系和相互作用方式即"结构"，功能定位于结构之中，结构本身亦蕴含着功能的实现。对功能与结构这种统一性的重视，从"功能结构主义"学派的得名可见一斑。其三，整合观。功能主义亦不主张机械地进行功能分析，而是强调各组成要素功能之间的联系与互动，以及由此产生的系统功能的整合与调适。正如学者迪尔凯姆所主张的："要想对社会生活作出令人满意的解释，就必须指出反映在社会生活上的各种现象是怎样互相协助，以使社会自身达到和谐并与外界保持和谐。"[2]功能主义的社会观亦可归结为，社会被视为"一个功能统一体"，在各部分功能整合、协同合作的基础上进行着有秩序的运转。因此，整合是功能主义的核心标签，是功能分析的最终落实和归宿所在。

对于行政裁量的规制，存在着外部他制与内容自制、硬法规制与软法规制、实体规制与程序规制、规范规制与能动规制等规制模式上的分歧。在功能主义的建构范式下，可以通过明确裁量规制系统的目的，界定裁量规制系统的要素，分析和整合裁量规制要素的功能，从而构建一个结构上完整、功能上均衡、自我调节、相互支持的行政裁量规制系统，以解决这个多向度的复杂问题，在"裁量正义"的规制目标的统辖下有效地整合各种规制要素的功能，使其各尽其能，协同运作，共同实现对行政裁量规制的正面效益最大化。[3]周佑勇老师曾专门研究功能主义视角下的裁量基准，倡导关注政府的有效运作与国家积极职能发挥的功能主义，而非仅限于对政府活动进行严格的约束，更为关注提高行政权力行使的总体绩效，以期达到良法美治、增进社会福祉。[4]

---

〔1〕 参见周农建：《功能主义——人文科学研究中的一种方法论》，载《湖北社会科学》1987 年第 6 期。

〔2〕 参见［法］E. 迪尔凯姆：《社会学方法的准则》，狄玉明译，商务印书馆 1995 年版，第 113 页。

〔3〕 参见钱卿、周佑勇：《论行政裁量规制系统的建构——基于功能主义的范式》，载《湖北社会科学》2012 年第 11 期。

〔4〕 参见周佑勇：《行政裁量基准研究》，中国人民大学出版社 2015 年版。

三、在刑法中的应用实践

刑法领域，功能主义在构建刑事一体化的内外体系上发挥了重要作用。在刑法立法观方面，功能主义的刑法立法观能够适应风险社会的规范性需求。风险社会中刑法立法面临着诸多挑战，包括：要求全方位地规制风险并形成一套整体性的治理策略，对风险进行准确预测与评估以确保预防机制的有效发挥，以及对预防机制所可能带来的弱化法治保障的风险进行反思性的控制。既有的刑法立法所做的应对举措带来重要的后果，不仅刑法所重点关注的犯罪类型呈现结构性的改变，刑法与其他法规范系统之间的关系也经历了重大的转变，而传统刑法理论的一些基本准则或教义则遭到突破或规避。功能主义的刑法立法观包含三个面向的内容，即积极介入的立法导向、追求预防效果的立法导向与注重灵活回应的立法导向。受干预的早期化与干预领域扩张化的影响，在积极介入的立法导向之下，犯罪圈或者说刑法处罚范围会呈现不断扩大的态势。这三个面向各自可能制造相应的风险。基于此，学者提出对功能主义的刑法立法观有必要进行适当的调控：理性的刑法立法应当以对风险的科学预测与评估为基础；应当摆脱单纯的控制思维，在整合权利保障思维的同时进行全面的利益衡量；应当采用多轨制的刑法立法模式，以缓解立法的稳定性与灵活性之间的紧张。[1]在刑事解释论方面，在目的理性的刑法体系之内，刑事政策被定位为方法论层面的合目的性考虑。这种体系性思想要求刑法解释论摆脱传统的范式，而实现向功能主义的刑法解释论的转型。功能主义的刑法解释论具有目的导向性、实质性、回应性与后果取向性的特点。由于倡导司法能动，功能主义的刑法解释论有助于解决风险社会背景下刑法体系的自我演进问题。功能主义的刑法解释论认为，刑事政策的目的性思考代表的价值判断与传统教义学规则代表的形式逻辑之间，是一种相互补充、相互牵制的关系。基于此，有必要警惕两种极端的立场：一是主张纯粹实用主义导向的刑事政策的论证；二是认为刑事政策对刑法体系的任何干涉都应被禁止。功能主义的刑法解释突破传统解释论的认知局限，认为解释者与法律文本之间不是"主体—客体"的认识论关系，解释者也参与对刑法文

---

〔1〕　参见劳东燕：《风险社会与功能主义的刑法立法观》，载《法学评论》2017 年第 6 期。

本的意义的创造，刑法解释因而并非单纯的方法论，而是构成刑法的实体。[1]在犯罪构成方面，学者根植于当代阶层理论的功能主义转变，以故意重心的变动、被害人教义学视角下的正当防卫，以及偶犯、惯犯之分与违法性认识错误的可避免性为例，分别说明了构成要件、违法性与责任三阶层的功能化及其所具有的实践意义。[2]在刑罚执行方面，刑罚执行体系可被视为一个系统，承载着惩罚、威慑与预防犯罪的重要功能，监狱矫正与社区矫正是其主要构成要素。基于功能主义，刑罚执行体系的功能发挥与良性运行有赖于监狱矫正与社区矫正的相互联系、相互协作。一方面，其有助于提升刑罚执行构成要素的效能，监狱矫正与社区矫正的协调互动能够增强服刑人员复归社会的信心，提高他们积极改造的动力，同时监狱矫正与社区矫正互动可以提高矫正工作的科学化水平。监狱矫正与社区矫正的互动是实现和深化"监区与社区的一体化管理"的基础和支撑，进而有助于增进刑罚特殊预防功能的发挥。另一方面，监狱矫正与社区矫正的协调互动能够实现优势互补，有利于刑罚功能的整体性发挥。[3]

四、在其他部门法中的应用实践

在诉讼法领域，功能主义为民事诉讼、行政诉讼和刑事诉讼中部分问题的解决提供了新的视角和论证依据。如民事诉讼中民事执行权的配置，学者运用结构功能主义分析了民事执行权宏观上配置与法院行使所具有的必要性和合理性，微观上成立专门的执行审判庭和执行警务局以分别行使执行裁判权和执行实施权的可行性。[4]行政诉讼研究学者从行政机关负责人出庭应诉制度的功能角度出发，分析了该制度在实务中的诸多问题，提出了规则之治的

---

〔1〕 参见劳东燕：《能动司法与功能主义的刑法解释论》，载《法学家》2016 年第 6 期；劳东燕：《功能主义刑法解释论的方法与立场》，载《政法论坛》2018 年第 2 期。

〔2〕 参见车浩：《体系化与功能主义：当代阶层犯罪理论的两个实践优势》，载《清华法学》2017 年第 5 期。

〔3〕 参见张凯：《论我国监狱矫正与社区矫正互动机制之形塑——以功能主义为分析视角》，载《东岳论丛》2016 年第 8 期。

〔4〕 参见李欣红、叶伶俐：《结构功能主义视阈下民事执行权配置路径探析》，载《山东审判（山东法官培训学院学报）》2016 年第 4 期。

坚守、互动平台的搭建、民本文化的提升等方法以使其功能回归。[1] 刑事诉讼中如何保障被告人的沉默权是个实务难题,学者从功能主义出发,通过梳理如实回答与沉默权在各自不同诉讼结构中的功能性作用,说明其影响诉讼结构之机理,并利用功能主义分析与文化解释的相互补充性的阐释,来解决"如何做"的问题。[2]

在经济法领域,功能主义被用作连接反不正当竞争目的与结果的工具。在具体的解释路径中,功能主义解释通过搭建"目的—功能"与"功能—结果"的沟通桥梁,最终实现"目的论"与"结果论"在解释方法上的串联和贯通。在"目标匹配"与"结果验证"的双重标准考核下,功能主义解释方法为反不正当竞争法中有关"反法保护客体的性质""互联网新型不正当竞争行为的认定"以及"反法中竞争关系要素的取舍"等问题提供新的研讨视角与研究结论。[3]

综上所述,功能主义作为一种重要的法学理论视角,在众多部门法中均展现出了其独特的学术实践价值。特别是在刑事法律领域,功能主义不仅成了一种被广泛采纳的研究范式,而且对整个刑事法律体系产生了极为深刻且广泛的影响。这种影响体现在对刑事法律制度的解读、对犯罪行为本质的剖析以及对刑事政策制定的导向等多个层面,使得刑事法律的研究和实践更加深入、全面和具有前瞻性。而在其他部门法中,功能主义的运用则更多地体现为一种方法论上的指导意义。它作为一种分析工具,被用来解决各个特定部门法中所面临的突出问题。无论是民法、行政法还是经济法等,功能主义都以其独特的视角和方法,为这些部门法中的复杂问题提供了新的解决思路和路径。通过功能主义的视角,研究者们能够更加深入地理解各部门法的内在逻辑和运行规律,从而为其完善和发展提供更加坚实的理论基础。因此,可以说功能主义在法学领域的应用是广泛而深入的,它不仅丰富了法学研究的理论宝库,也为法律实践提供了有力的支持。

---

[1] 参见喻少如:《功能主义视阈下的行政机关负责人出庭应诉制度》,载《法学评论》2016 年第 5 期。

[2] 参见白冬:《如实回答与沉默权的功能主义分析与文化解释》,载《法学杂志》2012 年第 2 期。

[3] 参见龙俊:《论反不正当竞争法中功能主义解释方法的适用》,载《甘肃政法学院学报》2019 年第 5 期。

第四节　功能主义在惩罚性赔偿适用研究中的意义

功能主义作为社会功能主义，其思想渊源是现实主义法学，其关注的焦点不是权利义务的逻辑展开，而是权益被侵害后如何救济；不在于规范设计和体系结构的圆润自洽，而在于法律能否适应经济效能的变化或政策的需求，以实现特定的功能。[1]而将功能主义用于惩罚性赔偿适用的研究，有其特殊的意义。

一、有利于应对法律解释的局限性

形式主义的研究方法往往侧重法律条文的字面解释，容易忽视法律制度的实际运行效果。而功能主义则更加关注法律制度在复杂社会现实中的具体应用和效果，从而在一定程度上弥补了形式主义解释的局限性。在惩罚性赔偿领域，功能主义的研究方法有助于更准确地解释和适用相关法律制度，以应对日益复杂的社会经济环境。如之前提到的对于《消费者权益保护法》惩罚性赔偿条款是否适用于"知假买假"者，按照传统的语义解释方法、目的解释和体系解释方法，可以支持否定说的观点，也不能否定肯定说的反驳。否定说从语义解释和目的解释出发，《消费者权益保护法》第 2 条针对的是生活消费，而"知假买假"不属于生活消费。[2]且从体系来看，知假买假不构成欺诈行为，因为《消费者权益保护法》中的欺诈界定应与《民法通则》《合同法》保持一致，"对方当事人陷入认识错误"是民法上构成欺诈的前提条件，"知假买假"者显然不具备这个条件，因此不能适用。[3]肯定说的学者也可以从上述解释路径得出相反的结论。对于"生活消费"，可以作宽泛意义的解释，只要不是一个商人或者为交易购买的人，就应当认定为消费者。[4]对

---

[1]　参见［美］劳伦斯·M. 弗里德曼：《法律制度——从社会科学角度观察》，李琼英、林欣译，中国政法大学出版社 2004 年版，第 110~111 页。

[2]　参见梁慧星：《消费者权益保护法第 49 条的解释与适用》，载《民商法学（人大复印）》2001 年第 6 期。

[3]　参见韩世远：《消费者合同三题：知假买假、惩罚性赔偿与合同终了》，载《法律适用》2015 年第 10 期。

[4]　参见王利明：《消费者的概念及消费者权益保护法的调整范围》，载《政治与法律》2002 年第 2 期。

于"欺诈行为"，虽然《消费者权益保护法》属于民法特别法，但是它同时还肩负维护经济秩序、促进社会发展的功能，民法对欺诈的认定未必当然适用于《消费者权益保护法》。相比之下，《证券法》第 79 条第 1 款、《票据法》第 102 条对欺诈行为不要求相对人陷入认识错误的规定更具参考价值。[1]

从现有争论看来，从形式主义出发对"知假买假"惩罚性赔偿适用的解释至少有三个缺陷。首先，法教义学在其自身框架内可能看起来逻辑自洽，但它往往隐藏了法律条文背后的观点、立场和价值争议，这导致它在说服持不同观点的人或促进共识方面效果有限。此外，由于立法者在定义相关概念和构成要件时经常故意使用模糊的语言，这使得无论是支持还是反对某一论点的人都可以通过对法律的解释得出他们想要的结论。其次，即使某种法教义学推理在特定类型的消费者合同或欺诈行为中显得无懈可击，但并不意味着它适用于所有情况。例如，以瑕疵担保责任为基础的论证方法在处理销售假冒伪劣产品的情况时可能有一定的解释力，但对于价格欺诈或虚构交易等不涉及物品瑕疵的欺诈行为则无能为力。因此，我们不能简单地将《消费者权益保护法》中的惩罚性赔偿性质归结为瑕疵担保责任，并直接适用《民法典》合同编中关于瑕疵担保责任的规定。最后，由于规范本身没有对交易或欺诈行为的类型进行区分，法教义学的推理只能得出"全有或全无"的结论，这种极端的结论往往显得不合情理。例如，在日用品标签存在轻微瑕疵的情况下，拒绝"知假买假"者的惩罚性赔偿请求可能是合适的，并且与司法实践的基本立场一致。然而，如果将同样的逻辑应用于真正假冒伪劣且可能对购买者造成人身伤害的商品，得出的否定结论就显得不合理了。

二、有利于全面理解惩罚性赔偿的目的

功能主义强调法律规则或制度在实际应用中所发挥的功能和作用，而非仅仅局限于规则的文字表述或形式结构。从功能主义角度出发，可以更加深入地理解惩罚性赔偿不是为了弥补受害人的实际损失，而是通过经济上的惩罚来威慑和阻止未来的不法行为，保护公共利益和整体经济秩序。

惩罚性赔偿是一种特殊的民事赔偿制度，在民事责任中具有独立的地位。

---

[1]　参见刘保玉、魏振华：《"知假买假"的理论阐释与法律适用》，载《法学论坛》2017 年第3 期。

惩罚性赔偿在哲学基础、价值理念和体系定位上都不同于传统的补偿性损失赔偿，而在理解和适用惩罚性赔偿过程中把补偿作为其主要功能或者强调补偿功能会让惩罚性赔偿偏离惩戒核心而失去其应有的价值。从规范性质层面来看，惩罚性赔偿是公私融合的代表。惩罚之理念与功能和民事赔偿的损益相等、公平救济的理念似乎是相抵牾的，在公私法二元划分的大陆法系国家，惩罚性赔偿更接近公法的特质和功能，因而理论上有学者认为其应为经济法责任或准刑事责任。然而，公私二元划分并不意味着公私的对立，更不意味着两者绝对的泾渭分明。"要以实践需求为指引，以动态、发展的眼光不断实现公私二元区分理论的创新。就惩罚性赔偿而言，它不仅不会与发展的公法和私法二元区分理论相矛盾，还当然地涵盖于该理论之中。"[1]以惩戒为核心的惩罚性赔偿是公私融合的大胆尝试，"事实上，近代民法的三大原则相对化的过程，也就是民法不断地吸收公法元素调整意思自治的空间以及矫正形式公平带来的种种弊端的过程"[2]。正因如此，应该认识到惩戒功能是惩罚性赔偿的独特价值所在，在惩罚性赔偿中强调补偿功能无异于否定整个惩罚性赔偿之基础，其独特的惩戒功能将被淡化、掩盖，如此制度的存在意义亦将不复存在。从制度体系层面看，惩罚性赔偿是对原有民事赔偿和责任制度体系的突破。它打破了之前个体正义的赔偿格局，把社会正义嵌入赔偿制度之中，同时丰富了民事责任和赔偿体系，把责任者的主观状态、经济状况、行为后果程度、公法责任承担情况、潜在效仿负面效应和社会成本等都纳入了责任考量的范围。从前述惩罚性赔偿与补偿性赔偿在三个维度上的区分与惩罚性赔偿的特质分析可看出，惩罚性赔偿的核心在于惩戒，对不法行为者的惩戒能间接产生对受害者的补偿作用，但补偿绝不是惩罚性赔偿的核心功能。强调惩罚性赔偿的补偿功能容易使人混淆惩罚性赔偿与补偿性损失赔偿的差异性，其结果将造成对制度理解的扭曲，进而带来适用的混乱与错误。

---

〔1〕 参见李昌凤：《〈民法典〉时代惩罚性赔偿制度的理论重构与功能实现》，载《河南社会科学》2022 年第 1 期。

〔2〕 参见单飞跃：《〈民法典〉中经济公法规范的结构、功能及其影响》，载《现代法学》2022 年第 3 期。

三、有利于揭示惩罚性赔偿的多重功能

惩罚性赔偿具备惩戒、威慑、激励等多重功能。功能主义的研究方法能够全面揭示这些功能，并探讨它们如何相互作用，以达到最佳的社会效果。惩罚性赔偿主要具备惩戒、威慑、激励等功能，并不意味着每个领域中的惩罚性赔偿功能没有侧重点。根据现有法律规范，我国在消费领域、知识产权领域和生态环境保护领域均规定了惩罚性赔偿。但是，这些领域中的惩罚性赔偿功能各有侧重。比如，消费领域的惩罚性赔偿，其主要功能在于激励消费者维权，惩戒与威慑是其附属功能或者说是间接功能。在消费领域，惩罚性赔偿的核心目的在于激发消费者维护自身权益的积极性。通过对受害消费者进行额外的经济补偿，鼓励其采用法律途径解决纠纷，增强了消费者的维权意识。在激励消费者维权的同时，惩罚性赔偿也会体现出对不法商家的惩罚作用和潜在违法行为的威慑作用。消费者维权的激情高涨会使得商家面临较高的违法成本，使得潜在不法商家认识到违法的不经济，从而促进了市场环境的公平和正义。在知识产权保护区域内，惩罚性赔偿的主要作用是通过高额的赔偿金威胁，阻止侵权行为的发生。这种高额赔偿的预期，对于潜在的侵权者具有强烈的威慑作用，有助于保护知识产权的不可侵犯性。对不法侵害知识产权行为的威慑反过来鼓励了正当技术创新和科技创新性发展。因为当创新者相信自己的劳动成果能够得到法律的有效保护而不是一出来就被各种不法者剽窃，掠夺其劳动成果时，他们会更加愿意投入时间和资源进行研发和创新。在生态环境保护领域，惩罚性赔偿主要用于对那些破坏环境的行为进行严厉的惩罚。对违法者的重罚，反映出法律对环境保护的重视和决心，同时也向社会公众传达了保护环境的明确信号。除直接的惩戒作用外，生态环境保护领域的惩罚性赔偿也对其他可能的环境破坏者形成了有效的威慑。同时，惩戒不法者有助于教育公众、增强公众环保意识，促进社会整体对环境保护的重视。综上所述，不同领域中的惩罚性赔偿通过其各自功能的发挥，实现了法律的多维度作用，包括激励维权、惩戒不法、威慑潜在违法。这种差异化的策略体现了法律对不同社会问题精细治理的需求，以及通过私法手段实现公共利益目标的智慧。

四、有利于提供切合实际的惩罚性赔偿制度优化策略

通过功能主义的研究，可以发现现有惩罚性赔偿制度在实际应用中的不足和缺陷，进而提出针对性的优化策略。上面提到的"知假买假"适用惩罚性赔偿的问题，有学者就从功能主义角度剖析了"知假买假"适用惩罚性赔偿所带来的实际副作用，同时根据这些副作用提出相应的规制建议，具有较强的合理性和科学性[1]。"知假买假"适用惩罚性赔偿可能产生的实际副作用可概括为以下几个方面：一是造假买假。比如将快过期的商品掩藏进超市并放在较为隐蔽的地方，等过期后再去购买。但是由于目前监控装置的广泛使用和商家对这类行为的高度警惕，这类副作用已经逐渐减少，不太可能大范围地扩张。二是不对人身和财产构成严重威胁的商品或服务瑕疵被"知假买假"者作为索赔的依据。如食品包装中文标识不齐全的国产预包装食品、还有没有中文标识的进口食品。对于"知假买假"者来说，主张这类惩罚性赔偿成本低、风险小，而在实践中，支持此类惩罚性赔偿请求进一步助长了"知假买假"者采取机会主义索赔行为的动力。但是，现在司法部门也开始考虑这些判决的公正性，越来越多的法官注重审理案件时对食品的安全性进行实质性审查，而非仅针对有轻微标识欠缺但无现实或潜在的安全问题的商品就支持其赔偿请求。三是"知假买假"者以索赔为目的专门去购买因缺陷而召回的产品。对于此类副作用，完全可以通过司法解释或者公报判例等方式将召回公告发布之后的不安全产品或误导性陈述产品排除在惩罚性赔偿之外。毕竟，召回行为本身已经表明，生产经营已经没有惩罚的必要。四是"知假买假"者以举报违法经营行为相要挟向生产者或经营者索要赔偿费用。这类副作用主要是经营者信息不充分，高估其可能承担的法律后果进而向"知假买假"者妥协造成的。而消解这类副作用的首要办法就是提高执法、司法信息的确定性和透明度，让生产者和经营者准确认识违法生产经营的法律后果。再就是加大宣传，让生产者和经营者了解司法机关对于高额索赔诉讼的否定态度，从而认识到高额索赔现象的危害。从司法实践来看，"知假买假"在当前实践中的副作用远没有学者想象和评论的那么大。北京市的法院系统在总

---

[1] 参见熊丙万：《法律的形式与功能 以"知假买假"案为分析范例》，载《中外法学》2017年第2期。

体上能够比较好地区分良性"职业打假"和恶性"职业打假",并分别予以处理。[1]由此,从功能主义角度对惩罚性赔偿的分析研究能更切实际地应对和解决实务中的问题,其所提出的策略与方法也更具针对性和实效性。

五、有利于促进惩罚性赔偿的跨学科研究

功能主义的研究方法鼓励从经济学、社会学、心理学等多个角度审视法律制度的实际运行效果。在惩罚性赔偿领域,这种跨学科的研究视角有助于全面把握制度的社会影响,为法律制度的完善提供更为全面的理论支持。如美国法经济学家们就利用经济学原理和公式来计算惩罚性赔偿的赔偿基准。他们认为,在故意侵权的情况下,惩罚性赔偿数额应等于加害人的非法获利。在加害人逃脱责任的情况下,惩罚性赔偿金应等于实际损害乘以逃脱责任概率与承担责任概率之比。若以 H 代表实际损害,以 P 代表加害人承担责任的概率,那么加害人应赔偿 H/P,加害人的预期赔偿金是 P × (H/P) = H。也就是说,加害人承担的全部赔偿责任等于损害乘以承担责任概率的倒数。例如,加害人的责任概率是 25%,即 P = 1/4;损害是 10 000 元,即 H = 10 000。那么,加害人承担的全部赔偿是 40 000 元。同理,如果加害人的责任概率是 1/2,赔偿金就是 20 000 元;如果责任概率是 1/10,赔偿金则是 100 000 元。全部赔偿中超过补偿性赔偿的那部分即为惩罚性赔偿。从威慑的观点看,惩罚性赔偿的最佳水平应是由公式确定的全部赔偿减去补偿性赔偿。如果一个加害人造成了 10 000 元的损害,责任概率是 1/4,按照公式,全部赔偿是 40 000元,其中 10 000 元是作为补偿性赔偿金,余下的 30 000 元即为惩罚性赔偿金。用公式表示就是惩罚性赔偿金 = 全部赔偿 − 补偿性赔偿金。运用经济学原理来确定惩罚性赔偿金额较之赋予法官自由裁量权由其任意确定赔偿数额自然更加科学,在一定程度上能保证惩罚性赔偿功能的有效发挥。还有比如,我国运用动态系统论来理解和分析生态环境侵权和知识产权侵权中惩罚性赔偿中各种因素的相互作用和变化。动态系统论本是数学和物理学中研究随时间演变的系统的一个领域,其主要特点是状态随时间而变化。将数学、物理的原理运用到惩罚性赔偿中为理解和应用惩罚性赔偿制度提供了新的视角和方法。在惩罚性赔偿的认定中,通过动态体系化的方法,可以更灵活地考虑

---

〔1〕　参见张新宝、李倩:《惩罚性赔偿的立法选择》,载《清华法学》2009 年第 4 期。

各种因素，如侵权人的主观恶意、侵权行为的严重性、造成的后果等，从而实现对惩罚性赔偿金额的合理确定。在惩罚性赔偿的适用中，动态系统论体现在对侵权行为各要素之间交替与互动的多维度评价上，如侵权行为的性质、侵权人的心理状态、损害的严重程度等，这些要素相互作用，共同决定了惩罚性赔偿的最终数额。在惩罚性赔偿的判断中，动态系统论要求不仅要看单个要素，还要综合考虑所有相关要素，形成对侵权行为的整体评价，从而作出公正合理的惩罚性赔偿判决。

第三章

我国惩罚性赔偿主要功能的重新审视

第一节　对惩罚性赔偿补偿功能的否定

从历史发展看，传统惩罚性赔偿意在解决权利保障日益加强的现代社会民事赔偿有限性与损害救济不断扩张之间的矛盾，因此补偿是其核心和最为重要的功能，而近现代惩罚性赔偿已经脱离"对等式"的补偿基础，意在以加害者为中心、以秩序恢复为目标，对不遵守基本市场原则的行为予以打击，这也直接使得惩罚以及与惩罚相关的威慑、激励功能成为主导。

自我国惩罚性赔偿制度研究伊始就没有离开过对其功能的探讨。惩罚性赔偿的功能有多种学说，早期美国学者提出的有一功能说[1]、四功能说[2]、七功能说[3]等，这些学说基本上都包含补偿功能，原因在于早期英国普通法认为非具体损害（如精神痛苦与情绪受挫）无法以金钱计算不得请求损害赔偿，惩罚性赔偿金可以填补传统上损害赔偿的不足，"但当代法律已经普遍承认精神上损害、精神挫折、生活享受的损失等早期不承认的损害赔偿请求权，已经可以依法请求赔偿，无须再以惩罚性赔偿来填补被害人的精神损失"。[4]因此，在美国惩罚性赔偿被大量适用于产品责任和消费者权益保护之后，最初的

---

〔1〕　John F. Vargo 在《美国侵权费用估价规则》的《受害人寻求公正的途径》一文中认为，惩罚性赔偿适用的目的是使原告遭受的损失获得完全的补偿。转引自王雪琴：《惩罚性赔偿制度研究》，载梁慧星主编：《民商法论丛》（总第20卷），金桥文化出版有限公司2001年版，第127页。

〔2〕　四功能为惩罚、威慑、执行法律和补偿。David G. Owen, "Punitive Damages in Products Liability Litigation", 74 *Michigan Law Review*, 1257, 1287 (1976). 该教授在1994年的论文中还增加了教育功能。Punitive Damages Awards in Products Liability Litigation, "Strong Medicine or Poison Pill? A Punitive Damages Overview: Function, Problem and Reform", 39 *Villanova Law Review 363*, 373~381 (1994).

〔3〕　七功能为惩罚、威慑、遏制、维护和平、激励、补偿、支付原告律师费。Dorsey D. Ellis, "Fairness and Efficiency in the law of Punitive Damages", 56 *Southern California Law Rev*, 1, 3 (1982).

〔4〕　参见陈聪富：《侵权归责原则与损害赔偿》，北京大学出版社2005年版，第206页。

惩罚性赔偿对精神损害赔偿的替代已非今天我们所说的惩罚性赔偿功能[1]，学者普遍认为惩罚性赔偿的主要功能是惩罚与威慑[2]，而补偿则较少被提及或作为非主要功能。

一、补偿功能之争

国内学者对惩罚性赔偿补偿功能角度的态度可以分为支持和反对两派。支持派把补偿作为惩罚性赔偿的主要功能或者核心功能，主要有王利明、吴汉东、马新彦等学者；反对派则认为惩罚性赔偿不应包括补偿功能或者不能将补偿作为其主要功能，主要代表有金福海、关淑芳、余艺等学者。支持补偿功能的学者多借鉴美国的做法和经验，认为惩罚性赔偿具有填补传统补偿制度缺陷的意义，具体理由概括起来有以下四点：其一，惩罚性赔偿可以弥补人身侵权案件中给受害者造成的难以用金钱计算的财产损失、精神损害或人身伤害。[3]其二，在具体计算民事损害赔偿数额时，法院往往只是以某种简单的计算公式机械计算赔偿额度，忽略了损害概念本身独具的确定性和其中的变量因素。[4]其三，依据民事赔偿的全面赔偿原则，惩罚性赔偿可以补偿受害者为了维权所负担的但可能无法获得赔偿的费用。[5]其四，惩罚性赔偿不仅填补的是具象的个体无形损害，还包括抽象的难以用金钱衡量的社会整体利益的损害。[6]

反对补偿功能的学者针对性地提出了反驳理由：其一，大陆法系的民事赔偿制度已经顺应现实的需要不断发展扩张获赔的损害范围，精神损害赔偿等损害赔偿机制已发挥出弥补受害人之无形损害的功能。[7]其二，民事赔偿个案中的赔偿数额在各地区都有相应的认同标准，而不是法官凭空臆断出来

---

[1] 参见陈聪富：《侵权归责原则与损害赔偿》，北京大学出版社 2005 年版，第 45 页。

[2] Erik Encarnacion, "Resilience, Retribution and Punitive Damages", *Texas Law Review*, Vol. 100: 1025, p1034.

[3] 参见王利明：《惩罚性赔偿研究》，载《中国社会科学》2000 年第 4 期。

[4] 参见黄鸿图：《惩罚性损害赔偿制度之研究——兼论两岸〈消保法〉之法制》，中国政法大学 2006 年博士学位论文，第 36~37 页。

[5] 参见吴汉东：《知识产权惩罚性赔偿的私法基础与司法适用》，载《法学评论》2021 年第 3 期。

[6] 参见马新彦、邓冰宁：《论惩罚性赔偿的损害填补功能：以美国侵权法惩罚性赔偿制度为启示的研究》，载《吉林大学社会科学学报》2012 年第 3 期。

[7] 参见余艺：《惩罚性赔偿责任的成立及其数额量定——以惩罚性赔偿之功能实现为视角》，载《法学杂志》2008 年第 1 期。

的，在一定情形下，法官裁决也有"自由心证"的因素，而这也是任何一个案件都应有的标准。[1]其三，维权或诉讼的费用并不是受害人固有意义上的损害，况且，诉讼费用的支出问题乃是诉讼法上的法律制度，而非惩罚性赔偿制度的本体性问题。[2]其四，把惩罚性赔偿看作社会性损害的填补，一则由于侵害对象众多侵权人有较大可能性逃脱处罚；二则社会性损害的填补意味着赔偿数额较大，会引发道德风险同时抑制企业有益的生产行为。[3]

反对派学者立足我国民事赔偿制度的现实来说明否定惩罚性赔偿补偿功能的必要性和合理性。实际上，否认惩罚性赔偿的补偿功能并不仅仅是因为现行民事赔偿制度的不断完善，更为重要的是，补偿是传统大陆法系损害赔偿制度的核心功能，而惩罚性赔偿属于传统损害赔偿制度中的异类，其基础、理念与体系定位都与补偿功能格格不入。我国《民法典》民事责任中规定的损失赔偿是与惩罚性赔偿相对应的以补偿为核心的传统民事赔偿制度，以下将从两个制度的比较中来论证上述三个维度中补偿功能在惩罚性赔偿中的不适宜。

二、惩罚性赔偿补偿功能之基础否定

民事补偿的法哲学基础为矫正正义，是单纯地对民事主体之间被破坏秩序的恢复。而惩罚性赔偿则是报应主义与功利主义的融合，是对秩序破坏者的惩戒与遏制。

（一）补偿性损失赔偿之基础——矫正主义

以侵权领域为例，侵权赔偿"损害—填补"的正当性基础根源于亚里士多德的矫正正义理论，"法律试图通过惩罚手段，从加害人处剥夺其所得，恢复当事人之间的平等。在各种情况下，人们评估所遭受的损害时，一方被称为'所失'，另一方被称为'所得'，因此，正义就存在于前后的数量平等上"[4]。矫正正义是"建立在近代社会主体抽象平等和身份地位的互换性基础之上的"[5]，其目标是对加害者与受害者之间的平等秩序恢复，在原有的

---

〔1〕　参见关淑芳：《惩罚性赔偿制度研究》，中国人民公安大学出版社2008年版，第103页。

〔2〕　参见陈聪富：《美国法上之惩罚性赔偿金制度》，载《台大法学论丛》2002年第5期。

〔3〕　参见潘林伟：《社会性损害赔偿与普遍性侵权的法律控制》，载《求索》2009年第8期。

〔4〕　参见［古希腊］亚里士多德：《尼各马可伦理学》，廖申白译注，商务印书馆2003年版，第136页。

〔5〕　参见吴元国：《矫正正义观现代转向的法理学思考——以食品大规模侵权行为为背景》，载《学术交流》2013年第1期。

平等状态被破坏之后，通过矫正调节，惩戒非正义的行为，废除构成非正义的过度与不足。秩序恢复的衡量标准在于数量的平等，"矫正正义要求行为人归还受害人特定的总量，这个总量代表了行为人以受害人的代价所获得的富足"[1]。可见，矫正正义并不强调加害人主观的可责难性，其旨在通过行为人归还受害人特定的总量来实现平等秩序的恢复。总量的所得一方与所失一方为特定的矫正两极，总量的变化只发生在该两极之间，当矫正正义的平等被破坏，一个人所得必定承担另外一个人的所失，因此一个人实施了伤害行为，就必须承担另外一个人因此所遭受的损害之后果。所得与所失的相关性与一个人的行为和另一个人的损害之相关性相伴而生。[2]在此，法律并不考虑加害人的行为在两极之外可能造成的损害，即矫正的对象和数额都是特定且有限的。

　　早期的侵权法与刑法有着密切的关联，不同之处在于刑法具有一种前景效应，关涉所有的不法者；侵权法的前景是关注原告个人，而不是整个社会。[3]此时的侵权赔偿不仅仅是一种民法上的赔偿性质，而且也具有刑事法上的惩罚性质。到了阿奎利亚法时期，罗马法中的侵权责任逐渐从结果责任转向过错责任，个人的可责难性观念被逐渐附加在作为客观观念的损害之上，并作为侵权人承担法律责任的根据。[4]随后，过错的判断标准出现了主观标准与客观标准的分化，不同的标准同法律责任的惩罚性和赔偿性相关。在罗马法时期，法律责任的赔偿性是过错的客观性基础，而法律责任的惩罚性是过错的主观性基础。到了近代，自然法学派 Grotius 、Domat 和 Pothier 学者的客观过错观点对大陆法系过错责任的最终确立和法典化产生了深远影响，Grotius 对过错责任的理解是不以侵权行为人主观上的可责难性为必要的，他认为过错实际上是一种侵权行为，"过错使当事人之间产生了赔偿损失的责任……我们认为，所谓侵权行为，实际上是指每一种过错行为，无论积极行为还是消极行为，只要它同公共利益或特殊关系要求人们应当采取的行为相冲突。

---

　　〔1〕 参见 [加] 欧内斯特·J. 温里布：《私法的理念》，徐爱国译，北京大学出版社 2007 年版，第 63 页。

　　〔2〕 参见 [加] 欧内斯特·J. 温里布：《私法的理念》，徐爱国译，北京大学出版社 2007 年版，第 67~69 页。

　　〔3〕 参见 [美] 迈克尔·D. 贝勒斯：《法律的原则——一个规范的分析》，张文显等译，中国大百科全书出版社 1996 年版，第 249~250 页。

　　〔4〕 参见张民安：《过错侵权责任制度研究》，中国政法大学出版社 2002 年版，第 36 页。

如果此种过错引起损害，自然产生责任即赔偿损害的责任"。[1]而 Domat 和 Pothier 也采取了早期自然法的思想，认为过错实际上就是导致他人损害的侵害行为。这些中世纪有影响力的客观过错责任观念体现在了大陆法系民法的过错侵权责任规定上，如法国的过错侵权责任中，"过错的性质是无关紧要的，无论是故意过错、欺诈过错、不可宽恕的过错、重过错、轻过错、相当轻的过错、疏忽或简单的不经意、善良家父的注意，均在所不问，只要过错被实施并引起损害，那些有过错的致害人即应承担损害赔偿责任"。[2]大陆法系被客观化的过错责任正是矫正正义理论的实践体现——不强调加害人的主观状态，不重视客观损害结果的等量平衡，"法官无权基于轻过失与重过失、当事人的经济状况、衡平、社会公正之类的因素，自由裁量增减损害赔偿"。[3]

综上所述，矫正正义是以受害结果为基准的补偿性损失赔偿的哲学基础，补偿强调的是对权益失衡双方的结果矫正，因而其与当事人的主观关联甚微，多是通过客观的损害事实和损害结果来判定。一言以蔽之，以补偿功能为主的损失赔偿是对结果偏离矫正的民事责任。

（二）惩罚性赔偿之基础——报应主义与功利主义融合

法律上对惩戒正当性的两大主流理论为报应主义和功利主义。以康德为代表的报应主义理论贡献者认为法律惩罚的正当性基础在于报应，如果行为人从事了法律禁止的行为，那么他就应当承担相应的法律责任。报应主义是以一种对道德恶劣性的估价为前提的，满足受害人报仇或泄恨的愿望。[4]惩罚性赔偿正是在私法上对受害人授权进行报复的机制。报复的正当性在于被告主观的道德可责难性，被判处惩罚性赔偿的行为并非一般的侵权加害行为，而需要主观达到具有普遍意义的严厉道德谴责程度，即主观恶劣程度挑战了公众道德底线。以美国的惩罚性赔偿为例，适用惩罚性赔偿的侵权行为包括

---

〔1〕 参见张民安：《过错侵权责任制度研究》，中国政法大学出版社 2002 年版，第 65~66 页。

〔2〕 参见张民安：《过错侵权责任制度研究》，中国政法大学出版社 2002 年版，第 93 页。

〔3〕 参见［德］U. 马格努斯主编：《侵权法的统一：损害与损害赔偿》，谢鸿飞译，法律出版社 2009 年版，第 91 页。

〔4〕 参见陈兴良、周光权：《超越报应主义与功利主义：忠诚理论——对刑法正当根据的追问》，载《北大法律评论》1998 年第 1 期。

故意侵权、非故意侵权和严格责任三种。[1]故意侵权是首要适用类型，包括殴打、威吓、非法监禁、精神伤害、侵入土地等，这些行为必须被指控和证明存在某种加重情节，常见的如恶意、欺诈、憎恨、压制等才可适用。[2]非故意侵权是指行为人制造了侵犯他人受法律保护利益的不合理风险，同样也被要求满足某种加重情节，比如重大过失或鲁莽，陪审团不会基于被告的一般过失判决惩罚性赔偿。[3]严格责任主要是指由动物和特别危险的活动造成损害产生的侵权责任，加重情节也必不可少。总之，美国惩罚性赔偿在适用上需要满足被告实施不当行为时具有主观恶性——行为之罪责性或可谴责性的条件。判定是否符合这种条件的标准包括：被告是否以恶意、存心、恣意和粗鲁地漠视他人的权利的方式行为，或者被告对他人的权利和安全有意识地漠视或公然漠不关心。

报应主义突出对错误行为的惩罚，其将此作为正义的当然之义，即使因此减损社会福利也在所不惜。而功利主义则是从社会福祉的角度和目的出发，抨击不讲究效率的单纯惩罚行为。功利主义的代表人物边沁把功利等同于快乐与幸福，认为评判国家的法律与制度好坏的标准只有一个，就是看能否增进最大多数人的最大量的幸福。[4]从功利主义角度看，惩罚性赔偿之所以应当施行，重点并不在于解决侵害人与受害人的纠纷或者维护受害人个人的权益，而在于维护社会公共利益，"过去的就让它过去了。对于当下的决定而言，只有未来的结果才是重要的。惩罚正当性的证明与它所能带来的可能结果有关，结果是惩罚可以作为维持社会秩序的一种机制……如果惩罚能够有效促进社会的最大利益，那它就是正当的，反之，它就是不正当的"[5]。功利主义认为，侵害人应当为其造成的社会损失付出代价，而且其关注的并不是当下案件的利益冲突，而更关心将来类似的错误行为不再出现。[6]"加害行为的赔偿要实现效率最大化而非在当事人之间实现公正补偿，有效的侵权法

---

[1] 参见朱广新：《美国惩罚性赔偿制度探究》，载《比较法研究》2022年第3期。

[2] "The Imposition of Punishment of Civil Courts: A Reappraisal of Punitive Damages", *41 N. Y. U. L. rEV. 1158*, 1163 (1966).

[3] Linda L. Schlueter, *Punitive Damages* Vol. 1 639 (6th ed., LexisNexis 2010).

[4] 参见［英］边沁：《道德与立法原理导论》，时殷弘译，商务印书馆2000年版，第32~57页。

[5] John Rawls, "Two Concepts of Rules", *The Philosophical Review*, 64 (1955), pp. 3~32.

[6] 参见于冠魁：《惩罚性赔偿适用问题研究》，法律出版社2016年版，第60页。

规则应当能够最大限度地防止事故的发生并降低事故成本。"[1]功利主义为惩罚性赔偿的非等价赔偿提供了理论基础，而把理论基础变为制度现实则依赖的是经济学工具。美国的法经济学家利用最优威慑的经济原理把惩罚性赔偿金的计算予以公式化，通过对加害人效率的精算来惩戒与遏制，实现对社会利益的维护：在加害人逃脱责任的情况下，惩罚性赔偿金应等于实际损害乘以逃脱责任概率与承担责任概率之比。

报应主义和功利主义的分歧在于对惩戒立足点的认定差异。报应主义着眼于惩戒的社会批判性，是传统的道德化正义的延续，而功利主义强调的是惩戒的效率化与经济化，是社会利益导向的反映，而在现代社会，报应主义与功利主义的融合正对应了惩戒的对象与结果正当性。正如英国当代著名的法理学家哈特在《惩罚与责任》一书中就指出，惩罚的责任有两个方面的问题：一是惩罚的实施对象，即什么样的人应该受到惩罚的制裁；二是惩罚的实施程度，即应当给予多大程度的惩罚。[2]由此，在报应主义与功利主义基础下的惩罚性赔偿旨在通过对加害人经济上的收益控制与剥夺来实现对主观上应给予严厉苛责的侵权行为的惩戒。

（三）矫正主义基础下惩罚性赔偿被同质化——以环境生态侵权惩罚性赔偿为例

功能是基础的作用体现，把补偿功能作为惩罚性赔偿的主要功能，无异于否定了惩罚性赔偿报应主义和功利主义的基础，转而把矫正正义当成其构建的基础。在矫正正义基础上整个惩罚性赔偿将脱离原有的制度价值，甚至被同质为补偿性的损失赔偿，正如学者在讨论环境生态侵权中的惩罚性赔偿时所出现的该种错误倾向。

我国《民法典》第1232条对环境污染、生态破坏行为首次规定了惩罚性赔偿，目的是响应党的十九大报告提出的"实行最严格的生态环境保护制度，形成绿色发展方式和生活方式""强化排污者责任，健全环保信用评价、信息强制性披露、严惩重罚等制度"和党的十九届四中全会报告中的"要加大对严重违法行为处罚力度，实行惩罚性赔偿制度"的精神。《民法典》为"最

---

〔1〕 参见孙大伟：《探寻一种更具解释力的侵权法理论：对矫正正义与经济分析理论的解析》，载《当代法学》2011年第2期。

〔2〕 参见［美］H. C. A. 哈特：《惩罚与责任》，王勇等译，华夏出版社1989年版。转引自贺建军：《惩罚的正义——在惩罚主义与功利主义之间》，载《吉首大学学报（社会科学版）》2008年第4期。

严格的制度、最严密的法治保护生态环境"提供了民法制度保障，[1]生态环境侵权的惩罚性赔偿无疑是环境保护最严格的法律制度之一，其展示了我国在生态保护、环境治理方面的决心。为了让生态环境侵权最严厉条款能更好地落地，最高人民法院随即配套出台了《环境惩罚性赔偿的解释》，进一步明确了上述惩罚性赔偿规定中的主观故意、客观损害结果、赔偿金额确立等具体适用情形，以便法官在审理类似案件时统一裁判尺度。

立法上规定惩罚性赔偿的目的是利用其惩戒功能，但是不少环境理论与实务学者却把补偿理解为环境侵害惩罚性赔偿的首要功能，甚至认为《民法典》第1232条的规定是在完全赔偿原则下，为更全面识别和救济环境侵权民事权益损害提供新的法律依据，惩罚性赔偿规范性质应当界定为环境侵权的被侵权人遭受损害的损害填补制度，其制度功能应当依然被认定为"赔偿"而非"惩罚"。[2]

把惩罚性赔偿看作补偿性损失赔偿的一部分，甚至将其同质为补偿性损失赔偿的做法本质是没有认清两个赔偿制度在设立基础上的根本性差异，用补偿的矫正主义基础去理解惩罚性赔偿制度的意义，从个体正义和救济的角度去看待惩罚性赔偿。如此，惩罚性赔偿的惩戒功能将被弱化，当事人的主观恶意将被淡化，而赔偿数额也由功利主义的违法成本考量变为所需填补的被害者损失，惩罚性赔偿将沦为损失赔偿的替代性或补充性工具。

第一，矫正主义基础下惩戒功能将被弱化。环境侵权案件适用惩罚性赔偿的主要目的在于突出对公共危害性生态环境侵权事件的惩治。《民法典》颁布后的几个典型生态环境保护惩罚性赔偿案例，如江西浮梁废液污染惩罚性赔偿案（以下简称"浮梁案"）、山东青岛崂山区意向空间艺术鉴赏中心生态破坏案（以下简称"青岛案"）、吉林省吉林市王某彦案（以下简称"吉林案"）等都是损害公共利益、造成较大范围或较为严重的环境污染和生态破坏的案件。浮梁案中的侵害人废液倾倒"造成了浮梁县寿安镇八角井周边约8.08亩范围内的环江西境受到污染，影响到浮梁县湘湖镇洞口村约6.6平方公里流域的环境，妨碍了当地1000余名居民饮用水安全"；青岛案中的侵

---

〔1〕 参见吕忠梅：《以"绿色民法典"回应时代需求》，载《光明日报》2020年5月2日。

〔2〕 参见王灿发、张祖增：《生态环境损害惩罚性赔偿制度的理性审视》，载《环境资源与能源法评论》2023年第0期；刘超：《〈民法典〉环境侵权惩罚性赔偿制度之功能剖辨》，载《政法论丛》2022年第1期。

害人非法收购、出售珍贵、濒危野生动物的侵害行为"导致了珍贵、濒危野生动物的减少，加深了濒危程度，破坏了生态资源和环境平衡，造成了严重后果"；吉林案中的侵害人"非法采矿行为，也造成了案涉区域土壤结构破坏以及土壤生态服务功能损害的严重后果，严重侵害了社会公共利益"[1]。之所以对这些案件适用惩罚性赔偿，就在于其与一般生态环境侵权案相比，对生态环境破坏的力度更大，影响更深远，惩罚性判罚对广大群众有较好的示范和教育意义。若将这些案件置于矫正正义基础和补偿救济的理念之下，其责任承担将与一般侵权案件无异，惩罚性赔偿特有的制度价值与意义如何能体现？

第二，矫正主义基础下当事人的主观恶意将被淡化。依照《民法典》第1232条的规定，主观故意是承担惩罚性赔偿的必备主观要件。《环境惩罚性赔偿的解释》第6条和第7条通过"一般情形+典型情形"的方式对故意的适用予以了具体化：当环境侵害人的行为属于第7条的9种典型行为之一时可直接认定侵害人属于故意。这9种典型行为都是违反《刑法》《环境保护法》《固体废物污染环境防治法》《野生动物保护法》《矿产资源法》等不同部门法且破坏生态环境故意性明显的违法行为。如果侵害人的行为在9种典型行为之外，则需要根据第6条综合侵害人的各种认识因素去判断。因此，法官在判决环境侵害人承担惩罚性赔偿责任时，必须依法明确其具有主观故意。如在浮梁案中，判决书写明侵害人是"放任污染环境危害结果的发生，主观上存在故意"；吉林案中法院认定非法开采泥炭的行为已被人民法院认定构成非法采矿罪，属于故意，且侵害人因破坏生态两次被判处刑事处罚，其主观故意更为明显；青岛案中法官综合侵害人的行为认定行为人主观故意明显。而如前所述，一般的环境侵权赔偿属于无过错归责侵权类型，其旨在矫正因侵权所破坏的正常秩序，在认定侵害人责任时不需要考虑当事人的主观要素，而若将惩罚性赔偿补偿化，不考虑侵害人的主观因素，报应主义下的惩罚性赔偿其惩戒对象如何能确立？

第三，矫正主义基础下赔偿数额的确立将被等量化。惩罚性赔偿被同质化为补偿性损失赔偿最重要的体现是惩罚性赔偿的数额等量于或决定于受害者的补偿数额。虽然在一些非稳定的、不可量化的环境侵权损害案件中，生

---

〔1〕　[2020] 赣 0222 民初 796 号、[2021] 鲁 02 民初 69 号、[2022] 吉 02 民初 69 号。

态环境损害持久性、动态性、潜伏性等特点会导致受害者救济不充分，但是这并非在完全赔偿原则下将惩罚性赔偿同质化为补偿性损失赔偿的正当理由。解决赔偿不能的办法是考虑如何将赔偿范围更加精细化、准确化，而不是把惩罚性赔偿曲解为填补性赔偿的替代，让惩罚性赔偿来弥补后者的不足。惩罚性赔偿的数额是实现惩戒目的的重要体现，若惩罚性赔偿的数额最终决定于或等量于补偿数额，那么功利主义下的惩罚性赔偿惩戒目的如何能实现？

综上，把补偿作为惩罚性赔偿的主要功能意味着惩罚性赔偿的惩戒基础将被否定，补偿的矫正主义基础将成为惩罚性赔偿适用的主导，而该制度确立的意义将不复存在，最终的实现将变为空谈。

三、惩罚性赔偿补偿功能之价值否定

在商业交易场域中，补偿性损失赔偿体现出交易双方利益平等的维持，而惩罚性赔偿则凸显出对交易诚信的维护与偏袒。

（一）补偿性损失赔偿之核心价值理念——公平价值

不同场景、不同视域下的法律，公平演化成各种具体的正义形态。在交易中公平是等价的交换正义，在所有权归属中公平是取得或转让的归属正义等，但不管其演化成何种形态，核心依然可以归纳为"各人得其应得"。这一核心价值理念在历史上就有过描述，如古罗马法学家乌尔比安将公平或正义界定为"使每个人获得其应得的东西的永恒不变的意志"。阿奎那认为它是"一种习惯，依据这种习惯，一个人以一种永恒不变的意愿使每个人获得其应得的东西"。[1]如美国著名的学者哈耶克所述："每个人都应当得到他所应当获得的东西……这也许是一般人的心智所能设想出的正义理想最为清晰且最有力的形式。"[2]将公平放在解决平等主体之间利益纠葛的民法之中，如果把"应得"解释为民法中的"利益"的话，那么民法上的公平即为利益的平衡，而民事责任中的公平则为对利益失衡的修复。

以违约的民事赔偿为例，违约损失赔偿的目的是使受损害方的财产状态

---

〔1〕 参见［美］E. 博登海默：《法理学——法哲学及其方法》，邓正来、姬敬武译，华夏出版社1987年版，第238页。

〔2〕 参见［英］弗里德利希·冯·哈耶克：《法律、立法与自由》（第2、3卷），邓正来、张守东、李静冰译，中国大百科全书出版社2000年版，第118页。

恢复到合同依约履行的状态，这就是所谓的差额假设，在该理念下，应当予以赔偿的范围不仅是财产的减少，还包括未发生的财产增加。[1]由此，《民法典》第584条对违约赔偿确立了完全赔偿原则，体现了对守约方应有的合理范围内的全面保护：首先是违约造成的实际损失，实际损失包括积极和消极两方面，既有财产的积极损失，又有本应增加而未增加的消极损失。其次是可得利益的损失，法条中特别指出损失包括"合同履行后可以获得的利益"，根据司法经验和相关的司法意见，这里的可得利益＝守约方主张的可得利益总额－违约方不可预见的损失－守约方未尽减损义务而扩大的损失－守约方因违约所获利益－守约方与有过失造成的损失－必要的交易成本[2]。公式中的可得利益全面地考量了交易双方主客观因素下的得失，最大限度地保障守约方的同时也兼顾了违约方的利益。最后是当事人基于对合同有效、顺利履行的合理信赖所产生的信赖利益损失。这部分损失表面上是守约方被恢复到缔约前的状态，实则守约方已处于假设合同顺利履行所应有的状态，通过"营利性推定"，此状态下收益（履行利益）与成本（实际支出）相等，其财产总额与从未缔约时无异[3]。

　　由是观之，违约赔偿是在对守约与违约双方基于合约的损益得失比较基础上通过损益恢复达到利益衡平，法律保证守约方不因为合约而遭受损失，避免违约方支付超出合约之外的应赔利益，而整个民法中的补偿性损失赔偿也正是运用了这种"比较—恢复"的手段恢复为之前的个体利益平衡状态，此亦为公平价值理念的体现。当然，《民法典》第548条在对守约方正面保护的同时也规定了可预见性规则的限制。法律对守约方的公平保护并不是盲目的，超出违约方在合同订立时的预期风险，可能不利于对价关系公平性的维护，势必影响交易主体参与合同交易的积极性。[4]

　　（二）惩罚性赔偿之核心价值理念——诚信价值

　　英美国家早期将惩罚性赔偿主要适用于欺侮、羞辱和权力滥用的情形，

----

〔1〕　参见郝丽燕：《违约可得利益损失赔偿的确定标准》，载《环球法律评论》2016年第2期。

〔2〕　最高人民法院《关于当前形势下审理民商事合同纠纷案件若干问题的指导意见》（法发〔2009〕40号）第9、10条。

〔3〕　参见张家勇：《合同法与侵权法中间领域调整模式研究——以制度互动的实证分析为中心》，北京大学出版社2016年版，第48~49页。

〔4〕　参见姚明斌：《〈合同法〉第113条第1款（违约损害的赔偿范围）评注》，载《法学家》2020年第3期。

以表达对受害者的同情和精神慰藉[1]。20 世纪中后期，惩罚性赔偿开始用于产品责任和其他商业领域。惩罚性赔偿在商业领域的扩张与消费保护密切关联，"在经济学的威慑理论开始获得消费自由的拥护者及其比较保守的传统联盟的支持后，惩罚性赔偿的授予在商事侵权中就凸显出来了"[2]。漠视消费者的安全与尊严的恶意欺诈商业行为是美国商业适用惩罚性赔偿的重要对象，如美国司法上著名的 TXO Production Corp. V. Alliance Resources Corp 案、BMW of North America Inc. v. Gore 案、State Farm Mutual Automobile Insurance Company v. Cambell 案、Philip Morris USA v. Williams 案等都是此类案件的代表。上述案件中的惩罚性赔偿金额为补偿金额的数十甚至数百倍，这些巨额赔偿在一定程度上表达了美国司法运用私罚工具打击恶意欺诈商业行为、保障消费公众安全与尊严的决心。在美国，惩罚性赔偿之所以得到大众消费者的支持，源于其对各种商业侵权中的欺诈，尤其是恶意欺诈行为的制裁与遏制作用不容小觑，其有着包括刑法在内的公法所不具有的优势。[3]

　　我国惩罚性赔偿在商业交易场域主要规范的是交易中的恶意欺诈和恶性违约行为。消费欺诈是恶意欺诈的代表，也是我国首次使用惩罚性赔偿的规制对象，1993 年《消费者权益保护法》双倍赔偿的创新在当时还未正式引入惩罚性赔偿概念的国内立法中显得十分突兀。之后的近二十年，随着民事欺诈案件数量与影响的不断攀升，特别是一些重大恶意欺诈事件的发生，立法者开始从介绍国外惩罚性赔偿的规定到摸索国内体制再到将惩罚性赔偿纳入我国民事赔偿制度之内，惩罚性赔偿在国内部分商业交易领域的适用得到确立和认可。2013 年修正的《消费者权益保护法》在原法的基础上对消费欺诈不仅提高了一倍赔偿，同时还设置了最低惩罚性赔偿额度，且对造成死亡或健康严重损害的可获所受损失的二倍赔偿。之后的《食品安全法》针对食品交易中的生产、出售不符合食品安全标准的欺诈行为则进一步提高了最低赔偿金和赔偿倍数。恶性违约适用惩罚性赔偿体现在《旅游法》的第 70 条，旅

---

〔1〕 参见［奥］赫尔穆特·考茨欧、瓦内萨·威尔克斯主编：《惩罚性赔偿金：普通法与大陆法的视角》，窦海阳译，中国法制出版社 2012 年版，第 196～204 页。

〔2〕 参见［奥］赫尔穆特·考茨欧、瓦内萨·威尔克斯主编：《惩罚性赔偿金：普通法与大陆法的视角》，窦海阳译，中国法制出版社 2012 年版，第 209 页。

〔3〕 参见黄娅琴、刘蓉：《美国惩罚性赔偿的司法发展及对我国的启示》，载《南昌大学学报（人文社会科学版）》2016 年第 3 期。

行社具备履行条件而不履行合同或履行不符合约定，经旅游者要求仍拒绝履行合同，造成旅游者人身损害、滞留等严重后果的，需要赔付旅游费用 1 倍以上 3 倍以下的赔偿金。这是我国首例明确以违约为条件的惩罚性赔偿规定，其旨在规范违约频发的旅游市场，杜绝恶性违约损害游客权益事件的发生，激励和帮助游客更好地维权。

　　恶意欺诈与恶性违约触动的是商事交易的根基也是基本法则——诚实信用。诚信有主观与客观之分，但在毋害他人的情况下可统一起来[1]，一如恶意欺诈与恶性违约中交易主体主客观的统一——主观上非正直良善的心态，客观上也实施了有损交易对方的行为。恶意欺诈与恶性违约所带来的法律后果不仅仅是造成受害者利益的减损，更重要的是对整个交易环境、市场生态产生严重的破坏。"诚信原则要求商主体在从事商行为时善意、信用、诚实，不得欺诈、胁迫，这些在市场交易中都包含着深刻的经济义理，从不同的方面推动市场交易的发展。"[2]然而，单纯地恢复受害者利益的损害赔偿无法从法律层面让加害者得到应有的教训，只有具备制裁和威慑功能的惩罚性赔偿才能让其尝到不诚信的违法恶果。"机械地照价赔偿既不足以惩戒责任人，也不足以抚慰受害人。在财力雄厚的生产者、销售者与普通消费者之间，矫枉应当过正，不过正不能矫枉。数额上的'过正'是为了实质上的'公平'。"[3]简言之，惩罚性赔偿已超出补偿性赔偿所追求的个案公正，而是一种宏观上的价值导向，惩罚的原因在于该类违法行为对社会秩序或国家利益的恶劣破坏。[4]惩罚性赔偿是对商事领域非诚信民事交易行为的价值纠偏，而不是一般补偿性赔偿为实现利益平衡的公平体现。

　　（三）公平价值下惩罚性赔偿被滥用——以知假买假惩罚性赔偿为例

　　消费欺诈适用惩罚性赔偿是为了惩戒故意欺骗或隐瞒重要信息损害消费者利益的经营者，而实践中对知假买假适用惩罚性赔偿纠纷的裁判不是诚信价值考量下的结果，而是一种公平价值考量下的取舍，由此导致了惩罚性赔

---

　　〔1〕　参见徐国栋：《民法基本原则解释——成文法局限性之克服》，中国政法大学出版社 1992 年版，第 35~88 页。

　　〔2〕　参见徐学鹿、梁鹏：《商法中之诚实信用原则研究》，载《法学评论》2002 年第 3 期。

　　〔3〕　参见张琪：《产品责任中的损害与损害赔偿——一个比较研究》，载《法制与社会发展》1998 年第 4 期。

　　〔4〕　参见黄娅琴：《我国惩罚性赔偿制度的司法适用问题研究》，载《法学论坛》2016 年第 4 期。

偿被滥用，引起广泛的争议。

1993 年《消费者权益保护法》出台后的"王某打假"事件让大家开始关注和讨论惩罚性赔偿在惩戒制假、售假的欺诈者同时可能产生的负面效应。支持者和反对者在法教义学、功能主义等方面各自有着自己的理由，难以达成统一。[1]中共中央、国务院在 2019 年发布的《关于深化改革加强食品安全工作的意见》中明确指出"对恶意举报非法牟利的行为，要依法严厉打击"，否认了知假买假获利的合法性，但是之后最高人民法院在《关于审理食品药品纠纷案件适用法律若干问题的规定》中又规定，生产者、销售者以及购买者明知食品药品存在质量问题进行抗辩的，人民法院不予支持。该规定对食品药品知假买假惩罚性赔偿显然又是肯定的。上述两种截然相反的官方态度可能导致司法实践中知假买假中惩罚性赔偿的适用存在混乱。惩罚性赔偿适用的省份差异、案由差异、审级差异都会呈现出不同的裁判结果。[2]对最高人民法院发布的肯定食品药品适用知假买假惩罚性赔偿的指导性案例，也存在不同看法。[3]

查阅各类知假买假惩罚性赔偿裁判文书后，不难发现法官对知假买假惩罚性赔偿适用与否的论证大部分十分简单，基本是单纯运用文义解释或目的解释说明知假买假人是否属于《消费者权益保护法》中"消费者"从而得出相应的结论。在欠缺法律价值的考量下，对是不是法律中"消费者"的判断只能是法官依据自身意愿对纠纷主体之间利益的公平权衡。这种结论自然经不起诚信价值判断的推敲和检视，因而不具有说服力。从诚信价值角度，知假买假能否适用惩罚性赔偿重点考察的应是其适用的目的性和后果取向性，即知假买假适用惩罚性赔偿是否有助于打击不诚信的商业行为，是否有助于诚信交易秩序的恢复。在消费领域中的诚信交易秩序至少包含三个层面：第

────────────────

〔1〕 支持派的代表学者有王利明：《消费者的概念及消费者权益保护法的调整范围》，载《政治与法律》2002 年第 2 期；刘保玉、魏振华：《"知假买假"的理论阐释与法律适用》，载《法学论坛》2017 年第 3 期等。反对派的学者有梁慧星：《消费者权益保护法第 49 条的解释与适用》，载《民商法学（人大复印）》2001 年第 6 期；韩世远：《消费者合同三题：知假买假、惩罚性赔偿与合同终了》，载《法律适用》2015 年第 10 期等。

〔2〕 参见《打假地图"知假买假"的是非与立法博弈》，载 https://www.sohu.com/a/565786012_121429854，最后访问日期：2025 年 5 月 24 日。

〔3〕 该指导案例为某某山诉南京欧尚超市有限公司江宁店买卖合同纠纷案。梁展欣：《案例应用裁判方法探微》，载《法律适用》2023 年第 6 期。

一层面是惩戒经营者的不诚信经营行为；第二层面是保障消费者的诚信消费；第三层面是营造诚信的交易环境。而从这些年的司法实践来看，知假买假广泛适用惩罚性赔偿对诚信交易秩序并未起到真正的恢复作用，相反还出现了一系列的负面效果。具体而言：

第一，知假买假适用惩罚性赔偿对不良经营者的纠偏作用不明显。惩戒不良经营者意在通过消费者向经营者主张除补偿外的赔偿，提高经营者违法成本，让其意识到消费者对不良行为的抵制和通过不良行为获利的非可行性，从而自觉改正不良行为，走上诚信经营的轨道。然而，知假买假的人员中相当一部分是职业打假人甚至是打假集团，他们把惩罚性赔偿作为牟利工具，向经营者索要巨额赔偿甚至以惩罚性赔偿的名义对其敲诈勒索。经营者只能采取各种手段与这些"维权人士"周旋、应付，而根本无暇正常生产经营。由此，惩罚性赔偿对不良经营者不仅不能起到真正的纠偏引导作用，还可能影响其正常经营活动。

第二，知假买假适用惩罚性赔偿恐将诚信消费者引入误区。依据利益最大化原则，如何用最低的"维权"成本取得最大的利润是对通过知假买假来营利者的关键。因此，在常见的食品安全纠纷中，家庭化、抱团化和公司化的职业打假人就多以肉眼可识别无须检测、化验的标签或保质期、包装问题主张 10 倍的惩罚性赔偿，以最小的成本获取最大的收益。如 2017 年某职业打假人在北京某商务公司花费 6 万元购买了 10 箱茅台被认定为假酒，于是索赔 60 万元[1]。职业打假人只需花几分钟完成 10 箱酒的购买行为就可以获得普通老百姓几年甚至十几年的收入，这种反面维权的形象一经报道或者扩散，极易让诚信消费者跟风效仿，加入其行列走向非正当维权的道路，惩罚性赔偿的激励维权最后将激化矛盾。

第三，知假买假适用惩罚性赔偿不利于营造风清气正的诚信交易环境。美国学者乔治·凯林和凯瑟琳·科尔斯在犯罪学中提出过著名的破窗效应理论，此理论认为环境中的不良现象如果被放任存在，会诱使人们仿效，甚至变本加厉。以一幢有少许破窗的建筑为例，如果那些窗不被修理好，可能将

---

[1]　[2019] 京 03 民终 6950 号。该案中的原告是职业打假人，法院通过检索关联案件，发现其在 2014 年至 2018 年间仅在北京多个区县人民法院存在几十起购买商品后的索赔诉讼，单个案件索赔金额高至 100 余万元，最后法院判决不支持原告的惩罚性赔偿请求。

会有破坏者破坏更多的窗户。最终他们甚至会闯入建筑内,如果发现无人居住,也许就在那里定居或者纵火。[1]学者通过心理实验验证了外部环境与不良行为之间的关联性,并认为根据此理论,维持秩序的方式主要有"防破"和"补窗"两种,前者主要通过"秩序维护"方式改善外部环境,后者则是高压打击不良行为,两者相得益彰。消费中的不诚信经营正如破损的窗户,如不及时补窗,将引发更多类似行为。惩罚性赔偿无疑就是立法者设计的"补窗"同时兼具一定"防破"功能的制度。然而,知假买假的惩罚性赔偿不仅对纠偏不良经营者的"补窗"不能发挥其应有的作用,相反还容易激发出更多非诚信消费的"破窗"行为,不利于整个诚信营商环境的建设。

综上,知假买假惩罚性赔偿的适用在补偿功能公平价值指引下会出现被滥用的结果,而惩戒所体现的诚信价值才应是判断知假买假应否适用惩罚性赔偿的关键。

四、惩罚性赔偿补偿功能之体系否定

惩罚性赔偿与补偿性损失赔偿共同构成了我国民事赔偿体系。民事赔偿是民事责任的承担方式,我国《民法典》下的民事赔偿为以补偿为中心的损失赔偿与以惩戒为中心的惩罚性赔偿并立的二元赔偿体系,惩罚性赔偿并不是损失赔偿的附属,而是具有独立地位的赔偿制度。当然,在我国当下的民事赔偿体系里,补偿性损失赔偿仍占主导地位,而惩罚性赔偿处于辅助性地位。

(一)两者在民事赔偿体系内的差异

惩罚性赔偿与补偿性的损失赔偿虽然都为民事赔偿体系中的一员,但由于功能的不同,因此两者在适用范围、适用条件、适用数额等方面特点各异。

从适用范围看,损失赔偿的范围较为普遍而惩罚性赔偿的范围则较为特定。损失赔偿广泛地适用于违约、侵权领域,作为一种责任方式,其几乎可以涵盖对各种权利的救济。在赔偿类型上,损失赔偿可以分为物质损害赔偿和精神损害赔偿两种。物质损害赔偿发生于有物质形态的损害情形,精神损害赔偿主要针对违约或侵权严重损害他人人格利益以及故意或重大过失侵害

----

〔1〕 参见 [美] 乔治·凯林、凯瑟琳·科尔斯:《破窗效应》,陈智文译,生活·读书·新知三联书店 2014 年版,第 23~25 页。

他人具有人身意义的特定物的场合，从物质到精神，无论哪种形态的损害受害人都可以适用损害赔偿弥补损害。我国惩罚性赔偿适用的对象是法律规定的特定范围，包括情节严重的知识产权、生态环境侵权领域和消费欺诈、食品安全、旅游合同等可履行而不履行的侵权与违约竞合场合。在侵权案件中，惩罚性赔偿只能限制在知识产权和生态环境两类侵权责任里适用，且具有严苛的适用条件。消费欺诈与食品安全虽然相对于知识产权和生态环境侵权适用惩罚性赔偿更为广泛，但是与损害赔偿的范围相比还是相距甚远。惩罚性赔偿的法定性要求不能基于法官的自由裁量权或司法解释的规定对其予以扩张适用。在《民法典》出台之后，我国之前司法解释中的惩罚性赔偿有关规定随着相关机关对司法文件的清理而被废止，如最高人民法院2003年的《关于审理商品房买卖合同纠纷案件适用法律若干问题的解释》中的商品房买卖欺诈的惩罚性赔偿规定和2017年的《关于审理医疗损害责任纠纷案件适用法律若干问题的解释》规定的医疗产品侵权惩罚性赔偿。

从适用条件看，两者分别呈现宽松化与严格化的特点。损失赔偿适用的主要条件是一方当事人因他人的行为导致了损失，除在过错责任侵权纠纷中需要考虑当事人的过错之外，不再需要其他条件。而惩罚性赔偿的适用条件非常严苛：首先是主观要件，我国几乎所有的惩罚性赔偿规范都对赔偿者有主观要求，通常为故意或者与故意相当的主观状态，如恶意或明知；其次是行为要件，赔偿者必须是实施了特定的违法行为，如欺诈行为、生产或销售不符合食品安全标准的行为、环境或生态破坏行为、侵犯他人知识产权行为等；最后是法律后果要件，一般要求达到严重的法律后果，有的规范还会具体化严重程度，如死亡或健康严重损害等。

从赔偿数额看，两者分别呈现出等额化与模式化的特点。损失赔偿遵循填补原则，赔偿数额与损失相当。而惩罚性赔偿的数额规定在法律上有两种模式，一种是固定模式，另一种是非固定模式。固定模式主要是法律规定惩罚性赔偿金额为损失或价款的一定倍数，如《消费者权益保护法》中的损失或价款3倍、《食品安全法》中的损失或价款10倍。对于固定模式，法官直接适用法定的倍数就可确定惩罚性赔偿金额，无自由裁量的空间。非固定模式通常只规定惩罚性赔偿的上限或无任何限制，具体数额由法官根据个案的情况和行为人的主观恶意程度、行为后果程度、行为人的获利、行为人所采取的救济措施等因素综合考量。

在民事赔偿体系中，惩罚性赔偿与损失赔偿有着自身鲜明的作用、功能与特点，两者不存在重合或交叉，各自发挥着自身作用，是独立的并行存在，不能相互取代。

（二）补偿定位下惩罚性赔偿被虚置——以知识产权惩罚性赔偿为例

知识产权大量的判例显示，强调惩罚性赔偿补偿功能往往会导致惩罚性赔偿在民事赔偿体系中的惩戒功能被忽略和压制，最终在适用时被虚置。

从 2013 年开始，以《商标法》为发端，惩罚性赔偿逐步在我国知识产权各部门法中被规定，而《民法典》第 1185 条的规定标志着我国实现了知识产权惩罚性赔偿的"全覆盖"。2020 年 11 月 30 日，习近平总书记在主持中央政治局第二十五次集体学习时强调"抓紧落实知识产权侵权惩罚性赔偿制度"。但是实践中，立法者通过惩罚性赔偿对恶意侵害者的惩戒实效似乎并不尽如人意。以最早确立惩罚性赔偿的《商标法》为例，有法官统计，2015 年至今，在检索平台可查的侵害商标专用权纠纷案件共 163 255 件，其中当事人有效主张惩罚性赔偿的案件只有 219 件，占比仅为 1‰，而这 1‰的案件中也仅有 17%的法院最终支持了当事人的惩罚性赔偿请求，这 17%里也仅有 5.48%的案件载明了惩罚金的基数和倍数，我国知识产权侵权惩罚性赔偿总体适用率畸微。[1]

知识产权惩罚性赔偿在实务中被冷落的重要原因就在于司法人员错误地将惩罚性赔偿定位为具有补偿功能的损失赔偿制度，导致其与知识产权中的法定赔偿出现了功能的重合，进而忽略和压制了其惩戒功能的发挥，由此带来了惩罚性赔偿适用的虚置。法定赔偿是知识产权侵权责任里一种独特的赔偿制度，是法律规定的在权利人的实际损失、侵权人获得的利益难以确定时，人民法院根据侵权行为的情节确定的一种赔偿制度。实务中，由于大量的知识产权案件当事人怠于损失赔偿额的举证，法官不得不广泛适用法定赔偿来确定赔偿数额。根据学者对 2012 年至 2015 年我国知识产权法院法定赔偿的适用情况统计，北京知识产权法院、上海知识产权法院、广州知识产权法院在著作权、商标权、专利权纠纷中适用法定赔偿的比例几乎都为 100%，除了北京知识产权著作权适用比例为 99.6%和上海知识产权在商标权纠纷适用比

---

〔1〕 参见罗曼：《知识产权侵权惩罚性赔偿制度的实践检视与体系完善》，载《法律适用》2023年第 2 期。

例为 95.5%。[1]

本质上说，法定赔偿仍是以填补为原则的损失赔偿，在民事赔偿体系上，它仍属于补充性损失赔偿的一类，只是其适用必须以权利人的实际损失、侵权人获得的利益难以确定为前提。虽然有观点认为法定赔偿亦带有惩罚性的因素，但是不可否认主流观点仍是把法定赔偿作为损失填平原则的特殊适用。[2]惩罚性赔偿与法定赔偿的适用在理论上并不存在重合或冲突，两者在体系上互不干扰。然而，正是由于对惩罚性赔偿补偿功能的强化，惩罚性赔偿与法定赔偿在适用中出现其在民事赔偿体系上重合的误区，法定赔偿的判处被认为已经完成了惩罚性赔偿的使命，进而无视惩罚性赔偿的惩戒功能、限缩惩罚性赔偿的适用空间，最终出现惩罚性赔偿在知识产权侵权责任中适用率低的现实结果。

综上，补偿功能是传统大陆法系国家损害赔偿法中的最基本功能之一，在德国的传统民法学说中，损害赔偿责任法立足于补偿原则和得利禁止两个互为表里的原则，即损害赔偿法的主要任务就是填补受害人所遭受的损害，且受害人所获得的补偿不能多于其损失。从责任角度而言，补偿与惩罚的目的截然不同，补偿重在对当事人损失的弥补，而惩罚强调对当事人具有责难性行为的否定。若把补偿功能作为惩罚性赔偿的主要功能既不利于其惩罚功能的发挥，同时还会在惩罚性赔偿适用中产生一系列的问题。

第二节　惩罚性赔偿的激励功能

惩罚性赔偿具有激励受害者和机关、社会组织揭露违法行为，维护诚信、合法社会秩序的功能。激励功能也是惩罚性赔偿的主要功能之一，包括对受害者、潜在的受害者以及机关、社会组织激励三个方面。

---

〔1〕　参见詹映：《我国知识产权侵权损害赔偿司法现状再调查与再思考——基于我国 11984 件知识产权侵权司法判例的深度分析》，载《法律科学》2020 年第 1 期。

〔2〕　参见刘建玲、王革生：《专利侵权法定赔偿与惩罚性赔偿的界限与衔接——以本质属性为分析路径》，载刘贵祥主编：《人民法院为服务新发展阶段、贯彻新发展理念、构建新发展格局提供司法保障与民商事法律适用问题研究——全国法院第 33 届学术讨论会获奖论文集》（下），人民法院出版社 2022 年版，第 1962~1964 页。

一、激励功能的理论基础

惩罚性赔偿的激励功能根源于经济人假设理论。经济人假设起源于"享乐主义"的人生观。经济人假设理论的基本点是人的行为在于追求自身的最大利益，工作的动机是为了获得经济报酬。这是一种从经济角度来解释人的行为动机的人性假设。经济人假设理论认为，多数人是天生懒惰的，他们总想尽量逃避工作，没有雄心壮志，对面临的事务不愿负任何责任，没有主动性，因而表现为心甘情愿地受别人的指挥。而多数人又生来以自我为中心，工作不过是为了满足基本的生理需要和安全需要，因此，他们也可能努力工作，但目的在于得到金钱和提高地位。经济人假设的人性观根源，与性恶论很相近。追名逐利而惰于付出，人性之"恶"尽皆如此。正如古言："人为财死，鸟为食亡。"另外，法律的激励机制就是通过设置相应的激励规则与方法，满足人的特定需要。需求论认为，人的需求大体上可以分为四类：第一类是物质外在需要（如工资、奖金、福利等）；第二类为社会性外在需要（如信任、尊重、认可、表扬、赏识等）；第三类为过程导向的内在性需要（如机会及挑战性等）；第四类则为结果导向的内在性需要（如成就感、自豪感、归属感等）。惩罚性赔偿通过民事赔偿的方式，从经济的角度激发受害者和其他人的维权热情。受害者和其他维权人通过维权可以获得额外的收入，甚至是巨额收入，无疑符合经济人的本质。此外，在这个过程中，受害者收获的不仅仅是财富上的补偿，更重要的是，他们感受到了社会正义的力量，看到了法律对于保护公民权益的坚定立场。这种正义感的满足，是任何物质赔偿都难以替代的，它让受害者相信，即使面对强大的对手或复杂的困境，只要坚持正义、勇于维权，终将能够得到应有的支持与回应。同时，对于其他维权人来说，参与这样的过程也是一次对正义信念的践行与强化。他们通过集体行动，共同对抗不公，不仅为受害者争取了权益，也为社会树立了正义的风向标，鼓励更多人勇于站出来，维护自身和他人的合法权益。这种正能量的传递，有助于构建一个更加公正、和谐的社会环境。

二、对受害者的激励

对受害者予以救济在法律上有公力和私力两种方式，二者孰优孰劣在很大程度上取决于哪种方式执法效率更高，即执法成本与执法效果之比。公力救济通俗意义上就是依靠政府执法来维权。政府执法行为属于一种公共物品，相对于私人执法而言，可以提高执法资源的使用效率。另外，政府执法在某些领域比私人执法具有更高的信息搜集效率，这是由于一些信息需要通过公共权力才能获得，或者个体无法对信息进行搜集、筛选以及处理。但是，政府在执法时也存在一定的限制，比如执法资源的稀缺。如果政府部门想要提高查处违法行为的概率，需要投入较多的执法资源，而执法资源的稀缺性使得无法只依靠政府来管制侵权违规行为。同时，政府执法者也符合理性人的假设前提，存在"偷懒"现象，会产生机会主义行为。[1]而严格执法需要庞大的科层组织做保证，但庞大的科层组织将会导致执法效率的降低，不可避免会产生权钱交易等寻租行为，执法者有可能为违法者的寻利活动提供条件，这种执法者与违法者之间利益的一致性使违法行为的查处变得更为困难。为了降低执法的成本，实现法律的威慑功能，在某些领域应将执法权配置给直接受害人，因为他们的优势在于信息收集更便捷，发现成本更低，比政府执法更有成本优势。这一观点已经得到理论界的普遍认同。在国际社会的司法实践中，充分发挥私人执法的作用已经得到大多数人的认可，并且已经获得了一定的推广使用。但在很多情况下，受害人不会为了实现公共利益而采取个人执法行动，追求个人利益最大化的理性人有可能滋生"搭便车"行为。如果想要解决私人执法过程中所出现的"搭便车"行为，最有效的办法是构建一定的激励机制来保证私人执法的顺利进行，并给予私人执法者一定的奖励。学者奥尔森提出了"有选择性地激励"，即对那些为公共利益作出贡献的个人，除给予正常的成本补偿外，还应给予他（她）额外的奖励。学者贝克尔指出，竞争法的私法执行通过处以一定的处罚金，会产生一定的激励作用，进而取得较好的执行效果。综上可知，假如补偿性赔偿不包含成本以外的其他合理回报，那么，个人就没有动力产生执法行为。对于惩罚性赔偿来说，超过实际损失的那一部分赔偿可以看作额外的奖励。所以，惩罚性赔偿制度可以有效激励相关个体采取执法行动，不自觉地保护了公共利益。[2]

三、对潜在受害者的激励

单个诉讼适用惩罚性赔偿体现了法律对受害者的激励，事实上，更多受

---

〔1〕　参见杨立新：《我国消费者保护惩罚性赔偿的新发展》，载《法学家》2014年第2期。
〔2〕　参见朱广新：《惩罚性赔偿制度的演进与适用》，载《中国社会科学》2014年第3期。

害群体基于赔偿结果的激励而拿起惩罚性赔偿的法律武器，通过诉讼、调解等方式来维护群体正义。在个案中，惩罚性赔偿保护的是受害者的个体权益，当个案数量众多或受害者人数众多时，个体权益就变成了群体权益甚至社会权益，个体正义就成为群体正义甚至社会正义。虽然惩罚性赔偿制度所保护的主体范围不可能是社会每一个人，但通过制度本身进行权利义务配置能够将主体范围限定为面对生产者或经营者违法行为所遭受或可能遭受侵害的群体。日用品、食品、药品都是人们生活必需品，因这些产品缺陷受到损害的个体往往并非个例。2008 年的奶粉三聚氰胺事件中，根据官方公布的数据，截至 2008 年 9 月 21 日，因食用婴幼儿奶粉而接受门诊治疗且已康复的婴幼儿累计达到 39 965 人，正在住院的有 12 892 人，此前已治愈出院的有 1579 人，报告死亡人数为 4 人。[1]美国麦当劳咖啡烫伤老人的判决也是一个典型的对潜在受害者激励的案例。一个老人因为麦当劳咖啡过烫导致三度烫伤，经过多次植皮手术，在长达两年的时间里仍然难以自如行走。老人起诉麦当劳公司，初审法院支持了原告 286 万美元的赔偿金，老人获得了巨额赔偿。在审理过程中，被法官下令披露的麦当劳公司内部秘密文件和统计数据让人大吃一惊，这也是法官判决高额惩罚性赔偿的主要原因。原来在 1982 年至 1992年的 10 年时间里，麦当劳公司遭到了七百余起咖啡严重烫伤事故的投诉，其中有数十起造成顾客外阴部、腹股沟、大腿内侧等"敏感部位"烫伤，给当事人造成了极大的身心痛苦。这起轰动全美的案件对已经造成损害和潜在的受害者无疑具有执法的激励作用。

四、对机关和社会组织的激励

惩罚性赔偿对机关和社会组织的激励作用体现在对更高层次的公共利益的维护上。公益诉讼，顾名思义，就是对损害国家和社会公共利益的违法行为，由法律规定的国家机关或组织向人民法院提起诉讼的制度。这是对传统的"无利益即无诉权"理论的突破。公益诉讼的"公益"存在两个层面：一是具体的，表现为受害者利益的集合，是集合性公益；二是抽象的，包括市

---

〔1〕 参见 https://baike. baidu. com/item/%E4%B8%AD%E5%9B%BD%E5%A5%B6%E5%88%B6%E5%93%81%E6%B1%A1%E6%9F%93%E4%BA%8B%E4%BB%B6/86604，最后访问日期：2024年 8 月 5 日。

场秩序、交易安全、安全信赖等。[1]2016 年最高人民法院出台的《关于审理消费民事公益诉讼案件适用法律若干问题的解释》，意在解决消费群体纠纷中经营者与消费者信息不对称、地位不平等、维权成本高等消费市场中的问题，对消费维权予以实质救济。根据上述解释的规定，公益诉讼保护的对象是人数众多且不特定的消费者，规制的是经营者侵害社会公共利益且不以造成实际损害为前提的违法行为，可见，公益诉讼是对超出个人利益之外的公共利益的维护，是对良好的市场秩序和安全的市场环境的维护。我国惩罚性赔偿的公益诉讼主要是由检察院和消费者协会等社会组织提起，适用于消费、食品安全领域和生态环境领域。以食品安全领域的惩罚性赔偿公益诉讼为例，根据统计，2017 年至 2019 年，全国检察机关在食品安全民事公益诉讼中，提起的惩罚性赔偿公益诉讼高达 800 件，共提出惩罚性赔偿金诉讼请求高达 11 亿余元。[2]实务中，这些赔偿金的归属主要分三种情况：一是上缴国库，二是国家机关代管，三是纳入专项公益基金。[3]上缴国库是目前司法实践中较普遍的做法，一则国家相对于原被告双方地位中立，这些赔偿金收归国库之后能保障资金的安全，避免资金流失；二则便于将这些赔偿金统一调配至需要的领域，包括填补当下用于食品安全公益事业的开销。当然，这些资金的使用和监管也存在一定的争议。相关部门倾向于在未来建立专门的公益基金账户，基金账户相对于国库而言更加公开透明，资金的使用和监管也更加规范。但是，无论是何种归属，不可否认惩罚性赔偿有力地推动了国家机关和社会组织积极维护公共利益。惩罚性赔偿是法律上新增设的一个维权途径和导向，激励国家机关和社会组织能够主动地从民事领域借助行政和刑事手段对违法行为的干预和惩治。和受害者的私人执法一样，它能弥补政府执法的滞后性与低效，但是它的内在动力是源于机构和组织的自身职责而非自身财富增长的动力。

　　当然，就激励而言，惩罚性赔偿是一把双刃剑，既有可能激励不足也有可能激励过头。当违法行为的责任不足以抵消其给社会带来的成本时，就会

---

〔1〕　参见王福华：《公益诉讼的法理基础》，载《法制与社会发展》2022 年第 2 期。

〔2〕　《最高检等七部门：规范食品安全民事公益诉讼惩罚性赔偿设赔偿金专管账户》，载 http://finance. cnr. cn/2014jingji/djbd/20210608/t20210608_525507660. shtml，最后访问日期：2024 年 8 月 5 日。

〔3〕　参见李喆、刘明明：《食品安全民事公益诉讼惩罚性赔偿的司法样态研究》，载《中国食品药品监管》2022 年第 11 期。

产生激励不足，导致潜在的违法者对违法成本的估计往往低于社会成本，其结果是违法者放任自己的行为。当法律责任高于违法行为之社会成本时，预防成本加大，一些给社会带来的收益大于成本的合法行为也会受到抑制，过于昂贵的预防措施会导致更高的产品成本，这些往往最终还是要由消费者以更高的价格形式或产品品种减少的形式来承担其后果。科斯在《社会成本问题》一文中揭示了问题的相互性极具启发性："人们一般将该问题视为甲给乙造成损害，因而所要决定的是：如何制止甲？但这是错误的——避免对乙的损害将会使甲遭受损害。必须决定的真正问题是：是允许甲损害乙还是允许乙损害甲？关键在于避免较严重的损害。"人类社会固有的不确定性、人的理性有限性决定了法律不可能洞察一切有可能损害他人利益的侵权行为并予以设防，人们始终处于一种风险中，有些伤害源于合理的风险。民事责任涉及复杂的如何平衡预防措施及交易费用的问题。惩罚性赔偿制度旨在权衡加害行为的成本和责任赔偿所带来的新的社会成本，保持两者必要的平衡，其出发点在于更低成本地避免损害和更高效地进行救济。

第三节 惩罚性赔偿的威慑功能

一、法律威慑理论的起源

法律威慑理论，其渊源可追溯至古典犯罪学，其中，代表人物贝卡里亚与边沁深入探索刑罚与犯罪之间错综复杂的纽带，为后世奠定了法律威慑理论的基石。贝卡里亚独树一帜地主张，刑罚的终极目标在于震慑潜在的犯罪者，他精妙地剖析了刑罚的三大要素——确定性、严厉性与及时性，并深刻指出，相较于严苛的惩罚力度，刑罚的必然实施才是遏制犯罪最为强有力的缰绳。他强调，让犯罪者深知其行为必将招致法律之网的无情捕捉，方能真正达到预防犯罪的目的。[1]另一位著名学者边沁，则以经济学家的敏锐洞察，将理性的光芒投射至法律威慑的领域，他创新性地将经济学原理融入分析框架，提出根据刑罚确定性缺失的程度灵活调整惩罚力度的策略。这一见解不

---

〔1〕 参见［意］贝卡里亚：《论犯罪与刑罚》，黄风译，中国法制出版社 2002 年版，第 68 页。

仅拓宽了法律威慑理论的研究视野，也为后续学者提供了宝贵的思考维度。[1]费尔巴哈，站在边沁思想的肩膀上，进一步深耕细作，他基于苦乐原理，构建了一套威慑心理强制论的宏伟体系。他坚信，通过构建犯罪所得与所遭痛苦之间牢不可破的必然联系，能够深刻触动人心，激发对痛苦的深切畏惧，从而在根本上遏制犯罪的冲动。随着时代的发展，贝克尔将威慑理论推向了一个全新的高度，他区分了古典与现代威慑理念的差异，指出古典威慑追求的是绝对剥夺犯罪利益的"完全威慑"，而现代威慑则致力于实现一种微妙的平衡——"最优威慑"。[2]在这一理念下，法律制裁的焦点不再是单纯的惩罚，而是如何精准地调整威慑力度，使得其对社会产生的正面效益恰好等于所付出的额外成本，实现效益与成本的精妙对接。此后，波斯纳、萨维尔等法学巨擘，沿着前人的足迹继续前行，他们对惩罚的概率与严厉性之间的微妙关系进行了更为细致入微的剖析，最终确认了二者之间存在着一种微妙的替代效应。这一发现，不仅深化了我们对法律威慑机制的理解，也为现代法治实践提供了更加科学的指导原则。

二、惩罚性赔偿威慑功能的发挥

威慑不法行为的发生与损害补偿一样，也是传统侵权法的功能之一，但是现代社会的责任保险在一定程度上削弱了此功能的发挥。责任保险将体现矫正正义观的个人责任理念与将损失转由能够有效分散损失一方承担的新时期分配正义观巧妙地结合起来，将损失分摊给全体投保人，由全体可能成为致害人的被保险人负担可能产生的损失，从而在一定限度内将因为侵权责任而由责任人承担的损失再一次向特定的潜在的加害人转移。从本质上讲，责任保险是将个人责任在一定限度内推向社会，使受害人的损失能够由更多人承担，并以这一手段加强侵权法的损害填补功能，使受害人能够得到更充分的保护。正如美国学者豪伊斯顿和巴克利所言："侵权责任的扩张在很大程度上依赖责任保险的支持，责任保险的存在给侵权责任的链条增加了一点'额

---

[1] 参见［英］边沁：《道德与立法原理导论》，时殷弘译，商务印书馆 2000 年版，第 229~230 页。

[2] 参见魏建、宋艳锗：《刑罚威慑理论：过去、现在和未来——刑罚的经济学分析》，载《学习与探索》2006 年第 4 期。

外张力'。"[1]但与此同时，责任保险与侵权责任的结合也招致了众多的疑虑和责难，如美国学者萨尔门德认为，责任保险在增强侵权责任的赔偿功能的同时，削弱了侵权责任的预防事故的功能。[2]他们的观点具有广泛的代表性。

美国学者波林斯基和沙维尔在其研究中深入探讨了责任保险对行为人（潜在侵权人）注意程度及侵权行为（事故）发生率的影响，特别是在不同损失性质情境下的具体表现。他们认为，在适用严格责任原则且损害后果纯粹是财产性的场景中，即便责任保险的引入可能会在一定程度上降低购买保险者的注意程度——因为他们意识到即便发生事故，也能通过保险获得充足的财务补偿，从而减轻了对潜在损失的担忧——但这种行为模式的转变对受害人的实际影响却是有限的。原因在于，受害人同样能通过责任保险机制获得充分的赔偿，确保自身经济利益不受损害。因此，在这种特定情境下，责任保险虽然可能改变行为人的预防动机，但并未从根本上削弱对受害人的保护。

然而，当损失性质转变为非财产性时，情况则大不相同。非财产性损失往往涉及受害人的精神痛苦、身体伤害或生活质量的下降，这些是无法简单用金钱衡量的。因此，即便存在责任保险，受害人也可能因为补偿不足而感到不满和受损。为了应对这一挑战，波林斯基和沙维尔提出，如果责任保险在投保过程中能够实施有效的甄别和约束机制，那么这将有助于更好地控制投保人的行为，确保他们在享受保险保障的同时，不会因过度依赖保险而放松对自身行为的监督和管理。这样一来，即便是在责任保险普及的背景下，侵权行为（事故）的发生率也不会因此迅速攀升，从而维护了社会的整体安全和秩序。

但现实往往比理论更为复杂。波林斯基和沙维尔也指出了责任保险在实际运作中可能面临的困境。一方面，不同保险公司在控制投保人行为方面的能力存在显著差异，这直接影响到责任保险在预防侵权行为方面的效果。另一方面，投保人可能会采取更加隐蔽和复杂的策略来规避保险条款的限制，

---

〔1〕 转引自薛虹：《演变中的侵权责任和人身伤亡事故问题的解决》，载梁慧星主编：《民商法论丛》（第5卷），法律出版社1996年版。

〔2〕 转引自薛虹：《演变中的侵权责任和人身伤亡事故问题的解决》，载梁慧星主编：《民商法论丛》（第5卷），法律出版社1996年版。

比如故意隐瞒关键信息或选择性地报告事故，这些行为都可能削弱责任保险对侵权行为发生率的抑制作用，甚至在某些情况下可能导致侵权行为发生率的上升。

　　惩罚性赔偿能很好地发挥侵权法的威慑功能。从经济学的观点来看，惩罚性赔偿通过给不法行为人增加经济上的负担从而使其为自己的不法行为付出更重的代价，这可以促使行为人采取较为安全的措施以防止损害的发生或者将损害发生的危险降到最低的程度，"惩罚性赔偿应成为一种对施害者而言不正常或额外的成本，以阻止这种行为"。[1]威慑在理论上可以界分为"完全威慑"和"最优威慑"两种不同的功能形态。完全威慑目标是通过施加法律责任，绝对禁止行为人从事某种活动，刑法多采用此种威慑功能形态，即通过刑罚禁止犯人实施犯罪行为并威慑其他人从事不法行为。而民事侵权行为强调的是"最优威慑理论"，所谓最优威慑就是强调诱导行为人在生产或提供服务的过程中采纳社会最优的注意水平，同时生产或提供社会最优数量的商品或服务。如知识产权惩罚性赔偿即为了发挥制度的最优威慑功能，在保护知识创造者的同时兼顾推动经济发展和科学文化进步的公益目的。从社会整体福祉的宏观视角审视，侵犯知识产权的行为诚然伴随着不容忽视的负面影响，但其潜在的双刃剑效应亦不容忽视：它或能催生新颖的知识产权成果，丰富智慧财产库，甚至通过优化资源配置，提升知识产品的流通效率与利用率，从而为社会的经济繁荣贡献积极力量。鉴于此类行为并不全然体现为纯粹的负外部性现象，其在客观上亦有可能推动社会整体福利的提升，因此，在设定知识产权领域的惩罚性赔偿制度时，其威慑目标应精准定位于"最优威慑"而非"完全威慑"，以确保这一法律机制能够精准平衡公共利益与知识产权所有人权益之间的微妙关系，深刻契合知识产权法所蕴含的公共利益与个体权益并重的价值内核。

---

〔1〕　参见王成：《侵权损害赔偿的经济分析》，中国人民大学出版社 2002 年版，第 192 页。

第四节　惩罚性赔偿的惩罚功能

一、惩罚功能弥补侵权法的不足

惩罚功能是惩罚性赔偿的主要功能之一。从惩罚性赔偿的字面意义可知，此种赔偿不同于一般的补偿性质的赔偿，而具有惩罚性，故惩罚功能是惩罚性赔偿的应有之义。补偿性损害赔偿是通过让加害人赔偿受害人的全部经济损失来实现制裁作用，本质上仍是一种交易，等同于以同样的财产交换损失。对不法行为人来说，补偿其故意行为所致的损害也如同一项交易，似乎只要付出一定的补偿性赔偿即可为民事违法行为，这样一来，补偿性赔偿对富人难以起到制裁作用。同时，传统侵权法所具有的惩罚功能在不少实际情况中大打折扣，侵权人往往能够逃脱责任。导致这种结果的原因有三个：首先是主观过错证明的难度。主观过错的认定往往依赖于对行为人心理状态的推断，这本身就具有高度的复杂性和不确定性。在许多案件中，尤其是涉及过失侵权的场合，要精确证明侵权人是否存在疏忽、是否尽到合理的注意义务，几乎是一项不可能完成的任务。这要求受害人不仅要证明损害事实的存在，还需深入探究侵权人的内心世界，这无疑加大了诉讼的难度和成本。加之现代社会行为的复杂性，许多侵权行为背后隐藏着复杂的因果关系链条，使得过错的证明更加困难重重。这种证明障碍不仅降低了案件的胜诉率，也间接削弱了公众通过法律途径寻求正义的信心，进而影响了侵权案件的起诉率。其次是因果关系认定的模糊性，因果关系作为侵权责任构成的关键要素之一，其认定往往也是一大难题。在现实生活中，损害结果往往由多个因素共同作用而成，很难单一地归因于某个具体行为。受害人往往面临"谁之过"的困惑，难以准确指出是哪一个或哪些行为直接导致了其损害的发生。即便能够确定某个行为与损害之间存在某种关联，要进一步证明这种关联达到了法律上所要求的因果关系程度，也绝非易事。这种因果关系的模糊性不仅增加了受害人的举证难度，也容易导致法院在裁判时陷入两难的境地，进而影响了侵权责任的有效追究。最后是诉讼成本的经济考量。高昂的诉讼成本是阻碍受害人通过法律途径寻求救济的又一重要因素。从聘请律师、收集证据到参与庭审，每一个环节都需要投入大量的时间、金钱和精力。对于许多普通受害人而言，这些成本可能是难以承受的。特别是在损害较小或预期赔偿不高的案件中，受害人往往会因为担心"赢了官司输了钱"而选择放弃诉讼。这种"理性冷漠"的现象不仅导致了起诉率的低下，也使得侵权责任制度在制裁违法行为、保护受害人权益方面的作用大打折扣。同时，过低的起诉率又进一步削弱了侵权责任的威慑力，使得侵权人能够逍遥法外，继续从事不法行为。而惩罚性赔偿在一定程度上降低了受害人的举证难度和诉讼成本，有助于惩罚功能的实现。由于惩罚性赔偿的判定往往基于侵权行为的严重性而非单纯的主观过错或因果关系证明，这在一定程度上减轻了受害人的举证负担。同时，高额的赔偿金也为受害人提供了更为充足的经济激励，鼓励其积极提起诉讼以维护自身权益。这种机制有助于提升侵权案件的起诉率，进而增强侵权责任的制裁效果。比如，针对生态破坏和环境污染案件，惩罚性赔偿对恶意侵权人能起到很好的惩罚效果。生态环境损害具有累积性、潜伏性、缓发性、公害性等特点，生态环境领域违法成本低问题突出。而惩罚性赔偿通过让恶意的不法行为人承担超出实际损害数额的赔偿，提高了环境违法成本，让恶意侵权人付出应有的代价，达到制裁恶意侵权人的效果。此外，惩罚性赔偿明确的金钱赔偿规则向全社会传递了一个明确的信息——违法行为必将受到法律的严惩和社会的谴责。这种强烈的惩罚信号有助于提升公众的法律意识和维权意识，推动社会各界共同参与到公共利益的维护中来。另外，惩罚性赔偿也为其他潜在的违法者提供了生动的反面教材，警示他们不要重蹈覆辙、以身试法。这种示范效应有助于在全社会范围内形成尊法守法的良好风尚，促进社会的和谐稳定与可持续发展。

二、惩罚功能的作用机制

惩罚性赔偿通过以下三种机制对行为人产生惩罚作用：其一，道德心理机制。这一机制侧重行为人内心的自我审视与道德重构。当行为人因违法行为而被判处惩罚性赔偿时，这不仅仅是一种法律上的制裁，更是一种道德上的谴责。它迫使行为人直面自己的错误，深刻反思其行为的危害性与不道德性。通过这种自我反省的过程，行为人得以重新认识并纠正自己的错误观念，从而在未来的行为中更加审慎，避免重蹈覆辙。同时，这种道德心理层面的触动，也有助于提升整个社会的道德水平，营造更加健康向上的社会风气。其二，舆论机制。惩罚性赔偿的判决往往伴随着广泛的社会关注与讨论，从而形成一种强大的舆论力量。这种舆论不仅直接针对行为人，表达对其不法行为的强烈否定与谴责，同时也向全社会传递了一个明确的信息：违法行为必将受到法律的严惩和社会的唾弃。这种舆论压力不仅能够有效促使行为人深刻反省并积极改过自新，还能够为其他潜在的违法者提供生动的反面教材，警示他们不要步其后尘。此外，舆论机制还有助于增强公众的法律意识与维权意识，推动社会各界共同参与到公共利益的维护中来。其三，利益机制。这一机制是惩罚性赔偿制度的核心所在。通过要求行为人在赔偿被害人实际损失的基础上，额外承担惩罚性赔偿金，法律对行为人的经济利益进行了直接而有力的打击。这种经济上的重压不仅让行为人感受到了实实在在的损失与痛苦，更迫使其在未来面对类似诱惑时不得不权衡利弊、三思而后行。同时，高额的惩罚性赔偿金也迫使行为人不得不采取更加严格的预防措施来防止类似损害结果的再次发生。这种利益机制的有效运作，不仅能够有效遏制违法行为的发生与蔓延，还能够激励行为人积极采取补救措施来修复受损的社会关系与公共利益。当然，惩罚性赔偿惩罚功能的发挥并不是单纯地通过巨额的赔偿金，我们需要对其进行科学合理的分析否则将适得其反。美国的学者 A. 米切尔·波林斯基和史蒂文·谢威尔通过经济学方法分析惩罚性赔偿总结出："我们分析的一个推论是，在惩罚性损害赔偿无法根据威慑理由加以确立的情况下，强制实施惩罚性损害赔偿通常会在社会上造成有害的后果。这些后果可能表现为采取超出正常限度的预防措施和不正当地参与社会上有益的活动。在有关公司的情况下，后者的结果可以表现为不需要的高昂价格和从市场上撤出产品。关于这一惩罚目的，我们已经发现，如果被告为个人，或者如果被告为公司且目的在于将公司作为实体加以惩罚（尽管我们注意到后面这一目的存在问题），那么惩罚性赔偿与惩罚之间的关系则相对比较直接。然而，在被告为公司且目的在于惩罚应受处罚的雇员的情况下，我们得出了不同的结论。因为对公司强制实施惩罚性赔偿不会导致对应受谴责的雇员的惩罚，而通常会处罚股东和消费者，他们本不应成为应受谴责的当事人，所以，在有关公司的情况下，惩罚性赔偿促进这一惩罚目的的功能是有限的。"[1]

---

〔1〕 参见［美］A. 米切尔·波林斯基、史蒂文·谢威尔：《惩罚性赔偿：一个经济分析》，明辉译，载［美］布兰代斯：《哈佛法律评论·侵权法学精粹》，徐爱国编译，法律出版社 2005 年版，第 468~469 页。

第四章

功能主义视角下我国惩罚性赔偿适用的类型化划分

第一节 类型化方法在法律适用中的意义

作为法学方法论的类型化，是指应用"类型"来掌握或解释法律现象的一种方法。[1]在社会科学研究领域，类型概念首先是由马克思·韦伯引入的社会学的，后来经过亚图·考夫曼和卡尔·拉伦茨等学者的系统研究，形成了较为系统的类型化理论。类型化方法作为一种与概念法学相对应的法律方法，对现代法学研究和现代立法有重要的意义。它打破了传统概念法学的局限，为法学研究提供了一种更为开放、包容的思维方式。与概念法学中严格定义、界限分明的概念不同，类型化方法强调对事物进行描述而非定义，这使得法学研究者能够更灵活地应对复杂多变的社会现实和法律问题。通过类型化，研究者可以将那些难以用单一概念界定或概括的社会现象和法律规范纳入研究视野，从而拓宽了法学研究的广度和深度。类型化方法在立法领域也具有重要的应用价值。通过将类型化思维与法学分类方法相结合，立法者可以建立一定的价值判断标准，对社会事实或规范内容进行分类。这种分类不仅有助于立法者更清晰地认识社会现实和法律需求，还能够为立法提供更为科学、合理的依据。在此基础上，立法者可以设计出类型化规则，以增强法律规范的有效性和针对性。这种类型化规则不仅能够更好地适应复杂多变的社会现实，还能够为法律的实施提供更为明确、具体的指导。

类型化方法在法学研究中的引入与发展，为法学领域带来了深远的影响与革新，特别是对法律规范适用效能的提升。首先，其为法官提供裁判依据和参考。类型化划分通过积累大量判例，并将这些判例进行归类和整理，形

---

〔1〕 参见杨峰：《商法一般条款的类型化适用》，载《中国社会科学》2022年第2期。

成了相对稳定的案件类型体系。这些类型化的案件为法官在处理类似案件时提供了大致的参考框架，使得法官能够更快地找到相关判例，从而更准确地适用法律原则。类型化划分确保了"同等情况同等对待"的司法平等精神。通过类型化，法官可以参照过去类似案件的裁判结果来裁判当前案件，避免了因个人偏见或主观臆断而导致的裁判不公。其次，其规范了法官的价值衡量。在法律适用过程中，法官经常需要在规则与原则、不同原则之间进行价值衡量。类型化划分通过提供丰富的判例类型和详细的裁判理由，为法官进行价值衡量提供了坚实的基础。法官可以借鉴类型化案件中的价值衡量方法，结合当前案件的具体情况，作出更为合理和公正的裁判。类型化划分有助于减少法官在裁判过程中的偏差和分歧。通过类型化，法官可以更加清晰地认识到类似案件的处理方式和裁判结果，从而避免在裁判过程中偏离法律原则和司法实践。再次，其促进了法律的安定性和发展。类型化划分有助于增强法律的安定性。通过类型化，法官可以更加准确地理解和适用法律规范，减少了因理解差异而导致的裁判不一致现象。同时，类型化划分也为法律规范的适用提供了相对稳定的预期，使得社会成员能够更加清晰地预测自己的行为后果。类型化划分还有助于推动法律的发展。通过不断积累新的判例和类型化新的案件类型，法律可以更加灵活地适应社会发展的需求。此外，类型化划分也为法律规范的修改和完善提供了重要的参考依据。最后，其提高了司法效率和公信力。类型化划分通过提供明确的裁判依据和参考框架，使得法官能够更快地处理类似案件，从而提高了司法效率。此外，类型化划分还有助于减少上诉和再审等程序性事项的发生，进一步提高了司法效率。类型化划分通过确保裁判的公正性和合理性，提升了司法的公信力。当社会成员看到类似案件得到相同或相似的裁判结果时，他们会对司法系统产生更大的信任感。这种信任感是维护社会稳定和推动法治建设的重要基石。

第二节　领域分类在我国惩罚性赔偿适用中的弊端

一、我国惩罚性赔偿的主要领域类型

法律规范按照不同的标准，可以分为不同的类型。从法律体系的宏观架构出发，依据法律规范的核心属性，可将其区分为公法规范与私法规范两大

类别，这反映了法律在调整社会关系时的不同角色与范围。进一步细化至法律部门的划分，则依据专业领域的不同，法律规范又可分为刑法规范、民法规范、行政法规范及诉讼法规范等，这些部门法共同构成了法律体系的具体框架。转换至法律制定与解释的微观视角，根据法律规范所采取的行为调整模式，可将其细化为授权性规范、义务性规范和禁止性规范，这三者分别对应着法律对主体行为的赋权、设定义务与限制禁止。此外，依据法律规范的强制性程度，又可分为强制性规范与任意性规范，前者要求严格遵循，后者则赋予一定的选择空间。按法律规范内容的明确性，可分为确定性规范、委任性规范和准用性规范，这反映了法律规范在内容表述上的不同精确度与灵活性。从法律规范适用时间点的角度来看，还可以将其区分为调整性规范与构成性规范，前者调整的是既存行为，而后者则可能创设新的行为模式或法律关系。

　　依据不同领域的法律适用与保护需求，我国惩罚性赔偿规范可大概分为三个类型：一是消费领域的惩罚性赔偿，二是知识产权领域的惩罚性赔偿，三是生态环境领域的惩罚性赔偿。消费领域的惩罚性赔偿规范主要包括《民法典》第 1207 条、《消费者权益保护法》第 55 条、《食品安全法》第 148 条、《药品管理法》第 144 条。知识产权领域的惩罚性赔偿规范主要为《民法典》第 1185 条、《著作权法》第 54 条、《商标法》第 63 条、《专利法》第 71 条、《种子法》第 74 条和《反不正当竞争法》第 17 条。生态环境领域的惩罚性赔偿规范为《民法典》第 1232 条。由于司法解释是对法律适用进行解释和说明，因此上述法律相关的司法解释不单独列出。

二、领域分类的弊端

　　对不同领域惩罚性赔偿的规范整理可以看到，这种分类存在一定的立法与司法上的问题：首先，领域划分的刚性界限会导致惩罚性赔偿制度的闭塞性加剧。随着社会的快速发展和新兴领域的不断涌现，许多新情况、新问题亟待法律的有效回应。惩罚性赔偿具有法定性，其适用范围必须由法律明确规定，但是法律应随着社会的发展而不断拓展惩罚性赔偿的适用，正如《民法典》对惩罚性赔偿在知识产权领域、生态环境领域的拓展一样，将来惩罚性赔偿还可能在其他领域进行规定。比如有学者提出的证券内幕交易适用惩罚性赔偿的建议。[1]证券内幕交易，作为一种严重违背市场诚信原则与公平交易精神的行径，其核心在于将少数内幕知情人士因非法获取的信息优势所获取的非法利益，完全转嫁为普通投资者的惨重损失。这一行为不仅严重侵蚀了证券市场的基石——公平与公正，更如同慢性毒药，逐渐侵蚀着市场的信任根基，使那些怀揣着投资梦想与信心的公众投资者望而却步，削弱了市场的吸引力与活力。长此以往，证券市场的三大核心功能——筹资功能、资本定价功能以及资本合理配置功能，均将受到不同程度的干扰与损害，进而阻碍证券市场的健康、可持续发展，影响经济的整体繁荣与稳定。内幕交易所带来的社会整体利益损害，其深远影响远非金钱所能简单衡量。它不仅在物质层面上造成了投资者财富的流失，更在精神层面上动摇了市场参与者的信心，破坏了市场应有的秩序与规则。这种损害，因其复杂性与广泛性，给传统的损害赔偿制度带来了前所未有的理论挑战与实践难题，单纯依靠一般性损害赔偿往往难以全面、有效地弥补受害者所遭受的全部损失，更无法触及那些隐性的、长远的负面影响。此外，由于现有补偿性制度的局限性与不足，使得内幕交易案件的民事诉讼数量远低于社会实际需求，无法充分发挥民事诉讼作为遏制内幕交易行为重要手段的作用。这不仅削弱了法律的威慑力，更在一定程度上纵容了内幕交易行为的蔓延，使得证券市场上的此类不法行为愈发猖獗，严重侵蚀了市场的公平性与透明度。行政与刑事执法手段固然在打击内幕交易方面拥有独特的优势与力度，但它们的局限性也显而易见，无法完全替代民事诉讼在维护市场秩序、保护投资者权益方面的独特作用。因此，构建一套与行政、刑事执法相互补充、协同作用的民事诉讼体系显得尤为重要。在此背景下，借鉴国际先进经验，将惩罚性赔偿制度引入内幕交易民事赔偿领域，成为一个值得深入探讨与尝试的方向。惩罚性赔偿不仅能够通过增加违法成本来有效遏制内幕交易行为的发生，还能够激励受害者积极提起诉讼，从而扩大民事诉讼的覆盖面与影响力。同时，它还能在一定程度上弥补一般性损害赔偿的不足，为受害者提供更加全面、有力的法律保障，进一步恢复市场信心，促进证券市场的健康发展。严格按领域划分，意味着今后立法在多少个领域内规定了惩罚性赔偿就有多少种类型，不利于

---

〔1〕 参见邢会强：《内幕交易惩罚性赔偿制度的构造原理与现实选择》，载《中国社会科学》2018年第4期；马新彦：《内幕交易惩罚性赔偿制度的构建》，载《法学研究》2011年第6期。

惩罚性的拓展，同时在一些交叉领域里，还会出现类型混乱或者模糊，影响其整体体系的清晰和完整。还有学者提出针对现在个人信息侵害时有发生的现象，对侵害敏感个人信息的建议适用惩罚性赔偿。根据我国《个人信息保护法》的规定，生物识别、宗教信仰、特定身份、医疗健康、金融账户、行踪轨迹以及不满 14 周岁未成年人等个人信息均属于敏感信息。而实务中，侵犯个人敏感信息的民事公益诉讼案件对个人敏感信息的保护与一般信息无异。如杭州市拱墅区检察院与邓某、肖某某未成年人、个人信息保护民事公益诉讼案件中，涉案平台出售多达 90 余万条未成年人身份信息，现有已生效的刑事判决认定平台总销售额为 47 万余元，法院判决两被告支付侵害社会公共利益损害赔偿款 30 万元。[1] 这个案件所侵害的未成年人信息属于敏感信息，但判决并未体现出对敏感信息保护的特别之处。因此，学者建议将惩罚性赔偿适用于敏感信息保护，加大对侵权人的处罚，这样可以平衡个人信息与敏感信息的利用与保护的关系、填补受害人的损失、激励受害者积极维护自己的权益以及回应个人信息侵害不易被发现的现实。[2]

其次，领域分类还可能引发惩罚性赔偿在适用过程中的困境。同一领域基于不同的情形，往往会对惩罚性赔偿的适用条件、尺度和标准提出不同的要求。这种差异性的存在，使得在适用同一领域的惩罚性赔偿时产生误区，法官可能对同一领域内的不同情形适用同一标准，这增加了司法实践中的复杂性和不确定性。比如，在消费者保护的法律框架内，《消费者权益保护法》与《食品安全法》作为两部核心法律，通过精心设计的惩罚性赔偿条款，为消费者提供了强有力的法律武器，以对抗欺诈行为及食品安全领域的违法行为。这两部法律在惩罚性赔偿的具体应用上，虽同属于消费者保护领域，却展现出不同的立法目的与适用条件，特别是在消费者举证责任方面存在显著差异，这种差异深刻反映了法律对不同类型侵权行为的不同应对策略与价值取向。《消费者权益保护法》第 55 条第 1 款与《食品安全法》第 148 条第 2 款的主要功能在于激励消费者维权，消费者无需证明实际损害的发生即可主张赔偿。这种制度设计旨在通过降低消费者的维权成本，激励其积极揭露并

---

〔1〕　杭州互联网法院［2021］浙 0192 民初 9214 号民事判决书。

〔2〕　参见王成：《侵害敏感个人信息惩罚性赔偿制度的建构》，载《华东政法大学学报》2024 年第 4 期。

追究欺诈行为及食品安全问题，从而有效遏制市场中的不法行为，维护消费者群体的整体利益。在这些条款下，即便消费者未遭受直接的经济损失或健康损害，只要能够证明经营者的欺诈行为或食品不符合安全标准，就有权要求获得惩罚性赔偿。这种"无损害亦赔偿"的原则，不仅体现了法律对消费者权益的倾斜保护，也向市场传递了明确的信号：任何损害消费者权益的行为都将面临严厉的法律制裁。而《消费者权益保护法》第 55 条第 2 款与《民法典》第 1207 条的主要功能是严惩侵权。而《消费者权益保护法》第 55 条第 2 款及《民法典》第 1207 条在适用惩罚性赔偿时，则要求消费者必须证明其所遭受的实际损害。这一规定更多地将重点放在了对侵权行为的严厉惩罚上，通过要求消费者提供具体的损害证据，确保惩罚性赔偿的适用具有更强的针对性和合理性。这些条款适用于那些已经造成消费者实际损害的情形，包括身体伤害、财产损失等，旨在通过加大对侵权人的经济惩罚力度，起到震慑作用，防止类似侵权行为再次发生，特别是《民法典》第 1207 条，受害者必须达到严重的健康损害或者死亡才可以适用，没有损害或者只是一般的人身或者财产损害都不具备适用条件。

最后，领域划分无助于惩罚性赔偿的灵活适用。按领域划分可以帮助法官快速查找到所审理案件涉及的相关惩罚性赔偿规范，但是无助于法官灵活地运用这些规范。传统上，法律规范的适用往往依赖于严格的涵摄逻辑，即先将案件事实与法律规范进行比对，再依据比对结果作出判决。然而，这种机械式的适用方式往往会导致对法律规范背后的功能与目的的忽视，使得惩罚性赔偿在适用过程中缺乏足够的灵活性和适应性。特别是在面对社会现实快速变化的情况下，这种僵化的适用方式很可能导致惩罚性赔偿规范与社会现实脱节，无法有效应对和解决新出现的社会问题。比如，生态环境侵害惩罚性赔偿适用条件之一是要求侵权人造成严重后果，如何理解严重后果呢？如果单纯地以文义解释然后套用规范来适用的话，很可能得出的结论就是此处的严重后果"是已经实际发生的，而不是一种风险"。[1]而如果从功能角度来理解的话，"如果环境侵权行为导致的被侵权人人数众多，造成大规模的

---

〔1〕 最高人民法院民法典贯彻实施工作领导小组主编：《中华人民共和国民法典侵权责任编理解与适用》，人民法院出版社 2020 年版，第 536~537 页。

人群健康隐患，即使未显现出严重的病症，也应视为'严重后果'"。[1]惩罚功能，作为法律功能之一，其核心目的在于惩戒不法行为人，防范未来潜在的恶意侵权行为重演。在公法视野下，对于应当受到制裁的违法行为，其评判标准并不局限于实际损害结果的产生，而是更加侧重行为本身所蕴含的社会危害性。这一理念体现在犯罪形态的多样性上，如预备、未遂、中止、既遂等，均作为量刑考量的重要因素。同样地，在行政处罚领域，判断是否需要施加处罚也主要基于行为的违法性，而非必然要求危害后果的实际发生。例如，《水污染防治法》第 83 条明确规定，即便未造成直接损害，仅因未依法取得排污许可证而排放水污染物，相关环保部门即可采取责令改正、限制生产、停产整治等措施，并伴以高额罚款，甚至对情节严重者责令停业、关闭。相较于其他类型的侵权行为，环境污染与生态破坏因其隐蔽性、渐进性和长期性的特质，使得某一时刻显现的损害往往仅是冰山一角，难以全面反映其深远影响。若将"严重后果"狭隘地理解为已发生的具体损害结果，则可能诱发两种不利后果：一是鼓励行为人采取更为隐蔽的手段进行污染与破坏，从而规避法律制裁；二是促使受害者在损害全面显现后才寻求惩罚性赔偿，虽有利于个体权益的救济，却极大地延缓了阻止损害蔓延、保护生态环境的时机。这种解释显然不利于生态环境的保护，也与《民法典》生态环境惩罚性赔偿条款的立法宗旨相悖。

第三节　功能分类在惩罚性赔偿适用中的意义

从功能主义视角对惩罚性赔偿的类型化，对惩罚性赔偿的法律适用具有三方面的作用。

一、能够显著提升适用的灵活性

惩罚性赔偿的类型化，如同为法律适用装上了灵活的齿轮，使得法官能够根据案件的具体性质、侵权行为的恶劣程度以及受害者的实际损失等因素，精准匹配最为适宜的赔偿类型。这种灵活性不仅确保了法律适用的精准度，也体现了法律对公平正义追求的细腻与周到。从逻辑涵摄的维度审视，概念

---

〔1〕　参见窦海阳：《环境污染与生态破坏责任论》，社会科学文献出版社 2021 年版，第 71 页。

式思维固守于"非此即彼"的二元对立框架中，它要求对象必须完全符合某一概念的全部特征方能被纳入其范畴，否则便因任何特征的缺失而被彻底排斥。这种思维方式遵循的是一种严格的"单值逻辑"，其字典里不存在"相似"或"近似"的余地，如同将世界简化为纯粹的"黑"与"白"，却忽视了自然界与社会生活中广泛存在的介于两者之间的渐变"灰色地带"及其动态流动性。因此，它往往难以全面而精准地捕捉复杂多变的现实情境。相比之下，类型化思维则展现出一种更为包容与灵活的层级性视角。它不再局限于"非黑即白"的绝对判断，而是允许对象在不同程度上拥有或缺失某些要素，形成了一种"或多或少"的涵摄模式。[1]在这种模式下，对象之间的界限变得模糊而富有弹性，不仅考虑了对象是否具备特定要素，还深入探究了这些要素在对象身上的体现程度，从而构建出一个包含多种强度层次的体系。这种类型化思维鼓励我们进行更为细致的比较与判断，即评估某一对象在何种程度上符合某一类型的特征，以及它在类型体系中的相对位置与次序。通过这种方式，类型化思维成功地填补了概念式思维的不足，使我们能够更深刻地理解社会生活的复杂性与流动性，揭示出那些隐藏于"黑"与"白"之间、丰富多彩的"灰色"世界。[2]我国以惩罚为主要功能的生态环境侵权惩罚性赔偿的适用很好地诠释了功能主义在该类型中的作用。2022年最高人民法院公布的《关于审理生态环境侵权纠纷案件适用惩罚性赔偿的解释》首次在生态环境侵权中引入动态系统论，以解决法官按照传统概念式思维适用《民法典》环境侵权惩罚性赔偿规定所导致的规范不易操作难题。以对侵权人具有污染环境、破坏生态的故意认定为例，司法解释第6条列举了法院认定故意所应考虑的动态要素，包括侵权人的职业经历、专业背景或经营范围、同一或同类行为受到行政处罚或刑事追究的情况、污染物的种类、污染环境和破坏生态行为方式等。对于侵权人污染环境、破坏生态行为所造成的严重后果认定，该解释第8条规定，应当根据污染环境、破坏生态行为的持续时间、地域范围，造成环境污染、生态破坏的范围和程度，以及造成的社会影响等因素综合判断。若侵权人污染环境、破坏生态行为造成他人死亡、健康

---

[1] 参见吕忠梅：《类型化思维下的环境法典规范体系建构》，载《现代法学》2022年第4期。

[2] 参见杜宇：《"类型"作为刑法上之独立思维形式：兼及概念思维的反思与定位》，载《刑事法评论》2010年第1期。

严重损害和重大财产损失，生态环境严重损害或者重大不良社会影响的，应该直接认定为造成严重后果。对于惩罚性赔偿金数额的确定，司法解释第 10 条明确，应当综合考虑侵权人的恶意程度、侵权后果的严重程度、侵权人因污染环境、破坏生态行为所获得的利益或者侵权人所采取的修复措施及其效果等因素。

二、能够全面提升适用的公平性

公平是法律追求的核心价值之一。基于功能导向的分类为法律实践提供了清晰的指引，使法官在裁决过程中能够更精准地把握立法者的初衷与期望。这种分类不仅增强了法律适用的可操作性，还促进了司法裁判的一致性与公正性。传统的领域分类方法对惩罚性赔偿的适用公平并无多大裨益，而从功能角度的分类则能大幅提升适用的公平性。如前所述，《消费者权益保护法》《食品安全法》以及《民法典》第 1207 条对产品责任惩罚性赔偿的规定，从调整领域来说都属于消费领域，但是其在适用上却有较大差别，甚至是在同一部法律里，不同的条款，其功能差异也会导致其适用的差别。又比如在适用以威慑为核心的知识产权领域规范和以惩罚为主导的产品责任领域规范时，两种类型的规范在适用条件上呈现出鲜明的差异，尤其体现在对侵权人主观故意要件的具体要求上。这种差异化的设置，旨在针对不同侵权行为的社会危害性及预防必要性，实施精准的法律规制。在产品责任领域，惩罚性赔偿的适用严格限定于侵权人具备主观故意的情形，这里的"故意"是指侵权人明确知晓其行为的违法性质及可能导致的严重后果，却仍然选择放任这一后果的发生。这种严格的归责原则，旨在通过加大对恶意侵权行为的打击力度，维护消费者权益，促进市场健康发展。相比之下，知识产权领域的惩罚性赔偿，虽同样要求侵权人具备主观故意，但其判定标准更为复杂且严苛。鉴于知识产权的特殊性质及其对社会创新激励的重要性，该领域的惩罚性赔偿不仅要求侵权人明知且放任侵权后果，还需进一步考察其是否具有更为恶劣的目的和动机。这种更高层次的主观故意认定，旨在通过强有力的法律手段，对那些严重扰乱市场秩序、阻碍技术进步的侵权行为实施严厉打击，从而发挥更广泛的威慑效应，保护知识产权人的合法权益，激发全社会的创新活力。在樱花卫厨中国股份公司与苏州樱花科技公司及屠某某的商标权侵权纠纷案例中，二审法院发现，尽管被告已被判定侵权，却继续设立新公司并扩大侵权规模，其"显著的侵权恶意"促使法院作出了惩罚性赔偿的判决。[1]另一起案件中，暴风集团公司对腾讯公司的多次侵权警告及国家版权局发布的侵权预警仍置若罔闻，未采取任何删除侵权内容的行动，二审法院因此认定其传播行为构成"明知故犯的侵权行为"。[2]然而，在飞天诚信公司与北京信安世纪公司等实用新型专利的侵权诉讼中，虽然法院确认了被告产品侵犯了原告的专利权，但由于权利人未能充分证明被告存在主观故意且屡教不改的侵权行为，法院最终未支持原告提出的惩罚性赔偿请求。[3]

三、能够更好地适应体系的开放性

在探讨事物能否被归于某一类型时，核心议题聚焦于两个相互依存的方面：一是如何灵活组合并维系构成类型的多元要素，以维持其内在的动态平衡；二是确立何种最终标准，以决定事物是否真正归属于该类型。这两者如同一枚硬币的正反两面，密不可分。拉伦茨的观点深刻揭示了类型归属的复杂性。他强调，判断具体案例是否属于某一类型，并非简单地逐一核对是否包含该类型的所有典型特征，而是要看这些特征在数量和强度上的综合体现，是否足以让该案例在整体上呈现出与该类型相符的"整体形象"。这意味着，类型不仅仅是各个孤立特征的简单堆砌，而是这些特征相互交织、共同作用所形成的一种独特而完整的表征。然而，仅仅依赖"整体形象"的概念，并不能从根本上解决"类似性"的界定难题。拉伦茨进一步指出，在构建类型的过程中，立法者的角色至关重要。他们必须基于特定的法律效果预期和背后的价值判断，来塑造类型的轮廓。[4]换言之，是价值取向为类型的形成提供了方向和依据，使得原本在形式上可能大相径庭的对象，能够基于某种深层的联系和价值共识，被统一归类并相互连接。因此，当我们深入探讨构成"整体形象"的终极标准时，不可避免地要追溯到"主导类型构建的价值观点"这一核心本源。正是这些价值观点，决定了类型的本质特征，也决定了哪些事物能够跨越形式上的界限，被认定为同一类型的成员。可以说，这是价值取向从根本上塑造并决定了类型的存在与边界。功能作为价值取向的具

---

〔1〕 江苏省高级人民法院［2015］苏知民终字00179号民事判决书。

〔2〕 北京知识产权法院［2017］京73民终1259号民事判决书。

〔3〕 北京知识产权法院［2017］京73民终154号民事判决书。

〔4〕 参见［德］卡尔·拉伦茨：《法学方法论》，陈爱娥译，商务印书馆2003年版，第100页。

象体现，特别是在面对日益复杂多变的法律需求时，从功能角度对惩罚性赔偿进行分类，不仅能够灵活应对新兴的法律挑战，还能确保法律体系的连贯性和适应性。以未来可能出现的侵犯敏感信息适用惩罚性赔偿为例，这一新兴的法律需求在现有的领域分类体系中可能找不到直接对应的类型归属。敏感信息的保护涉及个人隐私权、数据安全等多个层面，跨越了传统民法、刑法乃至行政法的界限，因此难以简单地将其归入某一既有的法律领域类型。然而，这并不意味着我们无法对其进行有效的法律规制。从功能角度出发，侵犯敏感信息的惩罚性赔偿旨在通过经济上的严厉制裁，达到惩戒侵权人、遏制未来类似侵权行为的目的。这一核心功能与生态环境侵权中惩罚性赔偿的适用目的高度契合，两者均侧重通过加大违法成本来维护公共利益和社会秩序。因此，即便在领域分类上难以直接归类，我们仍然可以将侵犯敏感信息的惩罚性赔偿视为一种以惩罚功能为主导的类型，与生态环境侵权惩罚性赔偿同列于一个功能性的分类框架下。这样的分类方式不仅解决了新兴法律需求在现有分类体系中的归属难题，更为法官在适用相关法律时提供了清晰的指引。它允许法官在面对复杂多变的案件时，能够超越形式上的领域界限，直接聚焦于法律制度的核心功能，从而更加灵活、高效地实现法律的公正与效率。同时，这也为法律制度的创新性发展预留了空间，使得法律体系能够随着社会的进步和法律的演变而不断自我完善。

第四节　我国惩罚性赔偿适用功能类型的划分与各类型特点

一、功能变迁对我国惩罚性赔偿的影响

在功能主义的理论框架下审视惩罚性赔偿制度，我们不难发现其正经历着深刻的变革与转型，这些转变不仅重塑了惩罚性赔偿的本质定位，还拓宽了其影响范围与作用目标，具体体现在以下三个方面：

首先，是定位上的根本性转变。传统上，惩罚性赔偿往往被视为损害赔偿制度中的一种特殊形态，其存在主要是为了在填补受害者实际损失之外，额外施加一种经济上的惩罚，以惩戒侵权人的恶意行为。然而，随着法律理论与实践的发展，惩罚性赔偿逐渐摆脱了对传统赔偿制度的依附，转变为一种独立于赔偿制度之外的单独责任形态。这一转变意味着惩罚性赔偿不再仅

仅是损害赔偿的补充或延伸，而是作为一种独立的法律责任形式，直接针对恶意侵权行为本身进行制裁，体现了法律对公平正义的追求和对社会秩序的维护。

其次，是中心焦点的多元化转变。以往，惩罚性赔偿的关注点主要集中在受害者身上，通过提供超出实际损失的赔偿来抚慰受害者、弥补其损害。然而，在功能主义视域下，惩罚性赔偿的中心开始向多元化方向发展，不仅关注受害者的利益保护，还将加害者、潜在受害者以及整个社会秩序纳入其考量范围。这一转变要求我们在制定和执行惩罚性赔偿制度时，不仅要考虑如何有效惩罚和遏制恶意侵权行为，还要关注如何预防类似行为的发生，保护潜在受害者的利益，以及如何通过惩罚性赔偿来修复被破坏的社会秩序，促进社会的和谐稳定。

最后，是目标导向的深层次转变。传统上，惩罚性赔偿的主要目标在于对受害者提供经济上的救济和补偿。然而，在功能主义视角下，惩罚性赔偿的目标已经超越了单纯的救济范畴，转而追求对社会秩序的修复与重建。这意味着惩罚性赔偿不仅要关注个体受害者的权益保障，更要着眼于整个社会的公共利益和长远福祉。通过加大对恶意侵权行为的打击力度和提高违法成本，惩罚性赔偿旨在构建一个更加公正、有序、安全的社会环境，让每一个社会成员都能在法律的庇护下安心生活、自由发展。

从法律功能上说，惩罚性赔偿作为一种特殊的责任形式，其包含了惩罚、威慑与激励三大功能，旨在通过经济手段实现对违法行为的综合治理。尽管各类惩罚性赔偿制度在本质上均体现了这三种功能的交织，但细究之下，不同领域的惩罚性赔偿制度在功能侧重上却各有千秋，这既体现了立法者对不同领域违法行为的精准把脉，也反映了法律制度对社会现实需求的灵活响应。

二、我国惩罚性赔偿的不同功能类型划分

根据我国不同法律中惩罚性赔偿的立法目的和规范内容，可将惩罚性赔偿分为三种主要功能的类型：惩罚功能主导型、威慑功能主导型和激励功能主导型。

惩罚功能主导型是以惩罚为主导功能的惩罚性赔偿规范，典型代表是生态环境惩罚性赔偿。生态环境惩罚性赔偿的立法初衷直指环境污染与生态破坏的严峻现实，目的在于通过加大对环境侵权人的经济惩罚力度，直接体现

法律的惩戒性，让违法者为其行为付出沉重代价。这一制度的设计，不仅是对环境侵权人的一种直接惩罚，更是向全社会表明破坏环境者必将受到法律的严惩。同时，这种惩罚性赔偿也在一定程度上起到了威慑作用，即通过提高违法成本，促使潜在的环境污染者自我约束，避免重蹈覆辙。除此之外，属于惩罚主导型的惩罚性赔偿还有产品责任的惩罚性赔偿。产品责任的惩罚性赔偿制度，其核心在于对恶意侵权行为的严厉制裁，主要体现了对这类侵权人的明确惩罚意图。这一制度的设计，旨在通过超越传统补偿性赔偿原则的经济处罚手段，直接针对那些在产品生产、销售过程中故意违反安全标准、忽视消费者健康与安全的恶意制造商、销售商等责任主体。

威慑功能主导型是以威慑为主导功能的惩罚性赔偿规范，典型代表是知识产权惩罚性赔偿。知识产权惩罚性赔偿，则更多地侧重其威慑功能。知识产权作为创新驱动发展的核心要素，其保护直接关系到国家的创新能力和核心竞争力。因此，知识产权惩罚性赔偿制度的设立，旨在通过严厉的经济制裁，对侵犯知识产权的行为形成强大的威慑力，有效遏制侵权行为的蔓延，维护健康有序的市场竞争环境。这种威慑作用不仅体现在对侵权者的直接打击上，更在于通过公开透明的司法判决，向全社会普及知识产权保护的重要性，提升公众的知识产权意识。

激励功能主导型是以激励为主导功能的惩罚性赔偿规范，典型代表是《消费者权益保护法》第 55 条第 1 款的惩罚性赔偿。消费领域的惩罚性赔偿，其独特之处在于其激励功能的凸显。消费者权益保护是市场经济条件下不可或缺的一环，而惩罚性赔偿制度则是这一保护体系中的重要组成部分。通过向消费者提供超出实际损失的赔偿，惩罚性赔偿制度不仅弥补了消费者的经济损失，更重要的是激发了消费者维护自身权益的积极性和主动性。这种激励作用不仅有助于消费者在遇到侵权行为时勇于维权，还能够促进整个社会消费环境的净化，推动形成公平、公正、诚信的消费市场秩序。

三、激励主导型惩罚性赔偿及其特点

激励主导型惩罚性赔偿主要针对的是破坏诚信、安全的市场交易秩序的侵权行为，目的在于激励受侵害对象积极维护自己权益，揭露这些不法行为，与这些侵权行为作斗争。这类惩罚性赔偿规范包括《消费者权益保护法》第55 条第 1 款、《食品安全法》第 148 条第 2 款和《药品管理法》第 144 条第 3

款。从规制对象来看，其具有规制普遍、规制群体广泛、受损范围有限等特点。

首先，在规制范围上，这类惩罚性赔偿适用的是社会活动中常见的交易侵权行为。市场交易，作为社会经济活动的核心，不仅是资源配置的基本方式，也是个人与社会实现物质与精神双重满足的重要途径。在这个过程中，一个基于诚信与安全的交易环境，如同市场的血液，滋养着每一个参与者的信任与合作，是确保市场健康运行、社会和谐稳定不可或缺的关键要素。然而，现实情况往往复杂多变，破坏诚信与安全交易市场的侵权行为暗流涌动，不时冲击着市场的底线。这些行为可能表现为欺诈销售、虚假宣传、假冒伪劣等多种形式，它们不仅损害了消费者的合法权益，破坏了市场竞争的公平性，更侵蚀了社会整体对市场的信任基础。当这些不法行为逐渐泛滥，达到影响市场正常秩序、阻碍经济发展的程度时，法律的介入便显得尤为重要且迫切。惩罚性赔偿作为一种强有力的法律规制手段，应运而生。惩罚性赔偿不仅通过经济手段让那些故意破坏社会秩序、侵犯他人权益的违法者深刻认识到自己行为的不法性与严重性，从而感受到法律的威严与不可侵犯。更重要的是，惩罚性赔偿还发挥着一种积极的激励作用，它鼓励并激发了受害者站出来，积极维护自己的合法权益，与那些破坏者进行坚决的斗争。惩罚性赔偿不仅在经济上给了他们必要的补偿，更在心理上给予了他们巨大的支持与鼓舞。这种支持让受害者感受到自己并非孤立无援，而是有法律作为坚强的后盾。这种激励作用极大地增强了受害者的维权意识与斗争精神，使他们更加敢于面对挑战、积极寻求法律救济。此外，惩罚性赔偿的激励作用还体现在对整个社会的示范效应上。当一个个受害者通过法律途径成功获得惩罚性赔偿时，这种成功的案例就会像一盏明灯一样照亮其他潜在受害者的前行道路。他们会从中看到希望与力量，更加坚信正义终将得到伸张。这种正能量的传递与积累，将有助于营造一个更加公正、和谐、有序的社会环境。

其次，在规制对象上，这类惩罚性赔偿适用对象范围极其广泛，几乎覆盖了社会经济的每一个角落。从日常生活中的产品和服务消费者，到餐桌上的食品购买者，再到追求休闲与放松的旅游消费者，这些群体共同构成了惩罚性赔偿制度的庞大受众，几乎涵盖了社会的绝大多数个体。这种广泛的适用性，不仅体现了法律制度对社会生活全面而深入的关怀，也彰显了惩罚性赔偿在维护市场秩序、保障消费者权益方面的独特价值。适用对象的广泛性，与惩罚性赔偿的激励功能之间存在着密不可分的联系。一则，庞大的群众基础为惩罚性赔偿的激励效果提供了坚实的支撑。当每一个消费者都意识到自己作为惩罚性赔偿制度的潜在受益者时，他们便会更加积极地关注自己的权益状况，勇于对侵权行为说"不"。这种广泛的参与和关注，不仅能够及时发现并制止侵权行为，还能在全社会范围内形成一股强大的监督力量，有效遏制不法行为的滋生与蔓延。二则，广泛的适用对象也促进了惩罚性赔偿制度的传播与普及。在信息传播日益便捷的今天，一个成功的惩罚性赔偿案例往往能够迅速引起社会各界的关注与讨论。这种讨论不仅加深了人们对惩罚性赔偿制度的认识与理解，还激发了更多人的维权意识与斗争精神。随着时间的推移，这种正面的示范效应将逐渐累积并扩大其影响力，使得更多的消费者敢于站出来维护自己的权益，与侵权者进行斗争。

最后，在规制结果的层面上，惩罚性赔偿所针对的侵权行为往往呈现出后果相对轻微的特点。这些行为虽未造成重大的财产损失或严重的人身伤害，但其频发性和普遍性却不容忽视，对消费者心理、市场秩序乃至社会风气均构成了潜在的威胁。正是基于这种轻微但广泛存在的后果，惩罚性赔偿制度为受害者提供了一条便捷、高效的维权路径。其一，结果的轻微性降低了受害者维权的门槛与成本。相比于那些涉及重大损失的案件，轻微侵权的受害者更容易作出维权的决定，因为他们无须面对高昂的诉讼费用或复杂的司法程序。这种便捷性极大地鼓励了受害者积极采取行动，将惩罚性赔偿条款作为武器，与侵权人进行谈判或协商，寻求合理的赔偿与解决方案。其二，维权的便捷与快捷进一步强化了惩罚性赔偿的激励效果。当受害者发现通过简单的步骤即可获得超出实际损失的赔偿时，他们不仅会感受到法律对个体权益的尊重与保护，还会被这种"额外奖励"所激励，更加愿意站出来维护自己的权益。这种正面的激励机制不仅促进了受害者个体的维权行为，还在无形中增强了整个社会的维权意识与法律意识。除传统的诉讼方式外，受害者还可以选择通过调解、仲裁等非诉讼手段解决纠纷。这些途径不仅更加灵活高效，还能在一定程度上减轻司法系统的负担，提高纠纷解决的效率与质量。受害者可以根据自己的实际情况和需求，选择最适合自己的维权方式，确保自己的权益得到及时、有效的保障。

四、威慑主导型惩罚性赔偿及其特点

威慑主导型惩罚性赔偿主要针对的是破坏正当的竞争秩序侵权行为，其目的在于向市场中的所有潜在侵权者发出强烈信号，阻吓并预防类似行为的再次发生。这类惩罚性赔偿规范包括《著作权法》第 54 条第 1 款、《专利法》第 71 条第 1 款、《商标法》第 63 条第 1 款、《种子法》第 73 条第 3 款、《反不正当竞争法》第 17 条第 3 款。威慑主导型惩罚性赔偿主要有规制行为认定难、损失判断难等特点。

规制行为认定难是指这类惩罚性赔偿所规制的侵权行为在法律上的认定较为困难。以典型的知识产权适用惩罚性赔偿的侵权行为为例，主要存在下面多种原因导致侵权行为的认定困难：一是侵权行为的多样性和隐蔽性。知识产权侵权行为形式多样，包括复制、发行、表演、放映、广播、汇编、通过信息网络向公众传播等，这些行为可能单独或组合出现，增加了认定的难度。还有一些侵权行为可能通过技术手段进行隐蔽操作，如使用"深度链接""爬虫技术"等手段绕过权利人的技术措施进行侵权，这些行为难以被及时发现和认定。二是主观故意认定的复杂性。惩罚性赔偿的适用要求侵权人具有故意或恶意的侵权行为。然而，故意是一种内在的主观状态，在民事诉讼中往往难以直接证明，通常只能依赖客观证据进行间接推断，这种推断过程复杂且可能存在争议。尽管最高人民法院《关于审理侵害知识产权民事案件适用惩罚性赔偿的解释》等文件为故意的认定提供了一定的指导，但实际操作中仍可能因缺乏明确、具体的标准而导致认定困难。三是证据收集和评估的挑战。知识产权侵权行为往往具有隐蔽性，如网络侵权、跨境侵权等，这使得权利人难以收集和固定证据。此外，一些侵权证据可能掌握在侵权人手中，权利人难以获取。四是国际维权的复杂性。对于涉及跨国知识产权侵权的案件，由于不同国家的法律体系、司法制度、执法力度等方面的差异，国际维权过程复杂且困难重重，受害者需要面对语言障碍、文化差异、法律适用冲突等多重挑战。

损失判断难是指确定这类惩罚性赔偿数额的侵权人获益或受害者损失依据难以判断。在寻求惩罚性赔偿数额的确定过程中，法律将侵权人的非法获益或受害者的实际损失作为关键考量因素。这一设计初衷在于，剥夺侵权者的利润诱惑，并借此对潜在的侵权者形成强大的心理震慑，减少未来类似侵

权行为的发生。对于侵权人获益的判定，其复杂性首先体现在数据来源的不可得性或不可靠性上。侵权人可能出于逃避责任的目的，故意隐藏、篡改或销毁与侵权活动相关的财务记录，使得权利人难以获取真实、完整的侵权获益信息。即便能够获取部分数据，也往往因为缺乏专业的财务分析能力或法律对证据形式的严格要求，而难以直接作为定案依据。此外，当侵权行为涉及多个主体、多个环节时，如何准确剥离出每个侵权人的具体获益份额，也成了一个棘手的难题。而对于受害者损失的评估，则更是充满了不确定性和主观性。知识产权的价值往往难以直接量化，其损失可能包括直接的经济损失（如销售额减少、市场份额被侵占等）和间接的非经济损失（如品牌信誉受损、研发投资回报降低等）。这些损失不仅难以用货币精确衡量，而且往往因为缺乏统一的评估标准和方法而难以达成共识。

五、惩罚主导型惩罚性赔偿及其特点

惩罚主导型惩罚性赔偿主要针对的是破坏和谐的生态秩序和安全秩序的侵权行为，其目的在于对破坏者作出严厉的法律惩戒，以杜绝其再次实施类似的侵权行为。这类惩罚性赔偿规范包括《民法典》第 1207 条、1232 条，《消费者权益保护法》第 55 条第 2 款和《旅游法》第 70 条。这类惩罚性赔偿主要具有规制行为影响恶劣、损害的公益性等特点。

第一，规制行为影响恶劣是这类侵权行为具有的共性，它们不仅直接损害了受害者的合法权益，更对整个社会的生态安全、公共安全构成了严重威胁，破坏了社会和谐稳定的基石。因此，对此类行为施以重罚，是维护社会公共利益、恢复公众对法律信任的必要之举。规制行为的恶劣影响反映在两个方面：一是结果影响的恶劣性。这种恶劣性直接体现在侵权行为所导致的严重后果上，其影响深远且难以估量。在人的健康领域，这类行为可能引发严重的健康问题，甚至导致生命的消逝。例如，环境污染导致的空气、水源质量下降，长期暴露其中的人群可能罹患呼吸系统疾病、皮肤疾病等，严重者甚至可能诱发癌症等致命疾病。此外，产品安全问题也是结果影响恶劣的重灾区，不合格的产品可能直接危害消费者的健康，造成身体伤残等，给受害者及其家庭带来无尽的痛苦。这些后果不仅给受害者带来了身体上的伤害，还可能导致精神上的创伤，影响家庭稳定和社会和谐。二是社会影响的恶劣性。这类规制行为所引发的社会反响往往极为强烈，其负面影响波及范围广泛，影响深远。一方面，侵权行为可能破坏社会公平正义，挑战法律权威，损害公众对法治的信任。当公众发现通过不法手段可以获得巨大利益，而违法成本却相对较低时，社会的道德底线和法律意识就可能受到冲击，进而引发一系列连锁反应，加剧社会的不稳定因素。另一方面，这类行为还可能对经济发展造成负面影响。例如，环境污染等生态破坏行为也会削弱地区的可持续发展能力，影响经济社会的长远利益。

第二，损害往往具有公益性特征。这种损害不仅仅局限于个别受害者或特定群体，而是以一种辐射状的方式，广泛波及整个社会的多个层面，对公共福祉构成了显著威胁。其一，从损害的范围来看，公益性损害具有显著的广泛性。它可能涉及众多不特定的个体或组织，跨越不同的地域、行业和社会阶层。例如，环境污染问题一旦爆发，其影响往往不局限于某一地区或某一行业，而是会随着空气、水源等自然要素的流动，扩散至更广泛的区域，影响到更多人群的健康和生活质量。同样，产品责任问题也具有类似的广泛性，一旦问题产品流入市场，就可能被众多消费者所购买并使用，从而引发大规模的健康和安全危机。其二，损害的公益性特点还体现在其对社会公共利益的深刻破坏上。社会公共利益是全体社会成员共同享有的利益和福祉，它涵盖了环境保护、公共安全、市场秩序、消费者权益等多个方面。而侵权行为，无论是环境污染、假冒伪劣，还是其他形式的违法活动，都在不同程度上侵害了这些公共利益。它们破坏了生态平衡，威胁了公众的健康与安全；扰乱了市场秩序，损害了合法经营者的权益；剥夺了消费者的知情权、选择权和公平交易权，削弱了社会的整体信任度和凝聚力。

第五章

激励主导型惩罚性赔偿适用中的主要问题

激励主导型惩罚性赔偿的适用问题主要集中在主体资格的界定和行为标准的明确。激励主导型惩罚性赔偿的主要目的在于激发并强化权利主体维护自身合法权益的积极性和主动性，因此对于主体的主观要求相对宽松，以便降低维权的门槛和难度。对于具体赔偿数额，相对于其他类型的惩罚性赔偿，由于其规范中有较为固定的赔偿标准，确定起来便捷且省时，双方争议也不大。

第一节　消费主体界定困难

激励主导型惩罚性赔偿条款主要是规定在《消费者权益保护法》《食品安全法》《药品管理法》这三部法律之中。《药品管理法》中惩罚性赔偿的主体为受害者及其近亲属，也就是说只要是因为药品质量问题受到损害的个人或者其近亲属都可以提出主张，范围比较宽泛，也较容易判断。《消费者权益保护法》《食品安全法》惩罚性赔偿条款的主体为消费者，而对消费者的界定，学界和实务界的讨论较为激烈。

一、消费者的概念

消费者概念界定困难的原因是多方面的，有消费本身特点方面的原因，也有法律规范方面的原因。从消费者行为的多样性与复杂性来看，消费的目的往往很难明确。在现代经济中，许多商品既可用于生活消费，也可用于生产消费，如办公家具、电子产品等。这种双重性质使得用传统的"生活"与"生产"目的来界定消费者变得困难。而且，随着互联网、共享经济等新兴业态的发展，消费模式日益多样化。例如，网络购物、共享出行等新型消费方式的出现，给传统消费者界定带来了挑战。从法律规定来看，《消费者权益保护法》对消费者的界定相对抽象，如"为生活消费需要购买、使用商品或者接受服务"的表述，虽然概括了消费者的基本特征，但在具体应用中仍需结合实际情况进行判断。这种抽象性使得司法实践中存在较大的自由裁量空间。

《消费者权益保护法》第2条规定，消费者为生活消费需要购买、使用商品或者接受服务，其权益受本法保护。该条确定了消费者是《消费者权益保护法》的适用主体，但并未对"消费者"进行明确定义，也没有对"生活消费"进行释明。当前关于消费者范围的界定主要存在概括模式和排除模式。

有学者主张适用现行《消费者权益保护法》的概括模式，对"生活消费"作进一步解释，具体包括"以所购买商品是否属于生活消费品的识别方法"〔1〕"以购买者购买目的是否为生活消费需要识别方法"〔2〕和结合经验法判断商品或服务是否为生活消费品的折中方法来判断〔3〕。然而，这三种识别方法都存在缺陷：在界定消费者行为时，虽然依据"经验法则"可以在多数情况下达成基本判断，但这一方法受限于"一般人的社会经验"这一模糊且多变的基准，使得在某些情境下，如从购买单块手表到批量购买十块手表的转变，其判断结果便可能产生分歧。另外，单纯以购买对象（商品本身）作为判断标准，在特定时期和范围内虽具效力，却难以适应随着社会经济发展和个人生活水平提高而日益扩大的消费品范畴，诸如汽车、住房等大宗物品是否应归类为"生活消费"已引发广泛讨论。折中方案虽试图融合上述两种方法的优点，以期达到更全面的判断，但同时也不免继承了它们的局限性。面对消费者需求的快速变化以及产品本身的不断创新与升级，折中方案在应对复杂多变的现实情况时，难以全面驾驭并给出明确无歧义的判断。也有学者主张采用排除模式，认为现行《消费者权益保护法》将消费限定为生活消费已不能适应现代社会复杂的消费环境，也不能涵盖一些新兴的消费领域。

针对排除模式的具体应用，学者提出了多种主张：一是非生产性消费说。强调消费者购买、使用商品或接受服务的目的非生产性活动，并引入"双重目的消费"概念以区分生产性消费与《消费者权益保护法》调整范围。〔4〕该学说认为生产消费和生活消费没有明确的界限划分，比如购买的手机，既可

---

〔1〕 参见张严方：《消费者保护法研究》，法律出版社2003年版，第139页。
〔2〕 参见马小花：《从一则案例谈"生活消费"的应有内涵》，载《商场现代化》2007年第26期。
〔3〕 参见饶世权：《法律语境中的"消费者"》，载《湖南社会科学》2006年第5期。
〔4〕 参见刘海成：《从案例到"消费者"定义研究》，载《商场现代化》2006年第16期。

以作为联系生产的工具，也可以作为和家人朋友沟通的工具，前者是生产需要，后者是生活需要，因而很难归类于生活消费还是生产消费，这其实是"双重目的消费"。若在双重目的消费中生产占优势，则为双重生产优势消费，反之则为双重生活优势消费。二是非经营说。借鉴日本法律，认为不以经营或经营需要为目的的自然人即为消费者，同时强调"经营"的广泛定义，包括不以营利为目的但具有持续性和专业性的活动。[1]三是非营利非独立职业活动说。以德国法为参考，指出消费者是既不以营利也不以独立职业活动为目的进行法律行为的人或组织，排除了那些因职业活动而具备信息优势的主体。[2]四是非营利说。即认为消费者是购买商品或接受服务不以营利为目的的个人，无论商品或服务最终由谁使用，只要不涉及再次交易获利即可。[3]

相比较而言，排除模式显然优于概括模式。首先，它具有更强的开放性和兼容性。排除模式排除了特定情形的消费，其他消费均属于《消费者权益保护法》的调整范围。其次，排除模式中的"经营""营利"比"生活消费"更易确定和证明，更具操作性。最后，排除模式更符合《消费者权益保护法》的立法价值取向。《消费者权益保护法》旨在保护消费者的合法权益，规范经营者的经营行为，鼓励诚信经营，惩戒不法经营行为。排除模式相较于概括模式更能避免消费者范围的不当缩小，从而更好地实现《消费者权益保护法》保护处于弱势地位的消费者的立法目的。

尽管排除模式在界定消费者概念时，相较于概括模式展现出了更高的合理性，即它通过明确排除特定类型的消费行为（如经营性、营利性行为），为《消费者权益保护法》的调整范围划定了一个相对清晰的边界。但是，这种模式的局限性也不容忽视，即它难以单独且精确地勾勒出消费者的完整内涵与外延。其一，排除模式虽然排除了显而易见的非消费性行为，但在实际操作中，某些特殊消费行为却可能因缺乏明确界定而引发争议。例如，个人购买商品后偶尔进行的小规模转售，或是专业爱好者出于兴趣而非营利目的进行的频繁购买，这些行为是否应被纳入消费者范畴，排除模式往往难以

---

〔1〕 参见李惠阳：《〈日本消费者契约法〉的消费者概念及其启示》，载《上海政法学院学报（法治论丛）》2005年第1期。

〔2〕 参见杨立新、刘召成：《德国民法典规定一体化消费者概念的意义及借鉴》，载《法学杂志》2013年第1期。

〔3〕 参见王利明：《关于消费者的概念》，载《中国工商管理研究》2003年第3期。

给出直接且统一的答案。其二，随着社会经济的快速发展和新技术、新业态的不断涌现，消费者的消费方式和消费领域也在不断拓展。这就要求法律在界定消费者时必须具备足够的开放性和前瞻性，以应对未来可能出现的各种新型消费模式。然而，单纯的排除模式往往侧重对现有情形的梳理与排除，对于未知或尚未成形的消费模式则显得力不从心，难以保持足够的包容性。

二、消费者的外延是否必须限定为个人

从现行立法来看，对于消费者是否必须为个人没有严格限定。对于单位是否应被视为消费者，并纳入《消费者权益保护法》的调整范畴，学术界存在显著分歧。主流观点认为，消费者应严格限定为出于个人及家庭生活消费需求而购买商品或接受服务的自然人。这一立场主要基于国际标准化组织消费者政策委员会第一届年会的定义，即"消费者"特指为个人目的进行商品购买或服务使用的社会个体。同时，《消费者权益保护法》虽未直接定义"消费者"，但其立法精神倾向于保护在消费关系中处于经济弱势地位的公民个人，将消费者界定为自然人符合国际通行做法。[1]

然而，也有少数学者持不同意见，他们认为消费者的概念不应局限于个体，法人组织如事业单位、社会团体等亦应纳入其中。[2]他们的论据之一在于，《消费者权益保护法（草案）》初稿虽排除了单位作为消费者的可能性，但审议过程中有声音指出，单位购买的生活资料最终多由个人享用，故保护消费者权益的法律框架不应绝对排除法人和其他组织，只要这些消费活动服务于个人生活需要，便应适用该法。这一观点在立法过程中得到了体现，最终《消费者权益保护法》未明确限定"消费者"仅指个人，且现实中存在单位购买生活消费品作为员工福利或直接供员工个人使用的现象，进一步支持了单位作为消费者的合理性。实践中也有相关的诉讼，但是法官的态度也不太统一。这类诉讼主要存在于单位为解决职工的生活需要以单位福利性质为职工购买的手机、食品和日用品等情形中。对于此类诉讼，有的法院认为，

---

〔1〕 参见王利明：《消费者的概念及消费者权益保护法的调整范围》，载《政治与法律》2002年第2期。

〔2〕 参见刘忠东：《单位消费也应适用〈消费者权益保护法〉》，载《法律适用》2005年第3期；钱玉文：《消费者概念的法律再界定》，载《法学杂志》2006年第1期。

这种情况符合《消费者权益保护法》第 2 条的规定，单位应当属于消费者，这样有利于对消费者进行更充分的保护，应当适用《消费者权益保护法》。有的法院认为，单位不能作为消费者，消费者仅限于个人。单位购买商品虽然是为了职工的生活消费而非进行经营，但是出现消费者权益受损害的情况时，职工仍然可以以自己名义向经营者主张权利或者单位代理其主张权利。如果将单位列为消费者，可能与《消费者权益保护法》保护弱者的理念相悖。[1] 在审视各地制定的《消费者权益保护法》实施条例时，各地对于"消费者"概念的理解与界定并不一致。具体而言，上海、湖南、江西、黑龙江、贵州、河南、海南等省（市）在其条例中明确将单位纳入了消费者的范畴，这表明这些地区认为单位在满足特定条件下（如为单位员工购买生活消费品）也应受到消费者权益保护法的保障。然而，与之相对的是，仍有许多地区在实施条例中未将单位明确列为消费者，因此，这些地区的消费者保护法适用范围依然限定于自然人，单位并未被涵盖在内。这种差异反映了不同地区在立法实践中对于消费者身份认定的不同理解和政策考量。

三、知假买假主体的界定

知假买假主体的界定问题，在激励型惩罚性赔偿制度的实施中显得尤为突出且复杂。这一现象不仅触及了法律条文的直接应用，还深刻反映了法律与社会经济行为的互动关系。知假买假者，作为一类特殊的消费群体，他们并非基于传统意义上的生活消费需求而购买商品或服务，而是有意识地《消费者权益保护法》及《食品安全法》等法律法规设置的惩罚性赔偿条款作为打击市场假冒伪劣行为、维护市场秩序的一种手段，并从中谋取一定的经济利益。

在此情境下，这些知假买假者是否满足法律所规定的"消费者"条件，成为激励型惩罚性赔偿制度能否有效实施的关键。从法律层面看，"消费者"一词通常被理解为为了个人或家庭生活需要而购买、使用商品或接受服务的自然人。然而，对于知假买假者来说，他们的购买行为虽然表面上符合购买商品的形式要件，但其背后的真实目的却是为了获取惩罚性赔偿，而非直接满足个人或家庭的生活消费需求。因此，要明确知假买假者是否属于受保护

---

〔1〕　参见王毓莹：《论〈消费者权益保护法〉的适用范围》，载《法律适用》2013 年第 2 期。

的"消费者"范畴，就必须深入剖析其购买行为的本质目的，并综合考虑其行为的社会影响和法律效果。一方面，知假买假行为在一定程度上确实起到了监督和震慑不法商家的作用，促进了市场环境的净化；另一方面，如果放任这种行为无限制地扩张，可能导致法律资源的浪费和不当利用，甚至引发道德风险，如鼓励恶意诉讼等。

基于此，法律界和学术界对于知假买假主体的界定问题展开了广泛的讨论。在学术界，围绕"知假买假"行为是否构成消费行为，进而探讨其主体是否能被界定为消费者的问题，涌现出了三种主要观点，每种观点都有其逻辑基础，但也伴随着一定的局限性。第一种观点聚焦于购买者的购买动机与目的，主张以此作为判断是否为"生活消费"的标准，并据此否定"知假买假"者的消费者身份。[1]梁慧星教授等学者认为，若购买行为的主要动机是寻求双倍赔偿（依据旧版《消费者权益保护法》），则显然偏离了"为生活消费需要"的初衷，因此不应享受《消费者权益保护法》的保护，更不应获得惩罚性赔偿。然而，这一观点的难题在于，购买动机往往难以通过外在证据直接证明，除非购买者自愿披露，否则很难仅凭"经验法则"断定其是否"知假买假"。第二种观点则另辟蹊径，从购买后的行为出发，认为只要购买商品或服务不是为了再次转售或专门从事商品交易活动，就应视为消费者。王利明教授等学者持此立场，强调购买行为的非交易性是其核心判断标准。[2]不过，此观点亦非无懈可击，因为某些特殊情况下（如新闻调查、执法取证等），即便未发生转售，购买者的身份也不宜简单归类为消费者。第三种观点则回归商品属性本身，主张以购买的物品是否为生活消费品作为区分标准。何山等《消费者权益保护法》的起草者认为，只要购买的商品属于生活消费品范畴，无论其最终用途如何，购买者均应受到《消费者权益保护法》保护，并有权获得惩罚性赔偿。[3]然而，这一标准的模糊性在于，许多商品具有双重属性，既可用于生活也可用于生产（如钢材），因此单纯依据商品属

---

〔1〕 参见梁慧星：《消费者权益保护法第 49 条的解释与适用》，载《民商法学（人大复印）》2001 年第 6 期。

〔2〕 参见王利明：《消费者的概念及消费者权益保护法的调整范围》，载《政治与法律》2002 年第 2 期。

〔3〕 参见壬子：《何山："还我一个宁静的公序良俗"——消费者权益保护法有关问题访谈录》，载《中国律师》1998 年第 3 期。

性判断消费者身份显得过于片面。

综上所述，三种观点虽各有其合理性，但也均暴露出需要进一步完善的地方。对于"知假买假"行为的消费者身份认定，需要综合考虑购买动机、购买行为及商品多重属性等多方面因素，以期达成更为全面、公正的法律评判。

第二节　欺诈标准和安全标准裁定不一

一、欺诈标准的裁定不一

激励主导型惩罚性赔偿在消费者权益保护法中主要针对欺诈类消费行为。作为民事特别法的《消费者权益保护法》，在保护消费者权益方面发挥着至关重要的作用。当该法对于某一具体消费行为或欺诈类型的规制不够明确时，根据法律适用的一般原则，即"特别法优于一般法"，消费者保护领域内的争议应首先遵循《消费者权益保护法》的规定；但在其未作特别规定的领域，则应当回归民法的基本原则和制度，适用民事一般法如《民法典》中的相关规定。消费欺诈，作为消费者权益受损的主要形式之一，其核心在于对消费者知情权和自主选择权的侵犯。在汽车消费市场中，欺诈手段层出不穷，包括但不限于产品质量欺诈（如以次充好）、标签瑕疵（误导性标签或虚假标注）、价格欺诈（虚构原价、虚假打折）、虚假宣传（夸大产品效果、虚构产品功能），以及隐瞒关键信息（如车辆重大事故史、泡水车情况、重大改装未告知等）。这些欺诈行为不仅损害了消费者的经济利益，更侵蚀了社会的信任基石，对市场经济的健康发展构成了严重威胁。汽车消费欺诈并非仅存在于新车销售环节，在二手车销售过程中，欺诈问题更为普遍。二手车作为特殊商品，其车况、历史记录等信息对消费者决策至关重要。然而，部分不法商家为追求利润最大化，故意隐瞒车辆曾发生的重大事故、存在的安全隐患（如泡水、火烧痕迹）或重大改装情况，导致消费者在不知情的情况下作出购买决定，这种行为严重侵害了消费者的知情权和自主选择权，也极大地增加了消费者的交易风险。

在汽车交易纠纷中，法官对于隐瞒行为是否构成欺诈的认知差异，主要源于对两个核心问题的不同解读：一是关于汽车公司应全面告知消费者的信息范围界定；二是关于应告知而未告知信息的举证责任分配。

关于第一个问题，即汽车公司应告知的信息边界，不同法官持有不同的观点。一部分法官秉持全面告知原则，他们认为，任何可能影响消费者购买决策的信息，无论其性质如何，只要经营者未予披露，均可能构成欺诈。这一立场体现了对消费者权益的极致保护，旨在确保消费者在充分知情的基础上作出选择。在此逻辑下，车辆的历史维修记录、事故情况、里程数调整，甚至是车辆外观的小瑕疵，都可能成为判断欺诈行为的依据。然而，另有部分法官则更倾向于采用更为严格的标准，他们认为，只有那些直接关系到车辆安全性能、可能危及人身安全的信息未予披露，才应视为欺诈，并据此判处惩罚性赔偿。这类信息包括但不限于车辆是否经历过重大事故、关键部件是否更换过，以及是否存在影响车辆行驶安全的结构性损伤等。这种立场平衡了消费者权益保护与汽车市场运行效率之间的关系，避免了对经营者施加过重的信息披露义务，从而可能妨碍市场的正常交易活动。来看两个案例，杨某诉贵州某汽车销售服务有限责任公司等买卖合同纠纷案（以下简称"宾利豪车案"）[1]和邓某诉上海某汽车销售服务有限公司买卖合同纠纷案[2]。这两个案例集中反映了法官对汽车应披露信息的理解差异。案例一的基本情况是，原告杨某与某汽车公司签订了购车合同，购置了一辆宾利汽车。随后，汽车公司向大众汽车销售公司采购了相应车型的车辆。在车辆到货后，汽车公司发现车辆左前门漆面存在损伤，于是进行了抛光打磨处理，并将此维修记录录入系统。同时，车辆右后窗帘也进行了更换，并同样记录了此次维修。然而，在向杨某交付车辆时，汽车公司未明确提及这些维修记录。杨某使用该车辆近两年后，偶然间发现了上述两项维修记录，认为汽车公司在车辆交付时故意隐瞒了这些维修情况，构成欺诈行为。据此，杨某提起诉讼，要求公司退还购车款550万元，并依据《消费者权益保护法》主张3倍惩罚性赔偿金共计1650万元。此案经贵州省高级人民法院一审审理，法院支持了杨某的"退一赔三"诉求。但随后，案件上诉至最高人民法院，二审法院重新审理后作出判决，仅裁定汽车公司需赔偿杨某11万元，并驳回了其提出的退还购车款及高额惩罚性赔偿的其余请求。最高人民法院认为，在涉案车辆交付

---

[1] [2018] 最高法民终12号民事判决书。
[2] [2020] 沪民再6号民事判决书。

前，汽车公司如实记录漆面瑕疵处理和更换窗帘的操作，上传至消费者可通过一定途径公开查询的网络，进行了一定程度的信息披露，却未以更直接、更明确、更便捷的方式告知原告，一定程度上侵犯了原告的知情权。基于更换窗帘不危害安全性能、主要功能和基本用途，对其修复也如实记录上传系统，未故意隐瞒或故意告知虚假情况，不构成欺诈。

案例二基本情况为：邓某与上海某汽车销售有限公司签订了一份汽车买卖合同，购买了一辆价格为 25 万元的大众汽车。然而，在购车后的第三个月，邓某意外发现所购车辆在交付前已存在后保险杠拆装及喷漆维修的记录。基于此情况，邓某提起了诉讼，主张根据消费者权益保护法要求"退一赔三"的赔偿。在诉讼过程中，双方提供的购车合同中明确标注了该车已经过售前检测，并确认达到新车交付标准。上海市浦东新区人民法院在一审阶段审理后，驳回了邓某的诉讼请求。但随后，案件上诉至上海市第一中级人民法院，二审法院改判并支持了邓某"退一赔三"的请求。汽车公司不服，向上海市高级人民法院提交再审申请。再审法院经过详细审查，最终认定销售方的行为虽不构成欺诈，但确实未充分告知消费者车辆维修历史，侵犯了邓某的知情权。因此，上海市高级人民法院判决销售方赔偿邓某 3 万元，同时未支持其"退一赔三"的诉求。这两个案例确实存在显著的相似之处，它们共同揭示了汽车销售市场中关于信息披露透明度的重要问题。在这两个案例中，汽车公司均在销售过程中未能全面告知消费者关于所售车辆的危及人身安全的相关维修事项。这种信息的隐瞒或遗漏，直接关联到消费者的知情权和决策权，成为案件的核心争议点。具体来说，案例中的汽车公司，尽管在售前对车辆进行了必要的检测与修复工作，但在将车辆交付给消费者时，却未主动披露这些维修记录。对于普通消费者而言，这些信息往往是判断车辆状况、作出购买决策的重要依据。因此，当消费者事后得知车辆曾经过维修，尤其是在购车合同或销售过程中未获明确告知的情况下，很容易产生被误导或欺诈的感觉。然而，终审法院在审视这两起案件时，均采取了更为审慎和细致的态度。法院认为，虽然汽车公司未披露维修记录的行为侵犯了消费者的知情权，但考虑到这些维修并未直接涉及车辆的安全性能或关键部件的重大缺陷，不足以对消费者的生命财产安全构成直接威胁。因此，法院并未将此类行为直接定性为欺诈，而是侧重保护消费者的知情权和选择权，判决汽车公司承担一定的赔偿责任，以弥补消费者因此受到的损失和不便。

至于第二个问题——应告知而未告知信息的举证责任分配，也是法官们争议的焦点之一，该问题主要集中在二手车交易纠纷中。有的法官认为，尽管《二手车流通管理办法》确实为二手车经营者设定了提供车辆真实信息的告知义务，但这一规定并未明确要求经营者进行强制性的专业检测或审查。考虑到二手车市场的特性，车辆状况可能因使用、保养情况各异而复杂多变，要求经营者对每一辆车都进行全面、深入的专业检测在现实中存在操作难度和成本考量。因此，在没有直接证据证明经营者故意隐瞒车辆重大缺陷的情况下，仅凭车辆最终鉴定结果来反推经营者在交易时的主观状态，可能过于严苛，不利于二手车市场的健康发展。但也有法官持不同意见，他们认为，作为专业从事二手车交易的经营者，不仅应当具备基本的行业知识，还应对所售车辆的基本状况有所了解，特别是在信息不对称的市场环境中，消费者往往处于弱势地位。尽管没有法律强制要求经营者进行专业检测，但经营者在长期从业过程中积累的经验、技能以及对行业规则的熟悉程度，使他们有能力识别车辆是否存在重大问题。当消费者提出合理怀疑且经营者无法提供相反证据证明车辆状况良好时，应推定经营者知晓车辆真实情况而未予告知，这种行为构成对消费者的欺诈，依法应承担相应的法律责任，包括退还购车款及支付惩罚性赔偿，以此维护市场诚信，促进公平竞争。吉林的徐某诉四平市某二手车有限公司等买卖合同纠纷案〔1〕是这类纠纷裁判的代表。原告徐某在某二手车有限公司购买了一辆二手大众速腾牌小型轿车，双方签订了《车辆转让协议书》，徐某支付了 77 000 元购车款。然而，徐某在购车后不久发现车辆经常出现故障，并怀疑车辆存在质量问题。于是，徐某将车提交到吉林省法正机动车鉴定评估有限公司进行鉴定，鉴定公司出具吉林省法正〔2021〕技鉴报字第 072010 号机动车鉴定评估报告书，鉴定评估结论为："被鉴定车辆识别代号（钢印）在徐某购买前就被焊接篡改；被鉴定车辆为一级事故（重大事故）车辆；被鉴定车辆的整车技术状况，不能达到《GB7258-2017 机动车运行安全技术条件》的相关标准，不建议继续使用。"二手车有限公司对此鉴定无异议，且未提供相反证据。据此，徐某主张撤销买卖合同，返还购车款，并主张三倍惩罚性赔偿金。一审法院认定二手车有限公司未履行告知义务，判决二手车有限公司返还购车款，但驳回三倍赔偿金的请求。

─────────────

〔1〕 〔2023〕吉民再 10 号民事判决书。

二审法院认为现有证据不足以证明二手车有限公司存在欺诈行为，维持了一审判决。而再审法院认为二手车有限公司作为专业二手车经销商，应具备专业检测能力，且对车辆存在重大瑕疵应有认知，未履行告知义务构成欺诈。最终撤销了一审、二审判决，支持了徐某关于撤销合同、返还购车款及三倍惩罚性赔偿金的主张。

这个案例深刻揭示了司法实务中，法官在认定欺诈行为时可能面临的复杂性与差异性，这种差异性不仅体现在对欺诈构成要件的理解与解释上，更直接关联到举证责任的分配与承担，进而对案件的最终判决产生决定性的影响，最终对消费者和经营者的权益保护产生深远且重大的影响。在司法实践中，欺诈的认定往往依赖于对案件事实的全面、细致审查，以及对相关法律法规、司法解释的准确理解与适用。然而，由于不同法官的专业背景、审判经验、法律理念乃至个人认知存在差异，对于同一类欺诈行为的判断标准可能会存在分歧。这种分歧在举证责任的分配上尤为明显，因为举证责任的归属直接关系到当事人能否有效证明自己的主张，进而影响到案件的胜败。对于消费者而言，他们往往处于信息不对称的弱势地位，在遭遇欺诈时，要收集足够的证据来证明经营者的欺诈行为并非易事。如果法官将举证责任过多地分配给消费者，那么消费者可能因难以承担如此沉重的举证负担而面临败诉的风险，其合法权益难以得到有效保护。反之，如果法官能够合理平衡举证责任，适当减轻消费者的举证责任，或者采取举证责任倒置的方式，由经营者承担证明其不存在欺诈行为的责任，那么消费者的维权之路将会更加顺畅，欺诈行为也将得到更有效的遏制。对于经营者而言，虽然他们在市场交易中处于相对优势地位，但一旦涉及欺诈诉讼，其声誉、经济利益乃至生存空间都可能受到严重威胁。如果法官在认定欺诈时过于严苛，或者对举证责任的分配不够合理，那么经营者可能会因为一些轻微的过失或疏忽而被认定为欺诈，从而承担过重的法律责任。这不仅会打击经营者的积极性，还可能对整个市场的竞争秩序造成不利影响。

二、安全标准的裁定混乱

《食品安全法》第 148 条第 2 款明确指出，对于生产不符合食品安全标准的食品，或经营明知不符合此类标准的食品的行为，适用惩罚性赔偿。这里的"食品安全标准"作为判断行为违法性的核心依据，其内涵和外延均显得尤为关键。根据《食品安全法》及相关法律法规的规定，食品安全标准是一个多层次、多维度的体系，它不仅涵盖了国家层面的统一标准，还涉及地方因地制宜的特色标准，以及企业根据自身生产实际制定的内部标准。随着《标准化法》于 2017 年 11 月 4 日的修订并于次年 1 月 1 日正式实施，这一体系得到了进一步的细化和明确。修订后的《标准化法》第 2 条第 2 款详细列出了标准的类型，包括国家标准、行业标准、地方标准、团体标准以及企业标准，构成了一个更为全面、多元的标准体系。在这些标准中，国家标准的地位尤为突出。它被进一步细分为强制性标准和推荐性标准两类。强制性国家标准，作为保障公众健康、人身安全、财产安全以及法律、行政法规规定必须强制执行的标准，其重要性不言而喻。这类标准不仅是食品生产经营者必须严格遵守的底线，也是监管部门实施监管、判定违法行为的重要依据。任何违反强制性国家标准的行为，都将面临法律的严厉制裁，包括但不限于惩罚性赔偿。相比之下，行业标准、地方标准则主要属于推荐性标准范畴，它们虽不具有强制执行力，但同样具有重要的指导意义。这些标准往往根据行业特点、地域特色等因素制定，旨在引导企业提升产品质量、促进产业健康发展。虽然它们不要求企业必须使用，但鼓励企业自愿采用，并在实践中不断完善和提升。

从判例来看，法院对于食品安全标准的裁判分歧主要体现在三个方面：

首先，关于标注废止的标准是否属于不符合食品安全标准情形，法院之间存在分歧。一方面，有法院认为，食品安全关乎公众健康，任何产品标签上标注的信息都应准确无误且符合当前有效的法律法规和标准要求。因此，若产品标签上标注了已废止的标准，这可能导致消费者对产品品质、安全性能产生误解，进而影响其购买决策和使用安全。在此逻辑下，标注废止标准被视为对消费者知情权的侵犯，以及对食品安全标准的间接违反，法院可能据此判决相关产品不符合食品安全标准。如在广东省的一起龙某诉河源市某购物广场有限公司产品销售者责任纠纷案[1]中，原告在被告处购买了 6 坛高级黄酒，注明的执行标准是 DB44/427-2007。而广东省卫生厅在 2013 年 3 月 21 日正式发布了广东省食品安全地方标准 DBS44/002-2013《广东黄酒》，文件编号粤卫通 [2013] 5 号。该标准自 2013 年 9 月 21 日起正式实施，并明确

---

[1] [2015] 河城法民一初字第 1830 号民事判决书。

指出了原标准 DB44/427-2007 在同一日期后作废。法院在审理过程中，针对被告销售给原告的黄酒产品，严格对照了上述新实施的食品安全地方标准。由于被告所售产品未能符合 DBS44/002-2013《广东黄酒》中的相关规定，法院据此认定该产品属于不符合食品安全标准的情形。基于这一认定，法院最终支持了原告的诉讼请求，即要求被告退还货款并支付相当于货款十倍的赔偿金。另一方面，也有法院持不同观点，认为标注废止标准并不直接等同于产品本身存在食品安全问题。这些法院可能更注重产品实际的质量安全状况，而非标签上的文字表述。其认为，只要产品本身符合现行有效的食品安全标准，且未对消费者健康造成实际危害，那么标签上标注的废止标准就不应成为判定产品不符合食品安全标准的决定性因素。如在况某诉某超市有限公司等产品责任纠纷一案[1]中，况某在某超市分店购入了某公司生产的麻辣香水兔调料两袋，每袋单价 8.9 元，总计 17.8 元。该产品的包装上标注了产品标准代号为 DB50/T327-2009，并注明了生产日期为 2015 年 12 月 12 日。超市向况某出具了相应的购物凭证。然而，DB50/T327-2009 这一标准已在 2015 年 6 月 30 日被废止，取而代之的是食品安全地方标准 DBS50/021-2014《麻辣调料》，自 2015 年 7 月 1 日起实施。基于此，况某主张该产品因继续采用已废止的标准而视为无有效产品标准代号，进而违反了食品安全标准，要求超市退还货款 17.8 元并支付赔偿金 1000 元。法院在审理过程中认为，涉案产品包装上标注了已废止的标准代号，这构成了一种标签上的瑕疵，即产品不符合其包装上所标明的采用标准。超市作为销售者，有责任执行严格的进货检查验收制度，以确保商品标识的准确无误，因此法院支持况某要求退货的诉求。但超市提供了检验报告及检验报告单作为证据，证明该麻辣香水兔调料（包括生产日期为 2015 年 12 月 12 日的涉案批次）实际上已按照新的食品安全地方标准 DBS50/021-2014 麻辣调料进行生产，并符合该标准要求。况某未能充分证明所购产品存在安全隐患或不符合食品安全标准。据此，法院确认涉案产品的质量符合最新的食品安全地方标准，虽然使用了旧的产品标准代号作为包装标识存在瑕疵，但这一瑕疵并未对食品安全构成实质影响，也不会误导消费者。因此，法院不支持况某要求超市支付 1000 元赔偿金的诉讼请求。

---

〔1〕　〔2016〕渝 0105 民初 16794 号民事判决书。

　　其次，食品企业自行采用的企业标准是否应纳入食品安全标准的范畴，也是法院间争议较大的问题。一些法院认为，企业标准作为企业内部管理的重要依据，虽然具有一定的规范性和指导性，但其制定与实施均受企业自身控制，难以保证其在整个行业或市场中的普遍适用性和公正性。因此，不应将企业标准直接等同于食品安全标准。如在朱某某诉京东公司买卖合同纠纷案[1]中，原告朱某某在京东公司经营的某茶旗舰店购买了 100 盒售价 28 元的伴手礼品茶，总计 2800 元。京东公司为其开具了增值税发票。涉案商品外包装标注：品名为桂花茶，配料为桂花，产品类型为花类代用茶，产品标准号为 Q/XJSH001S。在本案中，涉案产品所执行的标准号为 Q/XJSH0001S-2017，其中明确规定了理化指标中的二氧化硫含量不得超过 0.5g/kg，这一标准依据是 GB5009.34 检测方法。然而，朱某某提供的检测报告显示，该产品实测的二氧化硫含量高达 2.87g/kg，显然超出了企业标准所设定的限值。法院在审理此案时，着重考察了食品经营者承担 10 倍赔偿责任的法定前提，即涉案商品必须违反食品安全国家标准。尽管朱某某主张涉案商品因二氧化硫含量超标而不符合安全标准，但法院指出，其依据的是厦门市某茶叶有限公司制定的企业标准，而非由国务院卫生行政部门与食品药品监督管理部门联合制定并公布的食品安全国家标准。基于此，法院认为，仅凭企业标准中的二氧化硫含量限制，并不能直接推断出涉案商品与食品安全国家标准相悖。因此，朱某某关于涉案商品二氧化硫含量不符合食品安全标准，并据此要求 10 倍赔偿的主张，因缺乏充分的事实和法律依据，未获法院支持。

　　而另一些法院则持开放态度，认为在特定情况下，企业标准尤其是那些高于国家标准或行业标准的企业标准，对于提升食品安全水平具有积极作用。只要这些标准能够得到有效执行和监管，就应被视为食品安全标准的一部分。如在罗某某诉某百货公司买卖合同纠纷案[2]中，原告罗某某从被告处购买了广西北海市某酒厂生产的白酒，该产品外包装标签显示执行标准为 QHDJ0001S，批准文号为卫食健字［1997］859 号，酒精度为 26%vol，但外包装及产品本身标签均未标注保质期，也未注明"本品不能代替药物"。在本案中，涉案产品遵循的企业标准全称为 QHDJ0001S《广西北海市合浦某酒厂企业标准》，该

〔1〕 ［2019］京 02 民终 1201 号民事判决书。
〔2〕 ［2017］桂 0102 民初 7391 号民事判决书。

标准已获广西壮族自治区卫生监督部门正式备案，并被生产者作为生产指导依据。标准内的第 8.3.2 条详细规定了产品在运输与储存过程中的环境要求，强调了清洁、干燥、通风以及避免日光直射、潮湿地面接触和有毒物品混放等关键条件，以确保产品质量。进一步，第 8.4 条明确指出了在符合前述贮运条件下，产品的保质期为 3 年。值得注意的是，尽管《预包装食品标签通则》及 GB2757-2012 食品安全国家标准《蒸馏酒及其配制酒》均指出，酒精度达到或超过 10% 的饮料酒可免于标注保质期，但本案中的企业标准 QHDJ0001S 在保质期方面设定了更为严格的要求，即明确规定了保质期，这实际上是对国家标准的一种提升和补充。依据当时的最高人民法院《关于审理食品药品案件纠纷适用法律若干问题的规定》第 6 条之规定，当食品生产者所采用的标准高于国家或地方标准时，应以企业标准作为判定依据。鉴于本案涉案产品的企业标准在保质期设置上高于国家标准，因此其标签标注应严格遵循 QHDJ0001S 中的规定。鉴于涉案产品未按照其执行的企业标准 QHDJ0001S 标注保质期，法院认定此举既违反了企业内部的自我规定，也不符合相关法律法规中对于企业标准优先适用的原则。据此，法院认定该涉案产品不符合食品安全标准，并依法支持了原告提出的 10 倍赔偿请求。

最后，关于食品企业的食品违反其标签标注采用的推荐性国家标准、地方标准是否构成不符合食品安全标准的食品，法院之间的分歧同样深刻。一方面，有法院严格遵循"标签标注即承诺"的原则，认为食品企业一旦在标签上明确标注了所采用的推荐性标准，就必须严格遵守该标准，否则即视为违反食品安全标准。这种观点强调企业的诚信义务和消费者的知情权保护。如严某诉四川某公司网络购物合同纠纷案[1]中，原告严某针对被告四川某公司淘宝店铺销售的滋补配制酒提起了诉讼，该酒品售价为 1568 元，其瓶身标签上没有含糖量的明确标注。涉案商品标签明确标注了产品遵循的国家标准为 GB/T27588，即《露酒》国家标准。此标准中的第 8.1.1 条明确规定，预包装露酒的标签应按照 GB10344 执行，并必须标明含糖量信息。法院在审理过程中认定，尽管 GB/T27588 属于国家推荐性标准，但被告作为生产企业，已通过标签标注的方式明确表示将该推荐性标准作为产品的执行标准。因此，该标准对于被告而言，具有法律上的约束力。鉴于涉案商品在标签上未按规

---

〔1〕〔2017〕京 0115 民初 7486 号民事判决书。

定标注含糖量，法院认为这构成了对食品安全标准的违反。据此，法院支持了原告严某的诉求，判决被告四川某公司需向原告支付价款 10 倍的赔偿金，即 15 680 元。另一方面，也有法院考虑到推荐性标准的非强制性特点，认为仅因食品未完全符合推荐性标准并不必然构成不符合食品安全标准的食品。特别是在没有造成实际危害或安全隐患的情况下，应给予企业一定的容错空间和市场竞争的自由度。如刘某诉武汉某公司产品责任纠纷[1]案中，原告刘某购买了被告生产的红枣一袋，单价为 42 元，标注为干制红枣，执行标准为 GB/T5835，并标明可直接食用或用于煲汤、泡酒（茶）、煮粥等多种用途。刘某通过网络查询发现，该执行标准允许存在一定量的普通杂质，进而认为这并不符合产品包装上"开袋即食"所暗示的更高卫生要求，主张产品应遵循更为严格的 GB/T26150-2010 免洗红枣国家标准。基于此，刘某向一审法院提起诉讼，要求被告支付 10 倍货款的赔偿金共计 420 元，但一审未获支持，随后上诉至武汉市中级人民法院。武汉市中级人民法院在二审中审理认为，目前我国对于干枣制品并未设立专门的强制性食品安全标准。本案涉及的 GB/T26150-2010 免洗红枣国家标准与 GB/T5835-2009 干制红枣国家标准，均属于国家推荐性标准，不具有法律上的强制执行效力，企业拥有自主选择适用标准的权利，且国家对此持鼓励态度。关键在于，《食品安全法》第 25 条所规定的食品安全标准虽为强制执行标准，但本案争议点在于推荐性标准的选用，而非直接违反已确立的食品安全强制性标准。因此，法院认定涉案产品未采用某一特定的推荐性标准，并不等同于违反了食品安全法的相关规定，最终驳回了刘某的上诉请求。

第三节　赔偿结果差异悬殊

激励主导型惩罚性赔偿的条款中赔偿数额都有法律的明确规定，如《消费者权益保护法》中的 3 倍赔偿且不低于 500 元，以及《食品安全法》中的 10 倍价款或 3 倍损失且不低于 1000 元，这些条款的设立初衷是通过经济手段加大对不法经营者的惩罚力度，同时激励消费者积极维护自身权益，净化市场环境。然而，在理论和实务操作中，关于这些倍数究竟应被视为固定判决

---

〔1〕　〔2017〕鄂 01 民终 3827 号民事判决书。

的数额还是最高限额，以及法官是否拥有在此倍数范围内根据具体案情自由裁量最终赔偿额度的权力，确实存在争议。[1]支持者认为，法律规定的倍数应当被严格解释为固定判决数额，以确保法律适用的统一性和可预测性。[2]这种解释有助于维护法律的权威性和稳定性，避免法官过大的自由裁量权可能导致的不公。反对者则主张，法律规定的倍数应视为最高限额，法官有权在不超过此限额的前提下，根据案件的具体情节、消费者的实际损失、经营者的主观恶性、违法行为的持续时间及影响范围等因素，综合考量后作出更为合理、公正的赔偿判决。这种观点强调了个案正义的重要性，认为灵活运用法律更能体现法律的公平与正义。

在实践中，不同地区的法院乃至同一地区的不同法院，对于这类条款的理解和应用可能存在显著差异。有的法院可能倾向于严格遵循法律字面意思，直接按照固定倍数计算赔偿额；而有的法院则更倾向于在法定倍数范围内，结合案件具体情况进行裁量，以达到更好的法律效果和社会效果。如黄某诉成都某生物科技有限公司产品责任纠纷[3]一案中，黄某在成都某生物科技有限公司的天猫店铺两次共计花费 10 561.66 元购买了"Neville"内维尔天然男性增强软胶囊，该产品无中文标签和说明书。产品外包装列出了含有育亨宾、葫芦巴种子提取物、贯叶连翘、缬草等成分，其中育亨宾是处方药，且产品无中文标签、无进口保健食品批准文号及保健食品专用标志。一审法院认定该产品为普通食品，违反了《食品安全法》关于不得添加药品的规定，且成都某生物科技有限公司未依法履行进货查验义务，构成"明知"销售不符合食品安全标准的产品，故判决成都某生物科技有限公司退还货款并支付 10 倍赔偿金。成都某生物科技有限公司不服上诉，称产品为保健品，且已尽到合理审查义务，不应承担 10 倍赔偿责任。二审法院确认产品含有西药育亨宾，是不安全食品，成都其生物科技有限公司构成"明知"。但考虑到过罚相当原则及案件具体情况，二审法院未支持 10 倍赔偿，而是酌情判决成都某生物科技有限公司支付黄某赔偿金 5000 元。二审法院的理由是如果机械地理解《食品安全法》第 148 条第 2 款，可能就会有人盯住价款高的商品打假，而对价

---

〔1〕　参见王勇：《论惩罚性赔偿数额的确定》，载《河南司法警官职业学院学报》2021 年第 1 期。

〔2〕　参见姜智颖、马明飞：《论消费者权益保护法中惩罚性赔偿制度适用的界定》，载《武汉冶金管理干部学院学报》2022 年第 2 期。

〔3〕　［2021］鲁 02 民终 13719 号民事判决书。

款低的商品放弃打假，甚至有人为了提高价款而大批量地反复购买问题商品，如此钻法律空子的行为不符合诚实信用原则，不利于弘扬社会主义核心价值观。因此，法官在决定惩罚性赔偿金数额时须考虑欺诈者的主观恶意程度、欺诈的时间跨度、受害人的数量、造成的后果、事发后的态度和悔过情况等因素。

第六章

激励主导型惩罚性赔偿适用困境的应对

第一节　基本原则与思路

从功能主义的角度来看，激励主导型的惩罚性赔偿具有重要的社会功能，其核心在于激励消费者积极维护自身的合法权益，并鼓励他们通过法律手段来解决纠纷。这一功能不仅体现在对侵权行为的惩罚上，更在于通过建立有效的法律机制，促使更多的消费者意识到自己的权利，并勇于采取行动来保护这些权利。这种激励机制能够有效地提升消费者的法律意识，增强其维权的主动性和参与性，从而形成一个良性的法律环境。

在前面几个章节里，笔者深入探讨了我国法律体系对功能主义的吸纳与融合，可以看到，功能主义作为一种法律方法论与范式的革新，正悄然重塑着传统形式主义的严谨框架。它倡导的是一种更为灵活、适应性强且注重实效的法律适用路径，强调法律不应仅仅拘泥于文本的字面意义，而应深刻洞察其背后的社会目的、经济逻辑及伦理价值，以此作为法律解释与适用的重要参考。

将这一理念具体应用于惩罚性赔偿规范的功能分类上，我们得以从多维视角审视这一制度在不同法律领域中的独特作用与价值。惩罚性赔偿，作为一种超越传统补偿性赔偿原则的制度设计，其本质在于通过经济制裁的手段，对违法行为进行更为严厉的惩罚，进而实现威慑、预防、补偿以及促进市场秩序等多重功能。而功能分类，则是基于这一制度在不同社会情境下所展现出的功能差异性，进行系统化、类型化的划分。这一过程，不仅加深了我们对惩罚性赔偿制度复杂性的理解，更促使我们在法律适用过程中，能够更加精准地把握其内在的逻辑与价值导向。具体而言，当面对具体案件时，法官或执法者需首先识别该案件所属的法律领域，进而根据该领域下惩罚性赔偿所承担的主要功能（如侧重惩罚还是激励或威慑），来构建相应的法律适用框架。在此框架下，惩罚性赔偿的适用不仅要体现其作为法律责任形式的基本属性，即对违法行为的否定性评价与制裁，更要充分彰显其所承载的特定功能。例如，在消费者权益保护领域，惩罚性赔偿的适用应更多地考虑如何激励消费者；而在环境侵权案件中，则可能更加注重的是惩罚不法侵权人，以弥补受害者所遭受的损失。

诚然，当前的法律实践领域在运用激励型惩罚性赔偿规范时，遭遇了诸多挑战与难题，这些问题的部分根源在于法官在裁判过程中未能充分认知并有效发挥该制度的激励功能。这种功能性的忽视，不仅可能导致法律适用上的混乱与不一致，更在深层次上一定程度地影响了法律的权威性，对社会整体产生了些许负面影响。具体到上述谈到的汽车买卖纠纷等典型案例，由于不同法院或法官对欺诈行为的界定标准存在差异，甚至在同一案件中也可能因理解角度的不同而作出截然相反的判决。这种司法裁判的不确定性，可能导致消费者在面对权益侵害时，难以形成稳定的法律预期，进而在维权道路上犹豫不决，信心受挫。此外，这种法律适用上的混乱还可能导致资源的浪费。消费者与商家之间因法律解释的分歧而反复诉讼，不仅消耗了大量的司法资源，也加重了当事人的经济负担和时间成本。同时，频繁变动的诉讼结果也使得市场参与者难以形成稳定的商业预期，不利于市场经济的健康发展。

一、有利于消费者原则

为了解决这些实践中产生的问题，我们需要从宏观的功能定位出发，重新审视并明确激励主导型惩罚性赔偿制度的根本目的与核心价值。首先要确立激励主导型惩罚性赔偿适用的两个原则。第一个原则是有利于消费者原则。激励主导型惩罚性赔偿的主要功能是激励，激励的核心是消费者，因此消费者是整个制度设计与运作的基石。激励主导型惩罚性赔偿，本质上是一种法律与经济策略的融合，旨在通过强化经济激励的手段，鼓励消费者积极参与市场监督，以此作为推动市场规范、维护消费者权益的强大动力。在这一理念下，对消费者权益的关注与维护，不仅是道德上的责任，更是法律上的义务。它要求我们在解释和适用惩罚性赔偿规范时，必须将消费者的利益置于首要位置，确保每一项法律条款的解读与执行都能最大限度地促进消费者权益的保护。具体可以从以下四个方面来把握该原则。

第一，从保护对象的广泛性来看，强调对"消费者"这一概念的解读不应拘泥于传统框架，而应与时俱进，适应社会发展的新需求。随着市场经济的快速发展和消费者群体的日益多元化，消费者的定义应当涵盖各类个体，无论其年龄、性别、职业、收入水平如何，都应平等享有法律保护。

第二，就规范的解释而言，应采用通俗易懂的方式解释法律条文中的专业术语和抽象概念。法律语言往往具有高度的专业性和抽象性，这对于非法律专业人士的消费者而言，无疑增加了理解和应用的难度。因此，在司法实践中，法官应尽可能对规范中的概念作通俗意义上的解释，符合大多数消费者的理解。这种通俗化的解释方式，不仅能够增强法律的透明度，还能增进消费者对法律制度的认同感和信任感。以欺诈行为的界定为例，民法对于欺诈的定义，本质上是为了保护消费者的知情权这一核心权益。根据普遍接受的观念，欺诈不仅包括故意陈述虚假情况以误导消费者的行为，还应涵盖那些应当告知消费者而未告知的重要信息，这些未告知的信息同样可能对消费者的决策产生实质性影响。然而，在实际案例中，如之前提到的汽车销售纠纷，法院的判决却有时未能充分反映这一原则。法院倾向于将汽车公司未告知消费者某些信息的情况，仅仅视为对知情权的侵犯，而非欺诈行为。这种区分，尤其是在仅将那些严重危及人身和财产安全的告知事项未告知才认定为欺诈的做法上，显然与消费者的日常认知存在偏差，也未能全面体现欺诈行为的本质特征。从法理上讲，欺诈行为的认定不应仅限于那些极端严重的情形，而应基于一个更为宽泛和合理的标准。只要商家在交易过程中存在故意隐瞒或未充分披露关键信息，导致消费者基于不完整或错误的信息作出决策，就应当视为欺诈。这种理解不仅符合民法中欺诈行为的构成要件，也更能体现法律对消费者权益保护的全面性和深入性。同时，从情理上看，消费者在购买商品或服务时，往往依赖于商家提供的信息来作出判断。如果商家故意隐瞒或未充分披露重要信息，导致消费者遭受损失，那么商家就应当承担相应的法律责任。如果仅仅视为对知情权的侵犯，而非欺诈，无疑是对消费者权益的一种忽视和削弱。

第三，从规范的适用角度来看，法官在裁判过程中应始终秉持维护消费者利益最大化的原则。在处理具体案件时，法官应深入剖析案件事实，准确把握法律精神，确保裁判结果既能有效惩罚违法行为，又能充分保障消费者的合法权益。以食品标准为例，无论企业采用的是何种标准（如企业自定标准、推荐标准等），只要这些标准被明确标注在产品或服务上，并作为消费者购买决策的依据，那么企业就必须严格按照标注的标准执行。否则，其行为将被视为不符合安全标准，应依法承担相应的法律责任。

第四，从结果导向来看，有利于消费者原则强调赔偿制度的便捷性和公正性。在设定赔偿数额时，原则上应按照法律规范规定的倍数进行计算，以确保赔偿标准的统一性和可预测性。然而，在特定情况下，当规定的倍数无法体现案件的实际情况或显失公平时，法官应有权在法定范围内行使自由裁量权，根据案件的具体情节和消费者的实际损失情况，灵活调整赔偿数额。这种灵活的赔偿制度设计，旨在确保消费者能够获得合理、充分的赔偿，同时也体现了法律对消费者权益的尊重和保护。

二、利益衡量原则

所谓利益衡量，是指法官在审理案件时，在查明案情事实并对当事人双方的利益进行估量评价后，综合把握案件的实质，结合社会环境、经济状况和价值观念等，通过适用法律，考虑应着重于哪一方利益的判断和选择。法律旨在通过确立一系列基本原则与制度框架，来调和各方利益关联并平衡潜在的利益冲突。利益衡量作为一种司法工具，其核心在于通过细致权衡各方当事人的利益诉求，进而实现社会经济关系的和谐与公正。在民事审判领域，法官需秉持利益衡量原则，力求在案件处理过程中达到利益最大化的目标。具体而言，该原则要求法官在审理案件时，不仅要深入考量法律原理性权利，还需广泛参考社会价值观、社会影响、公众意见等与价值评判紧密相关的因素。同时，法官需全面审查当事人提交的证据材料，深入调查各方的权利与利益纠葛，并在此基础上作出合理、公正的选择与判断，以确保所有当事人的合法权益都能得到最大限度的实现与保护。日本学者加藤一郎曾言："假如将法律条文用一个图形来表示，这是一个中心部分非常浓厚，越接近周边越稀薄的圆形。在其中心部分，应严格按照条文的原意予以适用，不应变动。如果说中心部分通常可以直接依条文决定的话，则周边部分可能出现甲乙两种结论，难有定论的情形。因此，适用法律时当然要考虑各种各样实质的妥当性，即进行利益衡量。"[1]我国学者杨仁寿曾做过这样的阐述："法官在阐

---

〔1〕 参见［日］加藤一郎：《民法的解释与利益衡量》，梁慧星译，载梁慧星主编：《民商法论丛》（第2卷），法律出版社1994年版，第77~78页。

释法律时，应摆脱逻辑的机械规则之束缚，而探求立法者与制定法律时衡量各种利益所为之取舍，立法者本身对各种利益业已衡量，而加取舍，则法义甚明，只有一种解释之可能性，自须尊重法条之文字。若有许多解释可能性时，法官自需衡量现行环境及各种利益之变化，以探求立法者处于今日立法时，所可能表示之意思，而加以取舍。斯即利益衡量。换言之，利益衡量乃在发现立法者对各种问题或利害冲突，表现在法律秩序内，由法律秩序可观察而得知立法者的价值判断。发现之本身，亦系一种价值判断。"[1]在一般民事关系中，当事人的权利义务是对等的，一方在享有权利的同时也要负担相当的义务。而在消费者与经营者利益衡量方面，由于消费者相对于经营者的弱势地位，法律对消费者予以倾斜式保护，赋予其更多的权利，以实现两者利益的平衡。[2]《消费者权益保护法》《食品安全法》中的激励主导型惩罚性赔偿条款正是这种倾斜式保护的体现。然而，任何法律制度的实施都需把握适度的原则。当这种倾斜保护过于偏向消费者一方，以至于超越了合理的界限时，就可能引发一系列连锁反应，导致利益天平的失衡。从微观层面来看，这种失衡首先体现在具体的消费者与经营者个体之间。过高的赔偿标准或过于严苛的责任追究，可能让经营者面临难以承受的经济负担，影响其正常经营，进而影响到其向消费者提供商品或服务的积极性与质量，最终反而可能损害消费者的长远利益。进一步地，从中观层面审视，消费者群体与经营者集团之间的利益关系也会因过度倾斜保护而失衡。一方面，消费者群体可能因个别案件的高额赔偿而产生过度维权的倾向，甚至催生"职业打假"等灰色产业，扰乱市场秩序；另一方面，经营者集团则可能因普遍感受到的经营压力而采取联合行动，如提高价格、降低服务质量等，以转嫁成本，最终损害整个消费者群体的利益。从宏观层面来看，消费者与经营者作为市场经济中不可或缺的两大主体，其利益关系的失衡将直接影响到整个市场的健康发展和经济社会的稳定。过度倾斜的惩罚性赔偿制度可能导致资源配置的扭曲，阻碍市场竞争机制的正常运行，降低市场效率，甚至引发社会矛盾与冲突。在构建和完善激励主导型惩罚性赔偿制度的过程中，确保其在遵循有利于消

---

〔1〕　参见杨仁寿：《法学方法论》，中国政法大学出版社 1999 年版，第 175~176 页。

〔2〕　参见吉星宇：《论消费者与经营者利益平衡法律制度的完善：〈消费者权益保护法〉修改的新思路》，载《经济法论坛》2009 年第 0 期。

费者原则的同时，精准把握利益衡量原则，是维护市场经济秩序、促进社会公平正义的关键所在。这一平衡点的寻找，需要我们在实际操作中细致考量以下两方面要素：首先，将消费者利益的倾斜保护作为首要原则，并坚定不移地执行。这一立场的确立，是基于消费者在市场交易中常处于信息不对称、议价能力较弱的弱势地位。根据学者的广泛调研与数据分析，我国消费领域内的多数惩罚性赔偿案件，其涉案金额往往较小，集中在万元以下。[1]针对这类小额消费纠纷，严格执行惩罚性赔偿规定，即按照 3 倍价款且不低于 500 元的标准进行赔付（非食品类），或对于食品类案件则直接按照价款或损失的 10 倍且不低于 1000 元的标准赔付，能够迅速有效地弥补消费者的经济损失，同时这种即时的、可预见的赔偿机制，无疑能够极大地激励消费者积极维护自身权益，促进消费市场的健康发展。

在强调消费者利益保护的同时，我们也必须清醒地认识到，过度的倾斜可能导致利益天平的失衡，进而损害经营者的合法权益乃至整个市场的稳定。因此，利益衡量原则作为第二个原则，便是要在法定适用条件下，审慎评估可能产生的利益影响，避免造成不必要的利益冲突与失衡。比如，当按照法定标准计算出的惩罚性赔偿金额过高，可能引发过分激励或给经营者带来沉重负担时，应灵活调整赔偿倍数，或赋予法官一定的自由裁量权，根据案件具体情况酌定赔偿金额，以确保处罚的公正性与合理性。再比如，在认定经营者是否存在欺诈行为时，应坚持证据为本的原则，充分尊重经营者的举证权利。若经营者能够提出有效证据反驳消费者的指控或证明自身行为的正当性，法院应依法审慎判断，避免仅凭消费者单方举证就轻易认定欺诈成立，从而保障经营者的合法权益不受侵害。综上所述，激励主导型惩罚性赔偿制度的实施，需要在消费者利益保护与经营者权益维护之间找到一个恰当的平衡点。

---

〔1〕 参见侯军、郑慧媛、夏海曼：《消费者保护视域下的惩罚性赔偿司法适用研究》，载《法律适用（司法案例）》2018 年第 6 期。

第二节　以激励为核心明确消费主体范围

一、消费者的主体界定

（一）消费者概念核心特征的重新定位

在比较法上，"消费者"概念的界定普遍采用三种主要方式。首先是反向排除法，以德国、日本、英国为代表。德国在 2000 年修订的《债法》及其《民法典》第 13 条中，便采用了这一方法，通过两个否定性条件，即"不以营利活动为目的"及"不以独立的职业活动为目的"来界定"消费者"的范畴。[1] 其次，正面表述法也是一种常见方式，直接明确了消费者的定义。例如，《美国商法典》就明确指出，消费者是指为个人、家庭成员或家庭目的而购买商品的个人。最后，还有正面表述与反面排除相结合的混合立法模式。法国民法便是此类的典型，它将"消费者"定义为在从事职业活动之外，为满足个人需求而签订财产或服务合同的所有自然人。这种方式既从正面描述了消费者的基本特征，又通过反向排除法进一步明确了界限。

我国采用的是第二种方式，这种方式的好处在于既保持了消费者概念一定的稳定性，也保留了其开放性。《消费者权益保护法》第 2 条规定，消费者为生活消费需要购买、使用商品或者接受服务，其权益受本法保护。在对消费者界定的争论中，"生活消费"是界定消费者身份核心特征和明确消费者边界的基石，也是争议的中心。消费者概念之所以难以界定出一个既清晰又绝对的内涵与外延，主要源于其本身所具备的复杂性与动态性。消费活动作为社会经济生活的重要组成部分，不仅受到个体需求、文化背景、科技发展等多重因素的影响，还随着时代变迁而不断演变出新的形态与特征。因此，试图一劳永逸地给消费者下一个固定不变的定义，显得既不现实也不合理。法律试图通过"生活消费"这个核心词语对消费者概念的内涵进行描述，在保持其稳定性的同时，赋予其适当的开放性。随着时代的发展，新的消费模式、消费领域和消费群体不断涌现，这些变化要求我们对消费者概念的理解也要与时俱进。通过核心词语的描述方式，我们可以灵活地调整消费者范围的边

---

〔1〕　参见《德国民法典》（第 3 版），陈卫佐译注，法律出版社 2010 年版。

界，将那些符合时代特征的新型消费者纳入保护范围，从而确保消费者权益保护制度的时效性和有效性。这种既稳定又开放的界定方式，不仅有助于维护法律的权威性和稳定性，也能够充分反映社会发展的现实需求，为构建更加公平、公正、和谐的消费环境提供有力保障。

立法模式选取的初衷是好的，问题在于，随着社会经济的飞速发展与消费模式的多元化演变，以"生活消费"作为中心来界定消费者的局限性日益凸显。"生活消费"的界定涉及主观与客观两种主要方法。主观界定法聚焦于行为人的内心意图，即若购买者主观上旨在将商品用于非经营性质的个人使用，即便最终用途可能有所偏离，该购买者与使用者仍被视为《消费者权益保护法》所保护的"消费者"。反之，若购买初衷为生产所需，即便商品后续被用于生活，也不符合该法下的消费者定义。在判断购买者的主观动机时，"经验法则"常被学界及司法实践采纳为有效的评估手段。[1]而客观界定法则强调行为的实际表现，认为个人是否以生活消费为目的，应通过其"购买、使用商品或接受服务"的具体行为来判定。依据此方法，只要所购商品或服务在实际应用中未涉及生产经营活动，不论购买时的主观意图如何，该购买人与使用者即应被视为消费者。这种界定方式侧重行为的实际效果而非初衷。[2]

首先，将"生活消费"作为界定消费者的唯一或核心标准，显然已难以适应现代社会的快速变化。随着科技的进步和社会的发展，消费模式与消费观念均发生了深刻变革，消费者不再局限于满足基本生活需求的范畴内，而是追求更加个性化、多元化、高品质的生活体验。以购买宠物猫为例，这一行为虽非传统意义上的生活必需品购买，但它已成为许多现代家庭情感寄托与陪伴的重要来源。当消费者在购买后短期内遭遇宠物猫因病死亡的情况时，其心理创伤与经济损失均不容忽视。此类消费虽非直接满足生活的基本需求，但深刻影响着消费者的生活质量与幸福感，因此同样应当受到消费者权益保护法的关注与保护。再如，在养生馆预存大量金额购买养生保健服务的案例中，消费者往往基于对健康的重视与对商家的信任，提前支付了高额费用。然而，若服务未达到宣传效果，甚至可能对消费者健康造成潜在威胁时，消

---

〔1〕 参见梁慧星：《消费者权益保护法第 49 条的解释与适用》，载《人民法院报》2001 年 3 月 29 日。

〔2〕 参见许建宇：《完善消费者立法若干基本问题研究》，载《浙江学刊》2001 年第 1 期。

费者的权益便受到了严重侵害。这种预付式消费模式，在现代社会中日益普遍，涉及美容美发、健身、教育培训等多个领域，其背后所蕴含的消费者权益保护问题不容忽视。在数字化浪潮的推动下，消费形态日新月异，从传统的商品购买延伸至涵盖服务型消费、网络购物、跨境电商、数字内容订阅、共享经济服务、预付卡消费以及金融科技产品在内的多个新兴领域。这些新型消费方式的兴起，不仅丰富了消费者的选择，也促使我们重新思考《消费者权益保护法》的适用范围与保护力度。固守"生活消费"的传统界定，不仅无法有效应对这些新兴消费领域中出现的问题，还可能造成法律保护的盲区，使部分消费者陷入维权无门的困境。

其次，随着社会经济结构的复杂化和消费模式的多元化，生活消费与生产消费之间的界限变得愈发模糊。在传统经济体系中，生活消费与生产消费被明确区分，前者主要关注个人及家庭为满足日常生活需求而进行的购买行为，后者则紧密关联企业的生产经营活动。然而，在现代社会，这种清晰的界限逐渐被打破，许多消费行为在目的和性质上呈现出混合特征。以企业为员工购买办公用品为例，这一行为表面上看似纯粹为了企业的生产经营需要，但深入分析后不难发现，这些办公用品（如打印机）在员工日常工作中发挥着重要作用，不仅提高了工作效率，也间接提升了员工的工作满意度和生活质量。因此，从某种程度上说，这些办公用品的购买也带有一定的生活消费色彩，因为它们为员工提供了更加便捷、舒适的办公环境。类似的情况还广泛存在于其他领域。比如，企业为员工提供的健康保险、交通补贴等福利措施，虽然从财务处理上可能计入生产成本，但实质上也是对员工个人生活的一种保障和支持。再如，一些高端职业装备（如专业摄影师的相机、程序员的笔记本电脑）的购买，虽然直接服务于工作，但往往也是个人职业发展和兴趣爱好的重要组成部分，难以简单归类为纯粹的生产消费。这种生活消费与生产消费界限的模糊性，不仅给法律适用带来了困难，也增加了消费者维权的复杂性。在特定情境下，消费者可能因难以证明自身行为的纯粹生活消费性质而面临法律救济的障碍。同时，这也对《消费者权益保护法》的立法理念和制度设计提出了新的要求，即需要更加灵活、包容地界定消费者身份，确保在复杂多变的消费环境中，消费者的合法权益能够得到充分、有效的保护。

最后，将"生活消费"作为界定消费者的核心，忽略了法律对弱势消费者群体保护的根本目的。将"生活消费"作为界定消费者的核心标准，虽然在过去的一定时期内为法律实践提供了相对清晰的指引，但它却在一定程度上遮蔽了消费者权益保护法更为深远的立法目的与核心价值，即保护在经济交易中处于弱势地位的消费者群体。这一原则性忽视，使得我们有必要重新审视并拓展消费者身份的界定框架，以更加精准地体现法律对公平正义的追求。消费者权益保护法的立法初衷，根植于对消费者与经营者之间固有不平等关系的深刻洞察。在商品经济中，消费者往往因为信息不对称、专业知识匮乏、议价能力有限等原因，相对于经营者而言处于天然的弱势地位。这种地位的不对等，不仅可能导致消费者在交易过程中遭受不公平待遇，还可能使其在权益受损时难以获得有效救济。因此，《消费者权益保护法》通过构建一系列倾斜性保护机制，旨在平衡双方力量，确保消费者的合法权益免受侵害。

随着经济生活的复杂化，消费者法律内涵中的弱势经济地位自然有改变，但消费者的"生活性"特征却受到了动摇并逐步淡化，法律激励的对象并不应限于"生活消费"的群体，而应是"非经营性"的群体。"非经营性"应该取代"生活消费"成为消费者概念的核心特征。"非经营性"指的是不以经营为目的而购买、使用商品或接受服务。将"非经营性"确立为消费者概念的核心特征，相较于传统的"生活消费"界定，无疑是一个更具前瞻性和包容性的选择。这一转变不仅拓宽了消费者的范畴，也更好地适应了现代社会消费模式的多元化发展。

第一，"非经营性"的定义更为宽泛，它超越了传统生活消费的局限，将更广泛的消费群体纳入保护范围。它不是对"生活消费"这一传统范畴的简单扩展，而是从根本上重新定义了消费者的边界，使之更加贴近现代社会消费活动的多样性与复杂性。在这一更宽泛的框架下，消费者的范畴不再局限于购买日常必需品或满足基本生活需求的个体，而是涵盖了所有非以经营为直接目的的消费者行为。这意味着，无论是热衷于收集艺术品的收藏家，追求极致体验的旅游爱好者，还是渴望提升自我价值的终身学习者，只要他们的消费行为不带有经营性质，就都能享受到《消费者权益保护法》的庇护。这种界定方式所体现的法律激励功能尤为显著。它鼓励人们勇于探索未知的消费领域，追求更高品质、更多元化的生活方式。在法律的保障下，消费者可以更加自信地尝试新产品、新服务，甚至参与到新兴的消费模式中去，如共享经济、数字消费等。这种积极的消费态度和行为，无疑会进一步激发市场活力，推动经济结构的优化升级，为市场经济的繁荣与发展注入新的动力。

第二，"非经营性"的概念具有更强的包容性，能够灵活应对社会变化中涌现的新型消费群体和消费模式。非经营性概念的包容性，是其作为消费者界定核心特征的显著优势之一，这种包容性为法律框架提供了足够的灵活性，以应对日新月异的社会经济环境。在科技浪潮的推动下，特别是互联网技术的飞速发展，传统消费模式正经历着深刻的变革，新型消费群体和消费模式如雨后春笋般涌现，给消费者保护带来了前所未有的挑战。在金融服务领域，随着互联网金融的兴起，消费者可以便捷地通过手机或电脑进行投资、借贷、保险购买等操作。这些行为虽然涉及金钱流转，但只要不以营利为目的，而是出于个人资产管理、风险保障等需求，就应当被视为非经营性消费，纳入消费者保护的范围。这样，消费者在享受金融科技便利的同时，也能获得法律对其资金安全、信息安全等方面的保障。医疗服务领域同样如此，随着人们对健康重视程度的提升，个性化医疗、远程医疗、健康管理等服务逐渐普及。这些服务往往超出了传统医疗服务的范畴，但只要患者是出于自身健康需求而非经营目的接受服务，就应当被视为非经营性消费。法律应当确保患者在享受医疗服务的过程中，其知情权、选择权、隐私权等合法权益不受侵害。

第三，"非经营性"的判断标准直观且易于操作。其聚焦于消费行为的本质特征，即行为人的目的与结果，而非深入探究其背后的主观动机。这种判断逻辑简化了法律适用的复杂性，使得在实际操作中能够快速、准确地界定消费者行为是否属于非经营性范畴。具体而言，判断消费行为是否具有"非经营性"，关键在于审视该行为是否直接服务于经营目的。如果行为人购买商品、使用服务或接受金融服务等，是出于个人使用、享受或提升生活品质等非经营性需求，那么这些行为就应当被认定为非经营性。相反，如果行为人购买商品或服务是为了转售、租赁或用于其他商业活动以获取利润，则这些行为将被视为经营性行为。此外，"非经营性"的定义并不排斥消费行为中的转让或交易环节，关键在于转让或交易的目的。如果转让或交易行为并非出于营利目的，而是基于个人需求、情感或其他非商业因素，那么该行为仍应被视为非经营性。例如，个人因不满所购电器性能而将其转让给他人，这种转让行为并未改变其原始的非经营性本质，因此不应被视为经营性行为。

随着我们对消费者权益保护法之理论的认识更加深入，诠释消费者地位之"生活性"特征正在逐步淡化，而"非经营性"特征逐渐成为"弱势地位"要素之外用以判定消费者的重要标准。[1]

(二) 消费者的主体外延限定

关于消费者主体外延的界定，立法与司法之间存在一定的差异与冲突。立法上的开放性为法人或其他组织作为消费者寻求法律保护提供了理论上的可能性，而司法实践中的审慎态度则反映了法律适用过程中的现实考量与权衡。从立法层面来看，多数法律体系在构建消费者保护制度时，并未明确将消费者的身份局限于个人范畴。换言之，法律条文本身并未设立一道硬性的界限，将法人或其他组织排除在消费者之外。这种设计背后蕴含着一种理念，即消费活动不应仅局限于个体行为，法人及其他组织同样可能参与市场交易，并在此过程中享有作为消费者应得的权利与保护。因此，从理论角度出发，消费者这一概念的外延是开放的，能够涵盖包括法人及其他组织在内的多元主体。然而，当我们将视线转向司法实践，却不难发现一个截然不同的现象。在实际案件中，法院往往将消费者保护的天平倾向于个人消费者，而较少将法人或其他组织纳入这一保护伞下。这一做法的原因是多方面的：一方面，个人消费者相较于法人或其他组织而言，通常处于更为弱势的地位，更容易受到市场不当行为的侵害，因此需要法律给予更为严格的保护；另一方面，法人或其他组织在交易过程中往往具备更强的议价能力和信息获取能力，能够更好地维护自身权益，因此，在司法实践中对它们适用与普通消费者相同的保护标准，可能并不完全符合公平正义的原则。有的学者认为，单位与个人一样，存在信息不对称所造成的弱势，单位消费本质上也是消费行为，且对单位的保护也有利于规制欺诈等恶劣行为。[2]

首先，从《消费者权益保护法》的立法初衷与功能定位出发，该法旨在保护市场中相对弱势的消费者群体，通过设立惩罚性赔偿等激励机制，促进市场公平竞争，维护消费者合法权益。个人消费者由于信息不对称、议价能力有限等因素，往往处于较为不利的地位，因此需要法律给予特别的关注与

---

[1] 参见王博：《消费模式变革与消费者保护立法中的利益平衡》，载《东北财经大学学报》2014 年第 5 期。

[2] 参见马一德：《解构与重构："消费者"概念再出发》，载《法学评论》2015 年第 6 期。

保护。相比之下，法人或其他组织通常具备较强的经济实力、专业团队以及信息获取能力，能够更有效地维护自身权益。即使它们在某些交易中面临信息不对称的劣势，但这并不足以构成将其纳入消费者保护范畴的充分理由。因为，相较于个人消费者而言，法人或其他组织具有更多的资源和手段来应对市场风险，减少自身损失。

其次，从司法资源的分配与利用角度来看，将法人或其他组织纳入消费者保护范畴可能会带来不必要的司法负担。在司法实践中，个人消费者的维权案件已经占据了相当大的比例，如果再将所有法人或其他组织的消费纠纷纳入其中，将极大地增加法院的工作量，导致司法资源的紧张与浪费。这不仅可能影响个人消费者维权案件的审理效率与质量，还可能削弱法律对弱势群体的保护力度。因此，从司法资源优化配置的角度出发，将法人或其他组织视为消费者保护的例外情形是更为合理的选择。

最后，从市场角色与行为模式的角度来看，法人或其他组织在很多情况下扮演着经营者的角色。如果允许它们同时作为消费者存在，将可能导致市场角色的混淆与冲突。这种双重身份可能使得它们在交易过程中利用信息不对称等优势地位谋取不正当利益，从而破坏市场的公平竞争秩序。此外，法人或其他组织之间的交易往往涉及复杂的商业条款与法律关系，如果简单地将其视为消费者纠纷进行处理，可能会忽视其背后的商业逻辑与利益平衡问题，导致裁判结果的不公与混乱。

然而，我们也认识到在某些特定情形下，法人或其他组织可能确实需要作为消费者受到保护。例如，当它们以公益为目的进行消费活动时（如红十字会购买食品发放给灾民），其消费行为具有特殊的社会意义与价值。此时，将它们视为消费者并赋予其相应的权利与保护是符合公平正义原则的。因此，笔者主张在坚持个人为消费者基本原则的同时，也应为法人或其他组织在特定情形下的消费者身份预留一定的空间。

二、知假买假的主体界定

前面谈到，一些学者从功能主义角度对知假买假进行了类型的划分，比如可将"该种欺诈行为需要被威慑或制裁的程度"作为划分标准，将知假买假对象的欺诈行为区分为"强威慑强制裁型""强威慑弱制裁型""弱威慑弱制裁型"三种予以不同保护的行为类型[1]。但问题的核心并不完全在于被揭露的欺诈行为本身的性质或所需威慑与制裁的强度，而应聚焦于实施知假买假行为的主体特性。

首先，非职业营利目的的知假买假者，他们的行动往往源自对社会公正的深切关怀与对个人权益的坚定捍卫，而非简单的经济回报驱使。为了揭露欺诈行为，非职业营利目的的知假买假者会积极调配并投入相当的社会资源，包括但不限于自行研究及雇用专业团队，寻找专家分析产品的物理特性、生产工艺流程以及安全卫生状况等关键方面。他们这种资源投入往往能够实现规模效应，意味着在针对同批次商品或服务进行调查时，一旦在某一具体对象上发现了经营者的欺诈行为，所收集到的证据便能够广泛应用于该批次内的其他商品或服务，极大地降低了平均调查成本，提高了维权效率与效果。[2]这些行为不仅直接打击了不法商家的嚣张气焰，还促使食品生产企业和销售商增强了自我约束意识，加强了产品质量管理，从而提升了整个行业的安全水平。因此，从促进市场健康、维护公共利益的角度出发，法律应当给予这类主体与普通消费者同等的保护地位，明确支持他们依据《消费者权益保护法》提出惩罚性赔偿的请求，以此作为对其积极维权行为的肯定与激励。这样不仅可以鼓励更多人参与到市场监督中来，形成强大的社会共治力量，还能有效震慑不法商家，净化市场环境，为公众营造一个更加安全、放心的消费环境。

然而，与此同时，我们也必须正视职业打假人、打假集团和采用非法手段打假者所带来的负面效应。这些职业打假人，受经济利益驱使，可能采取一系列非法律手段进行打假活动。他们可能故意购买或制造瑕疵产品，以此作为向商家索赔的筹码；或者利用信息不对称的优势，对商家进行恶意举报和敲诈勒索。这些行为不仅违背了诚信原则，也触犯了法律底线，严重扰乱了市场秩序，让商家和消费者都陷入了信任危机之中。更为严重的是，职业打假人的这些违法行为还破坏了公平竞争的商业环境。他们利用自己的"专业"知识和技巧，对商家进行有针对性的攻击和打压，使得那些诚信经营、

---

〔1〕 参见葛江虬：《"知假买假"：基于功能主义的评价标准构建与实践应用》，载《法学家》2020 年第 1 期。

〔2〕 参见肖峰：《论"知假买假"行为的反契约性及其克服》，载《行政与法》2015 年第 1 期。

守法经营的商家在竞争中处于不利地位。这种"劣币驱逐良币"的现象，不仅损害了市场的健康发展，也挫伤了商家合法经营的积极性和信心。同时，职业打假人的非法行为还极大地损害了经营者的合法权益。他们无视商家的合法权益和正当利益，以打假之名行敲诈之实，给商家带来了沉重的经济负担和声誉损失。这种不合理的索赔要求和高昂的诉讼成本，让许多商家在面临职业打假人的攻击时感到无力和无奈。如果法律对职业打假人的惩罚性赔偿请求不加以合理限制，任由其通过揭露市场欺诈行为而获取巨额利润，那么这种激励机制可能会适得其反，使得他们的负面效应远远超出其原本可能带来的正面贡献。首先，无限制的惩罚性赔偿可能会诱导职业打假人采取更为激进甚至非法的手段来追求利益最大化。他们可能会故意制造或夸大产品问题，以此作为向商家施压或敲诈勒索的工具。这种行为违背了诚信原则，加剧了市场秩序的混乱。其次，高额的惩罚性赔偿可能会让一些诚信经营的商家陷入困境。在面对职业打假人的无理索赔时，商家往往需要投入大量的人力、物力和财力来应对诉讼和调查。即使最终胜诉，商家也可能已经遭受了严重的经济损失和声誉损害。这种不公平的待遇无疑会削弱商家合法经营的积极性和信心，对整个商业环境产生负面影响。最后，无限制的惩罚性赔偿还可能引发一系列的社会问题。比如，它可能鼓励更多的人投身于职业打假行业，但并非所有人都具备足够的道德约束和法律意识。这将导致市场上出现更多的"灰色地带"，使得原本就复杂的市场监管问题变得更加棘手。因此，为了平衡职业打假人的积极作用与潜在的负面影响，法律有必要对他们的惩罚性赔偿诉求进行一定的限制。而对于为获取利益实施违法行为的职业打假人，则一概不予保护，并同时追究其相关责任。

至于集团打假人和采用非法手段打假的群体，其组织形式与行为模式往往超越了普通消费者的范畴，具有更强的组织性、目的性和影响力。他们的行为可能对市场造成更为复杂和深远的负面影响，包括但不限于过度索赔、恶意竞争等。首先，两者的高度组织性意味着他们拥有更强的资源整合能力和行动执行力。这种优势在打击市场欺诈时可能转化为强大的威慑力，但也可能被滥用于过度索赔或恶意打压竞争对手。他们可能利用法律条文中的模糊地带，通过精心策划的诉讼策略，向商家提出远超实际损失的赔偿要求，从而获取不正当利益。其次，两者的明确目的性使得他们的行为更具针对性和攻击性。他们可能针对特定行业、特定企业或特定产品进行集中打假，以达到排挤竞争对手、垄断市场或提高谈判筹码等目的。这种行为不仅破坏了市场的公平竞争原则，还可能引发连锁反应，导致整个行业的动荡与不安。最后，两者的广泛影响力使得他们的行为能够迅速引起社会关注，甚至影响政策制定和司法裁决。然而，这种影响力也可能被用来误导公众舆论，扭曲事实真相，为不正当行为披上合法的外衣。因此，法律应将集团打假人和采用非法手段打假者排除在消费者保护范围之外，不予支持其基于消费者身份提出的惩罚性赔偿请求。这一措施旨在防止两者利用法律漏洞进行不当牟利，维护市场的正常秩序与公平竞争的商业环境。

综上所述，知假买假的法律保护问题应当基于行为主体的类型进行细致区分与合理规制。对于非职业营利目的的知假买假者，应给予与普通消费者同等的法律保护与支持；对于职业打假人，则需根据其行为性质与影响进行适度限制；而对于集团打假人和采用非法手段打假的群体，则应明确排除在消费者保护范围之外。这样的制度安排既能有效激励合法维权行为，又能遏制非法打假乱象，实现市场健康发展与消费者权益保护的双重目标。最高人民法院颁布的《关于审理食品药品惩罚性赔偿纠纷案件适用法律若干问题的解释》第14条至第16条，深刻体现了法律对于上述违法打假现象处理的精细考量与平衡策略。第14条指出，在处理涉及多次购买食品或不符合安全标准产品的惩罚性赔偿诉讼时，法院将综合考虑商品保质期、普通消费者的常规消费习惯，以及购买者的实际购买频次等多维度因素，来审慎确定惩罚性赔偿的具体数额。这一规定未一概否定职业打假人的赔偿请求权，彰显了法律对于合理、适度赔偿原则的坚持。第15条与第16条则明确划定了法律的红线，指出若职业打假人通过非正常手段获取商品信息以进行知假买假，或存在其他违法行为，将不再局限于民事赔偿范畴，而是直接移送相关机关追究其法律责任。这一规定有力打击了以打假之名行非法之实的行为，在激励消费者正当维权的同时也维护了市场的正常秩序与公平竞争原则，彰显了法律对于诚信原则与公共利益的坚定捍卫。

第三节 以保障与安全为基准确立欺诈与安全标准

一、欺诈标准的认定

欺诈，这一不法行为，其核心在于利用信息不对称，通过故意隐瞒关键事实或散布虚假信息，诱导消费者作出非基于真实意愿的决策。在汽车消费这一特定领域，欺诈的认定尤为复杂且关键，因为它不仅关乎消费者权益的保护，还直接影响市场的诚信体系与公平竞争环境。在前述对汽车消费纠纷案件的列举中，笔者总结了实务中欺诈认定的两个问题：一是对信息告知的范围，二是举证。

关于信息告知的范围，这是欺诈认定中的核心议题。从实体法的角度看，明确哪些信息必须被经营者如实告知消费者，是判断欺诈是否成立的前提。案例中主要争论的是汽车销售经营者未告知不危及消费者人身安全的汽车信息是否构成欺诈，比如汽车在出售前进行过维修。综合司法实务中的前述做法，围绕告知义务的判断标准，存在"主观价值说"和"客观安全性能说"的分歧。"主观价值说"认为，只要相关维修事实会影响一般消费者的购买意愿或者购买价格，即为重要信息，经营者就负担告知义务，违反此告知义务，使得消费者在信息不对称下交易，侵害了消费者的知情权，经营者就构成欺诈。"客观安全性能说"认为经营者就相关维修事实是否负担告知义务，应该着重根据相关维修事项的类型和严重程度，特别是该维修对应的问题是否会影响到车辆运行安全以作判断，符合此判断的信息方属重要。笔者认为，消费欺诈的标准应以理性经济人的认知和理解为准，而不能提高或者降低标准。理由在于：其一，主观价值的标准与激励主导型惩罚性赔偿的功能相吻合。主观价值说与激励主导型惩罚性赔偿的功能之间存在着天然的契合。主观价值中的消费者是民法中的经济人，是在给定资源条件下追求个人利益最大化的个体。在消费市场中，这一理性标准体现在消费者会根据自身获取的信息和预期收益来作出购买决策。激励主导型惩罚性赔偿主要目的在于激励消费者对不诚信销售者的打击，这里的诚信应该是从正常的经济人角度对经营信息和商品或服务信息的理解，是对正常交易能否达成的理解，是以市场交易中的一般认知为基准，而非过分依赖第三方或法官的主观判断。特别是在汽车消费领域，消费者对于产品性能的敏感度极高，任何可能影响车辆安全性、耐用性或价值的信息，都应当被视为重要信息而予以充分披露。若只有在未告知不危及消费者安全的汽车信息情形下才能认定属于欺诈，这显然提高了欺诈的认定标准，与激励主导型惩罚性赔偿的功能是不匹配的。在现代消费社会中，消费者的知情权不仅仅局限于安全层面，更涵盖了产品性能、质量、历史记录等多个维度。将欺诈的认定标准局限于"是否危及消费者人身安全"无疑是对欺诈行为的片面理解，也是对消费者权益保护力度的削弱。一辆在销售前被维修过的汽车，其性能可能已受到影响，即便这种影响并未直接危及人身安全，但对于消费者而言，这一信息却足以改变其购买决策。因此，经营者有义务将此类信息如实告知消费者，否则就可能构成欺诈。其二，主观价值的标准与民法自然人的标准是紧密契合的。我国对自然人采用的标准就是理性经济人标准。其假设个体是自私的，其行为动机主要是追求自身利益的最大化，每个个体是自身利益的最大保护者。如在签订合同、进行交易等民事法律行为时，主体会根据自己的利益和需求，对相关信息进行收集、分析和判断，最终作出最有利于自己的决策。当然，主观价值的判断者并非只有自利性，其也有理性的要求。不同情境下，理性所体现的价值基础不同，消费者可能是社会公平合作条款的表达者，也可能是伦理标准的践行者，又或者是被假定凝聚着诚实信用戒律的人类形象。[1]消费者也是民事主体，其在进行民事活动中用主观价值的标准来衡量行为的恰当与否符合民法的原理和精神。其三，主观价值标准是大多数消费欺诈纠纷裁判所采用的标准。在大多数消费欺诈纠纷中，法官都是根据理性经济人的标准来衡量经营者是否有隐瞒或者故意告知虚假情况的事实。如对经营者将国产化妆品错误地标注或宣传为进口产品的行为，法官会认定为其属于欺诈。因为在一般经济理性人的理解下，消费者购买进口化妆品往往是基于对其品质、品牌或特殊进口成分的信赖。这种信赖建立在消费者对进口产品通常具有更高质量、独特配方或技术含量的普遍认知之上。法官在裁决此类案件时，不会仅仅因为国产化妆品本身可能并无安全隐患或质量问题，就忽视经营者虚假宣传的欺诈本质。相反，他们会从一般理性人的视野出发，审视经营者是否通过误导性宣

---

〔1〕 参见《叶金强：私法中理性人标准之构建》，载 http://iolaw.cssn.cn/fxyjdt/201505/t2015052 25_4633499.shtml，最后访问日期：2024 年 9 月 8 日。

传，刻意制造了商品来源上的混淆，从而诱使消费者作出非基于商品真实属性的购买决策。因此，即使国产化妆品在物理上或化学上并不逊色于某些进口产品，甚至在某些方面更为优越，经营者仍需对其宣传内容的真实性负责。任何故意或过失地误导消费者、损害其知情权和选择权的行为，都将受到法律的制裁。汽车作为消费品之一，涉及的汽车消费欺诈的事实认定应采用经济理性人标准来予以认定，汽车经销商应该告知消费者而不应该隐瞒的是那些从经济理性人标准判断会对其交易行为产生影响的信息，而非涉及人身安全的信息。

上述案件的法院在处理此类汽车消费纠纷案件时，其策略性的判决路径为不直接断言未披露汽车维修信息构成欺诈，转而以侵犯消费者知情权为由裁定部分赔偿。该裁判路径实则隐含了对欺诈认定的规避，在某种程度上削弱了欺诈认定的明确性，转以另一法律维度作为责任依据，这无疑是对消费者原始诉求的一种间接回应与妥协。此举不仅未能直接回应消费者关于消费欺诈惩罚性赔偿的主张，也未清晰阐释为何不将此案定性为欺诈，从而违背了民事诉讼法中尊重当事人主张、充分辩论的当事人主义原则。进一步审视，若依法院逻辑，侵犯消费者知情权与欺诈之间应存在明确界限，但判决中对此界限的模糊处理，亦引发了新的疑问：何种程度的知情权侵犯方能构成欺诈？何种情境下，信息的隐瞒或未充分告知仅构成对知情权的侵犯而非欺诈？从裁判的微妙措辞中可窥见，似乎侵犯知情权的信息范畴更为宽泛，而欺诈的认定则需隐瞒或未告知的信息达到更高的标准。这种划分方式，无形中为激励主导型惩罚性赔偿的适用设立了新的门槛，其潜在风险在于可能削弱了对欺诈行为的打击力度，进而对鼓励消费者维权、促进市场诚信的初衷形成反向抑制作用。

当然，法律无法详尽无遗地列举出汽车经销商应告知消费者的每一项具体信息，因为每起交易的具体情况、车辆类型、消费者需求及市场状况都可能存在显著差异。基于这种差异性，我们在制定相关规定时保持一定的弹性和开放性，以便能够适应各种复杂的交易环境。首先，要求汽车销售者披露所有与汽车相关的信息在实践中是不切实际的。汽车作为一个高度集成的产品，其涉及的技术参数、性能数据、历史记录等信息量极为庞大，且部分信息可能属于商业秘密或受法律保护的隐私范畴。如果强制要求销售者披露所有信息，不仅会增加其运营成本，还可能泄露敏感信息，对整个行业造成不必要的干扰。其次，过度强调信息披露可能会产生不当激励的效果，进而打击市场的积极性和创新性。当销售者面临过于严苛的信息披露要求时，他们可能会选择性地隐瞒某些对销售不利的信息，或者通过复杂的合同条款来规避责任。这种"逆向选择"现象不仅不利于消费者权益的保护，还可能扭曲市场信号，阻碍健康竞争机制的形成。此外，过高的信息披露门槛还可能抑制新技术、新产品的研发和推广，因为研发者和销售者可能会担心新技术或产品的某些不确定性被过度放大，导致市场接受度降低。最后，合理的信息披露制度应当遵循利益衡量原则，在消费者与经营者之间寻求一种平衡。这意味着在制定相关规定时，需要充分考虑双方的利益诉求和实际情况，既要保护消费者的知情权和选择权，又要避免给经营者造成不合理的负担。具体来说，可以通过明确信息披露的范围、方式、时间和程度等要素，来确保信息披露的针对性和有效性。同时，还可以建立相应的监管机制和纠纷解决机制，以便在出现争议时能够及时、公正地处理。

举证问题是程序法层面的一道门槛。一方面，在消费欺诈的认定过程中，法律原则明确规定了"谁主张，谁举证"的基本举证责任分配方式，这一原则旨在确保诉讼的公平与效率。然而，在消费者与经营者之间的欺诈纠纷中，由于信息不对称现象普遍存在，直接应用这一原则往往会对消费者不公平。因此，在司法实践中，对于消费欺诈的举证责任分配需要更加灵活和细致的处理。当消费者基于合理怀疑提出消费欺诈的主张时，他们首先需要承担初步举证责任，即提供足够引起合理怀疑的证据或线索，表明可能存在欺诈行为。这些证据可能包括商品与宣传不符的实物照片、交易记录、与经营者的沟通记录等。一旦消费者完成了这一初步举证，举证责任便在一定程度上转移到了经营者身上。经营者作为信息优势方，有义务对其商品或服务的真实性、合法性提供充分、合理的解释或证明。这包括但不限于提供商品的合格证明、检测报告、广告宣传的原始资料等，以回应消费者的怀疑。如果经营者无法提供这些证据，或者其提供的证据不足以消除消费者的合理怀疑，那么根据举证责任倒置的逻辑，经营者将被视为未能完成其举证责任。若法官坚持要求消费者必须举证出经营者的所有情况，无疑是对消费者能力的过高要求，也是对市场交易中信息不对称现实的忽视。这种做法不仅不利于消费者积极维护自身权益，反而可能助长欺诈行为的蔓延，破坏市场的诚信基础。因此，法官在处理此类案件时，应充分考虑消费者的实际举证能力，避免设定不切实际的举证要求。法官应合理引导诉讼进程，确保举证责任的公平分配。在消费者提出合理怀疑后，应要求经营者积极回应，并提供充分的证据来支持其主张。若经营者无法完成这一举证责任，则应承担由此产生的不利后果，包括可能的赔偿责任。另一方面，不应通过无端提高证明标准来间接抵消法律为特定情境下当事人所减免的举证责任，这体现了法律在保障公平正义与促进诉讼效率之间的平衡。最高人民法院《关于适用〈中华人民共和国民事诉讼法〉的解释》中的第 108 条与第 109 条，这两条法律规定明确了对民事诉讼中"当事人对欺诈……的证明"所采用的"排除合理怀疑"这一高标准证明要求的适用场景进行了目的性限缩。[1]但这两条法规所规定的"排除合理怀疑"证明标准，其设立初衷在于确保在涉及重大权益影响的案件中，如刑事犯罪案件，能够有更为严格和慎重的证据要求，以防止误判。在消费纠纷领域，这一高标准若被随意扩大适用，将会对消费者这一相对弱势方构成不公平的障碍，因为消费者往往难以达到如此严苛的证明程度，特别是在信息不对称、证据获取困难的情况下。因此，法律规定将"排除合理怀疑"的证明标准严格限制在消费纠纷以外的欺诈纠纷案件中，这既是对消费者权益的合理保护，也是对司法资源高效配置的考虑。在此框架下，对于消费纠纷中的欺诈认定，应当采用高度盖然性的证明标准，以确保消费者能够在相对公平的环境中维护自身权益，同时也促使经营者更加诚信地参与市场竞争。

二、安全标准的认定

前述的案例反映出食品安全标准的主要问题在于未经备案或复审的地方标准和企业标准是否有效；违反推荐性国家标准、地方标准和企业自行采用的企业标准是否属于不符合食品安全标准。

从保护消费者权益、激励消费者维权的角度来看，对食品安全标准的违反认定应注意两点：第一，以食品上标注的安全标准为原则。食品标注的标准不仅是消费者选购商品时的重要参考，也是衡量商品是否合格、安全的基本标尺。当消费者步入超市、便利店或通过网络平台选购食品时，他们依赖

---

〔1〕 参见罗昆：《消费欺诈的认定及其私法效果》，载《当代法学》2023 年第 4 期；王雷：《惩罚性赔偿的证明难题及其缓解》，载《国家检察官学院学报》2020 年第 4 期。

的主要是产品包装上的信息，尤其是关于食品安全标准的标注。这些标注可能涉及推荐性的国家标准、地方性的特色标准，或是企业根据自身生产工艺和质量控制体系自行制定的企业标准。对于普通消费者而言，这些标准的专业属性、法律地位以及是否具备强制执行力并非其首要关注点。他们更关心的是，这些标准能否真实反映食品的安全性，是否能够满足他们的健康需求和购买期望。因此，在食品安全标准的违反认定过程中，我们应以食品包装上标注的食品安全标准为核心依据。这意味着，无论该标准是属于推荐性国标、地标还是企业自行采用的企业标准，只要它被明确标注在食品包装上，并作为消费者购买决策的依据，那么它就应当被视为判断食品是否合格、是否违反食品安全标准的关键所在。这样的认定方式，既体现了对消费者知情权和选择权的尊重，也便于消费者在发现食品质量问题时，能够迅速、准确地找到维权的切入点，降低维权成本，提高维权效率。这种以食品标注的食品安全标准为准的认定方式，还有助于促进企业间的公平竞争和市场秩序的规范。它要求所有企业都必须严格遵守其在食品包装上标注的安全标准，不得通过虚假标注或降低标准来误导消费者、谋取不正当利益。同时，也鼓励企业不断提升产品质量和安全管理水平，以更高的标准来赢得消费者的信任和支持。

第二，无论备案、复审以及强制执行与否，企业所采用的标准不能违反法律规定的食品安全最低要求。确实，企业所采用的食品安全标准，其有效性与合规性不应仅仅依赖于其是否经过官方备案、定期复审或是否具备强制执行力。对食品安全底线的无条件坚守，是企业作为社会成员不可推卸的责任，也是保障公众健康、维护社会稳定的基本要求。食品安全，作为民生之本，其重要性不言而喻，它直接关系每一个消费者的生命安全和身体健康，是社会和谐稳定的重要基石。因此，任何企业在追求经济效益的同时，都必须将食品安全放在首位，绝不能以牺牲消费者健康为代价来换取短期的利益。在这个背景下无论企业是基于何种目的或考虑，自行设定的食品安全标准，都必须严格遵循并超越国家法定的最低安全要求。这不仅是法律对企业行为的硬性约束，更是企业道德和社会责任的体现。企业应当主动承担起保障食品安全的社会责任，通过加强内部管理、提升技术水平、完善质量控制体系等手段，确保每一款产品都能达到或超过国家规定的安全标准。

第四节　固定原则与机动调整相结合确定赔偿结果

惩罚性赔偿的数额应该按照法定的固定倍数赔偿还是允许法官依照个案情况运用自由裁量权来决定，实务中存在争议。笔者认为，从激励功能角度而言，激励主导型惩罚性赔偿的赔偿数额应坚持以法定倍数的固定赔偿为原则，以机动赔偿为例外。坚持以法定倍数的固定赔偿为原则的主要原因在于：

第一，从惩罚性赔偿功能看，法定倍数的固定赔偿原则便于激励主导型惩罚性赔偿的激励功能的发挥。激励主导型惩罚性赔偿的激励功能，其核心在于巧妙运用经济杠杆，构建起一种正向的激励机制，激发消费者的维权动力，促进市场秩序的良性循环。这一制度的诞生，正是基于对消费者弱势地位的认识，以及对不法经营者行为的有效遏制和市场环境净化的迫切需求。在法定倍数的固定赔偿原则下，消费者面对侵权行为时，不再需要为计算赔偿金额而烦恼。这一原则为消费者在维权的道路上提供了一个明确且可信赖的维权收益预期。这种预期不仅极大地增强了消费者的维权信心，让他们相信自己的合法权益能够得到有效保护，还极大地简化了维权过程中的烦琐计算步骤，让消费者能够迅速而准确地评估出维权行动的潜在收益与成本，从而更加理性地作出是否维权的决策。更为重要的是，固定赔偿倍数的设定，使得消费者在维权过程中能够更加明确地向经营者主张其应得的赔偿金额。这种明确性不仅减少了因赔偿数额争议而可能引发的长时间谈判和纠纷，还降低了维权的复杂性和不确定性，为消费者扫清了维权道路上的诸多障碍。消费者可以更加坚定地站出来，维护自己的合法权益，而不用担心因为赔偿数额的模糊或争议而陷入无休止的纠缠之中。

第二，从纠纷解决效率看，法定倍数的固定赔偿原则无疑为消费者与经营者之间的争议解决开辟了一条更为高效、便捷的道路。这一原则的实施，不仅是对传统赔偿模式的一种革新，更是对司法资源和社会成本优化配置的重要贡献。在传统赔偿模式下，消费者与经营者之间关于赔偿数额的谈判往往成为纠纷解决过程中的一大难题。双方为了争取自身最大利益，不得不投入大量的时间和精力进行反复磋商，甚至可能因立场相左、期望差异过大而导致谈判陷入僵局，甚至破裂。这种长时间的谈判过程不仅增加了双方的心理负担和经济成本，还可能因长时间的争执而加剧双方之间的矛盾，对市场秩序与社会和谐造成不良影响。相比之下，法定倍数的固定赔偿原则以其明确性、稳定性和可预测性，为纠纷解决提供了一个相对公平的起点。该原则通过法律形式预先设定了赔偿数额的计算标准和倍数，使得在发生争议时，双方能够迅速找到赔偿数额的基准点，减少了因赔偿数额不确定而引发的争议。这样一来，消费者与经营者之间的谈判焦点就不再是赔偿数额本身，而是更多地聚焦于侵权事实的认定和责任的划分上，从而大幅缩短了谈判时间，提高了纠纷解决的效率。此外，固定赔偿原则还有助于降低社会成本。在传统赔偿模式下，由于赔偿数额的不确定性，消费者和经营者可能需要通过诉讼、仲裁等法律途径来解决争议，这无疑会增加司法资源的消耗和社会成本的支出。固定赔偿原则则通过减少谈判成本和诉讼风险，鼓励双方通过协商、调解等非诉讼方式解决争议，从而降低了社会成本，促进了社会资源的合理配置。

第三，从司法裁判统一性看，法定倍数的固定赔偿原则在维护司法公正与权威方面发挥着举足轻重的作用。司法裁判的公正性与权威性，是法治社会的基石，直接关系到人民群众对司法的信任与尊重。因此，确保同类案件得到相似或相同的处理结果，是司法实践中必须坚守的基本原则。在这一背景下，固定赔偿原则以其明确的赔偿标准和稳定的适用规则，为法官提供了强有力的裁判依据。它要求法官在处理同类案件时，必须依据法定倍数来确定赔偿金额，从而避免了因个人理解偏差、主观臆断等因素导致的裁判差异。这种统一的裁判标准，不仅减少了法官在赔偿数额上的自由裁量权，还确保了裁判结果的客观性和公正性。此外，固定赔偿原则还有助于提升司法裁判的权威性和公信力。在公众眼中，司法裁判的权威性和公信力往往来源于裁判结果的稳定性和可预测性。而固定赔偿原则正是通过预设明确的赔偿标准，为公众提供了一个可信赖的裁判预期。当公众看到同类案件得到相似或相同的处理结果时，他们会更加认同和尊重司法裁判，从而增强对法治的信心和信任。更进一步地说，固定赔偿原则还有助于减少社会争议和不满情绪。在司法实践中，如果同类案件的裁判结果差异过大，很可能引发公众的不满和怀疑，进而对司法公正性和权威性产生负面影响。而固定赔偿原则通过确保裁判结果的相对一致性，减少了因裁判差异而引发的社会争议和不满情绪，为社会的和谐稳定提供了有力保障。

尽管法定倍数的固定赔偿原则在提升纠纷解决效率和维护司法裁判统一

性方面具有显著优势，但将其绝对化地应用于所有案件，却可能忽视个案的特殊性，导致在某些情境下出现不公平的现象，尤其是当涉及高额价值商品或服务时，如宾利豪车案和茅台案所展现的那样。在这类高端商品欺诈案件中，如果机械地按照法定倍数进行固定赔偿，确实有可能产生惩罚性赔偿数额过于庞大、与经营者实际欺诈行为程度不相称的问题。这不仅可能给经营者带来难以承受的财务压力，甚至可能导致其破产，影响市场的正常竞争秩序；同时，也可能引发社会对于司法公正的怀疑，认为法律在追求惩罚效果时忽视了比例原则和个案的合理性。正如最高人民法院在处理宾利豪车案所展现出来的司法智慧，尽管在认定经营者是否存在欺诈行为上存在分歧，但法院在最终确定赔偿数额时，并未简单套用《消费者权益保护法》中的3倍赔偿标准，而是根据案件的具体情况，包括汽车的价值、经营者的主观过错程度、欺诈行为的具体表现形式及其对消费者造成的实际损失等因素，综合考量后酌定了相对合理的赔偿数额。这一做法既体现了对惩罚性赔偿制度的尊重和运用，又避免了因赔偿数额过高而导致的社会不公，有效地平衡了消费者与经营者之间的利益。因此，法定倍数的固定赔偿原则虽有其优越性，但在具体应用中仍需结合案件实际情况进行灵活调整。法官在裁判过程中应充分行使自由裁量权，根据个案的具体情况，综合考量各种因素，以确保裁判结果的公正性、合理性和可接受性，平衡好消费者与经营者之间的利益。

需要强调的是，法定赔偿的倍数是机动赔偿的上限，法官不能判处超出法定赔偿倍数的惩罚性赔偿数额，同时，要严格控制个案机动赔偿的比例。首先，法定赔偿倍数的设定，是基于对社会经济状况的深入分析和法律政策的综合考量而制定的。它通过设定一个明确的上限，为法官在裁判过程中提供清晰的指导，防止赔偿数额的无限扩张。因此，法官在行使自由裁量权时，必须严格遵守这一上限，不得随意突破，否则将违背立法精神，损害法律的权威性和公信力。其次，严格控制个案机动赔偿的比例，是维护司法公正与效率的必要举措。机动赔偿作为对法定赔偿制度的一种补充和完善，其目的在于更好地适应个案的特殊情况，实现更加公正合理的裁判结果。然而，如果个案机动赔偿成为常态，不仅会导致司法裁判的随意性和不确定性增加，还可能引发公众对司法公正的怀疑和不满。因此，必须严格控制机动赔偿的适用条件和比例，确保其在法律规定的范围内合理、审慎地行使。在具体操作中，法官应当根据案件的具体情况，综合考量经营者的主观过错程度、欺诈行为的性质与后果、消费者的实际损失以及社会公共利益等因素，来确定是否适用机动赔偿以及具体的赔偿数额。同时，法院内部也应建立健全监督机制，对机动赔偿的适用情况进行严格审查和监督，确保每一起案件都能得到公正合理的裁判结果，避免出现法官自由裁量权的滥用。

第七章

威慑主导型惩罚性赔偿适用中的主要问题

　　威慑主导型惩罚性赔偿的典型类型是知识产权惩罚性赔偿。在知识产权领域内，尽管关于惩罚性赔偿的定义及其性质在学术界与实务界引发了广泛的争议，但仍有一个共识，即惩罚性赔偿在知识产权体系中占据着举足轻重的地位，其角色之重要性不容忽视。首先，惩罚性赔偿被视为遏制侵权行为的锐利武器。在知识产权日益成为企业核心竞争力和社会创新源泉的今天，侵权行为不仅损害了权利人的合法权益，更阻碍了科技进步和文化繁荣。因此，通过引入惩罚性赔偿制度，对侵权者实施经济上的重罚，可以通过打击经济基础制止其违法行为，降低其再次侵权的可能性。这种严厉的制裁措施，能够有效提升侵权成本，使潜在侵权者在权衡利弊后选择放弃侵权行为，从而维护知识产权市场的健康秩序。其次，惩罚性赔偿还承担着弥补传统赔偿机制不足的重任。传统的赔偿机制往往侧重对权利人实际损失的补偿，但在某些情况下，这种补偿可能无法完全覆盖权利人的全部损失，如商誉损害、市场份额丧失等间接损失。此外，由于侵权行为的隐蔽性和复杂性，权利人往往难以充分举证以证明其全部损失。而惩罚性赔偿则能够在一定程度上弥补这一不足，通过给予权利人额外的经济补偿，以更加全面地反映其因侵权行为所遭受的损失。

　　这一共识的形成，深深根植于威慑理论的核心思想之中。威慑理论认为，惩罚的目的不仅在于对已经发生的违法行为进行制裁，更在于通过惩罚产生的威慑效应来预防未来可能发生的类似行为。在知识产权领域，惩罚性赔偿正是通过让侵权者承受经济上的重大损失，使其深刻感受到因违法行为而带来的痛苦和代价，从而形成一种强有力的心理威慑。这种威慑效应能够促使潜在侵权者在面对法律制裁时保持敬畏之心，自觉遵守法律法规，共同维护知识产权市场的良好秩序。

　　威慑理论的根源深远，它深深根植于功利主义学者边沁对刑罚本质的深刻剖析之中。边沁不仅是一位法律思想家，更是一位对社会效率与公正有着独到见解的学者。他坚信，惩罚的终极价值在于其预防犯罪的能力，即通过最小化的社会成本来最大化地遏制犯罪行为的发生，确保社会秩序在可行且合理的界限内得到维护[1]。这一思想为后续的法学与经济学研究提供了宝贵的理论基石。随着学科交叉的日益频繁，威慑理论在经济学领域得到了进一步的拓展与深化。贝克尔，作为价格理论领域的杰出代表，巧妙地将经济学原理应用于法律领域，特别是侵权行为的分析上。他认为，侵权行为并非简单的道德沦丧或情感冲动，而是行为人在权衡利益与成本后作出的理性选择[2]。这一视角的转换，为理解侵权行为提供了新的维度，也为制定更为有效的法律政策提供了科学依据。在此基础上，波斯纳进一步将成本收益理论引入惩罚策略的研究之中。他深入探讨了如何制定最优的惩罚策略，以平衡惩罚的概率与严厉程度之间的关系，从而实现最佳的威慑效果[3]。波斯纳的研究表明，有效的惩罚机制应当能够精准地打击犯罪行为，同时避免过度惩罚对社会资源的浪费。这一思想对于构建现代法律体系具有重要的指导意义。然而，根据威慑理论，潜在的侵权者在面对法律制裁时并非盲目行事，而是会进行理性的利益权衡。他们会评估侵权行为的预期利益与可能承担的成本，包括法律制裁的直接成本以及社会声誉等间接成本。当损害赔偿能够完全覆盖受害者的实际损失时，侵权者因侵权行为所获得的收益将不高于甚至低于其付出的成本。这种制度设计能够形成强大的社会威慑力，有效遏制侵权行为的发生。但值得注意的是，现实情况往往比理论更为复杂多变。在实际操作中，被告可能通过各种手段逃避损害赔偿责任，从而降低其实际承担的成本。因此，在制定完全弥补损失的策略时，必须充分考虑逃避追责的可能性及其对社会威慑力的影响。[4]只有这样，才能确保威慑机制的全面性和有效性，真正实现对侵权行为的有效遏制。

---

〔1〕 参见［英］边沁：《道德与立法原理导论》，时殷弘译，商务印书馆 2000 年版，第 224 页。

〔2〕 参见［美］加里·S. 贝克尔：《人类行为的经济分析》，王业宇、陈琪译，上海三联书店、上海人民出版社 1993 年版，第 63 页。

〔3〕 参见陈屹立、陈刚：《威慑效应的理论与实证研究：过去、现在与未来》，载《制度经济学研究》2009 年第 3 期。

〔4〕 THOMAS F，"An economic analysis of enhanced damages and attorney's fees for willful patent in-fringement"，*Federal Circuit Bar Journal*，2004，pp. 291~332.

第一节　威慑功能理念不彰

一、知识产权惩罚性赔偿功能的讨论

知识产权惩罚性赔偿的主导功能，作为法律制度设计中的核心要素，不仅深刻影响着具体适用要件的界定与执行，还直接关联到赔偿数额的确定逻辑与标准。这一功能的明确，是确保知识产权法律体系能够有效应对侵权行为、维护创新激励机制、促进社会经济健康发展的关键所在。首先，若将补偿视为知识产权惩罚性赔偿的主要功能，那么在构建和适用其要件及计算赔偿数额时，必然会将填补受害者因侵权行为所遭受的实际损失作为首要考量。这意味着，赔偿金额的确定将紧密围绕受害者的直接经济损失、间接经济损失（如市场份额减少、商誉损害等）以及合理的预期利益损失进行，通过经济手段使受害者恢复到侵权行为发生前的状态。此路径下，惩罚性赔偿虽带有一定的惩罚意味，但更侧重恢复性正义的实现。其次，若将威慑设定为惩罚性赔偿的主导功能，则制度的设计与执行将更多地聚焦于对潜在侵权行为的预防与遏制。在此框架下，惩罚性赔偿的设立及其数额的确定，将充分考量如何有效对潜在侵害人形成足够的心理压力和经济负担，以阻止其踏入侵权之路。这要求赔偿数额不仅要覆盖受害者的损失，还要额外增加一部分"惩罚性"的金额，作为对潜在侵权行为的直接警告和经济制裁，从而达到"杀一儆百"的效果，维护知识产权市场的良好秩序。最后，若强调惩戒作为惩罚性赔偿的核心功能，则制度的构建将更加注重对侵权行为的道德谴责和法律制裁。在此理念下，惩罚性赔偿的构成要件将更为严格，确保只有那些主观恶意明显、情节严重、影响恶劣的侵权行为才会受到惩罚性赔偿的制裁。同时，赔偿数额的确定也将充分反映对侵权人行为的严厉谴责和惩罚，通过高额的经济处罚，让侵权人付出沉重的代价，以此彰显法律的威严和公正，维护社会公平正义。综上所述，知识产权惩罚性赔偿的主导功能不仅决定了其制度设计的价值取向，还直接影响着具体要件的适用把握和赔偿数额的确定原则。无论是补偿、威慑还是惩戒，都需根据社会发展需求、法律体系完善程度及司法实践经验等多方面因素进行综合考虑和平衡，以构建更加科学合理、公正有效的知识产权惩罚性赔偿制度。

(一) 主张补偿功能的主要理由

支持补偿功能的学者从创新的角度来论证惩戒功能与知识产权制度的不兼容。[1]创新活动具有连续性和叠加性特点。创新不是无中生有而是循序渐进的，许多产品同时承载着多重智力成果的产权。因此，合理的创新规则不仅需要维护在前创新者的利益，还需激励在后创新者。创新的连续性意味着在后创新常常无法绕开在前创新的产权瓶颈，因此合理的创新规则不能只保护在先创新者，还须激励在后创新者。不同于有形财产上所有权单一的常规模式，智力成果往往以产权错综层叠的形式得以呈现。每一项智力成果的权利内容均对应一种非经许可不得实施的行为，这是智力成果产权的叠加性。这种叠加性与创新的连续性密切相关，后来者常常不具备"自己动手、丰衣足食"的制度空间。无论是著作权还是专利权，通常都缺乏十分明确的权利边界。这不仅体现在事先难以确定权利本身是否存在，还体现在事先难以判断使用是否落入排他权范围。例如，著作权仅保护表达，而思想、事实和实用性都被排除在保护范围之外。不同类型权利的界定背后其实有统一规律可循。清晰的产权能够提供激励、增加福利，但在现实中确权成本却阻碍了清晰产权的形成。因此，容忍权利边界事前模糊，仅在必要时通过谈判或诉讼予以事后界定，正是集体理性的选择。虽然著作权法与专利法中引入了惩罚性赔偿，但这一制度不应追求惩罚目的。"惩罚性赔偿"的概念在创新规则体系中具有误导性，因为创新领域的救济以最佳预防为上限，而惩罚的本质是独立于预防目的的责难。著作权与专利权中惩罚性赔偿的主要目的是实现个案中的完全补偿和特殊情况下的最佳预防，不应超出预防之需追求非功利的惩罚效果。惩罚性赔偿的"非惩罚性"能够缓解其与填平原则的冲突，有助于降低主观要件给损害赔偿带来的不确定性。

也有学者认为补偿是知识产权惩罚性赔偿的基础功能，其从民事责任的功能角度来论证该基础功能的合理性。[2]在民事侵权责任法中，全面赔偿原则占据了核心地位，它不仅是知识产权损害赔偿，更是整个民事赔偿体系的基石。这一原则强调了对损害进行全面且充分的补偿，与世界贸易组织《与

---

[1] 参见蒋舸：《著作权法与专利法中"惩罚性赔偿"之非惩罚性》，载《法学研究》2015年第6期。

[2] 参见吴汉东：《知识产权惩罚性赔偿的私法基础与司法适用》，载《法学评论》2021年第3期。

贸易有关的知识产权协定》中"足以补偿损害"的法律精神相契合。该协定第 45 条第 2 款进一步细化了赔偿范围，不仅涵盖损失赔偿与利润返还，还明确指出了包括律师费在内的相关费用的支付义务，体现了对受害者经济负担的全面考量。全面赔偿原则要求知识产权损害赔偿必须涵盖财产损失与可能的精神损害、直接损失与间接损失，确保受害者的权益得到全面而充分的保障。此外，对于受害人在调查侵权、维护权益及诉讼过程中产生的合理费用，在司法裁定为"合理费用"的前提下，同样应获得赔偿，这进一步体现了对受害者利益的全面保护。然而，面对实践中认定难、举证难、计算难等诸多挑战，单纯的补偿性赔偿往往难以完全填补权利人的损失。为此，惩罚性赔偿作为一种补充手段应运而生，它将传统上作为公法责任一部分的罚金，以赔偿的形式直接支付给受害者，而非上缴国库。这种转变不仅更加贴近受害者的实际需求，也更有利于恢复权利的正常状态，展现了惩罚性赔偿在特殊情境下的补偿性基础功能。因此，可以说惩罚性赔偿是对全面赔偿原则在复杂现实条件下的有效补充与强化。

（二）主张威慑功能的主要理由

另有学者对知识产权惩罚性赔偿持以威慑为主导功能的主张，其理由主要有三点。[1]第一，威慑功能能填充填平性损害赔偿的威慑漏洞。当填平性损害赔偿能够充分展现其应有的威慑效果，即几乎不存在或仅存在极小的威慑漏洞时，引入惩罚性赔偿并非必要之举。相反，只有在填平性损害赔偿因种种原因显得威慑力不足，无法有效遏制不法行为时，才需要借助惩罚性赔偿这一手段来弥补其不足，强化法律的震慑作用。在某些特定的侵权案例中，单纯依赖填平性损害赔偿可能无法达到预期的遏制效果，此时便需考虑施加惩罚性赔偿，以更全面地保护受害者的权益并有效遏制侵权行为的再次发生。如在广东省高级人民法院审理的一宗重要商标侵权再审案件中，欧普照明股份有限公司（以下简称"欧普公司"）作为知名商标"欧普"的合法注册人，以其强大的商业照明产品制造实力闻名，产品不仅遍布国内市场，还远销海外多国。而被告方广州市华升塑料制品有限公司（以下简称"华升公司"），则是一家专注于灯具生产与销售的企业。欧普公司指控华升公司未经授权，擅自在其产品上使用了其注册商标，并通过沃尔玛、大润发、华润万

---

〔1〕　参见江波：《知识产权惩罚性赔偿制度之功能辨析》，载《知识产权研究》2020 年第 1 期。

家等国内知名实体超市，以及天猫、淘宝、京东等电商平台进行广泛销售，甚至将侵权产品出口至西欧、北美等地区，销售规模庞大，地域覆盖广泛，且华升公司此举被认定为主观上存在明显恶意，侵权行为情节极为严重。法院经过深入审理后认为，鉴于欧普商标作为驰名商标的广泛知名度和影响力，华升公司在明知其商标权归属的情况下，仍故意为之，不仅侵犯了欧普公司的合法权益，而且客观上给欧普公司造成了重大的经济损失和不良的市场影响，其行为性质恶劣，情节严重。因此，法院依据《商标法》中的惩罚性赔偿规定，决定对华升公司适用惩罚性赔偿措施，以彰显对商标侵权行为的严厉打击态度，并有效维护商标权利人的合法权益和市场的公平竞争秩序。

第二，知识产权的特性需要惩罚性赔偿发挥其威慑功能补充填平性赔偿的不足。知识产权的"公共产品"特性，使得其权利人难以完全阻挡他人的非法利用及"搭便车"行为，加之侵权行为的隐蔽性，导致权利人难以察觉侵权事实。这一现状进一步加剧了知识产权领域的一个核心问题：侵权者更容易规避其应负的损害赔偿责任，从而增强了他们从事高风险活动的动机，这无疑是近年来知识产权侵权案件频发的关键因素之一。国务院新闻办公室于2016年发布的中国知识产权发展状况报告显示，当年专利与商标行政执法的案件数量分别达到4.9万件和3.2万件，较上年分别显著增长了36.5%和3.4%，反映出知识产权侵权现象的持续攀升。同时，各级法院新受理的知识产权民事一审案件量也激增至13.65万件，同比增长24.8%，[1]进一步印证了知识产权保护面临的严峻挑战。这些数据凸显了当前知识产权救济体系的缺陷，其威慑力尚不足以有效遏制侵权行为的蔓延。对于权利人个人而言，这意味着其合法权益难以得到充分保障；而对于整个社会而言，则不利于知识财富的积累与保护，进而可能阻碍社会的创新与发展进程。

第三，知识产权惩罚性赔偿的威慑功能能为刑事和民事二元体系之间的执法落差搭起一座缩短距离的桥梁，刑事法律在知识产权保护领域确实扮演着至关重要的角色，其威慑力无可置疑。在我国刑法体系中，知识产权犯罪被明确置于"破坏社会主义经济秩序罪"章节之下，这体现了立法者将侵犯知识产权视为扰乱社会经济秩序的一种严重行为。然而，需要明确的是，知

---

〔1〕《国新办举行2016年中国知识产权发展状况新闻发布会》，载 http：//www. scio. gov. cn/xwfb/gwyxwbgsxwfbh/wqfbh_ 2284/2017n_ 8019/2017n04y25r/，最后访问日期：2025年5月24日。

识产权的核心属性在于其私权性质，侵犯个人知识产权首先是对私有权利的侵害。只有当此类侵害达到极其严重的程度，威胁到整体社会主义市场经济秩序时，才应纳入刑事法律规制的范畴。将罪与非罪的界限模糊化并轻易上升为犯罪行为，实际上与刑事法律所倡导的谦抑性原则相悖。过度依赖刑罚手段，不仅可能构成公权力对私领域的过度干预，还可能对市场自由竞争机制造成破坏，进而抑制创新与产业的健康发展。因此，在知识产权保护领域，惩罚性赔偿规则就是寻求更加平衡和精细的治理策略，既有效打击严重侵权行为，维护市场秩序，又避免刑罚的过度使用，确保个人权利与市场活力的和谐共生。

二、知识产权惩罚性赔偿威慑理念不彰的体现

上述对知识产权惩罚性赔偿主要功能的阐述与理由不论是从知识产权自身的特点还是从惩罚性赔偿在法律体系中的定位与作用来看都有其合理性，这就导致知识产权惩罚性赔偿的主导功能在实务中无法形成统一认识，进而使得该制度在司法实践中的落地异常艰难，知识产权惩罚性赔偿原本的威慑理念和功用无法在实务中得到彰显和体现。

首先，理念不彰导致惩罚性赔偿整体支持率较低。先来看著作权侵权案件惩罚性赔偿的适用情况。有学者检索了 2021 年至 2023 年间的著作权侵权纠纷案件，案件总数为 16 044 起。[1]值得注意的是，在这庞大的案件数量中，仅有 294 起案件的原告提出了惩罚性赔偿的诉讼请求，这一比例仅为 1.8%，显示出惩罚性赔偿在著作权侵权案件中的低主张率。为了更准确地评估惩罚性赔偿在著作权侵权领域的实际应用情况，并排除案件上传数量可能带来的干扰，学者进一步聚焦于已提出惩罚性赔偿诉请的案件占著作权侵权案件总数的比例。通过数据分析发现，近三年间，这一比例非但没有上升，反而呈现出逐年下滑的趋势，具体表现为：第一年适用率为 3.1%，第二年下降至 2.3%，而到了第三年更是锐减至 0.4%。这一趋势明确揭示了著作权侵权惩罚性赔偿在实际司法实践中遭遇的严峻挑战及其适用率的持续低迷。再来看商标专用权侵权案件惩罚性赔偿的适用情况。有学者统计，自 2015 年起，通过样本检索平台可追踪到的商标专用权侵权纠纷案件总数达到了 163 255 件，然

---

〔1〕　参见邹艺、李玉华：《著作权侵权惩罚性赔偿制度司法适用的实践检视及完善》，载《山东师范大学学报（社会科学版）》2024 年第 1 期。

而，在这些案件中，成功提出并要求惩罚性赔偿的仅有 219 例，占比极低，仅为全体案件的千分之一。值得注意的是，尽管自 2019 年起，全国法院在惩罚性赔偿案件的应用上呈现出显著的增加趋势，但即便在这有限的千分之一案件中，也仅有 17%的原告最终获得了法院对其惩罚性赔偿请求的认可。更为严峻的是，在这 17%获得支持的案件中，明确说明了惩罚金计算基数及其倍数的案例更是少之又少，仅占其中的 5.48%。这一系列数据清晰地揭示了我国知识产权侵权领域惩罚性赔偿制度的应用现状——其总体适用率低下。[1]上述是全国范围商标专用权的惩罚性赔偿适用的总体概况。再来看看不同地区适用的情形。以经济发达的广东省为例，从 2015 年到 2019 年这一时间段内，广州知识产权法院及其下属的基层法院共审结了 10 078 起商标相关案件，然而，在这些众多案件中，仅有 1 例涉及并实际适用了商标侵权惩罚性赔偿，这一数字凸显了该制度在实际操作中的低应用率。进一步地，通过深入分析 3085 件被认定为有效的商标侵权案件，学者发现明确依据惩罚性赔偿条款进行判决的案例仅有 1 起，而另外还存在 2 起案例，虽未直接言明，但在判决结果中隐性地体现了惩罚性赔偿的原则。[2]

其次，理念不彰导致案件惩罚性赔偿数额过低。在知识产权侵权案件中，惩罚性赔偿制度的核心功能在于通过高额赔偿对潜在的侵权者产生威慑作用，从而预防和遏制侵权行为的发生。然而，从司法实践来看，这一威慑理念并未得到充分的体现和实施，导致惩罚性赔偿数额普遍偏低，难以实现其应有的威慑功能。在确定惩罚性赔偿数额时，理应全面考量侵权人的主观恶意程度以及侵权行为的客观严重性，即赔偿数额的判定不仅要精准反映侵权行为给权利人造成的实际经济损失，还需深入衡量侵权人的过错程度以及侵权行为所带来的社会危害。然而，一些法官对于惩罚性赔偿制度的威慑理念理解不够深刻，运用不够灵活，导致赔偿数额的判定缺乏足够的震慑力，难以达到预期的制度效果。不少案件中，法院对于侵权行为的认定往往只关注行为本身是否构成侵权，而忽视了侵权行为对权利人造成的实际损害和对社会公共利益的影响。这种偏重形式审查的裁判方式，最终使得惩罚性赔偿数额的确

---

〔1〕 参见罗曼：《知识产权侵权惩罚性赔偿制度的实践检视与体系完善》，载《法律适用》2023年第 2 期。

〔2〕 参见欧阳福生：《商标侵权惩罚性赔偿制度适用困境及制度重构——基于 711 个案例的实证分析》，载《学海》2020 年第 6 期。

定缺乏足够的事实基础和法律依据。[1]以商标法领域为例，自 2013 年《商标法》引入惩罚性赔偿制度以来，尽管在 2019 年的修正中，赔偿倍数已从 1 倍以上 3 倍以下提升至 1 倍以上 5 倍以下，但在实际操作中，赔偿数额的判定仍显得过于保守。学者统计的 2014 年至 2020 年间的惩罚性赔偿案件，仅有 6 件案例明确适用了惩罚性赔偿，这一比例远低于预期。进一步分析这些案例，超过 75% 的案件所判定的惩罚性赔偿数额不足 10 万元，远低于法律规定的赔偿上限[2]。这不仅反映出赔偿数额的判定标准可能存在偏差，也凸显出法官在适用惩罚性赔偿制度时的审慎与保守态度。究其原因，一些法官可能存在"重补偿轻惩罚"的司法理念，认为惩罚性赔偿只是补偿性赔偿的一种补充形式，其目的主要在于弥补权利人的实际损失，而不是对侵权人进行惩罚。

此外，即使在部分案件中法院支持了惩罚性赔偿，其赔偿数额也往往不足以覆盖权利人遭受的损失和维权成本，更遑论对侵权人形成有效的经济制裁。由于知识产权的专业性和复杂性，权利人往往缺乏专业的知识和技能来评估其实际损失或侵权人的获利情况，因此，权利人往往只能依靠法定赔偿等较为简单的赔偿方式来维护其合法权益，而法定赔偿的赔偿数额往往较低，无法充分反映权利人的实际损失和侵权行为的严重性，从而也无法起到有效的威慑作用。以商标侵权为例，在丹阳市天宇五金磨具有限公司等与上海长江砂轮厂有限公司等侵害商标权纠纷案[3]中，尽管法院最终判决了 100 万元的赔偿额，但相较于原告的索赔金额和实际损失，这一数额仍然偏低，反映出法院在赔偿数额的确定上可能过于保守，未能充分体现惩罚性赔偿的威慑作用。即便在侵权行为具有明显主观恶意的情况下，如刘某等与斐乐体育有限公司侵害商标权及不正当竞争纠纷案（以下简称"斐乐案"）[4]中，法院虽支持了惩罚性赔偿，但赔偿数额依然未能反映出对侵权人足够的惩罚力度。该案中，被告因恶意侵权被判决赔偿 120 万元，这一数额与其因侵权所获得的利益相比，不足以体现惩罚性赔偿的制度目的，也难以达到遏制侵权的效果。再者，

---

〔1〕　参见邹艺、李玉华：《著作权侵权惩罚性赔偿制度司法适用的实践检视及完善》，载《山东师范大学学报（社会科学版）》2024 年第 1 期。

〔2〕　参见欧阳福生：《商标侵权惩罚性赔偿制度适用困境及制度重构——基于 711 个案例的实证分析》，载《学海》2020 年第 6 期。

〔3〕　（2019）苏民终 95 号民事判决书。

〔4〕　（2017）京 73 民终 1991 号民事判决书。

兰西佳联迪尔油脂化工有限公司等与约翰迪尔（中国）投资有限公司等侵害商标权纠纷案[1]中，被告因恶意侵犯商标权，被判决赔偿200万元。虽然赔偿数额相对较高，但与侵权行为对原告造成的损失和市场影响相比，仍显不足。惩罚性赔偿威慑理念不彰，法官在适用惩罚性赔偿时往往过于谨慎和保守，不敢轻易作出较高的赔偿判决，以至于该制度的威慑和预防功能无法充分发挥。

最后，理念不彰导致权利人对主张惩罚性赔偿欠缺积极性。在当前的司法实践中，知识产权侵权惩罚性赔偿的威慑理念并未得到充分的体现，直接影响了权利人主张惩罚性赔偿的积极性。尽管国家政策层面对惩罚性赔偿制度给予了高度重视，如《中国知识产权司法保护纲要（2016—2020）》明确要求建立科学合理的知识产权损害赔偿制度体系，以及《优化营商环境条例》明确提出建立知识产权侵权惩罚性赔偿制度的目标。这些政策导向无疑体现了国家对知识产权保护的重视，以及对打击侵权行为的决心，但该导向并未能充分激发权利人在面对知识产权侵权行为时积极主张这一制度的动力。作为知识产权保护体系中的重要一环，惩罚性赔偿制度能够通过提高侵权成本，有效遏制侵权行为的发生。即便政策层面如此重视，权利人对惩罚性赔偿的主张也显得颇为消极。这一现象并非偶然，而是由多种因素共同作用的结果。其中，惩罚性赔偿威慑理念不彰，权利人对惩罚性赔偿的认识不足是一个重要原因。部分权利人对这一制度缺乏深入了解，甚至存在误解，可能认为惩罚性赔偿只是法律文本中的一个抽象概念，与自己的实际利益关系不大。这种认识上的缺失，导致权利人在面对侵权行为时，往往选择更为保守、传统的维权方式，如请求停止侵权、赔偿损失等，而忽视了惩罚性赔偿这一有力武器。以商标侵权案件为例，广州知识产权法院及其辖区基层法院在2015年至2019年期间审结的商标侵权案件中，仅有1件案件适用了惩罚性赔偿[2]。数据无疑令人震惊，但也从一个侧面反映了权利人对于惩罚性赔偿制度缺乏足够的信心和动力。值得注意的是，权利人往往对这一制度存在疑虑和担忧。他们可能担心法院在判决时会过于保守，不愿意适用惩罚性赔偿；或者担心

---

〔1〕　（2017）京民终413号民事判决书。

〔2〕　参见罗曼：《知识产权侵权惩罚性赔偿制度的实践检视与体系完善》，载《法律适用》2023年第2期。

即使获得了惩罚性赔偿，也难以有效执行；抑或认为这一制度会引发侵权人的强烈反弹和对抗，从而增加维权的风险和成本，这些担忧和疑虑都使得权利人在面对侵权行为时更加谨慎和保守，宁愿选择更为稳妥的维权方式，也不愿冒险尝试惩罚性赔偿这一制度。如上所述，理念不彰导致的惩罚性赔偿支持率低、证明标准高和赔偿数额少也是不可忽视的重要因素。在司法实践中，权利人若想获得惩罚性赔偿，必须证明侵权人具有主观恶意且侵权行为情节严重。而知识产权侵权行为往往具有隐蔽性、多发性等特点，权利人很难收集到足够的证据来证明侵权人的主观恶意和侵权情节的严重性。即便权利人能够提供一些证据，也往往因为无法达到法律要求的证明标准而难以获得法院的支持。例如，在斐乐案中，尽管权利人尝试证明侵权人的恶意和侵权行为的严重性，但最终法院并未支持其惩罚性赔偿的请求。而法院在确定赔偿数额时，往往过分依赖权利人提供的证据，而忽视了法官在案件审理中应当发挥的调查取证和事实查明的职责，同时也限制了法官对案件事实的全面把握和对赔偿数额的合理判断。[1]追求惩罚性赔偿往往伴随着高额的法律费用和长时间的诉讼过程，权利人必须权衡追求惩罚性赔偿的成本与可能获得的赔偿金额，也进一步削弱了权利人对于该制度的信心和动力。以上因素共同作用，导致权利人在面对知识产权侵权时，往往缺乏主张惩罚性赔偿的积极性，也在一定程度上限制了惩罚性赔偿制度作用的发挥。

第二节　主客观要件规定宽泛

知识产权惩罚性赔偿的适用要件包括主观要件和客观要件两类，两者相辅相成，共同构成了判定惩罚性赔偿是否适用的完整框架。主观要件聚焦于侵权人在实施侵权行为时的心理状态，这是决定惩罚性赔偿能否适用的关键因素之一。具体而言，它要求侵权人必须具备某种程度的主观恶意，如故意。然而，在实际操作中，如何准确界定这些主观状态，往往成为司法实践中的难点。目前，在主要的知识产权单行法中，对于主观要件的表述往往较为笼统，缺乏具体的量化标准和明确的界定，导致在实际应用中存在一定的模糊

---

〔1〕　参见欧阳福生：《商标侵权惩罚性赔偿制度适用困境及制度重构——基于711个案例的实证分析》，载《学海》2020年第6期。

性和不确定性。客观要件则侧重侵权行为所造成的实际后果以及与之相关的具体情节。这包括侵权行为的规模、持续时间、影响范围、给权利人造成的经济损失或商誉损害程度等多个方面。客观要件的考察，旨在通过量化分析侵权行为的严重性，为惩罚性赔偿的适用提供客观依据。然而，在现行的知识产权单行法中，对于客观要件的描述同样存在概念不清、界定不明的问题。

一、适用的主观要件

在知识产权惩罚性赔偿的立法领域内，主观要件的定义尚未实现统一。具体而言，《商标法》第 63 条第 1 款明确规定，针对恶意且情节严重的商标侵权行为，赔偿金额可依据特定方法计算后，进一步上浮至原金额的 1 倍至 5 倍。此处，"恶意"作为核心主观要件被明确提及，相同表述亦见于《反不正当竞争法》第 17 条第 3 款。然而，《民法典》《著作权法》及《专利法》等法律条文则普遍采用了"故意"这一术语来界定相关责任主体的主观状态。有法学界人士指出，通过《民法典》中的"故意"概念来统括恶意、欺诈、明知等多种主观形态，不仅有助于司法实践中对惩罚性赔偿主观要件认定标准的统一，还使得这一认定更加贴近民法基础理论中关于"可罚性"主观要件的阐述。这一观点旨在推动知识产权侵权理论向民法基础理论的回归，以增强法律适用的连贯性和一致性。[1]《知识产权惩罚性赔偿的解释》的出台，针对长期以来在理论界与司法实践中围绕"故意"与"恶意"区分及知识产权惩罚性赔偿主观要件界定的争议，作出了明确回应。其第 1 条直接将"恶意"纳入"故意"的范畴之内，统一法律适用标准，消除分歧。这一举措为理解和执行相关法律规定提供了更为清晰的指引，有助于减少司法实践中的不确定性。但是在实践中，如何界定"故意"仍未能明确。

《知识产权惩罚性赔偿的解释》第 3 条通过"要素+类型"的复合模式，对"故意"的认定进行了全面而深入的剖析。所谓"要素"，即人民法院在综合考量案件时，需关注的一系列关键性因素，包括但不限于被侵害知识产权的客体类型（如专利权、商标权、著作权等）、权利状态的稳定性及有效性、相关产品或服务的市场知名度与影响力。这些因素共同构成了判断行为人主观状态的重要背景信息，有助于更准确地把握其行为动机与目的。而

---

〔1〕 参见倪朱亮：《知识产权惩罚性赔偿主观要件的规范构造》，载《法学评论》2023 年第 5 期。

"类型"方面，则列举了六种可初步认定为具有侵害知识产权故意的具体情形，这些情形既涵盖了直接表明行为人恶意明显的行为（如经通知警告后仍继续侵权），也包括了基于特定关系或背景可能推知行为人具有故意的情况（如双方存在特定法律关系且接触过被侵害的知识产权）。特别是将盗版、假冒注册商标等严重违法行为直接纳入故意认定的范畴，更是体现了法律对于此类恶劣侵权行为的零容忍态度。此外，该条款还设置了兜底条款，即"其他可以认定为故意的情形"，这为司法实践留下了必要的灵活空间，确保在面对复杂多变的侵权案件时，能够依据案件具体情况作出公正合理的判断。

这些要素与具体情形为法院认定故意提供了很好的参考，问题是这些情形之外的故意应如何认定？地方上是否可以自行设立新的认定类型呢？在探讨知识产权侵权故意认定的法律框架及其地方化实践时，我们不难发现，《知识产权惩罚性赔偿的解释》为全国范围内的法院提供了一个基础性的指导框架，与此同时，面对复杂多变的司法实践，各地高级人民法院在遵循这一框架的基础上，积极探索适合本地实际情况的认定标准与程序，形成各具特色的地方性规范性文件。比如，山东省高级人民法院颁布的《关于审理侵害知识产权民事案件适用惩罚性赔偿的裁判指引》（以下简称《指引》），作为对《知识产权惩罚性赔偿的解释》的深入解读与细化补充，其在故意认定的法律实践中展现出了高度的前瞻性和实用性。这一地方性裁判指引，不仅是对国家层面知识产权保护法律框架的积极响应，更是结合山东地区独特经济环境、司法资源及案件特点的一次精准施策。在故意认定的具体构建上，《指引》坚守了《知识产权惩罚性赔偿的解释》所确立的基本原则与核心要素，确保了法律适用的一致性与稳定性。同时，针对司法实践中普遍存在的"通知、警告"效力模糊问题，《指引》进行了创新性的界定，明确了有效通知、警告的具体标准。这一举措不仅要求权利人在发出通知或警告时，需以书信、传真、电子邮件等可追溯、可验证的方式提交，还需在通知内容中清晰表明权利人的身份、被告行为的侵权性质以及初步证据，确保被告在接收到通知后，能够基于充分且明确的信息，对其行为是否构成侵权作出合理、准确的判断。这一规定，有效避免了因通知内容含糊不清或形式不当而导致的法律争议，提高了司法效率与公正性。《指引》在保留《知识产权惩罚性赔偿的解释》核心要素的基础上，还创造性地扩展了故意认定的范围，将商标权无效宣告、行政处罚及司法裁判后的再犯行为等新增情形纳入考量。这些新增情形的引入，不仅是对山东地区知识产权保护特殊需求的精准把握，也是对司法实践中新问题的积极回应。商标权无效宣告的考量，体现了对商标权利状态动态变化的关注；行政处罚及司法裁判后再犯行为的认定，则彰显了法律对恶意侵权行为的严厉打击态度。这些规定，不仅为法院在审理类似案件时提供了更为全面、细致的指导，也为权利人维护自身合法权益提供了更为有力的法律武器。如上海市徐汇区人民法院发布 10 起优化营商法治环境典型案例之某某（中国）水泵系统有限公司与某某水泵（上海）有限公司侵害商标权及不正当竞争纠纷案中，原告某某（中国）水泵系统有限公司于 2000 年初作为德国某某公司的全资子公司持有并授权独享 "WILO" 及 "威乐" 等商标在国内的使用权与维权权限。凭借长期使用这些商标在水泵等相关领域运营，原告已积累了广泛的市场知名度。被告某某水泵（上海）有限公司曾尝试注册 "WILe" 与 "Weile" 商标，但均遭无效宣告或驳回。早在 2013 年，法院已判决被告因在其产品上非法使用 "WILE" 商标而侵犯了 "WILO" 商标的专用权，责令其停止侵权并赔偿。2014 年，被告变更了公司名称。然而，原告与德国母公司于 2015 年再次联手，就被告的企业名称使用问题发起诉讼，最终双方达成和解。遗憾的是，和解后被告并未收敛，继续在其产品、附件、宣传资料上标注 "WEILE PUMP" 等近似标识，并在其网站、微信公众号等平台上广泛使用，再次引发侵权争议。为此，原告提起诉讼，要求被告立即停止侵权行为、赔偿经济损失 1500 万元及合理维权费用，并消除不良影响。一审法院经审理后，判决被告立即停止侵犯原告商标使用权，注销相关域名，停用微信公众号，并变更企业名称；同时判定被告需赔偿原告经济损失 1500 万元及合理费用 10 万元，并在《法治日报》上刊登声明以消除影响。被告不服此判决，遂提起上诉，但二审法院维持了原判。本案的裁判要点在于，尽管双方曾就企业名称侵权问题达成调解，但被告后续持续且大规模的侵权行为，不仅构成商标侵权，还涉及不正当竞争，且存在主观恶意与重复侵权情节，法院因此适用了 3 倍系数的惩罚性赔偿。当被告在法院与原告就某一知识产权侵权纠纷达成调解协议后，若其非但不履行调解内容，反而继续实施原已确认的侵权行为，这种行为不仅违背了诚信原则，也严重损害了法律的权威性和知识产权权利人的合法权益。但《知识产权惩罚性赔偿的解释》未直接且具体地列举出这种 "调解后继续侵权" 的特定情形。《指引》作为对司法实践的有益补充和细化，明确将 "调解后继续实施侵权行为" 作为认定故意侵犯知识产权的补充情形之一，这一规定无疑为法院在处理类似案件时提供了更加明确和具体的指导。

除了山东省高级人民法院颁布的《指引》，北京市高级人民法院所颁布的《关于侵害知识产权民事案件适用惩罚性赔偿审理指南》（以下简称《指南》），在知识产权司法保护的版图上，无疑绘制了一幅独具特色的创新蓝图。相较于《知识产权惩罚性赔偿的解释》，《指南》在故意认定的法定要件层面，展现出了更加独立、深邃且富有前瞻性的思考，突破了既有框架的束缚，为知识产权侵权故意认定的司法实践开辟了新的路径。《指南》提出的六种全新认定情形，不仅深刻洞察了当前知识产权侵权行为的复杂性与多样性，更以高度的敏锐性捕捉到了司法实践中亟待解决的新问题。恶意抢注驰名商标，这一行为直接挑战了商标制度的公正性与市场秩序，而《指南》将其明确列为故意认定的情形之一，彰显了法律对商标恶意抢注行为的零容忍态度。同时，在同种或类似商品上使用他人驰名商标的行为，也被纳入故意认定的范畴，进一步强化了驰名商标的保护力度，维护了商标权人的合法权益。

除此之外，《指南》还关注到了侵权行为的隐蔽性与持续性，提出了遮挡权利标识、在商标授权程序中明知故犯等新型认定情形。这些情形的出现，反映了部分侵权者为逃避法律制裁而采取了更为狡猾的手段，而《指南》的及时回应，则为有效遏制此类行为提供了法律武器。特别是将不当取得知识产权后的持续侵权以及行政通知后的继续侵权纳入故意认定，更是体现了法律对侵权行为的全面、持续监督，确保了法律效果的实现。如北京市高级人民法院发布的知识产权惩罚性赔偿典型案例——斐乐案中，斐乐体育有限公司（以下简称"斐乐公司"）自2008年起正式获得"FILA"系列商标在中国地区的独家使用权，并通过不懈努力，使该系列商标在国内外市场享有高度声誉。2016年，斐乐公司发现浙江中远鞋业有限公司（以下简称"中远鞋业"）及温州独特电子商务有限公司（以下简称"独特公司"）在网络平台及实体店销售使用与"FILA"极为相似的商标的鞋类产品，且刘某作为关键人物，直接参与了这些侵权产品的生产、销售与宣传。斐乐公司随即提起诉讼，要求三被告停止侵权行为，并赔偿经济损失及合理开支共计941万元。

一审法院审理后认定，中远鞋业与独特公司在商品上使用的商标标志及宣传方式，已侵犯了斐乐公司对"FILA"系列商标的合法权益。鉴于两被告作为同行业经营者，理应知晓"FILA"的知名度，却仍故意使用近似商标进行大规模销售，其主观恶意显著，侵权情节严重，法院依法决定适用惩罚性赔偿原则。结合被告的财务状况及侵权行为的严重程度，法院推定并计算了被告的侵权所得利润，最终判定赔偿金额为 791 万元。此判决在二审中得到了维持。这个案例是惩罚性赔偿适用中因侵权人在商标授权程序中知悉权利人的商标权仍实施侵权行为从而认定存在侵权故意的典型案件。侵权故意是侵权人实施侵权行为的主观状态。本案中，刘某的商标曾被权利人提出异议，因与权利人在先商标构成近似商标被驳回在"服装、帽、鞋"商品上的注册。此后，刘某通过其设立的公司生产销售使用被驳回商标的鞋类商品，刘某等的行为显然具有侵权故意。诉讼中，权利人需要对侵权人具有侵权故意的主观状态提交相应的证据，证明事项主要有二：一是侵权人明知权利人的知识产权存在。虽然注册商标等知识产权具有公示性，但核准注册等事实不足以当然认定他人明知相关知识产权存在。经过商标授权程序是侵权人明知他人在先商标权的情形。二是侵权人明知其实施的行为会侵害权利人的知识产权。只有侵权人能明确意识到其所实施行为的侵权性质，才能认定侵权人具有侵权故意。在商标授权程序中被驳回商标注册，仍使用该商标的行为显然对侵权性质是明知的，可以认定为存在侵害商标权的故意。《指南》明确将商标授权程序中侵权人已知悉权利人商标权却仍坚持实施侵权行为作为直接判定侵权故意的情形，这一规定有效地填补了法律解释中的空白，明确了《知识产权惩罚性赔偿的解释》在特定情境下对侵权故意认定可能存在的模糊地带，为《知识产权惩罚性赔偿的解释》的适用提供了有益的补充与拓展，为权利人提供了更加全面和有力的法律武器。

二、适用的客观要件

关于知识产权惩罚性赔偿的客观情节要件，同样面临着概念模糊、界定模糊的问题，这一问题与主观要件的模糊性相呼应。《知识产权惩罚性赔偿的解释》第 4 条采用了与主观要件相似的立法框架，即"要素结合具体情节"的方式，旨在增强法官在适用《民法典》及具体单行法时，对"情节严重"这一惩罚性赔偿适用标准的理解力和判断力。《指引》作为对《知识产权惩罚性赔偿的解释》的细化与补充，进一步阐明了其中的具体情形。例如，它将《知识产权惩罚性赔偿的解释》中提到的"以侵害知识产权为业"明确界定为被告的主要经营业务且构成其主要利润来源，强调这一判断不应仅依据营业执照上的经营范围，而应深入考察其实际经营情况。同时，《指引》还细化了"被告侵权获利或权利人受损巨大"的认定标准，指出需综合考虑侵权行为的多个维度，如持续时间、地域范围、规模、后果，以及被侵害知识产权的类型和数量等，并明确指出权利人受损不仅包括经济层面的损失，也涵盖商誉等合法权益的严重损害。值得注意的是，《指南》在遵循但又不完全拘泥于《知识产权惩罚性赔偿的解释》的基础上，进行了创新性的拓展。它引入了许多《知识产权惩罚性赔偿的解释》中未涵盖的新情形，如针对高知名度体育赛事节目、展会知识产权的侵权行为，同一侵权人通过多渠道传播侵权视频，以及侵权人采取非法手段阻碍执法调查等。此外，《指南》还独创性地采用了"要素+情形+总结"的模式，即在列出具体要素和情形后，还归纳了"故意且情节严重"的认定要点，这种结构化的呈现方式极大地提升了法官在实际操作中的便捷性和准确性。

　　主观要件与客观要件界定的模糊性，在法律层面上构成了一种非故意性的漏洞，这并非立法者疏忽所致，而是源于现实情况的错综复杂，使得立法者难以制定出一个普遍适用且清晰无误的界定标准。从司法实践的角度出发，为了确保裁判结果的一致性和公正性，明确惩罚性赔偿适用中的主观与客观要件的含义显得尤为迫切。若这些要件的含义模糊不清，不仅会引发法官在理解和应用上的分歧，还可能导致裁判结果的混乱与不一致，进而损害法律的权威性和公信力。因此，对惩罚性赔偿适用的主观与客观要件进行清晰界定，是统一裁判标准、维护司法公正的重要前提。总结上述主观和客观要件在《知识产权惩罚性赔偿的解释》《指引》《指南》中的规定，有如下问题可能需要进一步思考：其一，是否有必要对主观与客观要件再出台具体的指导性文件以便明确其含义？若每个省份都出台针对知识产权侵权中故意认定情形的裁判指引，确实存在引发认定冲突或混乱的风险。不同省份在立法背景、司法实践、经济发展水平及知识产权保护意识等方面存在差异，这可能导致在认定惩罚性赔偿主观和客观要件的具体标准、证据要求及处罚力度上产生分歧。其二，是否有必要根据知识产权的类型进行情形分类？考虑到商标权侵权案件数量庞大且标的往往较大，《指南》中故意认定情形主要针对商标权案件是合理且必要的。然而，随着知识产权领域的不断发展和多元化，不同类型的知识产权（如专利权、著作权、商业秘密等）在侵权形态、损害后果及保护需求上存在差异。因此，在今后相关的立法或司法解释完善时，是否有必要对不同类型的知识产权进行分类列举，明确各自领域的故意认定情形和裁判标准？其三，是否应当引入反向规定，即明确归纳出法院认定不属于故意侵权的情形，以作为对现有正向规定（列举故意侵权情形）的补充？当前，法律体系中的规定多聚焦于正向层面，即明确哪些行为或情形构成故意侵权，但对于哪些情况下不应被认定为故意，则相对缺乏明确的指引。

第三节　赔偿标准缺失

知识产权惩罚性赔偿数额的确定机制，其核心在于构建一个由基数与倍数相乘而得的计算框架。这一框架的建立，旨在通过经济手段对侵权行为实施有效惩戒，同时确保赔偿数额的公正性与合理性。然而，在实践中，如何准确界定这一计算框架中的两大关键要素——基数与倍数，却成为亟待解决的问题。

首先，关于赔偿基数的确定，它直接关系赔偿数额的起点。《民法典》作为民事领域的基本法，虽对知识产权的保护给予了高度重视，但在惩罚性赔偿数额的具体计算上却未能给出详尽的指引，这在一定程度上造成了法律适用的模糊性。而单行法虽然有所涉及，但往往表述较为笼统，缺乏具体的操作标准，难以直接应用于复杂的侵权案件之中。因此，实务中惩罚性赔偿的适用率往往受到这一因素的制约。针对基数确定的难题，《知识产权惩罚性赔偿的解释》的出台无疑为问题的解决提供了有力的法律支持。其第 5 条明确规定了三种可作为计算基数的选项：原告因侵权行为所遭受的实际损失、被告通过侵权行为所获取的违法所得，以及被告因侵权行为而获得的额外利益。这些选项的设定，既考虑了受害方的实际损害情况，也兼顾了侵权方的获利情况，为基数的确定提供了多元化的选择路径。同时，该条款还进一步规定，在上述三者均难以准确计算的情况下，法院可以依法参照该知识产权的许可使用费倍数来合理确定基数。这一规定不仅增强了基数确定的灵活性，也确保了赔偿数额的合理性与可操作性。

其次，关于赔偿倍数的确定，它则是影响赔偿数额高低的关键因素。《知识产权惩罚性赔偿的解释》第 6 条对此进行了详细阐述，强调法院在确定倍数时应综合考虑被告的主观过错程度以及侵权行为的情节严重程度等因素。这一规定体现了法律对侵权行为的主观恶性与客观危害的双重关注。通过深入剖析被告的侵权动机、手段、后果等方面信息，法院能够更加准确地评估侵权行为的性质与程度，从而作出更为公正合理的倍数裁定。同时，这一规定也有助于实现惩罚性赔偿的威慑功能与教育功能相统一的目标。

《知识产权惩罚性赔偿的解释》相比于《民法典》而言，对知识产权惩罚性赔偿的数额作出了进一步细致的规定，但是仍有以下问题值得思考。

关于基数计算问题：第一，《知识产权惩罚性赔偿的解释》的第5条虽然提供了一个相对全面的框架，旨在统一规范知识产权领域内惩罚性赔偿的计算基准，但这一规定在实际应用中却面临着一定的局限性，特别是当涉及不同类型的知识产权及其特定的侵权情境时。具体而言，该条款未对知识产权进行细致的分类考量，而是采取了一种"一刀切"的方式，即无论何种类型的知识产权，均将实际损失、被告违法所得或侵权人获利作为基数计算的首选。这种方法的优势在于简化了计算流程，便于法律适用，但忽略了不同类型知识产权之间的本质差异及其侵权后果的独特性。以反不正当竞争法所保护的商业秘密为例，其特殊性在于其非公开性和价值难以量化。商业秘密的持有人往往难以准确证明因侵权行为所遭受的实际损失，因为商业秘密的价值往往体现在其保密性和独占性上，一旦泄露，其损失可能无法用金钱直接衡量。同时，由于商业秘密不存在公开的市场交易，因此也难以确定侵权人通过非法获取或使用该商业秘密所获得的直接利益。更为关键的是，商业秘密的特性决定了其不可能存在许可协议和相应的许可费用。这与专利、商标等可转让、可许可的知识产权截然不同。因此，在商业秘密侵权案件中，如果严格按照《知识产权惩罚性赔偿的解释》第5条的规定执行，当实际损失、违法所得和侵权获利均无法确定时，将无法适用许可费的合理倍数来确定基数，这会给商业秘密的保护带来法律适用上的问题。

第二，对于实际损失、侵权人获利以及许可费的倍数作为确立基数的具体基准，是否有明确的排序？在审视《商标法》与《种子法》以及《专利法》与《著作权法》关于知识产权侵权赔偿的规定时，我们可以发现，尽管这些法律都旨在保护知识产权权利人的合法权益，但在确定赔偿基数时，似乎有的存在一定的排序差异，而有的又没有。具体来说，《商标法》和《种子法》明确规定了赔偿基数的确定顺序：先应尝试按照权利人因被侵权所受到的实际损失来确定赔偿数额；若实际损失难以明确，则转而考虑按照侵权人因侵权行为所获得的利益来计算；最终，当权利人的损失或侵权人的获利均难以估算时，可参照该商标的许可使用费倍数来合理确定赔偿金额。这种排序体现了一种从直接损失到间接利益，再到市场价值参考的递进逻辑。相比之下，《专利法》和《著作权法》在赔偿基数的确定上并未如此明确地规定顺序，而是指出侵权人应按照权利人因此受到的实际损失或侵权人的违法所得给予赔偿；若这两者均难以计算，则可参照权利使用费进行赔偿。这里并未严格限定一个先后的计算顺序，而是给出了几种可选择的计算方式。在大部分案件中，由于受害者的实际损失难以准确确定，通常都是通过计算被告的盈利来确定基数的基准。然而，这并不排除在某些案件中，可能会出现被告举证原告的损失，原告举证被告的获利，或者法院根据调查计算出被告的获利的情况。那么，在这种情况下，如何合理地确定基数的基准便成为一个亟待解决的问题。

第三，确定基数的基准是否应通过要素方式更明确化？目前来看，其一，就受害者的实际损失而言，由于知识产权的无形性和价值难以直接量化，受害者往往难以提供充分且确凿的证据来证明其因侵权行为所遭受的具体损失。这种举证困难不仅增加了受害者的维权成本，也可能导致赔偿金额无法充分反映侵权行为的实际损害后果。因此，有必要通过要素化的方式，对实际损失的计算标准和证明要求进行细化，比如明确哪些类型的费用可以计入损失范围（如直接经济损失、商誉损失、预期利益损失等），以及如何收集、提交和评估相关证据。其二，对于侵权人的获利或被告人所得，其种类繁多且情况复杂，不同的侵权模式和行业背景下，获利的形式和金额可能存在巨大差异。如果不对这些获利进行明确的界定和分类，就可能导致在计算基数时出现混乱和不一致，进而影响惩罚性赔偿的公正性和合理性。因此，通过要素化的方式，将侵权获利或被告人所得细化为具体的计算项目和标准，明确哪些收入或利益应当计入基数（如直接销售收入、节省的研发成本、增加的市场份额等），哪些则应当排除在外（如合法经营所得、非侵权产品收入等），对于确保基数计算的准确性和一致性具有重要意义。还有，当实际损失、违法所得或侵权获利等基数难以确定时，许可使用费作为另一种可能的计算基准，其确定过程同样需要明确而详尽的考量因素。然而，当前法律或司法解释对于如何具体确定许可使用费作为惩罚性赔偿基数时应考虑的因素，尚缺乏清晰的界定。

第四，在上述实际损失、违法所得、侵权获利和许可费都没有办法确定的情况下，是否可以适用惩罚性赔偿？在徐某华等人侵害五粮液公司商标权的案例中，五粮液公司原本主张以侵权人的获利作为赔偿依据，但针对凯旋路店，法院通过审查刑事判决中的被告人供述及账本记录，成功确定了具体的侵权获利数额，并鉴于徐某华的显著主观恶意和严重侵权情节，决定适用惩罚性赔偿，将赔偿数额设定为侵权获利的两倍。然而，对于古墩路店，由于赔偿数额无法精确计算，法院则转向了法定赔偿原则，综合考虑了侵权行为的性质、商标的知名度以及合理开支等因素，最终裁定支付 200 万元的损害赔偿。[1]该案例是最高人民法院发布的侵害知识产权民事案件适用惩罚性赔偿的典型案例，在这个案例中，由于没有办法计算古墩路店的获利数额，不能得出该部分惩罚性赔偿的计算基数，最终适用了法定赔偿。这是否意味着，在上述计算方法都无法计算惩罚性赔偿金额的基数时，则由被告承担法定赔偿责任？

关于知识产权惩罚性赔偿中的倍数确定问题，《知识产权惩罚性赔偿的解释》当前所列举的主观过错程度和行为情节严重程度两个考量要素，虽为法官在审理相关案件时提供了基本框架，但确如所述，这一框架在实际操作中的局限性逐渐显现，难以满足复杂多变的案件审理需求。因此，围绕这一问题，有两个方面值得深入思考：其一，是否应增加考量要素。为了增强判决的公正性、合理性和可操作性，是否有必要在现有基础上引入更多维度的考量因素。新增要素应能够全面反映侵权行为的性质、后果以及对创新者和市场的影响，从而帮助法官更准确地评估并确定合理的赔偿倍数。其二，关于是否需要进行分类考量的问题，同样值得重视。鉴于不同类型的知识产权在性质、价值及法律保护需求上存在显著差异，对惩罚性赔偿倍数的考量也应体现出这种差异性。例如，在专利权侵权案件中，除基本的主观过错和行为情节外，还应特别关注专利的创新程度、技术价值及其对行业或国家发展战略的贡献等因素；而在商标权侵权案件中，则应着重考虑商标的知名度、品牌影响力、权利人的商誉损失及市场地位变化等因素。

---

〔1〕 ［2020］浙 01 民终 5872 号民事判决书。

第四节 适用规则体系不畅

在知识产权法律体系内，立法者在构建条文框架时，将惩罚性赔偿请求权与旨在弥补实际损失的补偿性损害赔偿请求权，这两种本质上不同的权利主张巧妙地置于同一法条的同一条款之下。与此同时，法定赔偿作为一项独立的赔偿裁量机制，则被特别安排于另一独立条款中。法定赔偿，这一独特的金钱补偿方式，在知识产权损害赔偿体系中独树一帜，其计算逻辑超脱于传统的基于实际损失、侵权获利或合理许可费倍数的计量模式，而是赋予法官依据案件具体情况自由裁量的权力，以确定赔偿数额。法定赔偿制度的设立，对于加强知识产权的保护与救济机制具有显著的正面效应。本质上，法定赔偿仍是以填补为原则的损失赔偿，"它并不一定就是受害人的实际损失，可能高于或低于受害人的实际损失，也可能高于或低于加害人的违法所得，但是为了节省诉讼成本，提高诉讼效率，为契合民法体系'填补'原则的基本立场，法定赔偿被视为受害人的实际损失，以示对受害人的填补"。[1]

在体系上，法定赔偿属于补偿性损害赔偿，惩罚性赔偿与补偿性损害赔偿共同构成了我国民事赔偿体系。民事赔偿作为民事责任的承担形式，在我国《民法典》的框架下，形成了一个以补偿受害方损失为核心的传统损害赔偿和以惩戒不法行为者为核心的惩罚性赔偿的二元赔偿体系。值得注意的是，惩罚性赔偿并非仅仅作为损害赔偿的附属或延伸，而是被赋予了独立的法律地位。当然，在我国当下的民事赔偿体系里，补偿性损害赔偿仍占主导地位，而惩罚性赔偿则处于辅助地位。

在民事赔偿的广阔领域中，惩罚性赔偿与补偿性的损害赔偿虽同属一体，却因功能差异而在多个维度上展现出独特的面貌。

从适用范畴审视，损害赔偿以其普适性见长，无论是违约行为还是侵权行为，几乎都能成为其施展的空间，为各类权利受损的情形提供救济，其范畴涵盖了物质与精神两个层面。物质损害赔偿精准对接物质层面的伤害，而精神损害赔偿则专注于那些严重侵犯人格利益或具有特殊人身意义的物品被

---

[1] 参见黄细江：《知识产权惩罚性赔偿的理论渊源与司法适用》，载《暨南学报（哲学社会科学版）》2024 年第 2 期。

故意或重大过失侵害的场景，确保受害者获得全方位的补偿。相比之下，惩罚性赔偿的适用则严格遵循法律的明文规定，不容许任何司法解释的任意扩张或法官的自由裁量。目前，我国仅在知识产权与生态环境侵权、产品责任、消费欺诈、旅游违约等特定场景下，允许惩罚性赔偿的适用。尽管在消费欺诈与产品责任领域，惩罚性赔偿的对象范围相对宽泛，但与损害赔偿的广泛适用性相比，其应用范围仍然有限。

在适用条件方面，损害赔偿的门槛相对较低，而惩罚性赔偿则显得尤为严苛。损害赔偿的核心在于实际损失的发生，即一方因他方的行为而遭受损失。而惩罚性赔偿的适用，则需同时满足多个苛刻条件：一是主观要件，即赔偿者必须具备特定的主观状态，如故意、恶意或明知等，这些状态是我国惩罚性赔偿规范中的核心要求；二是行为要件，赔偿者必须实施了法律明确禁止的违法行为；三是后果要件，这些违法行为通常需造成严重的法律后果，部分规范甚至对"严重"程度进行了具体规定。这些严格的条件共同构成了惩罚性赔偿的高门槛，确保其作为特殊赔偿制度的严肃性和针对性。

在赔偿数额的确定上，损害赔偿遵循等额化原则，即赔偿金额需与实际损失相等；而惩罚性赔偿则呈现出模式化的特点。法律对惩罚性赔偿的数额规定采用了固定模式与非固定模式两种方式。在固定模式下，法律明确规定了倍数标准，法官只需按照法定倍数计算赔偿金额，无需额外裁量，这保证了赔偿数额的明确性和可预测性。而在非固定模式下，法官则拥有更大的裁量权，需综合考虑多个因素来确定赔偿数额，如行为人的主观恶意程度、行为后果的严重性、行为人的获利情况以及是否采取了有效的救济措施等。我国在产品、知识产权和环境侵权等领域的惩罚性赔偿数额确定中，就采用了非固定模式。

在民事赔偿体系中，惩罚性赔偿与损害赔偿有着各自鲜明的功能与特点，两者不存在重合或交叉，各自发挥着自身作用，是独立的并行存在，不能相互取代。然而，惩罚性赔偿与属于补偿性损害赔偿的法定赔偿在司法适用中并非如此的界限分明。一方面，法定赔偿作为补偿性损害赔偿的一种特殊形式，其初衷是在难以准确计算实际损失或侵权获利的情况下，为受害者提供一种相对合理且便捷的赔偿途径。但在实践中，由于法定赔偿的适用条件相对宽松，且赔偿数额的确定赋予了法官较大的自由裁量权，这在一定程度上使得法定赔偿被赋予了某种惩罚性的色彩。当法官在裁量时考虑到侵权行为的严重性、侵权人的主观恶意等因素时，法定赔偿的数额可能会超出单纯的补偿范围，从而在一定程度上替代了惩罚性赔偿的适用。另一方面，也存在另一种现象，即惩罚性赔偿的补偿功能被过分夸大，导致其在实际操作中难以与法定赔偿明确区分。由于惩罚性赔偿的适用条件较为严格，且赔偿数额的确定需要严格的证据支持和复杂的法律论证，这使得部分权利人转而寻求更为简便易行的法定赔偿途径。在这种情况下，即使侵权行为具有高度的恶意和严重性，本应适用惩罚性赔偿以彰显法律之威严，却往往因为操作上的便利性和效率考虑而被法定赔偿所取代。无论是法定赔偿的惩罚性属性被过度强调，还是惩罚性赔偿的补偿功能被夸大，其最终结果都是惩罚性赔偿在知识产权侵权案件中的适用频率大幅降低，甚至被虚置。这不仅会削弱法律对于恶意侵权行为的打击力度，也会影响知识产权保护的整体效果。

第八章

威慑主导型惩罚性赔偿适用问题的应对

第一节 廓清惩罚性赔偿的威慑功能

根据威慑理论，惩罚性赔偿的适用原理在于通过赔偿金支出使行为人遭受由财富减少导致的痛苦从而产生一种威慑，进而防止侵权行为之发生[1]。威慑的目的在于使损害赔偿等于伤害，是通过成本与收益的权衡来矫正不法行为以恢复有序状态。因此，当传统赔偿责任存在不足，无法使损害赔偿覆盖伤害所造成的损失或侵权人所获得的收益时，惩罚性赔偿所主张的额外赔偿则能够弥补前述不足，即通过提高赔偿金数额使其与受害人的损失及侵权人的收益相当，从而实现遏制侵权的社会激励。

知识产权惩罚性赔偿制度，作为法律体系中一项旨在强化对人类智力劳动成果保护的重要机制，其核心理念深植于报应主义与功利主义两种哲学思想的精妙融合之中。这一融合不仅体现了法律对于正义追求的多元面向，也反映了现代社会对知识产权保护力度与效率的双重需求。报应主义，作为一种源远流长的道德哲学观念，其核心在于强调对不法行为的道德谴责与社会批判。在知识产权领域，报应主义体现为对侵犯他人智慧结晶行为的深刻道德否定，它要求通过法律手段对侵权者实施相应的惩罚，以彰显社会对于此类行为的强烈不满与谴责。这种惩罚不仅是对个人行为的直接回应，更是对社会整体道德秩序的维护，体现了传统道德化正义在现代法律体系中的延续与传承。而功利主义，则是一种更加注重结果导向、效率优先的哲学思潮。在知识产权惩罚性赔偿的语境下，功利主义强调的是通过经济手段实现对侵

---

〔1〕 朱晓峰：《功利主义视角下惩罚性赔偿规则的完善——以民法典编纂为契机》，载《吉林大学社会科学学报》2017 年第 6 期。

权行为的有效遏制与预防。它认为，合理的惩罚性赔偿制度应当能够最大限度地减少侵权行为的发生，从而保护创新者的合法权益，促进社会整体的技术进步与经济发展。因此，功利主义指导下的惩罚性赔偿制度，更加注重对侵权者经济利益的剥夺与限制，以期达到威慑潜在侵权者、维护市场秩序的目的。

在现代社会，报应主义与功利主义的融合，为知识产权惩罚性赔偿制度提供了坚实的理论基础与实践指导。这种融合既体现了法律对于正义与道德的坚守，又兼顾了社会利益与经济发展的实际需求。通过融合报应主义的社会批判性与功利主义的效率导向，知识产权惩罚性赔偿制度得以在保障创新者权益的同时，促进市场竞争的公平与有序。具体而言，基于报应主义与功利主义基础下的惩罚性赔偿制度，通过对侵权者经济上的收益控制与剥夺，实现了对主观上存在恶意、应给予严厉苛责的侵权行为的民事责任追究。这种制度设计不仅能够有效打击侵权行为，维护知识产权市场的健康发展，还能够激励创新者持续投入研发活动，推动社会整体的技术进步与产业升级。

知识产权惩罚性赔偿制度，作为法律体系中一项针对知识产权侵权行为的特殊制裁措施，其深远意义不仅在于对侵权行为的直接打击，更在于对智力成果诚信利用这一核心价值的坚定维护。这一制度通过一系列精心设计的法律机制，构建了一个既保护创新者权益又促进市场诚信利用的良性生态。首先，知识产权惩罚性赔偿制度通过提高侵权成本，显著增强了法律的威慑力。当侵权者面临远超其侵权所得的赔偿金额时，他们不得不重新评估自己的行为风险，从而自觉避免侵犯他人的智力成果。这种基于经济利益的考量，促使市场主体在利用他人智力成果时更加谨慎和诚信，有效遏制了恶意侵权和不当竞争行为的发生。其次，该制度促进了市场公平竞争环境的形成。在知识产权得到充分保护的市场中，创新者能够凭借其独特的智力成果获得应有的市场回报，进而激励更多的创新活动。同时，那些试图通过侵权行为获取不正当利益的企业或个人将受到法律的严惩，从而维护了市场的公平竞争秩序。这种环境有利于激发市场活力，推动技术进步和产业升级。再次，知识产权惩罚性赔偿制度还鼓励了创新投资。在知识产权得到充分保护的前提下，投资者可以更加放心地将资金投入具有创新潜力的项目中，因为他们知道这些项目所创造的智力成果将受到法律的有效保护。这种投资环境的改善，为创新活动提供了源源不断的资金支持，进一步推动了智力成果的创造和应用。最后，该制度在提升公众尊重知识产权意识方面发挥了重要作用。通过公开审理典型案例、加强宣传教育等方式，知识产权惩罚性赔偿制度让公众更加深刻地认识到知识产权的重要性和保护知识产权的必要性。这种意识的提升，有助于在全社会范围内形成尊重创新、尊重知识产权的良好风尚，为智力成果的诚信利用提供了坚实的思想基础。

第二节 明晰主客观要件

一、主客观要件规制的完善

《指引》与《指南》作为非强制性的法律文件，尽管不具备直接的法律约束力，却在知识产权纠纷司法实践中扮演着举足轻重的角色，特别是为地方法院在审理涉及惩罚性赔偿的案件时提供了强有力的指导方向。这两份文件不仅深刻解析了《知识产权惩罚性赔偿的解释》的精髓，还通过具体案例、细化标准、操作流程等形式，对其进行了有效的补充与拓展，使得法律适用更加明确、具体，增强了司法裁判的一致性和可预见性。然而，从进一步优化法律威慑效果、促进潜在侵权者自我约束的角度出发，未来在制定与出台类似司法解释及地方性法院指导文件时，应着重关注以下几个方面：

第一，在构建和完善地方性法院指导文件体系时，首要且核心的原则是确保其与最高人民法院司法解释精神的高度一致性。这不仅是维护国家法制统一与权威的基本要求，也是确保知识产权案件在全国范围内得到公平、公正审理的重要保障。地方性法院指导文件作为司法解释在地方层面的具体化和补充，其制定的规则应当是对司法解释精神的深入阐释和细化，增强法律适用的明确性和可操作性。具体而言，地方性法院指导文件在明确司法解释中既有规则的基础上，可以进一步细化相关条款的适用条件、标准、程序等，以更好地指导法官审理具体案件。这种细化应当遵循司法解释的基本原则和价值取向，确保法律适用的连贯性和稳定性。然而，面对知识产权领域快速发展和新型案件不断涌现，地方性法院指导文件也需要在保持与司法解释精神一致的前提下，展现一定的创新性和前瞻性。对于司法解释中尚未明确或涉及较少的新问题、新情况，地方性法院指导文件可以在充分调研和论证的基础上，尝试制定新的规则或条款以应对实践需求。但这一过程必须严格遵循法定程序，确保新增内容的合法性、合理性和科学性。在新增内容条款的制定上，地方性法院应当积极借鉴最高人民法院公布的指导案例、典型案例以及地方自身出台的典型案例中的成功经验和做法。这些案例不仅反映了司法实践中的热点、难点问题，也凝聚了法官们的智慧和经验，对于指导同类案件的审理具有重要的参考价值。通过归纳和总结这些案例中的裁判要旨、法律适用规则等，地方性法院可以更加准确地把握司法解释的精神实质，确保新增内容条款与司法解释保持高度一致，同时又能体现地方特色和实际需求。如"GIF动图形式向公众提供东京奥运会节目"案[1]是北京发布的知识产权惩罚性赔偿典型案例，该案中，中央某国际网络有限公司（以下简称"央某国际公司"）对东京奥运会赛事节目享有复制权、广播权、信息网络传播权等。北京一某网聚科技有限公司（以下简称"一某网聚公司"）通过其运营的"一点资讯"APP，以隐去央视台标的GIF动图的方式向公众提供东京奥运会赛事节目的直播和点播服务，并为上述应用程序中的"在线奥运频道"进行宣传。央某国际公司据此主张一某网聚公司的行为构成侵害商标权和不正当竞争，并主张适用惩罚性赔偿。二审法院认为，被诉行为侵犯了央某国际公司享有的广播权等，且本案具备适用惩罚性赔偿的要件。权利人对外授权的版权许可费可以作为确定惩罚性赔偿基数的依据。据此，参照涉案赛事节目权利许可使用费，依据授权期限、内容、范围、被诉行为涉及的赛事节目场次和时长等因素，确定惩罚性赔偿的基数为250万元，适用惩罚性赔偿确定赔偿总额为500万元。本案例作为北京地区知识产权审判实践中的一个亮点，为《指南》中关于权利许可使用费如何确定的问题提供了宝贵的实证参考与理论支撑。在《知识产权惩罚性赔偿的解释》的框架下，当涉及的知识产权侵权案件面临实际损失、违法所得或侵权获利均难以精确计算的复杂情形时，如何合理、公正地确定惩罚性赔偿的数额成为一个亟待解决的关键问题。《知识产权惩罚性赔偿的解释》为此提供了一条路径，即允许法院参照权利许可使用费的倍数来合理确定赔偿数额，然而，这一"参照"的具体操作细则却未予明确，给司法实践带来了一定的挑战。本案法院在处理这一难题时，没有简单地套用传统计算方法，而是深入剖析了案件的具体情况，从多个维度出发，综合考量了授权期限的长短、授权内容的具体性、授权范

---

[1] [2023] 京73民终850号民事判决书。

围的广泛性，以及被诉侵权行为所实际涉及的赛事节目场次、时长等关键性因素。这些因素不仅直接关联到权利人的合理预期收益，也反映了侵权行为对权利人权益的实际侵害程度。通过对这些因素的精细分析与权衡，法院得以更为准确地评估出权利许可使用费的合理价值，并在此基础上确定了惩罚性赔偿的倍数，从而确保了赔偿数额的公正性与合理性。值得注意的是，本案法院的审理思路和裁判方法被《指南》所吸纳并明确化，进一步细化了权利许可使用费倍数的确定标准。这不仅为北京地区乃至全国范围内的知识产权侵权案件审理提供了更加明确、具体的指导，也体现了司法实践对知识产权保护的深化与细化，有助于知识产权惩罚性赔偿威慑功能的发挥。

此外，地方性法院在制定指导文件时还应加强沟通与协作，建立信息共享和案例交流机制。通过定期召开研讨会、发布典型案例汇编等方式，促进各地法院之间的经验交流和知识共享，确保同类案件在不同地区能够得到相对一致的审理结果和裁判标准。这样不仅可以提高司法效率和质量，也有助于维护司法公正和权威。

第二，针对当前司法实践中存在的地方性法院指导文件众多且内容各异的现状，最高人民法院应当发挥其作为全国最高审判机关的引领作用，积极探索并实践一种更为统一、高效的指导机制。具体而言，最高人民法院可以系统梳理和评估各地方法院出台的指导文件，对于其中具有普遍性、代表性且经实践检验行之有效的内容，应当予以高度重视并纳入考虑范围。在此基础上，最高人民法院应审慎研究，将这些经过精心筛选的地方性法院指导文件中的精髓部分，通过正式的司法解释加以确认和升华。司法解释作为最高人民法院对法律适用问题作出的具有法律约束力的解释，其权威性、统一性和指导性不言而喻。将地方性法院的优秀指导内容融入司法解释之中，不仅能够实现这些宝贵经验的全国范围推广和应用，提升全国法院系统审判工作的整体水平和质量，还能有效避免各地法院因各自为政、重复规定而可能导致的司法标准不一、裁判结果差异过大的问题。此外，这样的做法还有助于增强司法公信力，让人民群众在每一个司法案件中感受到公平正义，并强化法律的威慑效果。因为司法解释的出台，意味着相关问题的处理有了更加明确、统一的标准，减少了因地域差异、理解不同而导致的司法不确定性，从而提高了司法裁判的可预测性和可接受性。如在《知识产权惩罚性赔偿的解释》的现行框架下，若侵权行为人因知识产权侵权行为遭受行政处罚或经法院裁决需承担相应责任后，再次实施相同或类似的侵权行为，此情形被视为情节严重。然而，司法实践中常出现另一种复杂情况，即侵权人与被侵权人之间已通过和解协议或法院调解达成一致，但随后侵权人却违背协议精神，继续实施或变相实施相同的侵权行为。鉴于这一实务中的常见问题，《指引》与《指南》均明确将"被告与原告达成和解或调解协议后，再次实施相同或类似侵权行为"的行为界定为情节严重。这一规定不仅体现了对和解与调解协议严肃性的尊重，也强化了对知识产权权利人合法权益的保护力度，同时向潜在的侵权者传递出明确的信号：即便是在双方达成和解或调解之后，持续或变相的侵权行为仍将面临法律严惩。再比如，在确定惩罚性赔偿数额的过程中，一个关键却未在《知识产权惩罚性赔偿的解释》中明确提及的考量因素是知识产权的贡献率。然而，值得注意的是，这一重要维度在诸如《指引》与《指南》等地方性司法指导文件中得到了充分的重视与体现，它们均将知识产权贡献率视为判定赔偿金额时不可或缺的一环。知识产权贡献率的概念，其历史渊源可追溯至19世纪中叶的美国司法实践，特别是1853年的Adams v. Otterback案和Seymour v. McCormick案，这些案件虽未直接确立贡献率的具体规则，却为后世探讨知识产权价值分配奠定了思想基础。[1]直至1884年的Garretson v. Clark案[2]，美国法院才正式确立了知识产权贡献率的两大核心规则——"分摊规则"与"完全市场价值规则"，这两大规则至今仍是衡量知识产权损害赔偿金额时的重要标尺。根据"分摊规则"，专利权人在主张赔偿时，需承担举证责任，明确区分并证明专利特征与非专利特征各自在侵权人获利或权利人损失中的具体贡献比例。这一证据必须基于真实可靠的数据与事实，严禁任何形式的推定或猜测，以确保赔偿计算的精确与公正。而"贡献"的比例可能因案而异，从微乎其微到占据主导，均需依据实际情况进行客观评估。"完全市场价值规则"则提供了另一种视角，即在特定情况下，可能将侵权产品的整体市场价值视为主要由知识产权贡献所形成，进而作为确定赔偿金额的依据。这一规则的运用需严格遵循法律规定与司法实践中的相关指导原则，以防止其被滥用或误用。我国司法实践中对知识产

---

　　[1] Adams v. Otterback, U. S. Supreme Court, Vol. 56, 1853, p. 56. & Seymour v. McCormick, U. S. Supreme Court, Vol. 57, 1853, p. 57.
　　[2] Garretson v. Clark, 111 U. S. Supreme Court, 120 (1884).

权贡献率作为赔偿计算依据的正式确认，可追溯至 2009 年最高人民法院颁布的司法解释。然而，值得注意的是，在此司法解释出台之前，已有部分法院在裁判过程中先行一步，隐含或明确体现了根据知识产权贡献率来确定赔偿数额的原则。其中，"中集通华诉北京环达案"〔1〕便是一个颇具影响力的典型案例。在此案中，法院深入剖析了被诉专利在整体商品中的实际作用与价值占比，明确指出该专利所覆盖的部分仅是商品整体中的一小部分，因此，在计算赔偿时，应当依据专利权的实际贡献度对商品价值进行合理的调整与修正。这一裁决不仅体现了法院对知识产权贡献率的深刻理解和精准应用，也为后续类似案件的审理提供了宝贵的参考。此外，地方人民法院层面也陆续出台了一些法律文件，对知识产权贡献率在侵权赔偿数额计算中的应用进行了规范与指导。这些文件主要聚焦侵权赔偿的计算范畴，但是对于惩罚性赔偿是否同样适用贡献率原则也并未直接给出明确答案。今后，最高人民法院在完善《知识产权惩罚性赔偿的解释》时，就可以将这些规定或要素纳入解释之中。

第三，在构建和维护司法统一性的大背景下，后出台的地方性法院指导文件应当秉持高度的审慎与前瞻态度，确保其在内容、原则及具体规则上与先前发布的地方性法院指导文件保持协调一致，力求避免不必要的规则冲突。这种协调性的追求，不仅是司法体系内在逻辑一致性的要求，更是维护法律权威、保障司法公正、提升司法公信力的关键所在。具体而言，后出台的指导文件在制定过程中，应当充分调研、广泛征求意见，特别是要深入分析先前文件的立法意图、实施效果及存在的问题，以此为基础进行科学合理的制度设计。对于可能存在的规则冲突点，应及时组织专家论证、召开联席会议等，通过充分讨论与协商，力求找到既能有效解决问题，又能保持规则统一性的最佳方案。同时，后出台的指导文件还需注重其导向性与威慑力的平衡。一方面，要确保文件内容明确、具体、可操作性强，能够为法官裁判提供清晰、准确的指引；另一方面，也要避免因规则冲突而给行为人带来困惑或误解，导致其对司法预期产生偏差，进而削弱法律应有的威慑效果。以《指引》与《指南》为例，两者虽几乎同时亮相于公众视野——前者于 2022 年 4 月 21 日由山东省高级人民法院在新闻发布会上正式发布，而后者紧随其后，在 4 月 25 日，由北京市高级人民法院通过新闻发布会揭晓——但两者在内容风格

---

〔1〕 ［2006］一中民初字第 8857 号民事判决书。

上却展现出了鲜明的差异。《指引》的构建，以《知识产权惩罚性赔偿的解释》为坚实基石，进行了深入而细致的延展与明晰。其结构严谨，正文部分条分缕析，共设 22 条，全面阐述了山东法院在审理侵害知识产权民事案件时应用惩罚性赔偿的总体原则和具体操作路径。尤为值得一提的是，《指引》创造性地附带了示范说明与典型案例两大附件，前者通过详尽的示例，直观展示了如何认定惩罚性赔偿及其数额的确定过程；后者则是对最高人民法院发布的典型案例进行了精心梳理与提炼，进一步阐释了《指引》条款的深层含义，为司法实践提供了生动的参考样本。相比之下，《指南》则展现出更为显著的创新与拓展，它在充分吸纳审判实践经验、广泛吸纳社会各界意见的基础上，对《知识产权惩罚性赔偿的解释》进行了较大幅度的丰富与发展。全篇共六部分，不仅覆盖了惩罚性赔偿的适用要件、计算方式等核心实体问题，还深入探讨了相关的程序性事项，为司法实践中的常见问题提供了全面而具体的解决方案。《指南》的亮点纷呈，其中最为突出的包括：针对不同类型的知识产权案件，归纳总结了适用惩罚性赔偿的一般性规律；在认定侵权故意及情节严重方面，采取了更为简化的标准，并创新性地设定了特定情形；高度重视技术创新成果的保护，特别是针对关键核心技术、重点领域及新兴产业，给予了更为强有力的法律支持；明确规定了惩罚性赔偿总额的计算方法，为司法实践中的具体操作提供了清晰指南；同时，强调积极审慎的原则，对惩罚性赔偿的适用规则进行了系统性设计，确保法律适用的公正性与合理性。尽管《指引》与《指南》在诸多方面展现了司法智慧的结晶，但在某些规定上两者还是存在一定的分歧与冲突。比如涉及知识产权贡献率（或称"知识产权贡献度"）的处理上，《指引》将知识产权贡献率视为一个至关重要的考量因素，贯穿于审查原告实际损失、被告违法所得及因侵权所获利益的全过程。在面对同一侵权产品同时侵犯多个知识产权的复杂情形时，《指引》更是强调了区分不同知识产权对产品整体利润贡献率的重要性，主张通过精确计算，合理扣减非涉案知识产权及其他生产要素所产生的利润，以确保赔偿数额的公正与合理。在此框架下，不论采用何种基准来确定惩罚性赔偿的基数，《指引》坚持应将知识产权贡献度纳入考量范畴的基本概念。相比之下，《指南》对此问题的立场则显得更为灵活。它将"知识产权贡献度"作为在采用侵权获利方法计算惩罚性赔偿基数时的一个酌定因素，意味着其适用并非绝对，而是需要根据案件的具体情况进行判断与权衡。换言之，《指南》并未将知识产权贡献度视为所有惩罚性赔偿基数确定过程中不可或缺的考量因素。《指南》与《指引》在知识产权贡献率（或贡献度）这一关键问题上的分歧，不仅仅是理论层面的差异，更可能在实际司法实践中引发显著的影响，尤其是在确定惩罚性赔偿数额这一核心环节上。由于两者对于知识产权贡献率在何种情况下应被纳入考量范围存在不同见解，《指南》的灵活性与《指引》的全面性之间的张力，可能使得在同一类型但跨地区的案件中，惩罚性赔偿数额的计算出现较大的差异。若某一侵权案件同时发生在山东和北京，且案件事实相似，但两地司法指导文件对知识产权贡献率的考量标准不一，便可能导致最终判定的赔偿数额大相径庭。在山东，根据《指引》的精神，无论采用何种基准计算惩罚性赔偿，知识产权贡献率都是必须考量的因素之一，这可能会促使法院在计算赔偿时更加倾向于保护知识产权的价值，从而可能判定较高的赔偿数额。而在北京，依据《指南》的规定，知识产权贡献度仅在采用特定方法（如侵权获利方法）计算基数时才作为酌定因素考虑，这意味着法院在判决时可能会更多地考虑案件的具体情况和其他相关因素，对知识产权贡献度的考量可能不如山东严格，从而可能得出相对较低的赔偿数额。

二、主客观要件适用的具体化

《知识产权惩罚性赔偿的解释》作为规范知识产权领域法律适用与解释的重要文件，其对于故意侵权及情节严重情形的列举，确实在一定程度上为商标、专利、著作权等知识产权的保护提供了法律指引和判断标准。然而，知识产权体系纷繁复杂，各类权利性质、保护范围及侵权形态各异，这使得在实务操作中，单纯依靠《知识产权惩罚性赔偿的解释》中的共性归纳来判定故意与情节严重，往往显得力不从心。

具体而言，商标权因其显著性与识别性，在故意侵权的认定上，可能更多地关注于行为人是否明知或应知所使用标志与注册商标相同或近似，并可能导致消费者混淆；而在情节严重的判定上，则可能涉及侵权规模、持续时间、市场影响以及是否多次侵权等因素。相比之下，专利权作为技术创新的法律保障，其故意侵权的认定则侧重行为人是否知晓或合理推断应知晓所实施的技术方案落入他人专利权保护范围；情节严重则可能包括侵权行为对专利权人造成的经济损失大小、对技术创新秩序的破坏程度以及是否涉及商业秘密泄露等。在商标权保护的广阔领域中，不法商家利用知名品牌的市场影响力进行搭便车、傍名牌的现象时有发生，其中，通过在同种或高度相似商品上使用未经授权的他人注册驰名商标，以图快速扩大市场份额和提升品牌知名度，已成为商标侵权中的一大顽疾。江苏省高级人民法院审理的小米科技公司等与中山奔腾公司之间的商标权及不正当竞争纠纷案，便是这一现象的典型缩影，不仅彰显了司法机关对于维护市场公平竞争秩序和消费者合法权益的坚定立场，也深刻揭示了此类侵权行为在主观故意与情节严重性上的双重恶劣。本案中，"小米"商标作为小米科技公司精心培育的品牌标识，凭借其卓越的产品质量、创新的科技理念以及广泛的市场宣传，迅速成长为具有极高知名度和美誉度的驰名商标。然而，中山奔腾公司却无视法律法规，恶意注册并使用与"小米"商标高度相似的"小米生活"商标，其行为明显具有搭借"小米"品牌声誉的主观故意。更为严重的是，中山奔腾公司还批量注册了包括其他知名品牌在内的多件近似商标，显示出其长期、系统性地实施商标侵权及不正当竞争行为的恶劣企图。尤为值得关注的是，中山奔腾公司所生产销售的被诉侵权商品，不仅未能达到市场基本要求，反而被监管部门认定为不合格产品，进一步侵害了消费者的合法权益，同时也对小米科技公司、小米通讯公司长期以来建立的品牌形象和市场信誉造成了难以估量的损害。这种集侵权故意之深、情节之严重、后果之恶劣于一体的行为，无疑是对知识产权法律制度的公然挑衅。

因此，江苏省高级人民法院在本案中适用惩罚性赔偿原则，以侵权获利额为基数，按照三倍确定赔偿额，全额支持了小米科技公司、小米通讯公司提出的 5000 万元赔偿请求，这不仅是对受害企业合法权益的有力保障，更是对商标侵权及不正当竞争行为的有力震慑。[1]然而，需要指出的是，尽管本案在商标权保护领域具有典型意义，但其涉及的主观故意和情节严重性的认定标准，并不能直接套用于专利侵权等其他类型的知识产权侵权案件。专利侵权因其技术性强、复杂性高的特点，往往需要更加精细化的分析和判断，包括侵权行为的具体形式、技术特征的对比、是否属于合理使用或现有技术抗辩等因素的综合考量。

至于著作权，其故意侵权的认定则较为复杂，可能涉及对作品独创性的

---

〔1〕 〔2018〕苏 01 民初 3207 号民事判决书、〔2019〕苏民终 1316 号民事判决书。

认知、使用行为是否构成合理使用或法定许可的排除等；而情节严重的情形，则可能涵盖未经许可大量复制发行、信息网络传播范围广泛、对著作权人声誉造成重大损害以及是否存在恶意规避技术措施等。如《民国报纸总目》著作权惩罚性赔偿案例中，[1]原告徐某对民国时期广泛散布于全国范围内的约八千种珍贵报纸进行了详尽的挑选、搜集与整理工作，从浩如烟海的资料中精心筛选出上万幅报纸图版，并为每一幅图版量身打造了文字介绍，最终完成《民国报纸总目》。被告中某书局未经徐某授权，擅自将该书作为自身出版物的核心内容，出版了同名的图书。在此案件中，法院对于侵权行为的判定，尤为关注的一个核心问题是中某书局是否对涉案作品的独创性有清晰的认知。这是因为，独创性是判断一项作品是否享有著作权保护的基础与前提，对于历史文献类智力成果而言，其独创性的体现可能不像文学创作或艺术创作那样直观，而是更多地蕴含在资料的选择、编排、解读以及文字描述的创新之中。因此，在裁判文书中，法院不惜笔墨，深入剖析了历史文献类智力成果的独创性判断标准，详细阐述了此类作品在何种程度上能够体现创作者的独特贡献与创造性劳动。同时，法院还着重考察了中某书局在出版行为前，是否对《民国报纸总目》的独创性有足够的了解与认识。在确立侵权故意的过程中，对于独创性的判断成为著作权案件中一个独特的考量因素，这是其他类型的知识产权案件所不涉及的。

鉴于上述差异，《知识产权惩罚性赔偿的解释》在提供一般性指导原则的同时，确实存在未能充分覆盖各类知识产权特有情形的局限。这种局限性在一定程度上削弱了法律对侵权行为的威慑力，因为当法律条款无法精准反映特定类型知识产权侵权的复杂性和多样性时，就难以确保处罚的公正性和有效性。因此，建议未来在修订或完善《知识产权惩罚性赔偿的解释》时，能够充分考虑各类知识产权的特殊性，分类细化故意和情节严重情形的认定标准，以增强法律的针对性和可操作性，从而更好地保护知识产权权利人的合法权益，维护良好的市场竞争秩序。

三、反向规制的必要

《知识产权惩罚性赔偿的解释》对于"故意"与"情节严重"的认定情

---

〔1〕 ［2021］京 0106 民初 29104 号民事判决书、［2022］京 73 民终 4381 号民事判决书。

形进行了详尽而周密的规定。这些规定不仅为司法实践提供了清晰的指导，也有效地维护了知识产权权利人的合法权益，促进了创新环境的健康发展。然而，在强调对侵权行为进行严厉打击、确保法律威慑力的同时，也应关注到法律适用的平衡与公正，避免过度规制可能带来的负面影响。

首先，从法律体系的完整性和逻辑严谨性角度来看，正向规定与反向规定是相辅相成的。正向规定通过列举具体的故意侵权情形，为司法实践提供了明确的指导。然而，仅有正向规定可能不足以覆盖所有可能的情况，尤其是在复杂多变的现实情境中。反向规定的引入，则是对正向规定的一种补充和完善，它能够帮助法院在面对非典型或复杂案件时，通过排除法快速准确地判断侵权人的主观状态，从而避免对适用惩罚性赔偿侵权的误判。其次，从司法实践的角度来看，反向规定的制定有助于统一裁判标准，提高审判效率。在知识产权侵权案件中，侵权人的主观状态和行为情节往往是判断其是否应承担惩罚性赔偿责任的关键因素。但是，由于故意侵权的主观性较强，情节多样，实践中往往存在认定难度较大的问题。通过归纳并明确不属于故意和严重情节的情形，法院可以在审理过程中快速排除那些显然不构成故意和情节严重的案件，将更多的精力投入真正具有争议性的案件中，从而提高审判效率和质量。再次，反向规定的制定也是对当事人权益的一种保护。在知识产权诉讼中，被控侵权人往往会提出自己并无侵权故意和未达到情节严重的抗辩。如果法律能够明确列出不属于故意和情节严重的情形，那么被控侵权人在提出抗辩时将更有据可依，同时也能够减少因主观状态认定不清或情节判断错误而导致的冤假错案。最后，需要注意的是，反向规定的制定应当谨慎而科学。一方面，要确保所列举的不属于故意的情形具有普遍性和代表性，能够反映司法实践中的常见问题；另一方面，也要避免将过于宽泛或模糊的情形纳入反向规定之中，以免给司法实践带来不必要的困扰。

反向规制的情形可以包括但不限于以下几个方面：其一，非商业性使用。对于个人出于学习、研究、欣赏等非商业性目的而使用他人知识产权的行为，在符合合理使用的标准下，可以免于认定为故意侵权或情节严重。这有助于鼓励知识的传播与共享，促进文化的繁荣与发展。其二，技术中立。在涉及技术产品或服务时，如果提供者能够证明其产品或服务本身并不直接促进或诱导侵权行为，且已采取合理措施防止侵权发生，那么即使其被用于侵权活动，也不应轻易被认定为故意或情节严重。这有助于保护技术创新者的积极性，避免技术发展的阻碍。其三，公共利益考量。在特定情况下，如果侵权行为是为了维护公共利益或实现社会福祉（如公共卫生、环境保护等），且已采取必要措施尽量减少对知识产权权利人的损害，那么可以酌情减轻或免除其法律责任。这体现了法律在保护个体权利与实现社会整体利益之间的微妙平衡。其四，善意抗辩。对于被指控侵权的一方，如果能够提供充分证据证明其在实施行为时确实不知或不应知其行为侵犯了他人的知识产权，且已尽到合理的注意义务，那么可以视为善意侵权，从而减轻其法律责任。这有助于鼓励市场参与者诚信经营，减少因信息不对称而导致的误判与误伤。

综上所述，通过增加反向规制的情形于《知识产权惩罚性赔偿的解释》之中，不仅能够进一步强化法律的威慑力，有效打击恶意侵权行为；同时也能够确保法律适用的公正性与合理性，促进知识产权保护与经济社会发展的和谐共生。

第三节　细化赔偿标准

一、通过要素与分类细化赔偿标准

在《知识产权惩罚性赔偿的解释》关于惩罚性赔偿金额的计算框架中，确实存在对考量要素归纳不够详尽、基数与倍数确定标准相对单一的问题。为了更精准地反映侵权行为的实际损害程度，确保赔偿数额的公正性与合理性，有必要对现有的规制进行深化与细化，特别是在基数的确立与倍数的确定上增加更多维度的考量因素。

关于基数的确立，现行法律及司法解释已明确了三个基准：权利人实际损失、侵权人获利及许可使用费或权利使用费。然而，每个基准的适用都需依据具体案件情况，综合考量多种因素以确保计算的准确性。在计算权利人因侵权行为所遭受的实际损失时，不仅要考虑商品销售、价格、利润及客户数量的直接变化，还应考量如广告收益减少、商誉恢复成本、创作研发投入以及网络流量变化等间接损失，这些因素共同构成了权利人损失的全貌。具体而言，这些要素包括但不限于：①广告收益减少，作为间接损失的一个重要方面，往往被忽视。侵权行为可能通过混淆市场、误导消费者等方式，削弱权利人的品牌形象和市场信誉，进而导致其广告投入的回报率大幅下降。

这部分损失的量化，需要综合考虑广告投放的成本、预期效果与实际效果的差距，以及因品牌形象受损而需追加的广告投入等因素。②商誉恢复成本，是另一项不容忽视的间接损失。商誉作为企业的无形资产，其价值难以用金钱直接衡量，但其对企业长期发展的重要性不言而喻。侵权行为一旦对权利人的商誉造成损害，往往需要投入大量的人力、物力和财力进行修复。这些成本包括但不限于危机公关费用、法律诉讼费用、品牌形象重塑费用等，且其影响可能持续数年之久。③创作研发投入，作为权利人创新的源泉和核心竞争力所在，其损失同样应当纳入实际损失的范畴。侵权行为可能通过剽窃创意、抄袭作品等方式，直接窃取权利人的智力成果，导致权利人在前期研发过程中的大量投入付诸东流。此外，侵权行为还可能抑制权利人的创新积极性，进一步影响其未来的市场竞争力。④网络流量变化作为衡量权利人在线业务受损程度的重要指标，也应得到充分关注。在数字化时代，网络流量直接关系到企业的市场曝光度、用户互动度和商业转化率。侵权行为可能导致权利人的官方网站、电商平台或社交媒体账号的访问量急剧下降，进而影响其在线业务的整体表现。这种损失虽然难以直接以货币形式量化，但其对权利人商业模式的冲击却是显而易见的。

侵权人获利需要深入剖析多个维度，以全面揭示侵权行为的实际获利情况。结合实践中的案例情况，确定侵权人获利考量的要素主要包括：①侵权商品销售数量及单位利润情况。这是评估侵权获利的基础数据。需详细调查侵权商品的销售记录，包括但不限于销售发票、订单信息、物流记录等，以准确计算销售数量。同时，还需结合市场调研或行业数据，合理估算单位利润，确保计算的准确性。②侵权商品利润占侵权人整体利润的比重。此要素有助于评估侵权行为对侵权人整体财务状况的影响。通过分析侵权商品利润与侵权人总利润的比例，可以判断侵权行为在侵权人经营活动中的重要性，进而推断其可能采取的隐蔽或规避法律的行为。③侵权人自认的侵权商品销售数量、价格、利润等情况。虽然侵权人的自认不能直接作为定案依据，但可以作为参考信息，与其他证据相互印证。在询问侵权人时，应注意其陈述的一致性和合理性，以及是否存在故意隐瞒或夸大其词的情况。④网络平台显示的侵权商品销售数量、价格、评价及收益等情况。随着电子商务的兴起，网络平台成为侵权商品销售的重要渠道。通过收集和分析网络平台上的相关数据，如销售数量、价格走势、用户评价等，可以较为直观地了解侵权商品的市场表现和获利情况。同时，还需关注平台对侵权行为的监管措施和处罚记录。⑤被行政执法机关查处或者司法机关查封、扣押的侵权商品数量及价格情况。这些信息直接反映了侵权行为的严重性和规模。被查处的侵权商品数量越多、价格越高，说明侵权人获利的可能性越大。此外，还需关注查处过程中的证据保全和物品处理情况，确保相关数据的准确性和完整性。⑥侵权人相关账户资金流动或者纳税情况。通过调查侵权人的银行账户、支付宝、微信支付等资金流动情况，可以追踪其资金来源和去向，揭示其通过侵权行为获得的非法收益。同时，还需关注其纳税情况，是否存在偷税漏税等违法行为。这些信息有助于评估侵权人的经济实力和财务状况。⑦侵权人网站、宣传资料、财务报告等公开披露的相关数据。这些资料是了解侵权人经营状况和获利能力的重要窗口。通过分析其网站内容、宣传资料和财务报告中的相关数据，可以了解侵权人的业务范围、收入来源和成本结构等信息，进而评估其因侵权行为可能获得的利益。⑧因侵权行为带来的广告收益情况。侵权行为可能通过提高侵权商品的知名度和曝光度，间接带动其广告收益的增长。因此，在计算侵权获利时，还需考虑因侵权行为而带来的广告收益情况。这可能需要结合市场调研和广告效果评估等方法进行估算。⑨侵权内容在相关网站的点击、下载、浏览量等情况。这些数据反映了侵权内容在网络上的传播范围和影响力。虽然它们不直接代表侵权获利金额，但可以作为评估侵权行为严重程度和潜在市场价值的参考依据。⑩侵权人因实施侵权行为而减少支出的许可使用费情况。在某些情况下，侵权人可能通过侵权行为避免支付原本应支付的许可使用费。这部分节省的费用应视为侵权获利的一部分。在计算时，需结合相关许可协议和市场价格进行合理估算。⑪侵权人主要因实施侵权行为获取的投融资、技术转移、政府资金或者土地支持、高新资质等收益情况。这些收益可能并不直接来源于侵权商品的销售利润，但它们是侵权行为为侵权人带来的间接利益。在计算侵权获利时，也应将这些因素纳入考虑范围，以全面评估侵权行为的整体影响。

在将许可使用费或权利使用费作为计算赔偿基数时，所需要考虑的要素构成了评估这一过程公正性、合理性与市场一致性的重要基石。这些要素通常包括以下几种：①许可使用合同的实际履行及相应证据情况。这是确定许可使用费的首要依据。必须仔细审查许可使用合同的具体条款，包括但不限于许可范围、期限、地域、费用支付方式及金额等，并核实合同的实际履行情况。同时，收集并评估与合同履行相关的证据材料，如支付凭证、使用记录、技术转移证明等，以确保许可费用的确定有据可依，真实反映了双方的经济交易行为。②许可使用与侵权使用的可比性。在将许可使用费作为侵权赔偿的参考时，必须评估许可使用与侵权使用之间的可比性。这要求分析两者在使用方式、范围、效果等方面的相似程度，以及侵权使用是否实质上替代了原本应支付许可费用的合法使用。通过比较，可以合理推断出侵权使用给权利人造成的经济损失与许可使用费之间的关联，从而确定一个相对公平的赔偿基数。③许可使用费是否受到诉讼、并购、破产、清算等因素的影响。在评估许可使用费时，还需考虑外部事件对其可能产生的影响。例如，如果许可使用费的确定与正在进行的诉讼、并购交易或企业破产清算等程序相关联，那么这些因素可能导致许可费用发生波动或变化。因此，在确定赔偿基数时，应充分考虑这些外部因素，并对其进行适当的调整或修正。④许可人与被许可人之间是否存在亲属关系、投资关系或者实际控制关系等关联关系。关联关系的存在可能影响许可使用费的公正性和合理性。如果许可人与被许可人之间存在某种形式的关联关系，那么他们之间的交易可能并非完全基于市场条件进行，而是受到某种特定利益或安排的驱动。因此，在确定许可使用费时，应仔细审查双方之间的关联关系，并评估其对许可费用确定的影响程度。⑤同行业或者相关行业通常的许可使用费或者权利使用费标准。市场标准是衡量许可使用费是否合理的重要依据。通过收集和分析同行业或相关行业中的许可使用费或权利使用费数据，可以了解市场上的一般价格水平和交易习惯。这些数据不仅有助于评估许可费用的公正性，还可以为确定合理的赔偿基数提供参考依据。因此，在确定许可使用费时，应充分考虑市场标准的影响。⑥许可使用合同的备案情况。合同的备案是保障交易合法性和有效性的重要手段。对于许可使用合同而言，其备案情况不仅反映了双方对合同的重视程度，也体现了交易的规范性和透明度。在评估许可使用费时，应关注合同的备案情况，以确认其合法性和有效性。同时，备案信息还可以作为确定许可费用合理性的辅助证据之一。

二、赔偿倍数的综合考量

知识产权惩罚性赔偿数额的倍数考量也是确定惩罚性赔偿数额的重要部分。倍数考量因素包括一般性侵权所要考虑的主要因素，也应根据各知识产权的特点体现出其独特性。

　　首先，从一般性考量因素出发，侵权故意程度是评估赔偿倍数时不可忽视的关键点。恶意侵权相较于过失或无意侵权，其赔偿倍数自然应更高，以体现对主观恶意的惩罚。同时，侵权持续时间的长短直接关联到损害后果的严重程度，长时间的侵权行为往往造成更大的经济损失和市场混乱，因此在确定赔偿倍数时应予以充分考虑。此外，侵害知识产权的数量、侵权行为对行业造成的危害以及侵权人是否多次侵害知识产权等因素，均从不同角度反映了侵权行为的严重性和社会影响，是确定赔偿倍数时的重要依据。

　　然而，不同类型的知识产权在保护对象和价值体现上存在差异，这决定了在确定赔偿倍数时必须考虑其特定的考量因素。以专利权为例，专利类型（如发明专利、实用新型专利或外观设计专利）反映了创新的层次和难度，创新高度越高的专利，其市场价值和保护需求也越大，因此在确定赔偿倍数时应给予更高的重视。专利权剩余有效期则直接关系到专利权人剩余的经济利益，剩余期限越长，赔偿倍数也应相应调整以充分补偿其潜在损失。而侵权产品中侵害专利权的数量，则直接量化了侵权行为对专利权人造成的损害程度，是确定赔偿倍数时不可或缺的数据支持。

　　对于商标权而言，其保护的核心在于商标的识别性和商誉价值。因此，在考量商标权赔偿倍数时，权利商标的知名度情况成为首要考虑因素。知名度越高的商标，其商誉价值越大，一旦受到侵害，对商标权人造成的损害也更为严重。此外，侵权人与权利人的同业竞争情况、侵权人对权利商标提出的异议、撤销或无效宣告请求及其审查情况等，均从不同方面反映了侵权行为的复杂性和对商标权人商誉的损害程度，也是确定赔偿倍数时需要考虑的重要因素。

　　著作权作为文学、艺术和科学领域内创作者对其作品享有的专有权利，其赔偿倍数的考量则更加注重作品本身的独特性和经济价值。权利人或权利客体的知名度和影响力、作品涉及的商业模式和收费标准、侵权行为是否发生在作品的热播期或集中宣传推广期间等，都是影响赔偿倍数的重要因素。这些因素不仅体现了作品的市场价值和社会影响力，也反映了侵权行为对权利人经济利益的侵害程度。

　　综上所述，不同类型的知识产权在确定赔偿倍数时各有其独特的考量因素。为了更加精准地打击侵权行为、保护知识产权人的合法权益，建议将赔偿倍数的考量因素类型化、具体化。这样一来，不仅可以为法官提供更加明确、可操作的指导标准，提高审判效率和公正性；同时也能够让公众更加清晰地了解知识产权保护的重要性和必要性，增强全社会的知识产权意识和尊重创新的氛围和惩罚性赔偿制度的威慑力。

第四节　调整与优化适用规则体系

一、在法定原则下扩大对惩罚性赔偿适用范围的解释

在需要对法律或司法解释中的规定作出解释时，应该在不违反法定原则的基础上从有利于原告的角度扩大对惩罚性赔偿适用范围相关规定的理解，以达到威慑的目的。比如上述谈到的赔偿基准排序问题和在无基准的情况下是否能适用惩罚性赔偿的问题。

当法律条文对赔偿基准的顺序有明确的规定时，我们必须严格遵循这些规定来确定赔偿的基准。例如，《商标法》和《种子法》这两部法律，就明确规定了赔偿基数的确定顺序：首先是被侵权人的实际损失，其次是侵权人因侵权行为所获得的利益，最后是许可使用费的倍数。这种明确的顺序规定，为司法实践提供了清晰的指引。然而，并非所有的法律都如此明确地规定了赔偿基数的确定顺序。比如，《专利法》和《著作权法》在赔偿基数的确定上就显得相对灵活。这两部法律指出，侵权人应按照权利人因此受到的实际损失或侵权人的违法所得给予赔偿；若这两者均难以计算，则可参照权利使用费进行赔偿。这种表述方式并未严格限定一个先后的计算顺序，而是给出了几种可选择的计算方式，以适应不同案件的具体情况。

在司法实践中，由于受害者的实际损失往往难以准确确定，因此，在大部分案件中，通常都是通过计算被告的盈利来确定赔偿基数的基准。这种方式虽然具有一定的可操作性，但也可能引发一些争议。因为被告的盈利并不一定完全等同于受害者的实际损失，有时甚至可能远高于或远低于受害者的实际损失。然而，在某些特殊情况下，可能会出现被告举证原告的损失，而原告举证被告的获利的情况，以及法院根据调查，计算出被告获利的情况。这种复杂的情况就需要我们更加审慎地考虑如何确定赔偿基数的基准。从威慑功能的角度来看，确定基数的基准应该以"对原告有利而对被告不利"的

原则为准。因为惩罚性赔偿的目的之一就是要通过对侵权人的经济制裁，来遏制其侵权行为，保护权利人的合法权益。如果赔偿基数过低，可能无法起到足够的威慑作用；而如果赔偿基数过高，又可能引发不必要的争议和诉讼。因此，在确定赔偿基数的基准时，我们需要综合考虑各种因素，以确保判决的公正性和合理性。

另一个需要解答的问题是当实际损失、违法所得、侵权获利以及许可费等传统赔偿基准均无法明确计算时，是否还能适用惩罚性赔偿？这个问题在法律实践中具有极其重要的现实意义，因为它直接关系到受害者的权益保护和侵权行为的法律后果。

从威慑的角度来考虑，在尽可能的情况下，应穷尽一切途径来确定实际损失、违法所得、侵权获利以及许可费等赔偿基准。这是因为，惩罚性赔偿的核心理念在于通过对侵权行为的严厉制裁，来达到遏制侵权行为、保护合法权益的目的。如果因为赔偿基准无法确定而放弃适用惩罚性赔偿，那么这一制度的威慑作用将大打折扣。徐某华等人侵害五粮液公司商标权案就是一个典型的例子。这个案件反映了最高人民法院在惩罚性赔偿适用上的明确信号：在同一案件中，如果条件允许，应尽可能适用惩罚性赔偿。这既体现了法律对侵权行为的严厉态度，也符合社会公众对公平正义的期待。当然，如果确实无法确定上述赔偿基准，那么为了补偿受害者的损失，可以适用法定赔偿。但即便如此，我们也不应忽视惩罚性赔偿在威慑侵权行为方面的重要作用。

实际上，在确定赔偿基数时，我们并不应局限于法律规定的几个基准。相反，我们应该采取灵活多样的方法，以最大限度地反映受害者的实际损失和侵权行为的严重程度。例如，在某些情况下，可以参照已判决案件的赔偿金额来确定当前案件的获利数额。这种做法既具有可操作性，又能在一定程度上体现公平和正义。

此外，还应该注意到，是否适用惩罚性赔偿的关键并不在于能否确定赔偿的基数，而在于该案是否符合惩罚性赔偿的法定要件。这些要件包括但不限于侵权行为的严重性、侵权人的主观恶意以及侵权行为的持续时间等。只要案件符合这些要件，就应该考虑适用惩罚性赔偿，以充分发挥其威慑作用。

需要强调的是，法官在实践中应该积极探索和创新，可以在没有法定基准的情况下确定合理的赔偿数额。这不仅是对法官专业素养的考验，更是对

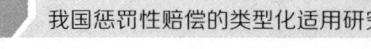

法律精神和公平正义的追求。只有这样，才能确保惩罚性赔偿制度在实践中得到有效实施，从而达到最终的威慑效果。同时，也能避免大量的案件因为法官怠于适用法定赔偿而得不到公正处理的情况。

二、严格区分法定赔偿与惩罚性赔偿

在实务界，法定赔偿与惩罚性赔偿的功能界限模糊一直是个棘手问题，这种混淆既扰乱了赔偿体系的秩序，又削弱了司法公正与效率。为了构建一个清晰明了的民事赔偿框架，可从以下几个关键方面入手：

首要之务无疑是坚守法定赔偿的损害填补这一本质功能。法定赔偿的运作机制，其核心在于巧妙地赋予法官以自由裁量权，这一权力的行使，尽管在实际操作中不可避免地会产生一定程度的主观差异，但正是为了达成"利益平衡"这一至关重要的补偿目的，以及实现司法救济的根本宗旨，我们才需要给予这一机制充分的理论关注与坚实的制度支持。

事实上，法定赔偿金的运用场景，往往是那些实际损失难以通过常规手段进行精确量化的复杂情境。在这种情况下，我们不应苛求法定赔偿金额能够与实际损失完全一一对应、分毫不差。这一理念，在全球范围内都获得了广泛的认同与实践，特别是在美国与法国的司法实践中得到了深刻的体现。美国法院明确指出，只有在无法通过合理方式精确计算出实际损失的具体数额时，才会采用法定赔偿金作为替代性的赔偿方式。同样，法国法律也秉持着类似的观点，认为虽然完全赔偿原则要求法官在判决中尽可能地将损失具体化、精确化，但在实际操作过程中，由于各种复杂因素的交织影响，最终判决的赔偿额往往难以与实际损害完全吻合，存在一定的偏差是在情理之中的。

从更深层次的角度来看，当实际损失、侵权所得等传统的量化手段因各种原因而无法适用时，法定赔偿就成为一种不可或缺的替代性选择。然而，我们也必须清醒地认识到，法定赔偿并非万能的钥匙，它无法精准地复制或完全恢复损害事实。因此，理论界在探讨法定赔偿时，普遍倾向于认为其所关注的"损害"，更多是一种法律规范意义上的损害，而非单纯的事实描述层面的损害。换句话说，法定赔偿的目的并不在于追求数学意义上的精确对等，而是在于尽可能地逼近真实损害的核心，以实现公平合理的赔偿。

尽管在实践中，法定赔偿的精确度可能会受到一定程度的怀疑和挑战，但我们不能因此就否定其基于补偿损害的立法根基。这一根基是稳固不变的，它体现了法律对于公平正义的执着追求，也是司法实践中不可或缺的重要原则。因此，在构建和完善民事赔偿体系的过程中，我们必须坚守法定赔偿的损害填补功能，确保其在司法实践中发挥应有的作用。另外，必须避免将法定赔偿视为惩罚制裁手段的错误导向。在美国版权法与商标法中，针对"恶意侵权"提高法定赔偿额的做法被视为具有惩罚性质，学界亦不乏类似观点，认为法定赔偿内含惩罚元素。然而，审视全球代表性立法实例，不难发现，在采纳知识产权法定赔偿制度的国家中，多数国家的赔偿功能仍聚焦于补偿而非惩罚。更为显著的是，在那些允许法官自由裁量赔偿数额的国家中，不仅否认损害赔偿具有惩罚功能，甚至明确反对引入惩罚性赔偿。在我国，知识产权侵权损害赔偿体系已构建起补偿性赔偿与惩罚性赔偿相互配合、各负其责的二元结构。从整体布局来看，法定赔偿作为替代性、辅助性的救济途径，与其他计算方法一起构成了补偿性赔偿体系的基石。同时，《民法典》全面确立了惩罚性赔偿制度在知识产权领域的法律地位，因此，若坚持法定赔偿具有惩罚性的认知，将造成立法上的冲突，引发赔偿体系内部的不和谐，以及在司法实践中出现重复评价的问题。

其次，我们必须坚决摒弃那种将法定赔偿错误地视为惩罚制裁手段的观念。这种观念不仅误解了法定赔偿的本质属性，还可能导致司法实践中的混乱和不公。以美国版权法与商标法为例，其中针对"恶意侵权"提高法定赔偿额的做法，在某些情况下被解读为具有惩罚性质，这种解读在一定程度上影响了学界对于法定赔偿功能的认知，使得一些人错误地认为法定赔偿内含惩罚元素。

然而，当我们审视全球范围内代表性立法实例时，会发现一个截然不同的景象。在采纳知识产权法定赔偿制度的国家中，绝大多数国家的赔偿功能都明确聚焦于补偿受害者的损失，而非对侵权者进行惩罚。这些国家在制定法律时，都充分考虑到了法定赔偿的补偿性质，以确保其能够公正、合理地弥补受害者因侵权行为所遭受的损失。

更为显著的是，在那些允许法官自由裁量赔偿数额的国家中，对于损害赔偿的功能有着更为清晰和坚定的认识。这些国家不仅明确否认损害赔偿具有惩罚功能，还旗帜鲜明地反对将惩罚性赔偿纳入法定赔偿的范畴。这种立场既体现了法律对于公正和合理的追求，也避免了因混淆赔偿功能而导致的

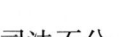

司法不公。

在我国，知识产权侵权损害赔偿体系已经构建起了补偿性赔偿与惩罚性赔偿相互配合、各负其责的二元结构。这一结构既体现了对受害者损失的充分补偿，又体现了对恶意侵权行为的严厉打击。然而，在这一体系中，法定赔偿作为替代性、辅助性的救济途径，其本质功能仍然是补偿受害者的损失，而非对侵权者进行惩罚。如果我们坚持将法定赔偿视为具有惩罚性的手段，不仅会造成立法上的冲突和矛盾，还会引发赔偿体系内部的不和谐，以及在司法实践中出现重复评价的问题。为了避免这些不利后果的发生，必须摒弃这种错误的观念，坚守法定赔偿的补偿本质。

第九章

惩罚主导型惩罚性赔偿适用中的主要问题

  惩罚主导型的惩罚性赔偿制度，作为对严重违法行为的有力震慑与制裁手段，其内涵广泛，具体包括了生态环境侵权惩罚性赔偿和产品责任惩罚性赔偿两大核心组成部分。在我国法律体系中，《民法典》作为保护公民权益、维护社会秩序的基本法律，其第 1232 条明确且具体地规定了环境污染、生态破坏等侵权行为适用惩罚性赔偿的原则与条件，为打击此类严重危害自然环境和社会公共利益的行为提供了坚实的法律支撑。为了进一步细化并明确生态环境侵权纠纷案件中惩罚性赔偿的适用标准与程序，最高人民法院于 2022 年适时发布了《环境惩罚性赔偿的解释》，该司法解释对惩罚性赔偿的适用情形、赔偿数额的确定、证据规则以及司法实践中可能遇到的其他关键问题进行了全面而详尽的说明，旨在确保法律条款的准确理解和有效执行，从而强化对环境侵权行为的法律规制力度。与此同时，《民法典》第 1207 条同样不容忽视，它针对产品责任领域内的惩罚性赔偿作出了明确规定，对于生产或销售缺陷产品、危及消费者人身或财产安全的行为，法律赋予了消费者请求惩罚性赔偿的权利，以此作为对不法厂商的一种严厉经济制裁，旨在维护市场秩序，保障消费者权益。值得注意的是，无论是生态环境侵权还是产品责任侵权，这两种类型的侵权行为往往直接关联并广泛影响到社会公共利益，其后果往往具有严重性、广泛性和长期性，因此，法律对其民事责任采取了更为严厉的态度，旨在通过提高违法成本，有效遏制和预防此类侵权行为的发生。

  实际上，我国《民法典》对生态环境侵权规定惩罚性赔偿是顺应国际化趋势发展的。2008 年，美国最高法院在审理备受瞩目的埃克森案时，作出了一个具有深远意义的裁决。法院认为，国会在制定《清洁水法案》时，并未意图在水污染的法律赔偿领域内实施排他性适用原则。换言之，该法案并未排除在私人损害赔偿领域内适用惩罚性赔偿金的可能性。法院进一步阐释，惩罚性赔偿金在私人损害赔偿领域内的适用，并不会削弱或影响《清洁水法案》所确立的救济机制的效用。这一裁决无疑是对海洋环境污染惩罚性赔偿制度的一次重大发展，为后续的类似案件提供了重要的法律参考。两年后，即 2010 年 4 月，美国墨西哥湾发生了一起震惊世界的漏油事件，该事件迅速引发了上百起相关的法律诉讼。在审理这些诉讼的过程中，巴比尔法官提出了一个值得深思的观点。他指出，普通法中惩罚性赔偿的长期适用已经形成了一种传统，而这种传统自然而然地延伸到了海事请求权中。因此，在墨西哥湾漏油事件这一特定案件中，海事法同样可以作为惩罚性赔偿的法律根据。换言之，海事请求权人有权向责任方主张惩罚性赔偿，以弥补其因漏油事件所遭受的损失。与此同时，在欧洲，欧盟也在积极推进环境惩罚性赔偿制度的建立。2004 年，欧盟通过了《预防和补救环境损害的环境责任指令》，并在其序言中明确规定："本指令并不禁止成员国采取更为严格的措施，包括判处两倍于实际损失的赔偿。"值得注意的是，该指令中所指的"环境损害"是特指不包含传统的人身健康损害和财产损害的环境本身的损害。因此，这一规定标志着欧盟通过立法形式正式确立了生态损害惩罚性赔偿制度，为成员国在环境损害赔偿领域提供了更为有力的法律支持。

第一节　主观故意与客观严重后果规定过于笼统

《民法典》中生态环境侵权惩罚性赔偿的规定虽然明确了适用的要件，但由于概念笼统，实务中较难把握。对此，理论和实务界的人士都指出过该问题。

《环境惩罚性赔偿的解释》对要件中的概念引入动态系统论进行了补充解释，弥补了《民法典》生态环境惩罚性赔偿制定司法裁判标准难以把控的不足，有利于法官更科学、合理地适用民法典相关规范，确保民法典生态环境惩罚性赔偿制度在审判实践中落实落细、见行见效。

与传统概念法学将完全规范通过"三段论"运用于现实纠纷场景不同，动态系统论是将法律转化为一种可变的构造，即在观念上放弃其固定实体之地位，转而以各种力量的动态作用重构法律，也就是说将特定法律效果决定于多个动态力量的相互作用而非某一单一理念、原则或者利益。[1]从方法论意义上说，动态系统论是"以要素的限定与原则性示例的抽出作为客观化的评价机制，意在通过原理的抽出将法的内在体系外显，并直接将法律效果的形成还原为原理权衡"。[2]具有桥梁作用的不同要素提升了规范反映实践需求和问题的灵敏性与及时性，使得规范的评价结果更为科学合理，维护了法律的安定性。尤其是在解决多元价值或多重利益交织的复杂法律问题时，动态系统论能把民法体系的许多部分从僵硬状态下解放出来，充分回应现实生活的需求以及法律感情的需要。当然，动态系统论的先天不足——要素的不确定与评价的缺失决定了其运用范围的有限[3]，这也就决定了其只能作为传统司法三段论的补充。

《环境惩罚性赔偿的解释》总结了以往人格权侵权责任、精神损害赔偿中动态系统运用的经验，并结合了惩罚性赔偿理论与判决中的成熟观点与做法，在惩罚性赔偿的责任认定与赔偿标准的确立上大胆采用了动态系统论。相比于之前的规定，该司法解释中的动态系统论运用呈现出新的特点：

第一，动态判定与直接认定的动静结合考量。如前所述，要素的不确定和评价的缺失增加了动态系统恣意适用的风险，如何提高法官对要素满足与否的统一认识和判断，对规范的制定尤为重要。在《环境惩罚性赔偿的解释》中，立法者改变了传统的单纯运用要素动态评价的方式，针对需要评价的对象，利用动态要素评价与直接认定的动静双结合方式，最大限度地保障了灵活性与确定性的统一。以对侵权人具有污染环境、破坏生态的故意认定为例，该司法解释第6条列举了法院认定故意所应考虑的动态要素，包括侵权人的职业经历、专业背景或经营范围、因同一或同类行为受到行政处罚或刑事追究的情况、污染物的种类、污染环境和破坏生态行为方式等。第7条又规定了直接认定故意的九种违反刑法和行政处罚法的污染环境、破坏生态的违法行为。第6条的动态判定与第7条的直接认定相结合不仅可以保持私法与公法对该违法行为评价的一致性，避免评价的重复与相悖，更重要的是能增

---

　　[1]　参见［奥］瓦尔特·维尔伯格：《私法领域内动态体系的发展》，李昊译，载《苏州大学学报（法学版）》2015年第4期；［日］山本敬三：《民法中的动态系统论》，解亘译，载梁慧星主编：《民商法论丛》（总23卷），金桥文化出版有限公司2002版，第181页。
　　[2]　参见任我行：《动态体系论：一种方法的祛魅》，载《法律方法》2022年第4期。
　　[3]　参见解亘、班天可：《被误解和被高估的动态体系论》，载《法学研究》2017年第2期。

强责任认定的确定性和可操作性。实践中，破坏或侵害生态环境的违法行为往往会面临多种处罚，刑事责任、行政处罚等公法责任与惩罚性赔偿私法责任聚合的情况比较普遍。在法律适用过程中，一旦出现第7条中的违反刑法和行政法行为，法官就可直接作出侵权人是否有主观故意的认定，公私责任评价统一，省却了再通过第6条动态权衡的麻烦，减少了评价的不确定性。

第二，责任确立与赔偿数额确定的双重动态考量。无论是我国《民法典》对精神性人格权侵权责任的规定，还是最高人民法院《关于确定民事侵权精神损害赔偿责任若干问题的解释》对精神损害赔偿数额的确定，都是单一层面动态系统论的运用，而《环境惩罚性赔偿的解释》则是在惩罚性赔偿责任认定与数额确定上双层动态系统的运用。责任的认定与数额的确定都是惩罚性赔偿实务中的难点问题，传统的形式化解释无法满足实践需要。责任确立是适用惩罚性赔偿的前提，根据《民法典》第1232条的规定，生态环境惩罚性赔偿的适用需要具备违反法律规定、侵权人具有主观故意和造成严重后果的要件。而要件的理解涉及公私法对惩罚性赔偿性质、相关概念的认识和惩罚性赔偿所包含的法益范围等问题的讨论和处理。[1]在判定了是否适用惩罚性赔偿责任之后，法官又将面临数额确定的难题。赔偿数额是惩罚性赔偿适度性的直接体现，赔偿数额太少达不到惩戒的效果，而过度又可能会出现损害中的惩罚与惩罚性赔偿相叠加、行为人责任承担能力与可预见性偏离风险以及惩罚性赔偿与一事不再罚原则相违等问题[2]，打击企业和相关行业的发展。因此双动态考量将惩罚性赔偿的责任认定与数额确定都进行了科学化的灵活处理，有助于弥补《民法典》中生态环境惩罚性赔偿规定的模糊性缺陷，提升法官对条文适用的一致性。

第三，构成要件与要素相结合的创新考量。动态系统论的核心是用"要素→效果"的结构模式替代"要件→效果"的模式，将"要件"置换为"要素"，"动态构造主张改造'要件→效果'模式中的'→效果'，摒弃从构成要件到法律效果的单一条件程序，强调'→'中蕴含着非演绎衡量的论题学

---

〔1〕 参见朱广新：《论生态环境侵权惩罚性赔偿构成条件的特别构造》，载《政治与法律》2023年第10期。

〔2〕 参见高利红：《生态环境损害惩罚性赔偿严格审慎原则之适用》，载《政治与法律》2023年第10期。

结构，以要素之间的协动机制得出妥当的法律效果"[1]。但是，什么是要素？要素从何而来？相比于要件，要素的范围更为广泛，同时要素本身具有更大的不确定性。有学者对要素进行了归类总结，认为要素至少可以分为两种形态，一种是从对法律效果有重要影响的事项中抽象出因素，另一种是从法律制度本身的性质或原理中抽象出因素。[2]不论哪种形态，要素都是抽象的展现而非具象的表达，单纯采用"要素→效果"模式，将不可避免地出现适用的差异化和混乱。鉴于此，《环境惩罚性赔偿的解释》将"要件→效果"与"要素→效果"两种模式进行融合，创新了"要件→要素→效果"模式，保留了惩罚性赔偿必需的要件规定，把要素作为要件的评价因子，将要素融入要件中，这样既可规避单纯要件的僵化又可限制单纯要素的过分开放，实现确定性与灵活性的结合。

　　要素是系统的基本单位，要素的选取和凝练必须能科学、全面、合理地反映所评价的对象，这是保证动态系统评价结果科学公正的前提。责任构成要素以每个具体责任构成要件作为评价对象，其应具备如下特质：其一，相关性，即要素必须关联于每个责任构成要件背后的价值、理念。要素是制度中所包含的原理与价值取向的反映，"将各个要件背后的因素揭示出来加以考察，使要件背后的因素得以显现，纳入整个的综合考量框架中进行评价。这样，结论的妥当性就不会受到要件设定这样的技术性措施的破坏，评价活动得以回归其基本状态。如此，要件的动态化可吸纳更多的个案因素，为个案中应考量的因素进入法律视野提供渠道。当个案中应考量因素均得到了恰当的评价时，个案正义的实现就会水到渠成"。[3]其二，周延性，即要素必须系统、全面地反映评价要件的原理、价值。"动态体系化的规则并不提供具体的评价内容，而是搭建一个能够得出合理法律评价的思维框架"，[4]在这个思维框架内，评价要素越充分，评价的结果就越科学。周延性并不等于评价要素

[1]　参见王磊：《动态体系论：迈向规范形态的"中间道路"》，载《法制与社会发展》2021年第4期。

[2]　参见［日］山本敬三：《民法中的动态系统论》，解亘译，载梁慧星主编：《民商法论丛》（总第23卷），金桥文化出版有限公司2002年版。

[3]　参见叶金强：《私法效果的弹性化机制——以不合意、错误与合同解释为例》，载《法学研究》2006年第1期。

[4]　参见王崇敏、王然：《知识产权惩罚性赔偿中"情节严重"的认定——基于动态体系论的研究》，载《法学论坛》2022年第2期。

的封闭性。评价要素的开放性是体现动态系统灵活性非常重要的方面，但是开放不等于法官可以任意选择评价要素。针对不同案件的评价对象，核心评价要素应该是一致的，法官可以根据具体的案情引入或排除一些评价要素以便更好地与评价对象的理念与价值相契合。其三，互补或互制性，即要素之间或者要素与其他规范情形之间需要为互相补充或互相制衡的关系，不能相互冲突。单个要素并非孤立的，要素相互之间应对其原理充足度形成互补或互制的关系。在功能同质的情形，各要素的充足对所评价的对象形成正向的满足，而若是制衡的要素，则对评价对象的影响需要进行整体权衡的考量。

而从上述要素的三性看，惩罚性赔偿要件中的主观要件和客观结果要件中的要素存在不少问题。

首先，看主观要件中的要素。故意是对侵权者的主观可归责性要件。《环境惩罚性赔偿的解释》对故意要件规定了四个评价要素，包括侵权人的职业经历、专业背景或者经营范围、因同一或同类行为受到行政处罚或刑事追究的情况，污染物的种类和污染环境破坏行为的方式。从上面三个特质来分析这些要素的种类与排列，可以发现以下不足：

从相关性来看，虽然大部分要素与所要评价的原理都符合相关性的要求，但个别要素与所评价对象的关联性似乎并不明显，比如"污染物的种类"。作为承担惩罚性赔偿的主观责任要件，认识与意志是构成故意的主观条件，行为是故意认定的客观评价关键。[1]污染物的种类为污染本身的客观存在，其与污染的损害结果具有密切的关联性，但对于责任者的主观可归责程度，其既不能证明或合理推断侵权人的认识与意志，也与侵权人的行为毫无直接或间接的法律联系，质言之，其与所评价的侵权人主观责任要件并没有实质上的关联性。

从周延性角度看，"因同一或者同类行为受到行政处罚或者刑事追究的情况"这一要素是基于侵权人先前行为对其主观认知的判断，但是否只有先前行为受过行政或刑事处罚的侵权人才可表明其有违法的认知？承担过民事责任的，难道就不能证明再次行为的故意？承担刑事责任或许比民事责任更能证明侵权人的主观恶劣程度，但是并不能否认因同一或同类行为承担过民事责任的同样能推断出侵权人再次行为的主观故意。比如青岛市人民检察院诉

---

〔1〕 参见王秀卫、杨忱：《论生态环境侵权惩罚性赔偿制度中"故意"的认定》，载《南京工业大学学报（社会科学版）》2023年第1期。

某意向空间中心生态破坏民事公益诉讼中，该中心收购、出售珍贵、濒危野生动物被起诉要求赔偿相关损失及承担惩罚性赔偿，审理法院支持了检察院的请求。若该中心再次实施同种违法行为，试问法院为何不可以把此民事判决作为评价该中心是否存在违法故意的考量要素？

其次，看客观结果要件中的要素。严重后果是侵权人违法行为所造成的客观后果程度要件。《环境惩罚性赔偿的解释》第 8 条第 1 款规定的严重后果要素包括"污染环境、破坏生态行为的持续时间、地域范围，造成环境污染、生态破坏的范围和程度，以及造成的社会影响等"。规范最后的"等"字意味着法官可以根据个案情况适当增设个别要素，但前面三要素无疑应作为该要件评价的主要考量。

最为重要的是，无论是从要素关联性还是周延性角度看，该司法解释都欠缺了一个最为关键的要素——污染环境、破坏生态行为所造成的损害。以文义解释来看，"严重后果"首先需要解决"后果"的范围问题。现有研究成果对"后果"的理解存在公益与私益的争议。有的学者认为该后果仅指私益；[1]有的学者认为应同时包括私益与公益，即不仅指对受害人的人身、财产造成严重损害，还可能对环境造成严重损害甚至是不可逆转的损害。[2]而且，司法解释把"造成环境污染、生态破坏的范围和程度"公益损害要素放在"污染环境、破坏生态行为的持续时间、地域范围"侵权行为要素之后，颠倒了两者在认定严重后果的重要性。要素的排序与法官考量的重要程度一般呈正相关，而利益损害要素相比侵权行为要素而言能更直观和明确地体现后果的严重程度。如在浮梁县人民检察院诉浙江海蓝化工公司的环境污染民事公益诉讼案件中，法官主要是通过海蓝化工公司所造成污染环境、生态破坏的范围和程度（环境污染后专家鉴定所需修复总费用、环境功能性损失费用以及相关的鉴定费、人员值班工资、为解决村民饮水修建工程的工程款等花费）来说明其产生的严重后果。

---

〔1〕 参见窦海阳：《环境污染与生态破坏责任论》，社会科学文献出版社 2021 年版，第 74 页。谢秋凌：《生态环境侵权惩罚性赔偿责任的证成及适用——兼评〈民法典〉第一千二百三十二条》，载《广西社会科学》2021 年第 1 期。

〔2〕 参见梁勇、朱烨：《环境侵权惩罚性赔偿构成要件法律适用研究》，载《法律适用》2020 年第 23 期。谢海波：《环境侵权惩罚性赔偿责任条款的构造性解释及其分析——以〈民法典〉第 1232 条规定为中心》，载《法律适用》2020 年第 23 期。

第二节　赔偿倍数合理性质疑

环境侵权惩罚性赔偿数额的确定机制，其核心要素主要包括赔偿的基数与赔偿的倍数，这两部分共同构成了赔偿金额的计算框架。

在赔偿基数问题上，《环境惩罚性赔偿的解释》对不同利益主体在环境侵权案件中的赔偿基数作出了明确且合理的区分。这一区分不仅体现了法律对环境问题的深刻洞察，也彰显了司法实践对环境权益保护的全面性和精准性。对于私益诉讼而言，该司法解释第 9 条明确规定，人民法院在确定惩罚性赔偿金数额时，应当以环境污染、生态破坏所造成的人身损害赔偿金、财产损失数额作为计算基数。这一规定直接关联到受害者的切身利益，确保了他们因环境污染或生态破坏所遭受的经济损失能够得到充分且合理的赔偿。这种以实际损失为基础的赔偿计算方式，既体现了法律的公平正义，也符合社会对于环境侵权赔偿的普遍期待。而对于国家规定的机关或法律规定的组织作为被侵权人代表提起的公益诉讼，其惩罚性赔偿金数额的确定则采用了另一套计算基数。具体而言，是以生态环境受到损害至修复完成期间服务功能丧失导致的损失，以及生态环境功能永久性损害造成的损失数额作为计算依据。这一规定深刻反映了公益诉讼在保护生态环境方面的独特价值和重要作用。它不仅仅关注经济损失的赔偿，更将生态环境的修复和恢复提到了前所未有的高度，体现了法律对于生态环境价值的尊重和认可。下表是我国环境侵权惩罚性赔偿的主要案例，这些案例反映出了实务中公私益诉讼中的惩罚性赔偿。

案件名称	判决内容
江西省景德镇市浮梁县人民检察院诉浙江海蓝化工集团有限公司环境污染民事公益诉讼案（以下简称"江西浮梁案"）	承担生态修复费 2 168 000 元、环境服务功能损失费 57135.45 元、应急处置费 532 860.11 元、检测鉴定费 95 670 元、环境污染惩罚性赔偿金 171 406.35 元、案件受理费 31 000 元；在国家级新闻媒体上向社会公众赔礼道歉

案件名称	判决内容
江西省九江市武宁县人民检察院诉陈某、杨某非法捕捞水产品刑事附带民事公益诉讼案	判处陈某、杨某拘役 6 个月，缓刑 10 个月；承担生态修复费 7000 元、惩罚性赔偿金 3000 元；在当地县级新闻媒体公开赔礼道歉
山东省青岛市人民检察院诉崂山区意象空间艺术鉴赏中心生态破坏民事公益诉讼案（以下简称"山东青岛案"）	承担野生动物损失费 83 000 元、生态环境服务功能损失费 907 500 元、惩罚性赔偿金 99 050 元、专家意见费 15 150 元；在国家级媒体上公开赔礼道歉
陕西省咸阳市旬邑县人民检察院诉肖某某滥伐林木刑事附带民事公益诉讼案	判处有期徒刑 1 年，并处罚金 15 000 元；责令按旬邑县林业局（关于旬邑县 XX 镇 XX 村林木采伐案生态修复治理方案作业设计）进行补植，并增加 1 倍惩罚性赔偿责任；提供 30 日生态环境治理公益劳动
广东省韶关市曲江区人民检察院诉雷某某放火、非法狩猎刑事附带民事公益诉讼案（以下简称"广东曲江案"）	判处有期徒刑 5 年 2 个月；没收作案工具；赔偿因放火导致的生态损害费 13 100 元、环境修复费 89 732 元、惩罚性赔偿金 89 732 元；赔偿非法狩猎导致的生态损害费 400 元、惩罚性赔偿金 400 元
四川省广元市剑阁县人民检察院诉王某某生态破坏民事公益诉讼案	判决被告按其所猎捕野生动物的基准价值（880 元）的 3 倍标准（880×3 = 2640 元）承担惩罚性赔偿责任；责令当庭赔礼道歉；承担案件受理费 50 元
江苏省盐城市建湖县人民检察院诉张某某等 33 人非法采砂刑事附带民事公益诉讼案	判处 33 名环境危害行为人有期徒刑，并处罚金；各行为人连带赔偿生态损害费 5 157 476.86 元、技术评估费 280 000 元；在国家级媒体公开赔礼道歉；对有前科劣迹的张某某、鲍某某二人，判处分别承担生态环境损害惩罚性赔偿金 135 445.02 元、12 688.88 元
河北省保定市检察院诉某石料加工厂非法损害古长城遗迹环境民事公益诉讼案	立即停止侵害并修复环境；承担生态修复、鉴定费用；向社会公众道歉；赔偿生态环境功能损失费 528 397.81 元；承担破坏生态惩罚性赔偿金 528 397.81 元
浙江省丽水市青田县人民检察院诉马某等 11 人污染环境刑事附带民事公益诉讼案	承担生态环境损害惩罚性赔偿金 315 603 元（该赔偿金为生态修复费的 30%，即 1 052 010 元×0.3 = 315 603 元）

案件名称	判决内容
湖南省株洲市茶陵县人民检察院诉段某某非法占用农用地刑事附带民事公益诉讼案	判处段某某有期徒刑 6 个月，缓刑 1 年，并处罚金 10 000 元；责令补种树苗 6.7 亩，若到期不补种，则缴纳补植复绿费 89 860 元；缴纳破坏生态惩罚性赔偿金 16 680 元
福建省福州市永泰县人民检察院诉李某某等 3 人非法占用农用地刑事附带民事公益诉讼案	判处李某某等 3 人 6 个月至 1 年 10 个月不等的有期徒刑（适用缓刑），并处 2 万元至 10 余万元不等的罚金；共同承担被毁林地的生态环境损害费 141 792.44 元、惩罚性赔偿金 50 000 元
安徽省芜湖市芜湖经济技术开发区人民检察院诉刘某某等 3 人非法捕捞水产品刑事附带民事公益诉讼案	判处刘某某等 3 人 1 年 4 个月至 2 年 2 个月不等的有期徒刑（适用缓刑）；连带承担渔业资源和生态修复费 120 144 元、惩罚性赔偿金 30 000 元，专家评估费 800 元；在省级新闻媒体公开道歉
四川省雅安市汉源县人民检察院诉 6 男子危害珍贵、濒危野生动物刑事附带民事公益诉讼案	判处 6 男子 10 个月至 1 年不等的有期徒刑，并处 5000 元罚金；承担生态修复费 15 000 元；承担惩罚性赔偿金 6000 元
四川省德昌县人民检察院诉卢某 1、卢某权危害国家重点保护植物刑事附带民事公益诉讼案	被告人卢某权犯危害国家重点保护植物罪，判处拘役 5 个月，并处罚金人民币 3000 元；由被告人卢某权赔偿毁坏的林木经济损失 4520 元并对破坏生态造成的后果承担惩罚性赔偿 1698 元
陕西省米脂县人民检察院诉胡某、刘某乙等盗掘古人类化石、古脊椎动物化石刑事附带民事公益诉讼案	被告人各自处以罚金外，判令被告徐某甲、武某某、胡某某、张某某、任某某、刘某乙于判决生效之日起 15 日内向附带民事公益诉讼人某院共同赔偿恢复植被等费用人民币 1.2 万元；惩罚性赔偿金 6000 元（共计 1.8 万元）。并判令徐某甲、武某某、胡某某、张某某、任某某、刘某乙于本判决生效之日起 15 日内在榆林市新闻媒体进行公开道歉

这种区分公私益来确定计算基数的方法之所以值得肯定，原因在于：首先，公私益赔偿基数的区分体现了环境权的二元价值。传统环境权的保护往往侧重对环境资源开发利用的经济价值追求，而忽视了生态价值的重要性。

这种单一的价值取向导致了在环境资源的开发利用过程中，往往过于追求财富增长的极大化，而忽视了生态环境的保护和可持续发展。然而，随着现代环境权理论的不断发展和完善，人们逐渐认识到忽视生态价值的代价是巨大的，因此必须重塑环境权的二元价值，即经济价值与生态价值的协调发展。[1] 故而，《环境惩罚性赔偿的解释》通过重塑环境权的二元价值——经济价值与生态价值的协调发展——来应对这一挑战。在环境侵权案件中，私益赔偿主要体现的是私人经济价值的损失，它关注的是受害者因环境污染或生态破坏所遭受的直接经济损失。而公益诉讼中的生态修复费用则更多地反映了生态价值在民事责任中的体现。它要求侵权者不仅要承担因环境污染或生态破坏所造成的经济损失赔偿责任，还要承担起修复受损生态环境的责任和义务。这种双重责任机制不仅有助于维护受害者的合法权益，更有助于推动生态环境的保护和可持续发展。

其次，公私益基数的区分不仅是对环境权二元价值的体现，更深层次地，它揭示了公私利益在性质和内容上的本质差异。这种差异直接决定了在环境侵权案件中，赔偿基数应当如何合理设定以充分保障各方权益。公益，即国家和社会的公共利益，其涵盖的范围广泛且深远。它不仅仅局限于某一具体个体或团体的利益，而是着眼于整个社会的宏观利益和共同价值。这种利益的保护，往往关乎国家的长远发展、社会的和谐稳定以及生态环境的可持续发展。在环境侵权案件中，公益的损害往往表现为生态环境的破坏、自然资源的滥用或污染物的无节制排放等，这些行为不仅影响了人们的生存环境，还可能对生态平衡造成长远的负面影响。因此，对于公益的赔偿基数设定，必须充分考虑到生态环境修复的成本、生态服务功能丧失的损失以及可能引发的连锁反应等因素，以确保受损的公共利益能够得到全面而有效的恢复。相比之下，私益则更加侧重受害个人的利益保护。在环境侵权案件中，私益主要体现为受害者因环境污染或生态破坏而遭受的人身伤害和财产损失。这些损害直接关联到受害者的切身利益，对其生活质量和未来发展产生直接影响。因此，在设定私益的赔偿基数时，应当更加注重对受害者实际损失的评估和补偿，以确保其能够尽快恢复正常的生产生活秩序。鉴于公私利益在性

---

[1] 参见林丹红：《环境侵权之"损害"研究——以环境权的二元价值为基础》，载《苏州大学学报（哲学社会科学版）》2009年第1期。

质和内容上的显著差异，赔偿基数的设定必须充分考虑到各自的特点和需求。对于公益而言，赔偿基数应当更加侧重生态环境的修复和恢复成本，以体现对公共利益的全面保护；而对于私益而言，赔偿基数则应当更加贴近受害者的实际损失情况，以确保其合法权益得到有效维护。这种区分不仅有助于实现环境侵权赔偿的公正性和合理性，也有助于推动环境侵权案件的快速处理和有效解决。

最后，公私益基数的区分体现了各自追求目标的差异性。惩罚性赔偿作为一种特殊的法律责任形式，其核心功能在于对违法行为进行惩戒，以维护法律的权威和社会的公平正义。然而，在环境侵权案件中，由于公私利益的不同性质和受损程度，惩罚性赔偿在具体应用时也呈现出微观上的差异。在公益层面，惩罚性赔偿的惩罚功能显得尤为突出。这是因为，环境公益的损害往往涉及广泛的公共利益，如生态环境的破坏、自然资源的滥用等，这些损害不仅影响深远，而且往往难以通过一般的赔偿责任得到完全弥补。因此，在公益诉讼中，通过设定较高的惩罚性赔偿，可以更有效地震慑潜在的违法者，防止类似行为的再次发生。这种惩罚性赔偿不仅体现了对违法行为的严厉制裁，也彰显了对环境公益的高度尊重和保护。相比之下，在私益层面，惩罚性赔偿的激励功能则更加彰显。环境侵权案件中的私益损害主要体现为受害者的人身伤害和财产损失，这些损害直接关联到受害者的切身利益。因此，在私益诉讼中，惩罚性赔偿的首要目标并非仅仅惩戒违法者，更重要的是通过设定合理的赔偿标准，鼓励私人起诉，以对抗环境违法行为。这种激励功能不仅有助于提升公众对环境权益的保护意识，也能在一定程度上弥补受害者因诉讼成本高昂而可能放弃维权的问题。为了实现这一目标，在赔偿基数的设定上，应当更加体现出对私人利益的重视和维护。具体而言，可以通过设定更加灵活和合理的赔偿标准，确保受害者能够获得充分且及时的赔偿。同时，在赔偿金额的计算上，也可以考虑将受害者的实际损失、精神损害以及因诉讼而产生的合理费用等因素纳入考量范围，以更加全面地保障受害者的合法权益。

《环境惩罚性赔偿的解释》在公私益惩罚性赔偿的数额基数方面作出了明确的区分，这一举措体现了司法实践中的合理性与针对性。然而，这并不意味着这两个基数本身就已经完美无缺，不存在任何问题。在公益损害惩罚性赔偿的计算依据上，该解释采取了以生态环境受损至修复完成期间服务功能丧失所带来的损失，以及因生态环境功能遭受永久性损害所造成的损失数额作为基准。但值得注意的是，这里的服务期间损失费在司法实务中一直是公认的难题，其复杂性和不确定性给实际操作带来了不小的挑战。正如有的学者所说，实践中很难找到单独以期间损失作为惩罚性赔偿基数的判决案例。[1]

大多数情况下，法院都是将期间损失与功能修复费用放在一起考量。之所以不把期间损失费单独列出，主要原因在于不同法院对于期间损失费用的计算方法存在显著差异，缺乏统一的标准和定论。这种差异性导致了两个突出的问题：首先，同案不同判的现象时有发生。由于生态环境的复杂性和损害评估的专业性，期间服务功能损失的精确计算往往面临诸多困难。在这种情况下，不同法院对于如何确定这一赔偿数额采取了不同的策略和方法。一些法院在面临难以精确计算的挑战时，会选择将期间服务功能损失赔偿数额作为生态环境修复费用的一个酌定因素来考虑。这种做法实际上是在一定程度上将两者进行了关联，认为期间服务功能损失与生态环境修复费用之间存在某种内在的联系。然而，这种关联方式缺乏明确的标准和依据，导致不同法院在具体操作中出现了较大的差异。有的法院可能会根据生态环境修复费用的多少来酌情确定期间服务功能损失的赔偿数额，而有的法院则可能会结合其他相关裁量因子来进行综合考量。此外，在采取司法审查模式认定期间服务功能损失赔偿数额的过程中，不同鉴定机构所出具的鉴定意见也往往存在较大的差异。这些差异不仅体现在计算方法的选择上，还体现在所使用的系数和参数上。即使不同鉴定机构采用了同一方法进行计算，由于所选用的系数和参数不同，其得出的结论也可能大相径庭。这种差异性的存在使得以期间服务功能损失赔偿数额为计算基数确定的生态环境损害惩罚性赔偿金数额也自然而然地出现了巨大的差异。这种差异不仅影响了司法裁判的公正性和权威性，也给当事人带来了不必要的诉讼负担和争议。其次，重复计算的问题在环境侵权案件中同样是一个不容忽视的重要方面。在确定期间服务功能损失赔偿数额的过程中，法院和鉴定机构都需要综合考虑多个裁量因子，以确保赔偿数额的公正性和合理性。然而，在实际操作中，这些裁量因子往往存在被重复计算的风险。具体来说，所涉及的裁量因子包括但不限于已查

---

[1] 参见张辉：《生态环境损害惩罚性赔偿金数额的计算基数：困境与出路》，载《法学论坛》2023年第5期。

明的环境污染情节、污染环境的范围和程度、防治污染设备的运行成本、被告生产经营情况及因侵害行为所获得的利益、违法程度及主观过错程度、生态环境恢复的难易程度等多个方面。这些裁量因子在评估生态环境损害程度和确定赔偿数额时都发挥着重要的作用。然而，在司法审查模式下，虽然法院通常会尊重并采纳鉴定机构所出具的鉴定意见，将其中所确定的损害数额视为期间服务功能损失赔偿数额的基准，但鉴定机构在量化生态环境损害赔偿数额时，也往往会再次综合考虑这些裁量因子。这就导致了在实际操作中，某些裁量因子可能被重复计算的情况。以实践中广泛采用的虚拟治理成本法为例，鉴定机构在运用这一方法确定期间服务功能损失赔偿数额时，首先会计算出污染物排放量与单位污染物虚拟治理成本的乘积，以得到一个初步的损害数额。然而，这并不意味着计算过程的结束。为了更准确地反映生态环境损害的程度和持续时间，鉴定机构还会根据生态环境损害的程度和持续时间乘以一定的环境功能区敏感系数，从而得出最终的赔偿数额。在这个过程中，生态环境损害的程度和持续时间等裁量因子实际上被重复计算了两次：一次是在计算污染物排放量与单位污染物虚拟治理成本的乘积时，作为确定污染物排放量和单位治理成本的重要因素；另一次是在乘以环境功能区敏感系数时，作为调整最终赔偿数额的依据。这种重复计算的问题不仅可能导致赔偿数额的虚高，增加了被告的赔偿负担，还可能引发当事人的不满和争议，影响司法裁判的公正性和权威性。

在现有的法律体系中，《环境惩罚性赔偿的解释》以及南通市生态环境《局关于办理生态环境损害赔偿案件适用惩罚性赔偿的意见》等规范性文件，均明确指出惩罚性赔偿的数额应当有所限制，通常不超过人身损害赔偿金、财产损害赔偿（实际生态环境侵权损害数额）的两倍，同时，后者还列出了一份《南通市生态环境局惩罚性赔偿裁量计算表》，以帮助审判人员和执法人员确定惩罚性赔偿的具体倍数。（如下表）

南通市生态环境局惩罚性赔偿裁量计算表

	裁量因素	裁量因子	裁量百分值
1	恶意程度	间接故意	0.2
2		直接故意	0.3

	裁量因素	裁量因子	裁量百分值
3	责任人专业背景	责任人不具备环保、法律等专业背景，且环保管理工作年限不足 3 年的	0.05
4		责任人具备环保、法律等专业背景，或者工作年限 3 年以上不足 5 年的	0.075
5		责任人从事环保管理工作 5 年以上的	0.1
6	持续时间	持续时间不足 1 天	0.075
7		持续时间 1 天以上不足 5 天	0.15
8		持续时间 5 天以上	0.2
9	污染区域	生态红线区域外	0.1
10		生态红线区域内、自然保护地一般控制区、饮用水源地二级保护区	0.2
11		自然保护地核心保护区；饮用水源地一级保护区	0.3
12	超标污染物数目	1 个	0.075
13		2 个	0.15
14		3 个以上	0.2
15	超标状况	超标不足 50%，或 5.5≤pH<6 或 9<pH≤9.5	0.05
16		超标 50%以上不足 100%，或 4.5≤pH<5.5 或 9.5<pH≤10.5	0.1
17		超标 100%以上不足 200%，或 3.5≤pH<4.5 或 10.5<pH≤11.5	0.15
18		超标 200%以上，或 pH<3.5 或 pH>11.5	0.2
19	污染物排放量	水、固废不足 1 吨；大气小时排气流量不足 1000 标立方	0.075
20		水、固废 1 吨以上不足 3 吨；大气小时排气流量 1000 标立方以上不足 10000 标立方	0.15
21		水、固废 3 吨以上；大气小时排气流量 10000 标立方以上	0.2

	裁量因素	裁量因子	裁量百分值
22		未引发媒体报道且无群众举报，也未造成其他环境影响的	0
23	社会影响	相关事件被媒体报道，且被点击、浏览次数不足 5000 次，或者被转发次数不足 500 次的；或者引发群众举报，举报数量不足 3 次的	0.15
24		相关事件被媒体报道，且被点击、浏览次数达到 5000 次以上，或者被转发次数达到 500 次以上的；或者引发群众举报，举报数量超过 3 次的	0.3
25		违法所得在 1 万元以下	0.05
26	侵权人违法所得情况	违法所得 1 万元（含）不足 10 万元	0.075
27		违法所得 10 万元（含）以上的	0.1
28		企业上一年度纳税额不足 50 万元	0.05
29	企业经营状况	企业上一年度纳税额 50 万元以上不足 500 万元	0.075
30		企业上一年度纳税额 500 万元以上	0.1

然而，这一限制在实际应用中是否真正合理，却值得深入探讨。首先，从惩罚功能的实现角度来看，两倍数额的限制确实可能在一定程度上削弱了法律对于生态环境侵权行为的惩罚力度，使得法律的惩戒效果未能得到充分发挥。在当前的生态环境保护形势下，存在一些特大或极其恶劣的生态环境侵权案件，这些案件往往对自然环境造成了难以估量的损害，对生态平衡构成了严重威胁，甚至影响了当地居民的生活质量和长远发展。在此类情况下，如果仅仅按照实际损害的两倍来确定赔偿金额，那么这一数额可能并不足以充分反映出侵权行为的严重性和危害性，也无法充分体现出法律对于此类行为的严厉惩罚和有效威慑。实际上，在一些具体案例中，这种惩罚力度的不足已经得到了体现。例如，在江西浮梁县人民法院审理的某起生态环境侵权案件中，法官在综合考量了侵权行为的性质、后果以及侵权人的主观恶意程度后，作出了高达三倍赔偿金额的判决。其次，从法律体系内部协调性的角度来看，环境生态侵权惩罚性赔偿所设定的两倍数额限制，确实与其他法律条文明确规定的惩罚性赔偿数额存在一定的不和谐之处，这种差异在一定程

度上影响了法律体系的整体一致性和逻辑性。在现行法律体系中，为了强化法律的惩戒功能并确保其严肃性，许多法律条文在设定惩罚性赔偿时，都倾向于采用较高的倍数，如三倍甚至更高，以此来体现对违法行为的严厉打击。同时，部分法律还规定了最低赔偿数额，以确保在特定情况下，即便实际损害较小，也能对违法行为人形成足够的法律压力和经济制裁。这些规定共同构成了法律体系中惩罚性赔偿的完整框架，旨在通过明确的数额标准和倍数设定，实现法律的公正性和执行力。然而，在环境生态侵权领域，两倍数额的限制却显得与这一框架有所脱节。与其他法律条文中普遍采用的三倍或更高倍数相比，两倍的限制显得较为保守和孤立，缺乏与其他法律条款之间的呼应和协调。这种差异不仅可能导致法律适用上的困惑和混乱，还可能削弱法律体系的整体性和权威性。更为关键的是，环境生态侵权行为的严重性和危害性往往不容忽视。这些行为不仅直接损害了自然环境和生态平衡，还可能对人民群众的生命健康和财产安全构成潜在威胁。因此，在设定惩罚性赔偿数额时，应当充分考虑环境生态侵权行为的特殊性和严重性，以确保法律能够对其形成有效的制约和威慑。再者，关于通过司法解释或非正式法律文件来限定环境生态侵权惩罚性赔偿倍数的方式，其合理性和合法性边界还需要斟酌。司法解释作为法律适用过程中的一种重要工具，其本质在于对现行法律条文进行解释、说明和细化，以确保法律在具体案件中的准确适用和一致执行。司法解释的目的在于填补法律漏洞、消除法律歧义，而非随意创设或改变法律规范。然而，当司法解释开始直接规定环境生态侵权惩罚性赔偿的倍数限制时，其性质便在一定程度上超越了传统的解释范畴，有滑向创设新法律规范的嫌疑。这种做法不仅可能引发法律适用上的混乱和不确定性，还可能对法律的权威性和稳定性造成负面影响。因为司法解释的效力虽然具有一定的普遍性，但其本质仍然是基于现行法律条文进行的解释和细化，而非完全独立的法律规范。如果司法解释过度扩张其职能，直接规定具体的法律制度和标准，那么就会模糊法律与司法解释之间的界限，削弱法律的权威性和稳定性。此外，通过非正式法律文件来限定赔偿倍数的方式同样存在合理性问题。非正式法律文件通常指的是那些不具有法律效力的文件、通知或指导意见等，它们往往缺乏严格的制定程序和审查机制，因此其内容的合理性和合法性往往难以得到保障。如果允许通过非正式法律文件来限定环境生态侵权惩罚性赔偿的倍数，那么就会为权力寻租和利益输送提供可乘之机，

进而损害法律的公正性和权威性。

第三节　赔偿金归属的争议

全国人民代表大会法律工作委员会在最高人民法院着手制定《环境惩罚性赔偿的解释》的过程中，曾以书面形式向最高人民法院反馈了其专业意见。该意见明确指出："根据《民法典》第1232条，惩罚性赔偿主要适用于由被侵权人提起的私益诉讼。"[1]在法学理论界，同样存在着一种主流声音，即惩罚性赔偿应当严格限制在私益诉讼的框架内，而不应轻易扩展至公益诉讼领域，或者即便在公益诉讼中有所尝试，也应当持极为审慎的态度。[2]然而，现实情况却与理论界的普遍预期存在一定的偏差。人民法院在审理环境侵权案件时，不仅对环境公益诉讼中的惩罚性赔偿持开放态度，甚至在一定程度上突破了"法不溯及既往"的法治原则。相比之下，在环境私益诉讼中，人民法院对惩罚性赔偿的适用却显得相对保守，案例并不多见。这一现实状况引发了关于环境公益诉讼中惩罚性赔偿适用问题的进一步思考，尤其是惩罚性赔偿金的归属问题，成为公益诉讼惩罚性赔偿普遍面临的难题。由于环境侵权惩罚性赔偿的主要功能在于对侵权行为的严厉惩罚，因此其赔偿金数额往往较为可观，这也使得赔偿金的分配与归属问题变得更加突出和复杂。如何妥善处理这部分资金，使得既能够体现惩罚性赔偿的惩戒效果，又能确保资金的合理、高效利用，成为亟待解决的重要问题。

在环境私益的惩罚性赔偿中，我国惩罚性赔偿金通常都归被侵权人所有。相比之下，国外有一些不同的做法，如将惩罚性赔偿金按照一定比例在被侵权人和政府之间进行分配。以美国为例，一些州在惩罚性赔偿金的分配上采取了更为灵活和细致的规定。[3]例如，犹他州、佛罗里达州和佐治亚州等州，均通过立法明确了惩罚性赔偿金在被侵权人和政府之间的分配比例。这些州的具体做法虽然有所差异，但都体现了一种平衡原则，即在保障被侵权人合法权益的同时，也考虑到了政府的利益和社会公共利益。犹他州的法律规定

---

〔1〕　参见刘竹梅、刘牧晗：《〈关于审理生态环境侵权纠纷案件适用惩罚性赔偿的解释〉的理解与适用》，载《人民司法》2022年第7期。

〔2〕　参见徐以祥：《〈民法典〉中生态环境损害责任的规范解释》，载《法学评论》2021年第2期。

〔3〕　参见杨静毅：《惩罚性赔偿金额的经济分析》，载《东岳论丛》2011年第3期。

颇具代表性。该州规定，当惩罚性赔偿金的总额不超过 2 万美元时，全部金额将直接归属于被侵权人，以确保其能够获得充分的赔偿。而当惩罚性赔偿金的总额超过 2 万美元时，其中的 50% 将归属于州的财政部门，用于支持环境保护和其他相关公益事业。这种做法既体现了对被侵权人的充分保护，又通过政府的参与实现了资金的合理再分配。佛罗里达州则采取了另一种分配方式。该州规定，无论惩罚性赔偿金的总额是多少，其中的 35% 都将归属于政府，而剩余的 65% 则归被侵权人所有。这种分配比例旨在确保被侵权人能够获得大部分赔偿金的同时，也让政府能够分享到一部分资金，用于推动环境保护事业的发展。佐治亚州的做法与佛罗里达州类似，但在分配比例上有所不同。该州规定，惩罚性赔偿金的 25% 归被侵权人所有，而剩余的 75% 则归属于政府。这种分配方式更加注重政府的利益，但同时也确保了被侵权人能够获得一定的赔偿。国外这些不同的做法旨在避免被侵权人因获得过多的赔偿金而产生不当得利的情况，通过设定合理的分配比例，这些州既保障了被侵权人的合法权益，又实现了资金的合理再分配，促进了环境保护事业的持续发展。

从司法实践的角度来看，当前在多数涉及环境公益惩罚性赔偿的判例中，赔偿金往往最终被收归国库。这一处理方式虽然在实践中得到了广泛应用，但对于这些归于国库的赔偿金的权属论证，法学界和实务界目前尚未形成统一的认识和明确的共识。

一些学者从法律权利来源的角度进行了深入探讨。他们认为，检察院之所以能够在环境公益诉讼中诉请惩罚性赔偿，其权利基础源自法律明确规定的惩罚性赔偿请求权。在环境公益受损而被害者未主动提起诉讼的情况下，由于难以确定具体的权利人或者即便胜诉后也难以找到确切的权利人来主张权益，法院通常会依据一定的法律逻辑和程序，判决将惩罚性赔偿金直接上缴国库。这种做法在法理上，往往被比照为处理无人认领的遗失物的原则，即当某物遗失且无法确定其所有人时，该物将依法归国家所有。[1]

与此同时，有学者持有不同的观点。他们主张将环境公益惩罚性赔偿的性质认定为公法债权，并据此将其视同行政罚款和刑事罚金进行处理。[2]这

---

〔1〕　参见黄忠顺、刘宏林：《论检察机关提起惩罚性赔偿消费公益诉讼的谦抑性——基于 990 份惩罚性赔偿检察消费公益诉讼一审判决的分析》，载《河北法学》2021 年第 9 期。

〔2〕　参见［奥］赫尔穆特·考茨欧、瓦内萨·威尔科斯克主编：《惩罚性赔偿金：普通法与大陆法的视角》，窦海阳译，中国法制出版社 2012 年版。

一观点的支持者认为，环境公益惩罚性赔偿的目的在于对环境侵权行为进行严厉打击和惩戒，其性质和功能与行政罚款和刑事罚金具有相似之处。实际上，这一观点在司法实践中也有所体现，例如法院在计算惩罚性赔偿数额时，通常会考虑并允许扣除已经对侵权人处以的行政罚款和刑事罚金，以避免对同一行为进行重复处罚。

针对将惩罚性赔偿金作为遗失物处理收归国库的观点，笔者认为并不可行：首先，从权利来源的本质上来看，惩罚性赔偿请求权的真正主体应当是受害者，即那些因环境侵权行为而遭受损害的个人或集体。检察院在环境公益诉讼中虽然扮演着提起诉讼或主张权利的角色，但其身份更接近一个代为起诉的诉讼主体，而非权利的享有者。因此，在没有获得受害者明确授权或权利让渡的前提下，将惩罚性赔偿金直接收归国库，这一做法在私法原理上显得缺乏充分的正当性。私法强调的是个体权利的保护和尊重，任何对个体权利的处置都应当基于权利人的真实意愿和合法授权。其次，将难以确定具体的权利人或者即便胜诉后也难以找到确切的权利人来主张权益作为收归国库的合理理由，这一逻辑同样存在瑕疵。诚然，在某些生态侵权案件中，由于受害范围广泛、受害者众多且分散，确实可能难以迅速确定具体的权利人。然而，在环境侵权案件中，权利人的确定往往并不如想象中那么困难。例如，在倾倒废物、废水等导致居民生活或健康受到直接影响的案例中，那些直接受到侵害的居民就是明确的权利人。他们不仅能够清晰地识别出自己的受损情况，还能够在法律允许的范围内积极主张自己的权益。最后，我们还需要考虑到一个潜在的情况：即使在诉讼过程中没有找到确切的权利人，但也不能排除在未来一段时间内权利人出现并主张权利的可能性。只要权利人在法定的诉讼时效范围之内站出来主张自己的权益，他们的权利就应当得到法律的充分保障和认可。将惩罚性赔偿金直接收归国库，可能会剥夺这些潜在权利人获得应有赔偿的机会，从而引发新的法律争议和社会矛盾。若私人诉讼则赔偿金按一定比例归于个人；若公益诉讼，则赔偿金归相关国家机关，用于弥补受害者损失和修复环境。

针对第二个观点，即将环境公益惩罚性赔偿金视为公法债权这一做法，在法理逻辑、实践效果以及制度初衷等多个层面上均显得不妥，甚至可能引发一系列不良后果。首先，从性质界定上来看，惩罚性赔偿金与刑事罚金、行政罚款之间存在着本质且清晰的界限。惩罚性赔偿金的法律依据源自私法规范，而非公法范畴的产物。它作为一种特殊的赔偿机制，旨在通过施加额外的经济赔偿来惩戒那些严重违反环境保护法规、肆意损害公共利益的行为主体，从而实现对受害者权益的充分补偿与修复。这种赔偿方式不仅体现了法律对违法行为的严厉谴责，也彰显了法律对受害者利益的高度关注。然而，若将惩罚性赔偿金与刑事罚金、行政罚款等公法性质的处罚手段混为一谈，无疑会模糊其原有的性质和目的，导致法律适用的混乱和偏差，进而削弱法律的权威性和公正性。其次，从实践效果来看，若将惩罚性赔偿金视为公法债权，并完全归于国家财政进行任意支配，那么这种赔偿方式将彻底背离其设立的初衷。惩罚性赔偿金的根本目的在于确保受害者能够获得及时、充分的赔偿，以弥补其因违法行为所遭受的损失。同时，这种赔偿方式还旨在通过经济激励手段，推动社会各界共同参与环境保护，形成强大的社会合力。然而，一旦赔偿金被纳入国家财政，由政府进行统一调配，受害者的直接利益将无法得到切实保障，而环境保护的激励机制也可能因此大打折扣。这不仅会削弱受害者对法律的信任感，也会降低社会各界参与环境保护的积极性和动力。最后，关于惩罚性赔偿金赔偿数额在计算时扣除行政罚款、刑事罚金的问题，其背后的原因并非将惩罚性赔偿金简单地等同于公法债权或行政罚款的延伸。实际上，这种做法主要是为了避免对同一违法行为进行过度惩戒，从而确保法律的公正性和合理性。在司法实践中，如果侵权人已经因同一行为受到了行政罚款或刑事罚金的处罚，那么在计算惩罚性赔偿金时，法院通常会考虑这一因素，以避免对侵权人造成过重的经济负担。然而，这并不意味着惩罚性赔偿金就可以被随意地视为公法债权或行政罚款的替代物。相反，它仍然保持着其作为私法赔偿方式的本质属性和独立价值。

在探讨资金的管理方式时，当前两种主流做法为：第一种，通过财政专户集中收缴并实行专款专用，这种做法往往被视为将惩罚性赔偿金视为公共债权时的标准操作。基于国家所有的原则，这些资金自然被纳入国家财政体系，由国家统一管理和调配。这种做法看似简洁明了，但实质上却隐藏着权利基础不稳固的问题。由于惩罚性赔偿金本质上带有私法赔偿的属性，直接将其视为公共债权并纳入国家财政，其正当性和合法性自然会受到一定程度的怀疑。

相比之下，第二种做法则更加注重惩罚性赔偿金的私法赔偿属性。通过将赔偿金汇入专项基金，由检察院、法院或财政局等政府机关单独或联合设立的政府性基金进行管理，这种做法能够更灵活地运用资金，并将其投入环境的改造和修缮等公益事业中。政府性基金作为一种特殊的财政工具，具有依法设立、目的特定、对象特定以及专款专用等特点。其设立必须遵循法律保留原则或授权明确性原则，确保资金的合法性和合规性；同时，政府性基金还承担着支持国家履行特定公共职能或行政给付义务的资金需求，具有明确的使命和目标。

然而，尽管第二种资金管理方式——通过设立政府性基金来管理环境公益惩罚性赔偿金，在理论上展现出更为合理和灵活的特性，但在将这一理论转化为实际操作的过程中，却不得不面对一系列复杂且棘手的挑战。首要挑战源自政府性基金设立的严格法律程序。这一程序不仅要求详尽的规划和严谨的论证，还需要经过多个层级的审批和核准，从初步的申请到最终的批准，往往要耗费大量的时间和精力。这种漫长的过程不仅增加了设立基金的难度，也使得资金的到位和使用时间被大大推迟。更为关键的是，由于设立政府性基金的审批标准严格且复杂，各地环境公益惩罚性赔偿金能否成功转化为政府性基金，进而得到妥善管理，存在很大的不确定性。这种不确定性无疑会对资金的保管和使用效率产生负面影响，甚至可能导致资金在等待审批的过程中被闲置或浪费。其次，严格的资金监管机制虽然在一定程度上能够有效遏制赔偿金的滥用和非法挪用，但同时也带来了新的问题。在严格的监管框架下，资金的使用必须严格遵守既定的规则和程序，这使得资金使用者在面对复杂多变的社会环境和实际需求时，往往难以作出迅速而灵活的决策。在无法确保每一笔支出都与设立目的完全吻合的情况下，为了避免违规风险，资金使用者可能会选择更为保守的策略，例如将资金闲置不用，从而无法充分发挥其应有的社会效益。这种情况不仅违背了设立政府性基金的初衷，也浪费了宝贵的资源。最后，我国政府性基金的法治化程度虽然近年来有所提高，但仍存在诸多不足之处。在实际操作中，收支分离的原则并未得到严格遵守，有相当一部分政府性基金出现了收支"一体化"的现象。这种现象不仅削弱了资金监管的有效性，使得资金的使用情况变得模糊不清，难以追踪和审计；还可能引发一系列违法违规行为，如挪用公款、贪污腐败等，进一步加剧了资金管理的风险。这些问题不仅损害了政府性基金的声誉和公信力，也对社会的稳定和可持续发展构成了潜在威胁。

第十章

惩罚主导型惩罚性赔偿适用问题的应对

惩罚主导型惩罚性赔偿适用的关键问题在于确保惩罚的适度性，这一问题涵盖了三个至关重要的维度：首先，必须确保对被惩罚者施加的惩罚力度是恰当的，既不过于严苛，也不轻描淡写，以达到既惩戒又警示的效果；其次，要考虑到对被侵害者的保护是否适度，既要充分补偿其因侵权行为遭受的损失，又要避免过度补偿导致的利益失衡；最后，还需审慎权衡被惩罚者与被侵害者之间的利益，力求在两者之间找到一个公平合理的平衡点，既维护正义，又促进社会和谐。

第一节　构建公私益诉讼惩罚性赔偿的二元格局

一、公益与私益的界分

在环境法领域，这一适用问题变得尤为复杂且紧迫，因为它直接关联到持续膨胀的经济发展与科技进步所带来的利益需求，与同样日益增长的环境保护利益需求及其实现能力之间的深刻矛盾。[1]随着工业化、城市化的加速推进，对自然资源的开发利用达到了前所未有的规模，而环境污染与生态破坏也随之加剧，严重威胁到人类社会的可持续发展。环境侵权惩罚性赔偿机制正是在这样的背景下应运而生，其目标是通过经济制裁这一有力手段，对环境破坏者实施必要的惩罚，从而有效遏制环境侵权行为，促进环境保护目标的实现。具体而言，环境侵权惩罚性赔偿在解决惩罚适用问题时，需要精心协调三组利益关系：第一组是侵权者利益与被侵害私人利益之间的关系，既要确保侵权者为其行为付出应有的代价，又要避免对侵权者的过度打压影

---

[1]　参见李启家：《环境法领域利益冲突的识别与衡平》，载《法学评论》2015 年第 6 期。

响其正常的生产经营活动，同时也要充分保障被侵害者获得合理的赔偿；第二组是侵权者利益与公共利益之间的关系，这要求我们在惩罚侵权者的同时，也要考虑到其行为对公共利益造成的损害，确保惩罚能够反映出对公共环境利益的尊重与保护；第三组则是被侵害私人利益与公共利益之间的关系，在处理个案时，需兼顾个人权益与社会整体利益，避免在保护个人权益的同时忽视对公共环境的维护，或是在追求公共利益的过程中牺牲了无辜个体的合法权益。通过妥善处理这些利益关系，环境侵权惩罚性赔偿制度才能更加有效地发挥作用。

上述三组关系中有对公益与私益关系的区分。之所以有这种区分，是因为存在生态环境侵权行为所造成的私益损害与公益损害的事实，而在此事实的基础上就构成了民事诉讼中的环境私益诉讼和公益诉讼。环境私益侵权诉讼，顾名思义，其核心在于作为民事权利主体的个人或组织，针对环境侵权行为给自身造成的直接损失，所采取的一种私力救济手段。这种诉讼模式强调的是个体权益的保护，旨在通过法律途径恢复或补偿因环境侵权行为而受损的个人利益。相比之下，公益环境侵权诉讼则更多地聚焦于公共利益的维护与保障。从概念上看，公共利益本身是个不确定的概念，无法用准确的内涵和外延对其进行清晰的界定，但其大体包括三个特点：主体的不特定多数、关系到社会共同体中每个成员生存发展的基本利益且该利益具有整体性不能分开。[1] 环境侵权公益诉讼主要是针对受到侵害的生态环境公共性利益的损害，这类诉讼不仅涵盖了那些虽然未直接遭受环境侵害，但出于对社会公共利益的高度关注，主动提起诉讼的民事主体；同时也包括那些虽然与环境侵权行为存在直接利害关系，但其诉讼目的并非仅仅是维护个人利益，而是更广泛地保护公共利益而提起诉讼的民事主体。这种诉讼模式的出现，无疑为环境保护提供了更为坚实的法律支撑，使得公共利益在遭受侵害时能够得到及时、有效的法律救济。

二、环境侵权公私益诉讼惩罚性赔偿的适用依据

《民法典》第 1232 条为环境侵权私益诉讼惩罚性赔偿提供了明确的法律

---

[1] 参见丁国民、郭仕捷：《环境侵权诉讼中公益私益界定难题及策略选择》，载《社会科学战线》2020 年第 11 期。

依据，那么环境侵权公益诉讼是否可以适用惩罚性赔偿？《民法典》明确规定有公益代表人的为第 1234 条和第 1235 条，第 1234 条赋予了公益代表人一项重要的请求权，即请求侵权人在一个合理的期限内对受损的生态环境进行修复，或者由侵权人承担与之相应的修复费用。这一规定旨在通过法律手段，促使侵权人积极履行其修复环境的责任，以恢复受损的生态平衡。而第 1235 条则进一步细化了公益代表人可以请求侵权人赔偿的损失和费用的具体范围。这些损失和费用包括：期间损失、永久损失、生态环境损害调查费用，鉴定评估费用，清除污染费用，修复生态环境费用以及为防止损害的发生与扩大所支出的费用。其中，前两项损失费用可以被视为生态环境损害赔偿费用，它们直接反映了侵权行为对生态环境造成的损害程度；第三项费用则属于国家规定的机关和法律规定的组织在维权过程中可能垫付的诉讼费用，是维权成本的一部分；最后两项费用则是修复生态环境的必要支出，它们对于恢复环境的原始状态至关重要。[1] 然而，尽管这些费用涵盖了环境侵权公益诉讼中可能涉及的多方面损失和支出，但《民法典》第 1234 条和第 1235 条的条款中并未明确列出惩罚性赔偿这一内容。这引发了学者们的广泛讨论。有学者认为，《民法典》第 1232 条所规定的惩罚性赔偿，其适用范围仅限于环境侵权私益诉讼，而在环境侵权公益诉讼中，则并未有明确的法律规定来支持惩罚性赔偿的适用。同时在赔偿费用和修复费用中，已经蕴含了惩罚性的因素，因此公益诉讼也不应支持惩罚性赔偿。[2]

　　笔者并不赞同这种观点。从《民法典》的体系看，第 1232、1233 条与第 1234、1235 条并非私益诉讼和公益诉讼的责任区分。首先，第 1232、1233 条所规定的惩罚性赔偿和侵权责任，其适用范围并非仅限于公益诉讼，而是适用于所有的环境侵权诉讼，无论是私益诉讼还是公益诉讼。这两条条款的核心在于对侵权行为的制裁和对被侵权人权益的保护，而并未将被侵权人局限为私益诉讼的请求权人。实际上，从法律条文的文义解释出发，我们不难发现，在第 1232、1233 条中，法律并未明确排除公益诉讼中的请求权人成为法条中的被侵权人。在民法上，被侵权人是指其权益受到侵害的人，这一概念

---

〔1〕　参见于文轩：《论我国生态损害赔偿金的法律制度构建》，载《吉林大学社会科学学报》2017 年第 5 期。

〔2〕　参见黄忠顺：《生态环境损害惩罚性赔偿请求权二元配置论》，载《当代法学》2022 年第 6 期。

并不要求特指某个人或某几个人，而是可以包括所有因侵权行为而遭受损害的主体。如果对被侵权人进行狭义上的理解，即仅指特定的被侵权人，那么整个环境侵权公益诉讼都将缺乏明确的法律依据，而不仅仅是环境侵权公益诉讼中的惩罚性赔偿。事实上，环境侵权民事诉讼的法律依据都是《民法典》第1229条，即"因污染环境、破坏生态造成他人损害的，侵权人应当承担侵权责任"。这里的"他人"显然是一个宽泛的概念，它包括了所有因侵权行为而遭受损害的人，而不仅仅是指特定的被侵权人。如果将这里的"他人"也仅理解为特定的被侵权人，那么环境公益民事诉讼将丧失其在民法上的请求权基础。其次，如果坚持认为第1232、1233条只针对私益诉讼，那么在公益诉讼中，当因第三人的过错导致了环境污染、破坏生态时，公诉人是否可以直接向第三人请求赔偿呢？从理论和实务的角度来看，公诉人直接向有过错的第三人请求赔偿是完全正当的。而第1232条正是这一正当主张的法律依据，它规定了因第三人的过错污染环境、破坏生态的，被侵权人可以向侵权人请求赔偿，也可以向第三人请求赔偿。如果我们将第1232条理解为只针对私益诉讼，那么公益诉讼中向第三人主张赔偿的请求权将丧失明确的法律依据，这显然是不合理的。

从赔偿类型来看，环境公益侵权案件中，公益代表人所能提出的期间损失、永久损失以及修复费用等赔偿项目，其本质并非旨在施加惩罚，而仅仅是在一定合理幅度内对受损方进行经济补偿。生态环境，作为一种珍贵的公共产品，其损失的计算过程颇为复杂，需要科学合理地运用现值系数来进行折算。这一折算过程涵盖了复利率与贴现率两大要素：对于过往已经发生的损失，我们采用复利率进行复利计算，以确保其价值的真实反映；而对于未来可能产生的损失，则利用贴现率进行贴现计算，以预估并纳入当前的赔偿考量之中。在评估期间损失与永久损失的具体价值时，往往离不开一系列专业且特殊的环境价值评估方法，如虚拟治理成本法、效益转移法、条件价值法以及避免损害成本法等。这些方法的运用，不仅体现了环境损害评估的专业性与复杂性，同时也意味着在生态损害的价值评估及司法认定过程中，确实存在一定的裁量空间，需要法官或评估人员根据具体情况作出合理的判断。至于生态环境的修复问题，若侵权人具备修复能力，则应直接承担修复责任；若其无法完成修复，则由法院依据实际情况判定侵权人支付相应的修复费用。在这一过程中，法院同样享有一定的自由裁量权，以确定合理的修复费用数额。然而，需要明确的是，上述公益诉讼中所涉及的损失费用与修复费用，并不能成为否定环境侵权公益诉讼中包含惩罚性赔偿理由的依据。

第一，这些费用本质上仍属于赔偿范畴，并不具备惩罚的功能。无论是期间损失、永久损失还是修复费用，它们都是对侵权人已经造成的损害进行的一种填补，而非对侵权人进行额外的惩罚。有学者提出这些费用可能带有某种惩罚性因素，但这主要是相对于确定的损失填补而言。在法官行使自由裁量权时，确实存在一定的把控空间，特别是在侵权人存在主观故意的情况下，法官可能会适度地提高损失赔偿的额度。然而，这并不意味着这种提高就构成了惩罚性赔偿。因为，在具体损失无法明确界定的情况下，任何人都无法断言法官所行使的自由裁量权具有惩罚性质。这种幅度的调整是在法律允许的范围之内进行的，而非法官主观臆断的增加。因此，不能仅凭法官行使了自由裁量权或考虑了当事人的主观要素，就认为这种赔偿具有惩罚性。这种解释违背了法理的基本原则。实际上，在合同法领域，同样存在许多需要法官行使自由裁量权来确定赔偿数额的情形，如可期待利益的赔偿等。这些赔偿同样是对受损方的一种经济补偿，而非对违约方的惩罚。因此，我们不能因为环境侵权公益诉讼中涉及了法官的自由裁量权或考虑了当事人的主观要素，就轻易地将其与惩罚性赔偿混为一谈。

第二，从赔偿的构成要件上来看，这些损失赔偿与惩罚性赔偿之间存在着显著的差异。在公益诉讼中，当公益诉讼人要求赔偿期间损失、永久损失以及修复费用时，其核心任务是对侵权人实际造成的损失进行举证。具体而言，这主要涉及对损害事实的客观呈现，比如损失的具体数额、损害的范围等。至于侵权人的主观状态，比如其是否存在恶意，以及侵权行为的隐蔽性、危害性等，并非主张这些赔偿时必须额外举证的范围。换句话说，即便侵权人在主观上没有恶意，但只要客观上存在上述损失，其依然需要承担相应的赔偿责任。这一原则是由生态环境侵权的归责原则所明确规定的。在生态环境侵权的语境下，归责原则被设定为无过错责任原则。这意味着，在处理生态环境侵权案件时，法律并不考虑侵权人的主观过错，而是直接以其造成的损失作为承担责任的基础。换句话说，无论侵权人是否存在过错，只要其行为导致了生态环境的损害，就需要对此负责。这种归责原则的设置，体现了法律对生态环境保护的重视，以及对生态环境损害行为的严厉打击。与此相反，惩罚性赔偿的构成要件则更为严格。它不仅要求当事人存在主观恶意，还要求有明确的侵权行为、损害后果以及因果关系等要素。这些要素缺一不可，共同构成了惩罚性赔偿的法定条件。只有当这些条件全部满足时，法律才会考虑对侵权人实施惩罚性赔偿。因此，从构成要件上来看，损失赔偿与惩罚性赔偿之间存在着明显的区别。前者更注重对损失的客观呈现和补偿，而后者则更侧重对侵权行为的惩罚和遏制，前者并不能替代后者的适用。

第三，我们还需要认识到，并不是所有的环境侵权公益诉讼都能毫无例外地获得期间损失、永久损失和修复费用等赔偿。这些赔偿的获得，往往取决于多种因素的综合考量。退一步来说，即使我们假设上述费用在某种程度上确实蕴含了惩罚的因素，也并非每个需要惩罚的公益诉讼案件都能顺利获得这些赔偿费用，特别是修复费用。在环境修复的实践中，根据修复对象的不同，责任承担方式可以细分为直接修复和间接修复两种。直接修复，顾名思义，是针对受到污染或破坏的环境介质、生物以及生态系统等，进行科学的评估，并在原区域、原体上进行修复工作。这种方式通常适用于生态环境受损程度相对较轻，且修复技术难度不大、费用相对合理的情形。然而，当面对修复技术难度极大或修复费用过于高昂的情况时，直接修复可能就不再是最优选择，此时我们可以考虑采取替代性修复的方式。以贵州为例，当地司法机关在环境修复方面进行了诸多创新尝试，如增殖放流、异地修复、劳役代偿等替代性修复方式，这些方式在实践中取得了显著成效，有效地实现了对生态环境损害的救济。[1]这些案例充分说明，在公益诉讼案件中，我们不能单纯依赖那些所谓带有惩罚因素的赔偿来对恶意侵权人进行惩戒。如果将惩罚性赔偿排除在公益诉讼之外，那么相当一部分恶意环境侵权人可能会借此逃脱应有的惩戒。这与惩罚性赔偿制度制定的初衷——有效遏制和惩戒恶意侵权行为——是相背离的。更为荒诞的是，在私益诉讼中，那些造成损害的恶意侵权人往往需要承担惩罚性赔偿，而在公益诉讼中，那些造成更大范围、更广影响、更为恶劣后果的侵权人反而无需承担此类赔偿。这种现象不仅违背了法律的公平正义原则，也削弱了法律对恶意环境侵权行为的打击力度。

从司法实务的角度来看，环境侵权公益诉讼案件在近年来的实践中呈现

---

〔1〕 参见田勇军、李玉振：《生态环境修复责任的审判执行措施之完善——以贵州省296份判决文书为分析样本》，载《〈法治实务〉集刊2024年第2卷——新型工业化的法治保障研究文集》。

出一种积极的态势，其中法官对于公益诉讼人所提出的惩罚性赔偿请求给予了越来越多的支持。这一趋势体现在多个具体案例中，展现了法律对环境侵权行为日益严厉的打击力度。例如，在江西浮梁案中，法院最终判决了高达171 406.35元的惩罚性赔偿金，这一判决无疑对潜在的恶意环境侵权人起到了强烈的震慑作用。同样，在江西省九江市武宁县人民检察院诉陈某、杨某非法捕捞水产品刑事附带民事公益诉讼案中，法院也判决了3000元的惩罚性赔偿，体现了法律对非法捕捞行为的零容忍态度。不仅如此，在山东青岛案、广东曲江案、四川省广元市剑阁县人民检察院诉王某某生态破坏民事公益诉讼案等案件中，法院同样判决了数额不等的惩罚性赔偿。在江苏省盐城市建湖县人民检察院诉张某某等33人非法采砂刑事附带民事公益诉讼案中，法院更是判决了高达135 445.02元的惩罚性赔偿。同样，在河北省保定市检察院诉某石料加工厂非法损害古长城遗迹环境民事公益诉讼案中，法院也判决了528 397.81元的惩罚性赔偿，这一数额巨大的赔偿不仅体现了法律对文化遗产保护的重视，也彰显了法律对环境侵权行为的严厉制裁。此外，在浙江省丽水市青田县人民检察院诉马某等11人污染环境刑事附带民事公益诉讼案、湖南省株洲市茶陵县人民检察院诉段某某非法占用农用地刑事附带民事公益诉讼案、福建省福州市永泰县人民检察院诉李某某等3人非法占用农用地刑事附带民事公益诉讼案等案件中，法院也都判决了相应的惩罚性赔偿。在安徽省芜湖市芜湖经济技术开发区人民检察院诉刘某某等3人非法捕捞水产品刑事附带民事公益诉讼案、四川省雅安市汉源县人民检察院诉6男子危害珍贵、濒危野生动物刑事附带民事公益诉讼案等案件中，法院同样对恶意环境侵权人作出了惩罚性赔偿的判决。

三、环境侵权惩罚性赔偿公私益二元格局适用的意义

对环境侵权惩罚性赔偿进行公私益二元区分，其意义主要体现在以下几个方面：其一，这一区分有助于我们更为精准地把握和控制惩罚力度，确保法律的公正性和威慑力得以恰当体现。在环境侵权这一复杂而敏感的领域，侵害的法益种类繁多，性质各异。因此，针对不同法益的侵害行为，其惩戒的力度理应有所区别。如果无法科学、合理地作出这种区分，就可能导致法律适用的不均衡，一方面可能出现某些案件因惩罚力度不够而未能有效遏制侵权行为，另一方面又可能出现因惩罚过度而给侵权人带来不必要的沉重负

担，甚至引发社会对于法律公正性的怀疑。具体而言，按照最高人民法院《关于审理生态环境侵权纠纷案件适用惩罚性赔偿的解释》的相关规定，环境侵权惩罚性赔偿数额的倍数一般被限定在不超过 2 倍的范围内。这一规定在公益诉讼的语境下显得尤为合理。因为公益诉讼往往涉及广泛的公共利益，其惩罚性赔偿的基数往往较大，如果适用的倍数过高，那么最终的惩罚性赔偿数额将会异常庞大，不仅可能超出侵权人的实际承受能力，还可能造成资源的浪费和法律的过度干预。然而，在环境侵权的私益诉讼中，情况则大不相同。由于损害赔偿的数额往往较小，即惩罚性赔偿的基数有限，如果同样遵循不超过 2 倍的规定，那么最终的惩罚性赔偿数额可能难以达到预期的惩罚效果，从而无法有效遏制环境侵权行为的发生。其二，对环境侵权惩罚性赔偿进行公私益二元区分，还便于我们更加精准地实现环境侵权公私益保护的功能，确保法律能够全面、有效地回应不同层面的保护需求。在环境公益保护的层面，其侧重点在于对公共利益的坚决维护。这意味着，在评估侵权行为及其后果时，我们需要更加关注生态环境本身所遭受的破坏程度，以及这种破坏对社会整体福祉、生态平衡和可持续发展所带来的长远影响。因此，在公益诉讼中，惩罚性赔偿的确定往往不仅仅基于直接的经济损失，还会综合考虑生态环境的修复成本、生态服务功能的丧失、公众健康风险的增加等多重因素，以确保公共利益的损害能够得到充分且合理的补偿与修复。相比之下，环境私益保护则更加注重对受害者个人权益的保障。这包括受害者因环境侵权行为所遭受的人身伤害、财产损失以及精神痛苦等。在私益诉讼中，惩罚性赔偿的确定通常直接关联到受害者所遭受的具体损害，旨在通过经济赔偿的方式，帮助受害者恢复其受损的人身和财产权益，同时也在一定程度上体现对侵权行为的谴责和惩戒。其三，对环境侵权惩罚性赔偿进行公私益二元区分，还极大地便利了法官在司法实践中对这一制度更准确地理解和适用。在《民法典》的框架下，虽然环境侵权惩罚性赔偿制度的确立为环境保护提供了有力的法律武器，但其中一些关键概念的模糊性却给法官的实际操作带来了不小的挑战。这些主要概念的界定不清，易导致法官在适用该制度时难以准确把握各个构成要件，进而影响法律适用的准确性和一致性。最高人民法院《关于审理生态环境侵权纠纷案件适用惩罚性赔偿的解释》的出台在一定程度上缓解了概念模糊所带来的适用困难，但是即便有了这样的司法解释，法官在实务中仍然面临着公私益环境侵权诉讼在保护法益和案件特性上的显著差异所带来的挑战。在公私益环境侵权诉讼中，由于所保护的法益不同、案件的具体情况各异，因此，在适用惩罚性赔偿制度时，必须充分考虑这些差异，并进行相应的区分。如果不进行这样的区分，法官就很难做到对环境侵权惩罚性赔偿制度的准确理解和适用。这不仅可能导致法律适用的混乱和不公，还可能削弱法律对环境保护的威慑力和实效性。

第二节　主观要件的二元区分与判断标准

从惩罚的适当性这一核心功能出发，环境侵权惩罚性赔偿的适用展现出了鲜明的二元区分特征。这种区分不仅体现在构成要件上，更贯穿于赔偿基数与赔偿归属的每一个环节，构成了一个从赔偿责任的确立到赔偿数额的确定，再到赔偿权属划分的整体性适用框架。具体而言，在构成要件的考量上，环境侵权惩罚性赔偿的二元区分首先体现在对侵权行为的性质与后果的严格区分上。对于私益诉讼而言，其侧重保护个体受害者的合法权益，因此在适用惩罚性赔偿时，会更加注重侵权行为对个体造成的具体损害、侵权者的主观恶意程度、侵权行为的恶劣性以及受害者遭受的损失程度等因素。而公益诉讼则更多地从维护公共利益的角度出发，在适用惩罚性赔偿时，会更加关注侵权行为对生态环境、自然资源等公共利益造成的损害程度以及侵权者的违法成本等因素和对生态环境、自然资源等公共利益造成的长远影响。

在赔偿基数的确定上，二元区分同样得到了体现。私益诉讼中的赔偿基数往往以个体受害者遭受的实际损失为基础，通过精确的计算与评估，来确定侵权者应当承担的赔偿责任。而公益诉讼则可能以生态环境修复费用、生态服务功能损失等作为赔偿基数，旨在通过经济手段来促使侵权者承担起修复生态环境的责任。

至于赔偿归属的划分，则是二元区分在环境侵权惩罚性赔偿中的又一重要体现。在私益诉讼中，赔偿款通常直接归属于受害者或其法定继承人，用于弥补其因侵权行为而遭受的损失。而在公益诉讼中，赔偿款则可能用于生态环境的修复、保护以及公共利益的维护，如设立生态环境修复基金、支持环保公益活动等。

一、私益中的主观故意不能扩展为重大过失

环境侵权惩罚性赔偿的构成要件，主要涵盖了主观要件与客观后果两大核心部分。在深入探讨主观要件时，关于其是否应仅仅局限于故意，还是应将重大过失也纳入考量范围，学术界存在着广泛的讨论与争议。有部分学者坚决主张，在环境私益侵权的背景下，惩罚性赔偿的主观要件应当从单纯的故意扩展到重大过失的范畴。他们提出这一观点的理由颇为充分且具有说服力：

首先，从实际侵害的角度来看，对公益的侵害往往更多地带有故意的成分。这种对生态环境的"私人折价"行为，在某种程度上，与对公共财产的公然盗窃有着相似之处，都体现出了侵权者的肆意妄为与对公共利益的漠视。然而，在私益侵权的场景中，过失往往成为主导因素。故意侵权由于其行为的明显性与恶劣性，极易激起被害人的强烈反噬，从而在一定程度上抑制了此类行为的发生。相比之下，将主观要件严格限缩为故意，可能导致私益惩罚性赔偿条款在实践中难以发挥其应有的震慑与惩罚作用。其次，"重大过失等同于故意"的观点，在一定程度上揭示了重大过失背后所隐藏的道德可责性。重大过失不仅表明侵权人在行为时对他人的生命和财产安全毫无顾忌，更体现出了其对他人权利的极端不尊重与漠视。这种心理状态，在道德层面上，与故意侵权所体现出的恶意与蓄意，有着相当程度的相似性。因此，将重大过失纳入惩罚性赔偿的主观要件，不仅是对侵权者行为的合理惩戒，更是对其道德责任的深刻追责。最后，从国际经验来看，将重大过失作为惩罚性赔偿的主观要件并非没有先例。以美国为例，就有 8 个州在法律上明确规定，"仅要求被告具有重大过失即可判决惩罚性赔偿金"。这一做法不仅体现了法律对侵权者行为的严厉谴责，也彰显了法律在维护公平正义方面的坚定立场。因此，考虑到故意和重大过失的过错程度有别，可以构建与过错程度相匹配的惩罚性赔偿承担规则。[1]

但笔者认为，在环境侵权惩罚性赔偿的语境下，其主观要件应当严格限定为故意，而不应轻率地将其范畴扩展至重大过失，这一立场无论在环境公

---

[1] 参见高利红、余耀军：《环境民事侵权适用惩罚性赔偿原则之探究》，载《法学》2003 年第 3 期。

益侵权还是环境私益侵权的场景中均应保持一致。

第一，法定性作为惩罚性赔偿的基本特性之一，其重要性不容忽视。《民法典》中关于环境侵权惩罚性赔偿的规定，已经将侵权人必须具备故意的主观要件作为法律适用的前提条件。故意与过失在法学理论上属于截然不同的主观心理状态范畴，而重大过失作为过失的一种具体表现形式，其内涵在于侵权人虽然未能尽到应有的注意义务，但主观上并未积极追求或放任损害结果的发生。重大过失的构成，通常要求侵权人应当预见到可能存在的风险及损害后果，却因疏忽大意或过于自信而未能避免，这种认识层面上的要求与故意截然不同。故意所要求的违法性认识，是一种对行为非正当性的明确知晓，且这种知晓并不需要达到对具体法律后果的精确认知，而是基于一般人的知识水平对行为性质的规范性评价。[1]例如，侵权人为了自己的喜好，持气枪驱车狩猎，射杀了几只飞禽。经鉴定，其中有国家保护的野生动物和当地的重点保护动物，而侵权人并不知道这些动物为国家和地方保护动物。该案中，侵权人虽未认识到所猎杀的动物属于保护物种，但其明知自己的行为具有非正当性，即未经许可捕杀野生动物，若因其不知具体法律后果而将其视为重大过失并适用惩罚性赔偿，显然违背了惩罚性赔偿的法定性要求，即必须有明确的故意要件。

第二，法律之所以明确规定惩罚性赔偿仅在明知或故意的情形下适用，是因为根本目的在于对主观上具有严重可责性且客观上造成了严重后果的侵权人实施有效的惩戒。这种惩戒机制的设计，旨在通过经济手段对侵权人的行为进行严厉谴责和制裁，以维护社会秩序和公共利益。然而，如果随意扩大惩罚性赔偿的适用范围，将其应用于重大过失等情形，不仅可能导致惩戒的滥用和过度，还可能对企业和整个行业造成不必要的打击，进而阻碍经济的健康发展。惩罚性赔偿作为一种制裁的经济手段，其运用必须谨慎而精准，既要确保法律的威严和公正，又要避免对经济活动的正常秩序造成不必要的干扰。

第三，从国际经验的角度来看，故意或恶意作为惩罚性赔偿主观要件的主流地位已经得到了广泛的认可。虽然在美国的部分州，确实存在将重大过失纳入惩罚性赔偿适用范围的少数情形，但这并不构成国际通行做法的普遍

---

[1]　参见叶名怡：《重大过失理论的构建》，载《法学研究》2009年第6期。

规律。我国在惩罚性赔偿制度的构建和应用方面仍处于摸索和完善的阶段。因此，在这一背景下，随意扩张惩罚性赔偿的适用要件，不仅不利于制度的稳定性和可预测性，还可能引发一系列法律适用上的混乱和争议。

二、环境私益侵权惩罚性赔偿主观故意标准与证明

从现有的环境侵权惩罚性赔偿案例进行剖析可以发现，尽管环境私益诉讼的数量在一定程度上呈现出频发的态势，但真正被诉至人民法院的案例却相当稀少。而在这些被提起诉讼的案件中，最终能够胜诉的更是寥寥无几，其救济效果也远远低于其他类型的侵权案件。这一现象背后，隐藏着诸多复杂且深刻的原因。其中，一个尤为关键且不容忽视的因素便是个人在环境侵权案件中面临的举证难、鉴定难问题。这些问题如同一道难以逾越的鸿沟，降低了个人胜诉的概率。与拥有强大经济实力和专业团队的企业或机构相比，个人在提起诉讼时往往显得势单力薄。他们缺乏足够的精力和资源来对侵权人进行深入调查和取证，更难以承担高昂的鉴定费用和时间成本。因此，在多数环境侵权纠纷中，个人往往只能无奈地接受侵权企业象征性的补偿，以达成和解的方式结束纷争。这种和解虽然在一定程度上缓解了受害人的困境，但并未真正起到惩罚和遏制环境侵权行为的作用。更为严峻的是，被侵权人要想在法院获得惩罚性赔偿，就必须严格举证出侵权人的主观过错、损害结果、侵权行为以及因果关系这四个要件。这四个要件不仅缺一不可，还必须达到法定条件，否则被侵权人将不得不承担败诉的严重后果。这无疑又增加了个人在环境侵权案件中胜诉的难度。

最高人民法院《关于审理生态环境侵权纠纷案件适用惩罚性赔偿的解释》为了明确并细化主观故意的判定标准，特别列举了若干关键要素的考察维度，旨在为司法实践提供更具操作性的指导。而在环境私益侵权案件的审理过程中，笔者观察到法官往往更侧重考察侵权人的身份与职业背景，这一做法背后蕴含着深刻的法理逻辑与实践考量。首先，从被侵权个人的角度出发，他们在寻求法律救济时面临的最大难题之一便是证据的收集。相较于其他可能难以触及的要素，如侵权人过往是否承担过其他法律责任等，侵权人的身份以及相关负责人的情况往往是受害者最容易获取的证据。这些信息通常公开透明，便于被侵权人进行初步的调查与核实，从而为其后续的法律行动奠定基础。其次，侵权人的身份与职业和其对违法行为的认知之间存在着直接的、

密不可分的联系。一个人的认知框架往往构建在其知识背景、专业技能以及长期社会实践的基础之上。例如，一个化学专业的专业人员，或是从事某化工行业数十年的资深从业者，他们基于自身的专业知识与实践经验，不可能对倾倒某种有毒化学物品可能构成的违法性一无所知。因此，当这类人员实施此类行为时，其主观故意性便显得尤为明显。最后，故意作为惩罚性赔偿适用的主观要件，其判定并非孤立存在，而是需要综合考量多个因素的结果。这包括但不限于行为程度、行为频次、行为影响以及法律责任等。然而，如果在对故意的判定上苛求满足所有要素，无疑将极大地提升环境侵权惩罚性赔偿适用的门槛，使得这一制度在实践中难以有效落地，进而削弱了其应有的威慑与惩戒作用。

同时，笔者主张对侵权人的主观故意采取一种更为灵活且合理的判定方式——过错推定。过错推定原则，简而言之，是将原本应由受害人承担的举证责任部分转移至侵权人一方，要求侵权人证明自己在实施行为时并无过错；若侵权人无法提供充分证据以证明其无过错，则法律将推定其存在过错。这一原则作为过错责任原则的一种特殊而实用的变体，其被引入环境私益侵权案件的审理中，具有深远的意义与显著的优越性。首先，过错推定原则能够有效减轻受害人的举证负担。在环境侵权案件中，受害人往往因资源有限、信息不对称等原因，难以收集到充分的证据来证明侵权人的主观过错。而过错推定机制通过转移举证责任，使得受害人只需证明自身无过错或损害事实的存在，大大减轻了其举证压力，从而激励更多受害人勇敢地站出来，通过法律途径维护自身合法权益，避免了因举证困难而放弃维权的情况发生。其次，该原则有助于提升诉讼效率。在传统的过错责任原则下，受害人需承担繁重的举证责任，这不仅延长了诉讼周期，还可能导致诉讼资源的过度消耗。而过错推定原则通过举证责任的合理转移，简化了诉讼程序，避免了因被侵权人无法证明侵权人主观过错而陷入的诉讼僵局，有效缩短了案件处理时间，提高了司法效率，使得正义得以更快实现。最后，过错推定原则还能促使相关当事人更加谨慎地行事，加深对违法行为的警觉与认识。在面临可能的过错推定责任时，侵权人会更加审慎地评估自身行为的合法性与合理性，避免因一时疏忽或侥幸心理而触犯法律。这种"预防胜于治疗"的理念，不仅有助于减少环境侵权行为的发生，还能推动整个社会形成尊重法律、保护环境的良好风尚。

三、环境公益侵权惩罚性赔偿主观故意的标准与证明

与环境私益侵权相比，环境公益侵权在惩罚性赔偿的判定上展现出了更为复杂且严格的考量维度，尤其是在对侵权人行为和所承担的其他责任要素的审查方面。相较于环境私益侵权惩罚性赔偿侧重个体受害者权益的救济，环境公益侵权惩罚性赔偿则更加注重对公共利益损害的弥补与预防，其目的不仅在于恢复受损的公共环境，更在于通过严厉的法律制裁来警示潜在的违法者，从而维护社会整体的生态环境安全。在这一背景下，环境公益侵权惩罚性赔偿对侵权人主观故意的判定标准，在某种程度上相较于环境私益侵权而言，显得更为严苛。这是因为，环境公益侵权所侵害的是不特定多数人的共同利益，即公共利益，这种损害往往具有广泛性、长期性和难以逆转性，其社会影响与后果远比单一的个体损害更为严重。因此，法律在设定惩罚性赔偿时，必须确保侵权人的行为确实出于主观上的恶意，即明知其行为会损害公共利益而故意为之，方能彰显法律的公正与威严。此外，环境公益侵权惩罚性赔偿的诉讼主体通常为社团组织或法定的国家机关，这些主体相较于个体受害者而言，拥有更为强大的调查能力、丰富的资源和专业的法律知识。因此，它们能够全方位、深入地考察侵权人的行为模式、损害后果以及已经承担或可能承担的其他法律责任，从而更为准确地判断侵权人的主观恶性。这种对侵权人行为的全面审查，不仅有助于确保惩罚性赔偿的精准适用，还能有效防止因主观判断失误而导致的司法不公现象，进一步提升了环境公益侵权惩罚性赔偿制度的合理性与有效性。

需要特别强调的是，在多数环境公益侵权诉讼的实践中，这类案件往往采取刑事附带民事的诉讼方式进行处理。这意味着，在同一司法程序中，不仅会对被告人的刑事责任进行追究，还会对其民事责任进行裁决。当法官在刑事审判中已经充分论证并确认了被告人存在刑事犯罪的故意时，那么在后续的民事赔偿部分，就无须再重复论证其是否具有民事侵权的故意。这一做法旨在提高司法效率，避免不必要的重复劳动，同时也体现了司法裁判的一致性和严肃性。为了进一步明确这一原则，最高人民法院《关于审理生态环境侵权纠纷案件适用惩罚性赔偿的解释》第7条第1项作出了明确规定。该条款指出，如果因同一污染环境、破坏生态的行为，被告人已经被人民法院认定构成环境资源保护犯罪的，那么人民法院在后续的民事赔偿部分，就可

以直接认定侵权人具有污染环境、破坏生态的故意。这一规定为司法实践提供了明确的指导，有助于确保环境公益侵权诉讼的公正、高效处理。以张某山等32人非法采砂刑事附带民事惩罚性赔偿公益诉讼为例[1]，该案充分展示了上述原则在实际操作中的应用。法官在审理过程中认为，被告人张某山曾因犯非法采矿罪被判处刑罚，这表明他之前就已经对破坏环境资源的后果有所了解。而被告人鲍某文在涉嫌非法采矿罪取保候审期间再次实施非法采矿犯罪，更是显示出其主观上具有明显的破坏长江生态的恶意。两被告人的行为不仅违反了法律法规，更对长江生态环境造成了严重的损害。据调查，该案共非法采砂46 765.04吨，其中张某山参与非法采砂29 795.2吨，鲍某文参与非法采砂2791.3吨。除江砂资源本身的损害外，该案还造成了其他生态损害，价值高达212 587.66元。鉴于两被告人的恶意行为和严重后果，公益诉讼起诉人要求他们按照非法采砂数量的比例承担1倍的惩罚性赔偿责任。最终，张某山被要求承担135 445.02元的赔偿金额，而鲍某文则需承担12 688.88元的赔偿金额。

第三节　客观后果要件的二元区分与适用差异

一、适用客观后果要件的二元区分

无论是环境私益侵权还是环境公益侵权，在涉及惩罚性赔偿时，一个核心要素便是侵权行为必须造成"严重后果"。然而，这一表述的具体内涵，尤其是它是否仅仅局限于实际已发生的损害后果，成为一个值得深入探讨的议题。特别是在环境保护这一复杂而敏感的领域，许多环境损害具有难以量化、不可量化甚至不可逆转的特性。这类损害一旦发生，往往意味着生态环境的严重受损，修复难度极大，甚至在某些情况下根本无法完全恢复。从生态环境部公布的数据中，我们可以窥见这一问题的严峻性。截至2021年11月底，全国范围内共办理了生态环境赔偿案件7600余件，涉案金额超过90亿元人民币，平均每件案件的涉案金额高达120万元。这一串串触目惊心的数字，不仅反映了生态环境损害案件的频发态势，更在一定程度上揭示

---

〔1〕　〔2022〕苏0981刑初46号刑事判决书。

了这些案件带来的严重后果。然而，值得注意的是，这里所提及的"损害后果"，更多的是指那些已经实际发生的损害，而非潜在的环境风险。实际上，环境风险与实际损失之间存在着千丝万缕的联系。环境风险，作为一种尚未达到高度盖然性的损害可能性，虽然其发生的概率相对较低，且往往被视为一种潜在的、尚未转化为现实的威胁，但一旦这种风险未能得到及时有效的识别和化解，它极有可能在不久的将来转化为实际的环境损害。这种转化的可能性，使得我们不能忽视环境风险在环境侵权惩罚性赔偿中的重要性。正因如此，有学者提出了一个具有前瞻性的观点：在环境侵权惩罚性赔偿的构成要件中，"造成严重后果"这一要件是否应当包括环境风险，是一个值得深思的问题。[1] 风险与损害之间存在着本质的区别，风险是尚未发生的、仅存在可能性的损害，而损害则是已经实际发生、风险已经转化为现实的后果。

笔者认为，在环境侵权惩罚性赔偿的适用条件中，后果要件不应涵盖风险，这一观点主要基于以下几个方面的考量：其一，从现行法律规定出发，对于能够针对重大风险提起诉讼的，仅限于预防性的环境公益诉讼。这意味着，在环境保护的法律框架内，对于潜在的环境风险，其司法救济途径是特定的，即通过预防性的环境公益诉讼来加以应对。而除此之外的其他环境诉讼，如普通的民事诉讼或行政诉讼，则必须以实际发生的损害作为提起诉讼的前提。最高人民法院《关于审理环境民事公益诉讼案件适用法律若干问题的解释》第1条明确指出，符合法律规定的机关和社会组织，有权对那些具有损害社会公共利益重大风险的污染环境、破坏生态的行为提起诉讼。这里的"重大风险"虽然被纳入了公益诉讼的受案范围，但值得注意的是，它特指那些尚未转化为实际损害、但存在高度可能对社会公共利益造成重大不利影响的环境风险。然而，这一规定并不意味着所有涉及环境风险的案件都可以直接适用惩罚性赔偿。再来看《民事诉讼法》和《环境保护法》的相关规定。这两部法律在阐述提起诉讼的条件时，均强调了"损害公共利益的行为"这一要素。这里的"损害"一词，其内涵明确指向了已经发生的、实际存在的损害后果，而非仅仅存在损害可能性的风险。换句话说，无论是民事诉讼

---

[1] 参见付建斌：《〈民法典〉生态环境侵权惩罚性赔偿中"造成严重后果"的认定》，载《江西理工大学学报》2023年第6期。

还是环境保护领域的诉讼，都要求原告能够证明被告的行为已经对公共利益造成了实质性的损害，才能满足提起诉讼的法定条件。其二，从惩罚性赔偿的功能定位来看，如果将其适用条件扩展至包含风险，那么这将与惩罚性赔偿的初衷和核心功能产生明显的不吻合。在环境侵权的语境下，惩罚性赔偿的主要功能在于对侵权行为人进行惩戒，以彰显法律的严肃性，并通过对侵权行为的严厉打击来维护环境公共利益。然而，如果仅仅因为存在环境风险就适用惩罚性赔偿，那么这种惩戒将缺乏足够的正当性和说服力，因为风险本身并不等同于已经发生的实际损害，它只是一种可能性的存在。在缺乏实际损害后果的情况下，对行为人进行惩罚性赔偿将难以达到预期的惩戒效果，甚至可能引发不必要的法律争议和社会怀疑。其三，即便我们认可环境风险作为惩罚性赔偿适用条件的一部分，但在实际操作中也会面临一个难以逾越的障碍，即损害数额的具体计算问题。在环境侵权案件中，即便是已经发生的实际损害，其数额的计算也往往是一个复杂而困难的过程，需要依靠专业的评估机构和科学的评估方法。而环境风险作为一种尚未发生的潜在损害，其数额的计算更是难上加难。通常情况下，重大风险往往难以有具体的损害数额与之对应，这就使得在适用惩罚性赔偿时无法确定一个合理的赔偿数额。而惩罚性赔偿的数额通常是根据实际损害赔偿数额的一定比例来确定的，如果缺乏具体的损害数额作为依据，那么惩罚性赔偿的数额计算就将成为无本之木、无源之水，难以保证其公正性和合理性。其四，从司法实践来看，若将环境风险纳入生态环境侵权惩罚性赔偿的"严重后果"范畴，在预防性环境公益诉讼的实践中，风险认定将成为一个棘手的问题，这无疑会阻碍该制度的有效实施与功能发挥。自 2015 年预防性环境民事公益诉讼制度确立以来，截至 2022 年底，该类型的案件数量仅为 5 件，这一数据从某种程度上反映了"重大风险"认定所面临的问题。由于"重大风险"的界定既复杂又充满争议，法院在裁决时往往持谨慎态度，避免轻易作出决断，这可能使得预防性环境公益诉讼制度在实际操作中难以得到有效运用。学术界在探讨损害与风险的关系时，普遍倾向于将"重大风险"视为危险层面的概念，但这更多停留在理论层面的争论与探讨，尚未形成统一的认识。如果将"严重后果"扩大解释为包含风险的内容，那么无论是将其界定在危险层面还是风险层面，都将引发新的理论争议，并可能进一步加剧司法实践中的认定难度。在这样的背景下，法院出于一贯的谨慎原则，很可能会将这一制度置于"束之高阁"的境地，无法充分发挥其应有的积极作用。因此，将环境风险纳入"严重后果"的做法，在实践中可能会面临诸多挑战，不利于制度的健康发展。

二、环境私益侵权惩罚性赔偿对造成的人身、财产损失的侧重

环境私益侵权惩罚性赔偿在客观后果要件中的考量，主要侧重深入探究并精确评估受害者所遭受的人身和财产损失。人身损害，这一严重后果，往往源自环境污染或者生态破坏的直接或间接作用，它具体表现为受害人生命权的剥夺、健康状态的恶化以及身体完整性的受损。这些损害形式多样，既包括因急性环境污染事件导致的即时性伤害，如中毒、急性疾病乃至死亡，也涵盖那些因长期暴露在污染环境中，污染物质在体内逐渐累积，最终引发的慢性疾病、健康水平持续下降，乃至肢体残缺或器官功能受损等慢性损害。值得注意的是，在环境污染或生态破坏导致的长期性损害中，受害者与污染源之间的因果关系往往错综复杂，难以仅凭直观判断或简单证据链加以确立，这在实务操作中构成了不小的挑战。至于财产损失方面，它是指受害人因环境污染这一外部因素介入，导致其财产权益或人身权益遭受侵害，进而产生的经济上的不利益。此类损失的核心特征在于其可量化性，即能够通过货币单位进行衡量，但与此同时，它也必须是具体明确的、能够通过合法手段加以证明的。环境侵权所引发的财产损失赔偿，其范畴广泛，不仅囊括了直接损失，即受害人现有财产因环境污染而遭受的实际减损或价值降低，如农作物减产、房屋贬值等；还涵盖了间接损失，即受害人基于合理预期，在未来本应获得但因环境污染事件而未能实现的收入或利益，如因健康问题导致的收入减少、因环境污染导致的商业机会丧失等。间接损失的认定，往往需要综合考虑受害人的职业背景、过往收入状况、环境污染对受害人劳动能力或商业活动的影响程度等多重因素。

环境私益侵权惩罚性赔偿在后果要件的构成中，是否应当将精神损害赔偿纳入考量范畴，这一问题的答案无疑是肯定的。尽管《民法典》侵权责任编的条文，并未直接且明确地规定环境侵权案件中的受害者可以提出精神损害赔偿的请求，但在司法实务的操作过程中，法院通常会对此类请求给予支持，尤其是在那些涉及生命权、健康权、清洁水权、清洁空气权、宁静权等

环境方面基本权利的侵害案件中。[1]这些权利的侵害，往往给受害者带来了难以言喻的精神痛苦和心理压力，因此，对其提供精神损害赔偿，不仅是对受害者合法权益的全面保护，也是对社会公平正义的有力彰显。在司法判例中，支持环境侵权惩罚性赔偿并包含精神损害赔偿的情形，主要可以分为以下几种类型：第一种类型是噪声污染责任纠纷。在这类纠纷中，由于噪声的长期侵扰，受害者的正常生活、工作、学习和休息等日常活动受到严重干扰，身心健康也因此受到极大影响。即便在某些情况下，噪声污染并未直接造成受害者明显的经济损失或可通过医疗仪器检测出的身体损害后果，法院仍会依据受害者的精神痛苦程度，判决侵权者承担相应的精神损失赔偿责任。例如，在李某、王某诉北京某房地产开发有限责任公司噪声污染损害赔偿纠纷案件中，[2]法院便认定被告对原告的住房构成噪声污染，且长期噪声超标的住宅生活严重干扰了原告一家的正常生活，对其环境权益造成了严重损害，最终判决被告赔偿原告10万元的精神损失费。第二种类型是环境污染责任纠纷。在这类纠纷中，侵权者的污染行为可能对受害者的生活和身体健康造成直接且显著的影响。在杨某诉某环保工程有限公司环境污染责任纠纷案中，[3]法院便认为被告在厂区内进行的露天喷漆作业，对原告的生活和身体健康造成了一定程度的影响，因此支持了原告关于3655元精神损失费的赔偿请求。第三种类型是大气污染责任纠纷。在大气污染案件中，受害者的身体健康往往首先受到侵害。如在施某与某制冰厂大气污染责任纠纷案中，[4]被告制冰厂因氨气泄漏导致原告遭受身体损害，法院最终判决被告给付原告5000元的精神损害抚慰金。第四种类型是水污染责任纠纷。水污染不仅可能直接损害受害者的身体健康，还可能对其日常生活造成极大的困扰和不安。在房某等诉某公司水污染责任纠纷案中，[5]尽管水污染并未给三位原告造成严重的身体损害，但每天生活饮用水被污染的事实已经远远超出了老百姓的正常生活容忍界限，因此，法院也支持了原告关于精神损害赔偿的请求。这些案例

---

〔1〕　参见史一舒：《我国环境侵权精神损害赔偿制度的司法限制与扩张——基于18个典型案例的分析》，载《山东大学学报》（哲学社会科学版）2018年第3期。

〔2〕　[2005]二中民终字11779号民事判决书。

〔3〕　[2014]云环民初字第0003号民事判决书。

〔4〕　[2016]苏0923民初296号民事判决书。

〔5〕　[2011]白民初字第213号民事判决书。

无一不表明，在环境私益侵权惩罚性赔偿的后果要件中，精神损害赔偿的考量是不可或缺的一部分。

这些在过往司法实践中支持了精神损害赔偿的案件，在它们发生之时，我国的法律体系尚未明确规定环境侵权惩罚性赔偿的相关制度。然而，以当前的法律规定和司法实践的发展趋势来看，如果这些案件符合惩罚性赔偿的构成要件，那么在判定惩罚性赔偿的具体数额时，无疑应当将受害者所遭受的精神损害情况纳入重要的考量范畴。这一观点的背后，有着深刻的法理基础和现实需求。首先，精神损害作为人身损害不可或缺的组成部分，其重要性不容忽视。在某些环境侵权案件中，受害者可能并未遭受明显的身体伤害或财产损失，但其所承受的精神痛苦和心理压力却是巨大的，甚至可能对其生活质量和心理健康造成长期且深远的影响。若将精神损害排除在惩罚性赔偿的考量要素之外，那么受害者的合法权益将无法得到全面而有效的保护，这无疑对其是不公平的对待。其次，惩罚性赔偿的立法初衷在于对侵权人进行惩戒，以维护社会的公平正义和法律的权威。而受害者所遭受的精神损害程度，正是衡量侵权人行为恶劣程度的重要标尺之一。若忽视精神损害的存在，仅仅以财产损失或其他形式的人身损害作为判定惩罚性赔偿的依据，那么将难以准确反映侵权人的主观恶意和行为的严重性，从而无法充分发挥惩罚性赔偿的惩戒作用。最后，从惩罚性赔偿数额的计算角度来看，若将精神损害赔偿排除在外，那么将难以科学地确定赔偿基数，进而影响到惩罚性赔偿数额的合理性和公正性。因为在实际操作中，受害者的损失往往包括多个方面，既有直接的经济损失，也有因身体伤害或精神痛苦而产生的间接损失。只有将这些损失全面而准确地纳入考量范畴，才能确保惩罚性赔偿数额的公正性和合理性，从而有效地维护受害者的合法权益。

三、环境公益侵权惩罚性赔偿对造成的生态环境损害的侧重

相较于环境私益侵权中的惩罚性赔偿，环境公益侵权惩罚性赔偿在判定其客观后果时，展现出了更为深刻且全面的关注，尤其是对生态环境损害情况给予了前所未有的重视。这一转变体现了法律对于环境保护的日益严格和深入，旨在通过更加严厉的惩罚措施来遏制日益严峻的环境污染和生态破坏问题。根据中共中央办公厅与国务院办公厅联合发布并深入实施的《生态环境损害赔偿制度改革方案》，生态环境损害这一概念被赋予了更为明确且具体

的内涵。该方案明确指出，生态环境损害是由环境污染行为和生态破坏行为所共同导致的，这些行为不仅会对大气、地表水、地下水、土壤、森林等至关重要的环境要素造成不利影响，还会对植物、动物、微生物等生物要素产生深远影响。更为严重的是，这些环境要素和生物要素的不利变化还会进一步波及它们所共同构成的生态系统，导致生态系统功能的严重退化。这一定义不仅深刻揭示了生态环境损害的核心本质，即生态环境本身所遭受的损害，还通过详细列举的方式，为我们呈现出了生态环境损害的几种具体表现形式。这些表现形式包括但不限于环境要素的不利变化，如空气质量的恶化、水资源的污染等；生态要素的不利变化，如生物多样性的减少、生物栖息地的破坏等；以及生态系统功能的衰退，如生态平衡的打破、生态服务功能的下降等。这些具体而详尽的列举，不仅有助于我们更加直观地理解生态环境损害的内涵和外延，更为我们制定和实施有效的环境保护措施提供了有力的依据和支撑。

学术界对于生态环境损害与环境侵权所导致的人身、财产损害之间的区分，一直以来都存在着深入的探讨，然而，关于究竟应该依照何种标准进行区分，却存在着较大的争议。一种主流观点认为，生态环境损害应当被视为一种与人身、财产损害并列的、独立的损害形态。这种区分标准的核心在于强调生态环境损害内容的独特性，即它直接针对的是生态环境权益本身，而非通过人身或财产间接体现的损害。[1]依照这一观点，生态环境损害是完全独立于人身损害和财产损害之外的，它有着自己独特的损害对象和损害后果。就生态环境损害独立于财产损害而言，这种独立性体现在多个方面。一方面，生态环境损害可以发生在没有具体所有权受到侵害的情形下。例如，当大气受到污染时，尽管没有明确的个体可以主张其所有权受到侵害，但生态环境的整体质量却因此受到了损害。另一方面，即使存在所有权受侵害的情况，生态环境损害也可能超出财产损害赔偿所能弥补的范围。以林地破坏为例，林地产权人的林木财产和林地财产损失固然是一个重要的方面，但林地所提供的生态功能损害，如土壤保持、水源涵养、气候调节等功能的丧失，却是财产损害赔偿所无法完全涵盖的。另一种观点则持有不同的看法，它认为生

---

〔1〕 参见冯洁语：《公私法协动视野下生态环境损害赔偿的理论构成》，载《法学研究》2020 年第 2 期。

态环境损害与环境侵权导致的人身、财产损害之间的区分标准在于损害利益的性质不同。环境侵权造成的人身、财产损害主要侵害的是可归属于特定主体的私人利益，这些利益是可以通过法律手段进行具体量化和赔偿的。而生态环境损害则不同，它损害的是不可归属于个人的生态环境公共权益，这些权益是全体社会成员共同享有的，无法通过简单的财产赔偿来完全恢复或补偿。因此，这种观点更侧重从利益归属的角度来区分生态环境损害与其他类型的损害。[1][2]

笔者认为，生态环境损害与环境侵权所导致的人身、财产损害，在基础、性质以及内容这三个维度上均呈现出显著的差异。首先，从基础层面进行深入剖析，环境侵权导致的人身、财产损害的基础，往往根植于环境权这一法律概念。在早期的法学研究中，学者们倾向于将环境权视为与人身权、财产权并列的一项独立权利。在这种理论框架下，如果某一侵权行为仅仅导致了财产或人身的损害，而未触及更深层次的环境利益，那么它就不构成环境侵权。在司法实践中，环境权的保护范围远远超出了财产权和健康权的传统界限，它涵盖了更为广泛的环境利益，其中当然也包括生态利益。传统的环境权不仅包括个人环境权，还包括国家环境权和社会环境权。然而，随着法学理论的不断发展，21世纪以来，环境法领域的学者开始对环境权能否作为一项独立的权利进行深刻的反思。他们质疑人类环境权的公益性，以及这种权利是否真的可以归属于个人所有。在这种背景下，我国当前的法律实践已经很少再将环境权作为生态损害的基础，而是更加强调生态环境所代表的社会公共利益。其次，从性质的角度来看，生态环境损害与环境侵权导致的人身、财产损害同样存在显著的差异。一方面，生态环境损害是对整体环境造成的损害，它不同于个别环境要素或局部环境的损害。这种整体性不仅体现在损害的范围上，更体现在损害后果的深远影响上。另一方面，生态环境损害直接关联到环境公益，它涉及的是全体社会成员共同享有的环境利益，而非某个个体或少数群体的利益。这与环境侵权导致的人身、财产损害形成了鲜明的对比，后者更多地关注个体经济利益对个人权利造成的不利后果。在量的维度上，生态环境损害也展现出其独特的一面。由于生态系统具有一定的自

---

〔1〕 参见吕忠梅、窦海阳：《修复生态环境责任的实证解析》，载《法学研究》2017年第3期。

〔2〕 参见吕忠梅、窦海阳：《修复生态环境责任的实证解析》，载《法学研究》2017年第3期。

我修复和恢复能力，因此并非所有的不利变化都会构成生态环境损害。只有当这种不利变化达到一定的程度，超出了生态系统的自我修复范围时，才会被视为生态环境损害，这种对量的考量使得我们在评估生态环境损害时更加谨慎和客观。最后，从内容上来看，生态环境损害与环境侵权导致的人身、财产损害也存在明显的区别。生态环境损害的实质是环境污染或生态破坏行为导致的区域环境质量下降或生态功能退化等重大不利改变。这种损害的本质是个体经济利益对公共环境利益的侵蚀所造成的"外部不经济性"，它破坏了环境的整体性和可持续性。而环境侵权导致的人身、财产损害则更多地关注环境对个体造成的不利影响，如健康问题、财产损失等。这种损害是个体经济利益对个人权利的直接侵害，其影响范围相对较小且具体。

第四节　赔偿倍数的二元架构与调整机制

在基数方面，最高人民法院《关于审理生态环境侵权纠纷案件适用惩罚性赔偿的解释》采用的是私益与公益分离的模式，在此不再赘述。而对于倍数的规定，司法解释没有进行公私益诉讼的区分，而是笼统规定一般不超过人身损害赔偿金、财产损失数额的 2 倍。笔者认为，这里的倍数也应该进行二元架构设计。

一、私益诉讼惩罚性赔偿倍数的适度扩张

对于私益诉讼中涉及的人身损害赔偿金和财产损失赔偿，当这些数额相对较小时，我们有必要重新考虑是否应将其严格限制在 2 倍赔偿的范围之内。实际上，从多个维度出发，适度扩张这一限制是更为合理且有益的。首先，从法律体系内部的一致性和协调性来看，适度扩张人身损害赔偿金和财产损失赔偿的惩罚性倍数，可以与其他相关法律法规中的惩罚性赔偿规范形成更好的衔接。举例来说，《消费者权益保护法》和《食品安全法》等法律在涉及人身伤害和财产损失的惩罚性赔偿方面，所设定的倍数往往超过了 2 倍。若将环境侵权赔偿的限制生硬地设定在 2 倍之内，会在法律体系内部造成一种不协调和不一致，影响法律的整体公正性和权威性。其次，从受害者的角度来看，将惩罚性赔偿严格控制在 2 倍之内，并不利于对受害者提供充分的保护和救济。在很多情况下，受害者所遭受的人身伤害和财产损失虽然从单

个案件来看数额不大，但这些伤害和损失对他们个人的生活、工作和未来发展都可能产生深远的影响。适度的惩罚性赔偿不仅能够弥补受害者的实际损失，还能在一定程度上抚慰他们的精神创伤，彰显法律的公平正义。最后，就环境侵权人的惩戒作用而言，当人身损害和财产损失数额都不大的情况下，如果赔偿金仍然被限制在2倍范围之内，那么这样的赔偿力度可能并不足以对环境侵权人形成有效的震慑和惩戒。适度地扩张不仅可以加大对环境侵权行为的打击力度，还能促使潜在的环境侵权人更加审慎地行事，减少环境侵权行为的发生，从而更有效地保护生态环境和公众利益。

二、公益诉讼惩罚性赔偿倍数的适度控制

公益诉讼中针对环境侵权行为所设定的惩罚性赔偿数额，控制在赔偿基数2倍以内确实蕴含了一定的合理性。这种合理性主要体现在，它能够在一定程度上平衡惩戒与保护的关系，避免因为过于严厉的惩罚性赔偿而导致企业陷入经营困境，进而引发连锁反应，如职工失业、产业链受损等，对社会经济稳定造成不利影响。合理的赔偿倍数设置，既能够体现对环境侵权行为的谴责和惩戒，又能够考虑到企业的实际承受能力，确保惩罚的公正性和适度性。

然而，需要明确的是，2倍的控制并非一成不变的绝对标准。在实际操作中，应当结合具体的案件情况、侵权行为的严重程度、侵权人的主观恶性、受害者的实际损失以及侵权行为对公共利益的影响程度等多个因素进行综合考量。这意味着，在特定情况下，赔偿倍数可以高于或低于2倍，以适应不同案件的具体需求。同时，也并不意味着必须由法院对惩罚性赔偿金的赔偿倍数进行单独的裁量。在实务中，可以采取多种形式来确定涉及公共利益环境侵权的惩罚性赔偿金的倍数。例如，可以通过立法或司法解释的形式，设定一系列具体的判断标准和指导原则，为法院在审理案件时提供参考；也可以借鉴国际的先进经验或创新实践，引入专家评估、公众参与、与侵权人协商等机制，以提高赔偿倍数确定的科学性和民主性。此外，还可以探索建立赔偿倍数的浮动机制，根据社会经济的发展和环境保护的需要，适时调整赔偿倍数的范围，以确保惩罚性赔偿制度能够始终发挥有效的惩戒和保护作用。

如广东省首例成功适用《民法典》中惩罚性赔偿条款的生态环境损害赔

偿案件，其惩罚性赔偿的数额就是 3 倍赔偿。2020 年 6 月，广州市生态环境局在严格的执法检查中发现了广州市某药业有限公司存在涉嫌违法倾倒填埋废弃药渣的行为，这一行为对土壤等环境造成了严重损害，甚至触犯了环境污染犯罪的相关法律条款。为了准确评估该公司的违法行为所带来的生态环境损害，广州市生态环境局委托了专业的广东省环境科学研究院进行鉴定评估。经过科学严谨的鉴定，确认该公司涉嫌倾倒的固体废物总量惊人，达到了 2387 吨，而由此造成的生态环境损害数额更是高达 79 万余元。这一数据不仅揭示了违法行为的严重性，也为后续的赔偿和修复工作提供了重要的参考依据。面对如此严重的生态环境损害，广州市生态环境局迅速采取了行动。2020 年 12 月，该局向该公司发出了《生态环境损害赔偿磋商告知书》，督促其就生态环境损害赔偿、修复等事宜进行磋商。然而，由于该公司的法定代表人戴某因涉嫌犯罪被羁押在看守所，磋商过程一度陷入困境。经过与公安机关的协调，最终成功送达了《生态环境损害赔偿磋商告知书》，并收到了戴某手写的书面回复意见。令人遗憾的是，该公司不仅否认了对污染情况的了解，还声称损害赔偿一事与其无关，导致双方磋商未能达成一致。面对这种情况，广州市生态环境局果断采取了法律手段。2021 年 4 月，该局作为原告依法向广州市中级人民法院提起了生态环境损害赔偿诉讼。在诉讼中，除提出判令该公司承担生态环境损害费用 79 万余元（包括消除污染、修复受损土壤、事务性费用）及公开赔礼道歉等常规诉请外，还依照《民法典》的相关规定，首次在该领域提出了由被告承担惩罚性赔偿的诉请。对于惩罚性赔偿的数额计算，法院参考了其他领域的相关法律规定，以鉴定评估量化的环境修复费用 5.6875 万元为基数，诉请 3 倍的惩罚性赔偿共计 17.0625 万元。2021 年 11 月，法院作出了一审判决，完全支持了广州市生态环境局的全部诉请。法院认为，该公司非法倾倒填埋固体废物造成环境损害的事实明确，且在执法部门检查后仍未立即清运、处置现场的污染物，也不积极配合开展磋商，未及时减轻和消除所造成的生态环境损害。其行为主观上存在恶意，综合考虑其过错程度、污染物种类、污染环境的方式及范围、侵权行为所造成的后果、案件的社会影响等因素，法院最终支持了原告 3 倍的惩罚性赔偿诉请。

　　实践中，针对环境公益侵权案件，一种创新且有效的赔偿方式是通过赔偿协议来取得惩罚性赔偿。这种方式通常遵循着一套严谨而高效的流程，旨在实现生态环境损害赔偿与环境行政执法、检察公益诉讼之间的无缝衔接，从而更有效地保护公共利益和生态环境。具体而言，当生态环境局接收到关于企业违法造成环境污染的线索后，会迅速启动调查程序。这一过程中，生态环境局会与公安机关紧密合作，共同查处侵权人的违法事实。通过专业的勘查、取证和分析，生态环境局能够准确掌握企业违法排污、破坏生态的具体情况，为后续的法律行动提供坚实的证据基础。在确认违法事实后，生态环境局会进一步与检察机关进行衔接，依法依规开展索赔工作。这一步骤不仅体现了法律程序的严谨性，也确保了赔偿工作的合法性和权威性。在赔偿协议的签订过程中，生态环境局会充分考虑侵权企业的主观恶意程度、侵权行为的后果以及企业的整改情况等因素，从而提出合理的赔偿要求。值得一提的是，当侵权企业能够认识到自己侵权行为的严重性，并表现出悔改的诚意时，赔偿协议的签订过程会更加顺畅，同时也有助于最大限度地控制惩罚性赔偿的数额。这种做法既体现了法律的威慑力，也给予了企业改正错误、重新做人的机会。

以 2023 年嘉兴市生态环境局平湖分局处理的一起案件为例，该分局在接到群众举报后，迅速与公安机关协作，查明了某科技公司车间管理人员违法倾倒危险废物的行为。在确认违法事实后，平湖分局会同检察机关，综合考量了违法行为的主观恶意情节，依法提出了适用生态环境损害惩罚性赔偿的要求。最终，在与该企业签订生态环境损害赔偿协议时，不仅要求企业承担生态环境损害损失和调查与鉴定评估费用，还依法追加了惩罚性赔偿金。这一协议的签订，不仅有效地维护了公共利益和生态环境，也对企业起到了警示和惩戒的作用。

第五节　赔偿金归属的二元分立与监管机制

《民法典》与最高人民法院《关于审理生态环境侵权纠纷案件适用惩罚性赔偿的解释》这两部重要法律文献，在维护公民权益与环境保护的框架内，均未就惩罚性赔偿金的归属问题作出明确而具体的规定。这一立法上的留白，无疑给司法实践带来了挑战。面对这一现状，笔者深入剖析惩罚性赔偿的本质特性，认为在归属问题上，有必要引入二元区分的思路，以更加科学和合理地解决这一难题。

一、环境侵权私益诉讼惩罚性赔偿金的归属

在涉及个人权益受损的私益诉讼中，原告作为直接受害者，其诉讼行为本身就是对自身权益的一种积极捍卫。因此，将惩罚性赔偿金的主体归属权赋予原告，具有充分的合理性和正当性。这一归属安排的核心逻辑在于，原告通过司法途径获得的惩罚性赔偿，不仅是对侵权者的一种严厉惩戒，以及对潜在侵害行为的一种有效威慑；同时，这部分金钱的获得，对于原告而言，无疑是一种强有力的维权激励。它不仅能够弥补原告在诉讼过程中投入的大量人力、物力和财力成本，更能在一定程度上激发社会公众维护自身合法权益的积极性和主动性。尤其值得注意的是，生态环境侵权诉讼往往复杂且漫长，需要受害者付出极高的成本。如果最终连这部分具有惩戒和威慑意义的惩罚性赔偿款都无法享有所有权，那么对于受害者而言，无疑会是一次沉重的打击，严重挫伤其通过法律途径维护自身权益的积极性。因此，明确私益诉讼中惩罚性赔偿金的归属权，对于保障受害者权益、促进司法公正以及维护社会稳定都具有十分重要的意义。

二、环境侵权公益诉讼中的惩罚性赔偿金归属与监管

根据 2020 年由最高人民法院与最高人民检察院等九部门联合出台的《生态环境损害赔偿资金管理办法（试行）》的明确规定，生态环境损害赔偿金被要求由国库进行统一收缴。这一政策的出台，为生态环境损害赔偿金的管理提供了明确的指导和规范。在此背景下，全国各地纷纷响应，开展了环保专项基金管理的实践探索。例如，江苏省泰州市和云南省昆明市等地，已经设立了专门的生态环境损害赔偿基金管理账户，用于管理和使用这笔资金。此外，还有一些地区的法院在判决时，直接将生态环境损害赔偿金纳入执行款账户进行管理，以确保资金的有效使用和监管。

然而，随着环境侵权公益诉讼案件的日益增多，笔者认为，现有的管理模式仍有待进一步完善和优化。具体而言，各地应当比照生态环境损害赔偿金的收缴规定，设立独立的生态保护基金账户，将生态环境损害赔偿金与惩罚性赔偿金进行统一管理。

这一建议的提出，主要基于以下几点理由：首先，无论是生态环境损害赔偿金还是惩罚性赔偿金，其收缴后都是主要用于环境的修复和保护。因此，

将两者进行统一管理，不仅具有正当性，而且能够更好地实现资金的使用效益。通过统一规划和使用，可以确保资金更加精准地投入环境修复和保护工作中，为改善生态环境质量提供有力保障。

其次，统一管理可以减少不同账户设立与管理的烦琐，提高工作效率。如果分散管理，不仅会增加管理成本，还可能导致资金使用的混乱和浪费。而统一管理则能够简化流程，优化资源配置，确保资金的安全和高效使用。

最后，统一管理便于统筹使用资金，发挥其环境保护的有效功能。通过统一管理和规划，可以更加灵活地调配和使用资金，以应对各种突发环境问题和挑战。同时，还能够促进不同部门和地区之间的协同合作，形成合力，共同推动生态环境保护事业的发展。

如前所述，在探讨环境侵权赔偿款与惩罚性赔偿的管理与运用时，如果将这些资金纳入政府性基金的范畴，那么在实际操作中，它们的使用很可能会受到财政部门的严格监管和重重限制。这种限制不仅体现在审批流程的繁琐上，还可能涉及资金使用的灵活性和效率问题，从而在一定程度上不利于该基金在环境保护和受害者救济方面充分发挥作用。为了更有效地管理和运用这些资金，可以考虑将此基金的性质设定为社会型基金。社会型基金相较于政府性基金，具有更高的自主性和灵活性，能够更快速地响应环境保护和赔偿需求。此外，基金的监管部门可以包括相关国家机关，如检察院、法院等，以确保资金的合法合规使用，并维护公共利益。同时，还可以吸纳社会性组织参与监管，如环境公益保护组织等，这些组织通常具有丰富的环保经验和专业知识，能够为基金的管理和运作提供有益的建议和指导。通过这样的设定和安排，可以有效地避免政府性基金的设立和监管困难的问题，同时确保环境侵权赔偿款与惩罚性赔偿能够被更加合理、高效和透明地使用，从而更好地保护受害者的权益，推动环境保护事业的持续发展。

参考文献

一、专著类

[1] ［德］恩格斯：《家庭、私有制和国家的起源》，中共中央马克思恩格斯列宁斯大林著作编译局译，人民出版社1999年版。

[2] ［美］理查德·A.波斯纳：《正义/司法的经济学》，苏力译，中国政法出版社2002年版。

[3] ［英］梅因：《古代法》，沈景一译，商务印书馆2023年版。

[4] ［法］亨利·莱维·布律尔：《法律社会学》，许钧译，上海人民出版社1987年版。

[5] ［美］伯尔曼著：《法律与宗教》梁治平译，生活·读书·新知三联书店1991年版。

[6] ［美］昂格尔：《现代社会中的法律》，吴玉章、周汉华译，中国政法大学出版社1994年版。

[7] ［美］E.A.霍贝尔：《初民的法律——法的动态比较研究》，周勇译，中国社会科学出版社1993年版。

[8] 瞿同祖：《中国法律与中国社会》，中华书局1981年版。

[9] 何勤华主编：《法的移植与法的本土化》，法律出版社2001年版。

[10] 高其才：《中国少数民族习惯法研究》，清华大学出版社2003年版。

[11] 张冠梓：《论法的成长——来自中国南方山地法律民族志的诠释》，社会科学文献出版社2000年版。

[12] ［美］路易斯·亨利·摩尔根：《古代社会》，杨东莼、马雍、马巨译，商务印书馆1977年版。

[13] 于敏：《日本侵权行为法》，法律出版社1998年版。

[14] 王卫国：《过错责任原则：第三次勃兴》，中国法制出版社2000年版。

[15] 王泽鉴：《侵权行为法》，中国政法大学出版社2001年版。

[16] ［美］布兰代斯：《哈佛法律评论·侵权法学精粹》，徐爱国编译，法律出版社2005年版。

[17] 关淑芳：《惩罚性赔偿制度研究》，中国人民公安大学出版社2008年版。

[18] 金福海：《惩罚性赔偿制度研究》，法律出版社 2008 年版。

[19] 曾世雄：《损害赔偿法原理》，中国政法大学出版社 2001 年版。

[20] 周枏：《罗马法原论》，商务印书馆 1994 年版。

[21] 杨仁寿：《法学方法论》，中国政法大学出版社 1999 年版。

[22] 贾旭花：《我国食品安全惩罚性赔偿制度的立法检讨和司法再解读》，经济日报出版社 2020 年版。

[23] 梁慧星：《民法解释学》，法律出版社 2009 年版。

[24] 袁杏桃：《著作权侵权惩罚性赔偿研究》，知识产权出版社 2019 年版。

[25] 吴辰等：《惩罚性赔偿：原理、规则与判例》，法律出版社 2022 年版。

[26] ［奥］赫尔穆特·考茨欧、瓦内萨·威尔科克斯主编：《惩罚性赔偿金：普通法与大陆法的视角》，窦海阳译，中国法制出版社 2012 年版。

[27] 施君、汤敏编著：《知识产权惩罚性赔偿制度理论与实践研究》，知识产权出版社 2022 年版。

[28] 朱丹：《知识产权惩罚性赔偿制度研究》，法律出版社 2016 年版。

[29] 李树训：《环境民事公益诉讼与生态环境损害赔偿诉讼的竞合及适用研究》，知识产权出版社 2024 年版。

[30] 李兴宇：《生态环境损害修复与赔偿法律制度研究》，中国政法大学出版社 2024 年版。

[31] 孙佑海等：《生态环境损害赔偿立法研究》，中国社会科学出版社 2023 年版。

[32] 孙那：《知识产权惩罚性赔偿制度研究》，北京大学出版社 2024 年版。

[33] 刘志阳：《民事惩罚的正义——〈民法典〉中的惩罚性赔偿》，商务印书馆 2024 年版。

[34] 张红：《损害赔偿疑难问题研究》，北京大学出版社 2023 年版。

[35] ［德］托马斯·M. J. 默勒斯：《法律方法论》，北京大学出版社 2022 年版。

[36] ［德］卡尔·拉伦茨：《法学方法论》，陈爱娥译，商务印书馆 2003 年版。

[37] 黄茂荣：《法学方法与现代民法》，厦门大学出版社 2024 年版。

[38] 梁慧星：《裁判的方法》，法律出版社 2021 年版。

[39] ［德］约阿希姆·吕克特、拉尔夫·萨伊内克主编：《民法方法论——从萨维尼到托依布纳》（第 3 版），刘志阳、王战涛、田文洁译，中国法制出版社 2023 年版。

[40] 于冠魁：《惩罚性赔偿适用问题研究》，法律出版社 2016 年版。

二、论文类

[1] 张辉：《生态环境损害惩罚性赔偿全数额的计算基数：困境与出路》，载《法学论坛》2023 年第 5 期。

［2］徐以祥：《〈民法典〉中生态环境损害责任的规范解释》，载《法学评论》2021 年第
　　2 期。

［3］黄忠顺、刘宏林：《论检察机关提起惩罚性赔偿消费公益诉讼的谦抑性——基于 990
　　份惩罚性赔偿检察消费公益诉讼一审判决的分析》，载《河北法学》2021 年第 9 期。

［4］倪朱亮：《知识产权惩罚性赔偿主观要件的规范构造》，载《法学评论》2023 年第
　　5 期。

［5］葛江虬：《"知假买假"：基于功能主义的评价标准构建与实践应用》，载《法学家》
　　2020 年第 1 期。

［6］熊丙万：《法律的形式与功能　以"知假买假"案为分析范例》，载《中外法学》
　　2017 年第 2 期。

［7］李昌凤：《〈民法典〉时代惩罚性赔偿制度的理论重构与功能实现》，载《河南社会科
　　学》2022 年第 1 期。

［8］申晨：《论中国民法学研究中的功能主义范式》，载《法制与社会发展》2023 年第
　　5 期。

［9］陈辉：《论功能主义法律解释论的构建》，载《现代法学》2020 年第 6 期。

［10］许中缘：《论〈民法典〉的功能主义释意模式》，载《中国法学》2021 年第 6 期。

［11］李忠夏：《功能取向的法教义学：传统与反思》，载《环球法律评论》2020 年第
　　　5 期。

［12］朱广新：《惩罚性赔偿制度的演进与适用》，载《中国社会科学》2014 年第 3 期。

［13］许传玺：《美国的侵权法研究：概括与分析》，载《比较法研究》2006 年第 1 期。

［14］董春华：《美国产品责任法中的惩罚性赔偿研究》，载《比较法研究》2008 年第
　　　6 期。

［15］董春华：《各国有关惩罚性赔偿制度的比较研究》，载《东方论坛》2008 年第 1 期。

［16］刘海鸥：《论古代罗马侵权责任方式发展演变》，载《湖南社会科学》2007 年第
　　　2 期。

［17］［德］格哈特·瓦格纳：《当代侵权法比较研究》，高圣平、熊丙万译，载《法学家》
　　　2010 年第 2 期。

［18］余艺：《惩罚性赔偿责任的成立及其数额量定——以惩罚性赔偿之功能实现为视角》，
　　　载《法学杂志》2008 年第 1 期。

［19］汪迪波：《论惩罚性赔偿制度在产品责任领域中的适用——兼评我国〈消费者权益保
　　　护法〉第 49 条》，载《江南大学学报》2005 年第 5 期。

［20］朱凯：《惩罚性赔偿制度在侵权法中的基础及其适用》，载《中国法学》2003 年第
　　　3 期。

［21］王利明：《美国惩罚性赔偿制度研究》，载《比较法研究》2003 年第 5 期。

［22］高圣平：《论产品责任损害赔偿范围——以〈侵权责任法〉、〈产品质量法〉相关规定为分析对象》，载《华东政法大学学报》2010 年第 3 期。

［23］张桂红：《美国产品责任法的最新发展及其对我国的启示》，载《法商研究》2001 年第 6 期。

［24］项先权：《惩罚性赔偿与精神损害赔偿制度的功能比较》，载《广西社会科学》2005 年第 2 期。

［25］张新宝：《从公共危机事件到产品责任案件》，载《法学》2008 年第 11 期。

［26］张骐：《在效益与权利之间——美国产品责任法的理论基础》，载《中国法学》1997 年第 6 期。

［27］王传辉、黄迎：《美国产品责任法革命述评》，载《政治与法律》1997 年第 5 期。

［28］孙波：《论美国产品责任法的几个重大突破》，载《国家检察官学院学报》2001 年第 1 期。

［29］符启林、江惠：《论惩罚性损害赔偿》，载《暨南学报（哲学社会科学版）》2005 年第 5 期。

［30］［美］安东尼·达甘：《衡平法中惩罚性赔偿之法律经济学探析》，张小奕、翁里译，载《法治研究》2007 年第 6 期。

［31］Shireen A. Barday, "Punitive damage, remunerated research, and the legal profession", *Standford Law Review*, 2008 Vol. 61.

［32］Ernst C. Stiefel, Rolf Sturner, Astrid Stadler："The Enforceability Of Excessive U. S. Punitive Damage Awards In Germany", *The American Journal of Compaarative Law*, 1991 Vol. 39.

［33］Koziol, Kelmut, "Punitive Damages－A European Perspective", *Louisiana Law Review*, 2008 Vol. 68.

［34］Erik Encarnacion, "Resilience, Retribution and Punitive Damages", *Texas Law Review*, Vol. 100.

［35］Filippo Maisto, "punitive damages under the lens of constitutionality", *The Italian law Journal* 2020 Vol. 6.

［36］James Goudkamp, Eleni katsamponka, "An Empirical study of punitive damages", *Oxford Journal of Legal Studies* 2018 Vol. 38.

［37］Brad stewart, "disparat impact claims and punitive damages: justified Abrogation of state sovereign immunity", *Brigham Young University Law Review*, 2020 Vol. 46.

部分地方性惩罚性赔偿规范和司法文件

一、南昌市市场监督管理局、南昌市中级人民法院、南昌市消费者权益保护委员会印发的《关于建立落实食品药品安全领域惩罚性赔偿制度联动机制的意见（试行）》

为切实落实食品药品安全领域惩罚性赔偿制度，维护消费者合法权益，提升食品药品安全领域消费者满意度，根据《中华人民共和国民法典》《中华人民共和国食品安全法》《中华人民共和国药品管理法》《中华人民共和国消费者权益保护法》《中华人民共和国民事诉讼法》等法律规定和相关司法解释，南昌市市场监督管理局、南昌市消费者权益保护委员会、南昌市中级人民法院决定共同建立落实食品药品安全领域惩罚性赔偿制度联动机制，并结合我市实际制定本意见。

一、本意见所称食品药品安全领域惩罚性赔偿，是指食品、药品生产经营者违反食品、药品相关法律法规规定，通过行政调解、消费者组织调解、司法调解、民事诉讼等途径向被侵权人或者合同守约方支付超过实际损失金额的一种损害赔偿。

二、全市各级市场监督管理部门、消费者权益保护委员会（协会）（以下统称各部门）和各级人民法院在食品药品安全领域的行政调解、消费者组织调解、司法调解、民事诉讼等活动中，推动侵权人或合同违约方主动落实惩罚性赔偿责任，适用本意见。

三、生产不符合食品安全标准的食品或者经营明知是不符合食品安全标准的食品，消费者可以根据《中华人民共和国食品安全法》第一百四十八条第二款的规定向食品生产者或者经营者要求惩罚性赔偿。但是，食品的标签、说明书存在不影响食品安全且不会对消费者造成误导的瑕疵的除外。对是否属于不影响食品安全且不会对消费者造成误导的标签（说明书）瑕疵可按照

《最高人民法院关于审理食品安全民事纠纷案件适用法律若干问题的解释（一）》（法释〔2020〕14号）第十一条规定进行认定。

四、生产假药、劣药或者明知是假药、劣药仍然销售、使用的，受害人或者其近亲属可以根据《中华人民共和国药品管理法》第一百四十四条第三款的规定向药品上市许可持有人、药品生产企业、药品经营企业或者医疗机构要求惩罚性赔偿。但是，生产、销售的中药饮片符合《关于〈中华人民共和国药品管理法〉第一百一十七条第二款适用原则的指导意见》（药监综药注函〔2022〕87号）规定的不影响安全性、有效性适用条件的除外。

五、对符合惩罚性赔偿条件的情形，消费者认为同时构成消费欺诈的，有权选择依据《中华人民共和国食品安全法》第一百四十八条第二款、《中华人民共和国药品管理法》第一百四十四条第三款或者《中华人民共和国消费者权益保护法》第五十五条第一款规定主张相关责任人承担惩罚性赔偿责任。

六、以下市场主体未履行法定义务，使消费者的合法权益受到损害，消费者主张其连带承担惩罚性赔偿责任的，人民法院应予支持：

（一）集中交易市场的开办者、柜台出租者和展销会举办者违反《中华人民共和国食品安全法》第六十一条规定的；

（二）网络食品交易第三方平台违反《中华人民共和国食品安全法》第六十二条规定的；

（三）由属于境外企业的药品上市许可持有人指定的、履行药品上市许可持有人义务的中国境内企业法人。

七、食品、药品生产经营者、药品上市许可持有人、药品生产企业、药品经营企业或者医疗机构向公众承诺的赔偿标准高于法定惩罚性赔偿标准的，应当按照承诺的标准予以赔偿。

八、积极推行先行赔付制度，除根据《中华人民共和国消费者权益保护法》第四十三条、第四十四条、《中华人民共和国电子商务法》第五十八条等法律法规规章规定应当先行赔付外，鼓励、引导展销会举办者、柜台出租者、电子商务（网络交易）平台经营者和集中交易市场的开办者（以下统称市场开办者）向公众作出其他关于赔偿主体、赔偿范围、赔偿标准的明确承诺。

市场开办者承诺先行赔付的，索赔人可以向市场开办者要求先行赔付；承诺赔偿范围包括惩罚性赔偿的，索赔人可以要求市场开办者先行赔付惩罚性赔偿；承诺赔偿标准高于法定惩罚性赔偿标准的，索赔人可以要求市场开办者按照承诺的标准先行赔付。各部门在进行行政调解、消费者组织调解过程中，应当督促市场开办者兑现承诺。

市场开办者先行赔付后，有权根据约定向场内经营者、参加展销会或者租赁柜台的销售者或者服务者、电子商务（网络交易）平台内经营者等相应的经营者追偿。

九、索赔人和赔偿责任人经依法设立的调解组织调解达成惩罚性赔偿协议，申请人民法院司法确认，经审查符合法律规定的，人民法院应当依法予以确认。

经依法确认有效的惩罚性赔偿协议，当事人拒绝履行或者未全部履行的，另一方当事人可以向人民法院申请强制执行。

十、对食品药品安全领域侵害众多不特定消费者合法权益等损害社会公共利益的行为，南昌市消费者权益保护委员会可以移交线索给江西省消费者权益保护委员会依法向人民法院提起主张惩罚性赔偿的民事公益诉讼。

十一、市场监督管理部门查处食品药品安全领域违法行为，当事人积极履行惩罚性赔偿责任的，可以依法从轻或者减轻处罚。

十二、食品、药品生产经营者实施违法行为，侵犯消费者合法权益，市场监督管理部门对当事人实施行政处罚后，符合条件的，依法列入市场监督管理严重违法失信名单。

市场监督管理部门可以将当事人是否履行惩罚性赔偿责任，作为当事人能否提前移出市场监督管理严重违法失信名单的参考因素之一。

对拒不履行惩罚性赔偿生效法律文书的被执行人，人民法院应当依法采取限制消费措施，符合条件的，依法纳入失信被执行人名单。

十三、各级消费者权益保护委员会（协会）、人民法院在纠纷调解、民事诉讼、审判执行中发现生产经营不符合食品安全标准或假劣药品的违法行为线索的，应当及时通报同级市场监督管理部门依法查处。

十四、各部门和各级人民法院在开展切实落实食品药品安全领域惩罚性赔偿制度工作中，发现申请惩罚性赔偿的索赔人涉嫌诈骗等违反治安管理法律法规或者犯罪线索的，依法将线索移送公安机关。

十五、各部门和各级人民法院应当加强食品药品安全领域惩罚性赔偿信息共享、线索移送、技术支持、典型案例发布等方面的沟通协作，强化普法宣传，提高消费者维权意识，促进生产经营者自觉履行食品药品安全主体责任。

十六、索赔人和赔偿责任人已经达成惩罚性赔偿协议的，各级市场监督管理部门就同一食品药品安全违法行为不再予以索赔人举报奖励。

十七、本意见自 2023 年 12 月 1 日起施行。

二、重庆市市场监督管理局、重庆市高级人民法院、重庆市药品监督管理局、重庆市消费者权益保护委员会印发的《关于推进落实食品药品领域惩罚性赔偿制度的实施办法（试行）》

第一条　为进一步推进落实食品药品领域惩罚性赔偿制度，切实保障人民群众食品药品安全，维护消费者合法权益，根据《中华人民共和国食品安全法》《中华人民共和国药品管理法》《中华人民共和国消费者权益保护法》《中华人民共和国民事诉讼法》等法律规定和相关司法解释，结合我市实际，制定本办法。

第二条　全市各级市场监督管理部门、药品监督管理部门、消费者权益保护委员会（以下统称各部门）和各级人民法院在行政调解、消费者组织调解和民事审判等活动中落实惩罚性赔偿制度，适用本办法。

第三条　消费者的合法权益受到损害，符合以下情形的，可以要求相关责任人依法承担惩罚性赔偿责任：

（一）食品生产经营者生产不符合食品安全标准的食品或者经营明知是不符合食品安全标准的食品；

（二）药品生产经营者（含药品上市许可持有人、药品生产企业、药品经营企业和医疗机构）生产假药、劣药或者明知是假药、劣药仍然销售、使用的。

前款规定的食品药品，符合以下情形的，消费者主张惩罚性赔偿，人民法院和各部门不予支持：

（一）食品的标签、说明书存在不影响食品安全且不会对消费者造成误导的瑕疵；

（二）符合《关于〈中华人民共和国药品管理法〉第一百一十七条第二款适用原则的指导意见》（药监综药注函〔2022〕87 号）规定不影响安全性、有效性的中药饮片。

第四条　对符合惩罚性赔偿条件的情形，消费者认为同时构成消费欺诈的，有权选择依据《中华人民共和国食品安全法》第一百四十八条第二款、《中华人民共和国药品管理法》第一百四十四条第三款或者《中华人民共和国消费者权益保护法》第五十五条第一款规定主张相关责任人承担惩罚性赔偿责任。

第五条　以下市场主体未履行法定义务，使消费者的合法权益受到损害，消费者主张其连带承担惩罚性赔偿责任的，人民法院应予支持：

（一）集中交易市场的开办者、柜台出租者和展销会举办者违反《中华人民共和国食品安全法》第六十一条规定的；

（二）网络食品交易第三方平台违反《中华人民共和国食品安全法》第六十二条规定的；

（三）药品上市许可持有人为境外企业的，应当由其指定的在中国境内的企业法人履行药品上市许可持有人义务，与药品上市许可持有人承担连带责任。

第六条　各部门应当积极推行先付赔偿制度，鼓励、引导商场、市场开办者和展销会举办者、电子商务平台经营者（以下统称市场开办者）向消费者做出明确承诺，消费者合法权益受到市场开办者场内（平台内）经营者侵害时，可以请求市场开办者先行进行赔偿，赔偿范围应包括惩罚性赔偿。

第七条　消费者提起诉讼，向市场开办者主张在其承诺范围内承担惩罚性赔偿责任，因查明事实需要，人民法院可以依职权追加食品药品生产经营者等作为第三人参加诉讼。

第八条　市场开办者按照承诺向消费者赔偿后，根据其与场内（平台内）经营者的约定，向场内（平台内）经营者进行追偿的，人民法院应当予以支持。

第九条　市场开办者与场内（平台内）经营者事前达成合意，二者共同作出承诺的赔偿标准高于法定惩罚性赔偿标准，消费者主张按照承诺赔偿的，各部门在调解中、人民法院在审判中可以予以支持。

食品经营者和药品经营者向消费者作出承诺，其承诺的赔偿标准高于法定惩罚性赔偿标准，消费者主张按照其承诺进行赔偿的，各部门在调解中、人民法院在审判中应当依法予以支持。

第十条　消费者和赔偿责任人经依法设立的调解组织调解达成惩罚性赔

偿调解协议，申请人民法院司法确认，经审查符合法律规定的，人民法院应当依法裁定。

当事人拒绝履行或者未全部履行经司法确认的惩罚性赔偿调解协议，消费者可以向人民法院申请强制执行。

第十一条 各级消费者权益保护委员会可以通过支持消费者集体诉讼的方式，支持消费者提起食品药品惩罚性赔偿诉讼。

对食品、药品生产经营者侵害众多不特定消费者合法权益或者危及消费者人身、财产安全危险等损害社会公共利益的行为，重庆市消费者权益保护委员会可以依法提起消费民事公益诉讼，向食品、药品生产经营者主张惩罚性赔偿。

第十二条 各级消费者权益保护委员会、人民法院在纠纷调解、审判执行中发现生产经营不符合食品安全标准或假劣药品的违法行为线索的，应当及时通报同级市场监督管理部门或者药品监督管理部门依法查处。

第十三条 食品、药品生产经营者实施违法行为，侵犯消费者合法权益，市场监督管理部门或者药品监督管理部门对当事人实施行政处罚过程中，当事人积极履行惩罚性赔偿责任的，可以酌情从轻或者减轻处罚。

第十四条 食品、药品生产经营者实施违法行为，侵犯消费者合法权益，市场监督管理部门或者药品监督管理部门对当事人实施行政处罚后，符合条件的，依法列入市场监督管理严重违法失信名单。

市场监督管理部门或者药品监督管理部门可以将当事人是否履行惩罚性赔偿责任，作为当事人能否提前移出市场监督管理严重违法失信名单的参考因素之一。

对拒不履行生效法律文书的被执行人，人民法院应当依法采取限制消费措施，符合条件的，依法纳入失信被执行人名单。

第十五条 各部门和各级人民法院在开展推进落实惩罚性赔偿制度工作中，发现追索惩罚性赔偿的索赔人涉嫌诈骗等违反治安管理法律法规或者犯罪线索的，依法移送公安机关。

第十六条 各部门和各级人民法院应当建立健全在食品药品惩罚性赔偿信息共享、线索移送、技术支持、典型案例发布等方面的协作机制，强化普法宣传，提高消费者维权意识，促进生产经营者自觉履行食品药品安全主体责任。

第十七条　本办法自发布之日起实施。

三、杭州市生态环境局、杭州市中级人民法院、杭州市人民检察院印发的《杭州市生态环境损害惩罚性赔偿制度适用衔接工作指引（试行）》

为深入学习贯彻习近平生态文明思想，充分发挥人民法院、人民检察院和生态环境部门职能作用，加强生态环境损害惩罚性赔偿制度落实与部门工作衔接配合，通过司法与行政手段有效对接，形成生态环境损害惩罚性赔偿的惩戒合力，促进我市生态环境保护和生态文明建设，依据《中华人民共和国民法典》《中华人民共和国环境保护法》《中华人民共和国民事诉讼法》《最高人民法院关于审理生态环境侵权纠纷案件适用惩罚性赔偿的解释》《最高人民法院关于审理环境民事公益诉讼案件适用法律若干问题的解释》《最高人民法院、最高人民检察院关于检察公益诉讼案件适用法律若干问题的解释》等法律和司法解释规定，按照《国务院关于开展营商环境创新试点工作的意见》（国发〔2021〕24 号）、《关于推进生态环境损害赔偿制度改革若干具体问题的意见》（环法规〔2020〕44 号）、《杭州市生态环境损害赔偿制度改革实施方案》（市委办发〔2019〕31 号）有关规定，结合我市实际，制定本办法：

一、总体要求和目标。积极探索开展生态环境损害惩罚性赔偿制度适用衔接工作，通过司法实践进一步明确生态环境损害惩罚性赔偿适用的价值标准、具体适用情形、赔偿金额计算规则、程序衔接等具体问题，形成相应科学有效的具体运行机制，逐步建立规范高效的生态环境损害惩罚性赔偿制度适用衔接机制。

二、生态环境部门依照国家及省市有关生态环境损害赔偿制度的相关规定，组织开展损害调查、鉴定评估、修复方案编制和赔偿磋商等工作，为实施惩罚性赔偿制度打好基础。人民法院依法审理涉及惩罚性赔偿的生态环境损害案件。人民检察院依法办理涉及惩罚性赔偿的生态环境损害公益诉讼案件。

生态环境部门可以邀请检察机关参与磋商程序，提供法律支持，督促赔偿义务人依法承担惩罚性赔偿责任。

三、生态环境部门进行损害调查可以通过收集现有资料、现场踏勘、座谈走访等方式，围绕生态环境损害是否存在、受损范围、受损程度、是否有相对明确的赔偿义务人以及其行为的违法性、主观故意、因果关系和造成的社会影响等问题开展。行政执法过程中形成的勘验笔录或询问笔录、调查报告、行政处理决定、检测或监测报告、鉴定评估报告、生效法律文书等资料可以作为磋商或诉讼的证明材料。调查结束，应当形成调查结论，提出启动磋商或者终止案件的意见。

四、为查清生态环境损害事实，生态环境部门可以根据相关规定委托符合条件的机构出具鉴定评估报告。鉴定评估报告应明确生态环境损害是否可以修复；对于可以部分修复的，应明确可以修复的区域范围和要求。

对损害事实简单、责任认定无争议、损害较小的案件，可以采用委托专家评估的方式，出具专家意见，也可以根据与案件相关的法律文书、监测报告等资料综合作出认定。

专家可以从省市成立的相关领域专家库或专家委员会中选取。鉴定机构和专家应当对其出具的报告和意见负责。

五、生态环境部门按照相关程序启动生态环境损害赔偿磋商或根据案件情形研判并依法主张生态环境损害惩罚性赔偿，符合提起民事公益诉讼条件的，可告知同级检察机关并移送相关案件线索，通过民事公益诉讼主张生态环境损害惩罚性赔偿。

生态环境部门、人民检察院对发现存在故意实施违反法律规定行为同时具有以下情形之一并造成生态环境功能性损害的，应当根据行为的持续时间、地域范围，造成环境污染、生态破坏的范围和程度以及造成的社会影响等因素，重点研判是否启动程序追究赔偿义务人的生态环境损害惩罚性赔偿责任：

（一）存在《最高人民法院 最高人民检察院关于办理环境污染刑事案件适用法律若干问题的解释》规定"严重污染环境"或"后果特别严重"情形的；

（二）造成饮用水水源保护区、自然保护区、湿地公园、森林公园、风景名胜区或我市生态保护红线区域等需要重点保护区域内环境污染、生态破坏的；

（三）发生较大及以上突发环境事件的；

（四）跨设区的市排放、倾倒、处置有放射性的废物、含传染病病原体的废物、有毒物质或者其他有害物质的；

（五）一年内因故意造成的同一环境违法行为受到两次以上行政处罚的；

（六）其他存在生态环境受到损害至修复完成期间服务功能丧失导致的损失或生态环境功能永久性损害造成的损失的。

六、生态环境损害惩罚性赔偿中"故意"的认定，应当依照赔偿义务人的职业经历、专业背景或者经营范围情况、因同一或者同类行为受行政处罚或者刑事追究情况以及污染物种类、污染方式等证据，结合其他证据并依据司法解释规定进行综合分析判断。

七、生态环境损害惩罚性赔偿金额主张的确定，应当依照相关法律和司法解释规定，以生态环境修复期间服务功能的损失、永久性损害造成的损失数额作为计算基数乘以一定的惩罚性赔偿责任倍数，倍数根据情节合理确定，一般不超过两倍（生态环境损害惩罚性赔偿金额=生态环境修复期间服务功能的损失、永久性损害造成的损失×惩罚性赔偿责任倍数）。

八、生态环境部门根据自身职能，在污染场地勘查、污染物检测鉴定、环境损害及修复评估等方面为司法机关提供专业支持或协助。司法机关在职权范围内，可依法在事实认定、证据标准、法律适用等方面指导生态环境部门更好推进惩罚性赔偿制度的实施。

九、生态环境损害赔偿磋商与民事公益诉讼均应坚持专业判断原则。生态环境部门应在委托第三方机构并根据专业机构出具的生态环境损害鉴定和评估报告或技术专家出具的书面意见基础上，依程序启动生态环境损害赔偿磋商，根据案件情况依法主张惩罚性赔偿。符合条件的可通过民事公益诉讼提起惩罚性赔偿。

十、生态环境损害赔偿诉前诉中赔偿协议应记载案件的基本事实和协议内容，协议内容不得违反法律法规强制性规定且不损害国家利益、社会公共利益。

十一、经磋商就惩罚性赔偿达成生态环境损害赔偿协议，生态环境部门可依法向人民法院申请司法确认。人民法院应当依法审查。申请司法确认时，应当依法提交司法确认申请书、赔偿协议、鉴定评估报告或专家意见等材料。

十二、惩罚性赔偿原则上采用金钱赔偿，对确实不具有赔偿能力的赔偿义务人，可以结合污染种类、修复目标等情况，适度适用劳务抵偿等制度，但应严格遵循公开、公平、公正的原则，强化监督，不能让有赔偿能力的违法当事人借此逃避相关赔偿责任，维护生态损害赔偿制度的权威性和公正性。

十三、在磋商过程中，赔偿义务人积极自行修复受损生态环境或者缴纳生态环境损害赔偿修复费用，主动消除或者减轻生态环境损害后果的，生态环境部门应当及时将履行情况提供给人民检察院和人民法院。

十四、人民法院依法审理生态环境损害赔偿诉讼或公益诉讼案件，为预防环境损害的发生和扩大，可依法采取证据保全、财产保全、行为保全、先予执行等措施。需要配合、支持的，人民检察院、生态环境部门依法予以配合、支持。

十五、经司法确认的赔偿协议或经法院生效判决、调解书确定的生态环境损害惩罚性赔偿义务，赔偿义务人不履行或不完全履行的，生态环境部门等赔偿权利人可依法向人民法院申请强制执行。人民检察院提起的公益诉讼案件判决、裁定、调解书发生法律效力，被告不履行的，依法强制执行。

十六、生态环境部门、人民法院和人民检察院可以邀请人大代表、政协委员、相关领域专家、相关管理部门等第三方，参与损害赔偿磋商、诉讼调解、旁听庭审等程序。

十七、生态环境部门对生态环境损害惩罚性赔偿款缴纳等履行情况进行跟踪。人民检察院对赔偿协议或生效裁判文书的执行情况跟进监督。

十八、鼓励公众参与。充分利用电视、广播、报纸、网络等媒体，加强生态环境损害惩罚性赔偿有关法规制度和典型案例的宣传。创新公众参与方式，邀请专家和利益相关的公民、法人、其他组织参加生态环境损害赔偿工作，依法公开生态环境损害惩罚性赔偿信息，保障公众知情权。

十九、人民法院、人民检察院、生态环境部门可协同建设生态环境修复基地、宣传教育基地等，敦促赔偿义务人全面履行义务，有效发挥惩罚性赔偿制度的警示、教育作用。

二十、人民法院、人民检察院与生态环境部门建立联席会议制度，就衔接中的机制完善、重大疑难案件等，开展会商和研究。审判机关、检察机关与生态环境部门建立联络机制，加强日常联络与信息沟通工作。

四、杭州市市场监督管理局、杭州市中级人民法院、杭州市人民检察院、杭州市消费者权益保护委员会印发的《关于进一步强化落实食品药品安全领域惩罚性赔偿制度的实施办法（试行）》

为进一步强化落实食品药品安全领域惩罚性赔偿制度，遵循"四个最严"要求，推动建立食品药品安全领域现代化治理体系，为杭州市打造共同富裕示范区城市范例提供坚强的食品药品安全保障，根据《中华人民共和国民法典》《中华人民共和国食品安全法》《中华人民共和国药品管理法》《中华人民共和国消费者权益保护法》《中华人民共和国民事诉讼法》等法律规定和相关司法解释，结合我市实际，制定本办法。

一、本办法所称惩罚性赔偿，是指食品、药品生产经营者违反食品、药品相关法律法规规定，通过行政调解、消费者组织调解、司法调解、民事诉讼等途径向被侵权人或者合同守约方支付超过实际损失金额的一种损害赔偿。

二、全市各级市场监督管理部门、消费者权益保护委员会（以下统称各部门）在行政调解、消费者组织调解等活动中落实惩罚性赔偿制度，全市各级人民法院、人民检察院在司法调解、民事诉讼等活动中落实惩罚性赔偿制度，适用本办法。

三、生产不符合食品安全标准的食品或者经营明知是不符合食品安全标准的食品，消费者可以根据《中华人民共和国食品安全法》第一百四十八条第二款的规定向食品生产者或者经营者要求惩罚性赔偿。但是，食品的标签、说明书存在不影响食品安全且不会对消费者造成误导的瑕疵的除外。

四、生产假药、劣药或者明知是假药、劣药仍然销售、使用的，受害人或者其近亲属可以根据《中华人民共和国药品管理法》第一百四十四条第三款的规定向药品上市许可持有人、药品生产企业、药品经营企业或者医疗机构要求惩罚性赔偿。但是，生产、销售的中药饮片不符合药品标准，尚不影响安全性、有效性的除外。

五、各部门应当积极推行先付赔偿制度，除根据《中华人民共和国消费者权益保护法》第四十三条、第四十四条、《中华人民共和国电子商务法》第五十八条、《浙江省商品交易市场管理条例》第二十三条等法律法规规章规定应当先行赔付外，鼓励、引导展销会举办者、柜台出租者、电子商务平台经营者和市场举办者等经营者向公众作出其他关于赔偿主体、赔偿范围、赔偿标准的明确承诺。经营者承诺先行赔付的，索赔人可以向作出承诺的经营者要求先行赔付；承诺赔偿范围包括惩罚性赔偿的，索赔人可以要求作出承诺的经营者先行赔偿惩罚性赔偿；承诺赔偿标准高于法定惩罚性赔偿标准的，索赔人可以要求作出承诺的经营者按照承诺的标准先行赔偿。各部门在进行行政调解、消费者组织调解过程中，应当督促作出承诺的经营者兑现承诺。

作出承诺的经营者赔偿后，有权根据约定向场内经营者、参加展销会或者租赁柜台的销售者或者服务者、电子商务平台内经营者等相应的经营者追偿。

六、食品、药品生产者或经营者、药品上市许可持有人、药品生产企业、药品经营企业或者医疗机构向公众作出承诺，其承诺的赔偿标准高于法定惩罚性赔偿标准的，应当按照承诺的标准予以赔偿。

七、索赔人和赔偿责任人经依法设立的调解组织调解达成惩罚性赔偿调解协议，申请人民法院司法确认的，人民法院依法予以确认。

经依法确认有效的惩罚性赔偿协议，当事人拒绝履行或者未全部履行的，另一方当事人可以向人民法院申请强制执行。

八、对食品药品安全领域侵害众多不特定消费者合法权益等损害社会公共利益的行为，杭州市消费者权益保护委员会可以提请浙江省消费者权益保护委员会依法向人民法院提起主张惩罚性赔偿的民事公益诉讼。

浙江省消费者权益保护委员会提起主张惩罚性赔偿的民事公益诉讼，人民检察院可以采取提供法律咨询、协助调查取证、提交支持起诉意见书、出席庭审等方式支持起诉。

九、人民检察院办理食品药品安全领域民事公益诉讼案件，可以参照《中华人民共和国民法典》《中华人民共和国食品安全法》《中华人民共和国药品管理法》《中华人民共和国消费者权益保护法》等法律规定提出惩罚性赔偿诉讼请求，探索将惩罚性赔偿金依法统筹用于食品药品领域公益用途。

十、市场监督管理部门实施食品药品安全领域行政处罚，当事人积极履行惩罚性赔偿责任的，可以依法从轻或者减轻处罚。

十一、各级消费者权益保护委员会、人民检察院、人民法院在纠纷调解、民事诉讼过程中发现生产经营不符合食品安全标准或假药、劣药的违法行为的，应当及时将问题线索通报同级市场监督管理部门。

十二、各部门和人民检察院、人民法院在开展强化落实惩罚性赔偿制度工作中，发现申请惩罚性赔偿的索赔人有涉嫌诈骗等违反治安管理法律法规的行为或者犯罪线索的，应当将问题线索依法移送公安机关。

十三、市场监督管理部门将当事人列入严重违法失信名单后，当事人积极履行惩罚性赔偿责任的，可以作为依法申请提前移出的考量因素。

对拒不履行支持惩罚性赔偿的生效法律文书的被执行人，人民法院应当依法采取限制消费措施，符合条件的，依法纳入失信被执行人名单。

十四、各部门和人民检察院、人民法院应当建立健全推进食品药品安全领域惩罚性赔偿制度常态化沟通协作机制，建立部门联席会议制度，进一步加强信息共享、线索移送、专业咨询、技术支撑等。

十五、各部门和人民检察院、人民法院应当加大惩罚性赔偿典型案例宣传力度，将食品药品安全领域惩罚性赔偿制度作为常态化普法宣传重要内容。

十六、本办法由杭州市市场监督管理局、杭州市中级人民法院、杭州市人民检察院、杭州市消费者权益保护委员会共同负责解释。

十七、本办法自 2023 年 1 月 1 日起施行。

五、广州知识产权法院印发的《关于全面落实惩罚性赔偿制度的意见》

为全面落实《最高人民法院关于审理侵害知识产权民事案件适用惩罚性赔偿的解释》，充分发挥惩罚性赔偿的制度效能，进一步提高知识产权保护的力度，结合本院审判工作实际，制定本意见。

一、提高思想认识，积极审慎适用。立足于习近平总书记抓紧落实知识产权惩罚性赔偿制度的时代要求，充分认识全面落实惩罚性赔偿制度对我院全面履职、擦亮"广知"品牌的重要意义。通过积极、审慎适用惩罚性赔偿，进一步提高知识产权保护力度，积极营造保护知识产权就是保护创新的浓厚氛围和良好法治环境。

二、坚持法定原则，明确适用范围。依法适用惩罚性赔偿。知识产权专门法对惩罚性赔偿有规定的，适用知识产权专门法。知识产权专门法没有规定的，适用民法典相关规定。法律没有明确规定可以适用惩罚性赔偿的，不能适用惩罚性赔偿。

三、区分填平惩罚，彰显制度效能。原告主张惩罚性赔偿的，应作为诉讼请求提出，并明确填平性赔偿的数额和惩罚性赔偿的数额及其计算依据。

人民法院在适用惩罚性赔偿制度确定赔偿数额时，应当分别计算填平性赔偿数额和惩罚性赔偿数额，实现惩罚性赔偿制度填平原告实际损失和惩罚被告恶意侵权的双重功能。

四、拓展细化要件，高效精准适用。及时总结我院审判实践，积极拓展惩罚性赔偿司法解释中关于"故意""情节严重"认定的新情形，从宽认定"类似侵权行为""以侵害知识产权为业"，细化"原告实际损失""被告侵权获利"中有关利润率、贡献率的计算以及许可使用费合理倍数的确定，降低惩罚性赔偿适用难度。

五、用好证据制度，加大适用力度。准确适用证据披露、举证妨碍等证据规则，正确适用基数的计算方法，提高惩罚性赔偿的适用可能性。对原告提交的确定惩罚性赔偿基数的证据的审查，可以采用优势证据标准。在原告已经尽了必要举证责任，而与侵权行为相关的账簿、资料主要由被告掌握的情况下，可以责令被告提供与侵权行为相关的账簿、资料。

六、广泛凝聚共识，统一适用标准。加强专业法官会议和审判委员会的职能发挥。当事人请求适用惩罚性赔偿的案件，可以提交专业法官会议讨论。合议庭未采纳专业法官会议多数意见的，应当提交审判委员会决定。通过充分发挥两个会议的职能作用，确保案件政治效果、法律效果、社会效果的统一。

七、加强调研宣传，提升适用效果。鼓励法官通过撰写案例、发表论文、出版专著、外出授课、参加研讨等方式，对惩罚性赔偿法律适用的热点难点问题进行调研。充分利用院内外平台和渠道，加强对惩罚性赔偿典型案例的报送和宣传，扩大影响力。

八、本意见自颁布之日起实施。

六、北京市高级人民法院关于侵害知识产权民事案件适用惩罚性赔偿审理指南

第一部分 一般规定

1.1 【适用原则】

在侵害知识产权民事案件中，适用惩罚性赔偿应坚持依法适用、积极审慎的原则，在充分尊重和体现知识产权价值基础上，实现惩罚性赔偿对故意严重侵害知识产权行为的遏制作用。

1.2【请求适用】

惩罚性赔偿的适用应以权利人请求为前提。权利人未依法请求惩罚性赔偿的,不得主动适用惩罚性赔偿。

1.3【请求内容】

权利人请求惩罚性赔偿,应明确惩罚性赔偿的基数、基数确定方法及计算方式、倍数及赔偿总额,并提供相应证据。

权利人请求惩罚性赔偿,但无正当理由拒不明确请求惩罚性赔偿的基数、基数确定方法、倍数或者赔偿总额导致惩罚性赔偿无法适用的,一般不予支持。

1.4【赔偿仲裁后不宜再行请求】

当事人就侵害知识产权损害赔偿纠纷的解决达成仲裁协议并经仲裁机关作出仲裁裁决后,权利人一般不宜就同一侵权行为再行提起惩罚性赔偿诉讼,但该仲裁裁决被依法撤销或者裁定不予执行的除外。

1.5【与行政罚款、刑事罚金的关系】

侵权人因同一侵权行为被判决承担惩罚性赔偿的民事责任,并被处以行政罚款或者刑事罚金,应优先承担惩罚性赔偿的民事责任。

第二部分 法定要件

2.1【法定适用要件】

惩罚性赔偿适用于故意侵权且情节严重的侵害知识产权案件。恶意侵权属于故意侵权的情形。

2.2【侵权故意的认定】

综合考虑案件具体情况,下列情形一般可以认定故意侵害知识产权:

（1）恶意抢注并使用他人驰名商标;

（2）在同一种或者类似商品上使用他人已注册驰名商标;

（3）在宣传或者提供侵权商品或者服务时遮挡、清除权利标识;

（4）在商标授权程序中知悉他人商标权,仍然实施侵害该商标权的行为;

（5）不当取得的知识产权被依法撤销、宣告无效后,仍然实施或者使用该知识产权且被认定构成侵权；

（6）知识产权行政主管部门发出侵权通知后，仍然继续实施侵权行为。

2.3【情节严重的考量因素】

判断侵权情节是否严重，可以综合考虑侵权手段、次数、规模，侵权持续时间、地域范围，以及侵权人在侵权诉讼或者行政查处过程中的行为表现等因素。侵权行为造成严重后果的，可以推定为情节严重。

2.4【情节严重的认定】

综合考虑案件具体情况，下列情形一般可以认定为侵害知识产权情节严重：

（1）侵害知名度较高的体育赛事节目、展会知识产权；

（2）同一侵权人多渠道传播侵权视频；

（3）针对同一权利人或者同一知识产权多次实施侵权行为；

（4）侵权规模较大且侵权行为持续时间较长；

（5）权利人商业信誉遭受重大损失；

（6）无正当理由拒不履行行为保全裁定；

（7）侵权人采取暴力、胁迫等违法或者不当手段阻碍国家工作人员依法调查取证。

2.5【侵权故意且情节严重的认定】

综合考虑案件具体情况，下列情形一般可以认定为故意侵害知识产权且情节严重：

（1）主要以侵害知识产权为业；

（2）在电影、电视剧、综艺节目、体育赛事节目或者网络游戏公开传播前或者公开传播初期擅自传播侵权作品；

（3）经合法授权提供权利商品或者服务的同时，擅自提供侵害同一知识产权的商品或者服务；

（4）在广告宣传、合作磋商、签订合同、样品展示及体验服务等过程中提供权利商品或者服务，但实际交易时仅提供或者主要提供侵害同一知识产权的商品或者服务；

（5）行政处罚或者行政裁决认定侵权后，同一侵权人再次或者继续实施同样的侵权行为；

（6）当事人在自愿达成的和解协议中确认侵权后，同一侵权人再次或者继续实施同样的侵权行为；

（7）生效判决、调解书、仲裁裁决认定侵权后，同一侵权人再次或者继续实施同样的侵权行为；

（8）采取增设企业、变更企业名称、变更法定代表人、利用关联企业等方式再次或者继续实施同样的侵权行为。

第三部分　惩罚性赔偿的计算

3.1【赔偿总额】

适用惩罚性赔偿确定的赔偿总额为基数及基数与倍数乘积之和。权利人为制止侵权行为所支付的合理开支另行计算。

3.2【基数的确定方法】

权利人请求惩罚性赔偿的，可以选择按照下列方法确定赔偿基数：

（1）权利人因侵权行为所受到的实际损失；

（2）侵权人因侵权行为所获得的利益；

（3）许可使用费的合理倍数或者权利使用费。

法定赔偿数额不得作为计算惩罚性赔偿的基数。

侵权人因侵权行为所获得的利益，是指侵权人因侵害知识产权所获得的财产性收益，通常是指侵权人因侵权所获得的营业利润，但对于主要以侵权为业的侵权人可以计算其销售利润。

3.3【基数确定方法的适用顺序】

依照商标法、种子法适用惩罚性赔偿时，一般先按照权利人的实际损失确定赔偿基数，权利人的实际损失难以计算时按照侵权人的侵权获利确定赔偿基数，权利人的实际损失及侵权人的侵权获利均难以计算的，可以参照许可使用费的合理倍数确定赔偿基数。

依照专利法、著作权法适用惩罚性赔偿时，一般先按照权利人的实际损失或者侵权人的侵权获利确定赔偿基数，权利人的实际损失或者侵权人的侵权获利均难以计算的，可以参照许可使用费的合理倍数或者权利使用费确定赔偿基数。

依照反不正当竞争法对侵犯商业秘密行为适用惩罚性赔偿时，一般先按照权利人的实际损失确定赔偿基数，权利人的实际损失难以计算的，可以按照侵权人的侵权获利确定赔偿基数。

3.4【基数确定方法的选择适用】

法律规定各基数确定方法存在适用顺序的，一般优先适用在先方法确定惩罚性赔偿基数；在先方法难以确定惩罚性赔偿基数的，权利人可以选择在后方法确定惩罚性赔偿基数。

3.5【实际损失的计算】

计算权利人因侵权行为所受到的实际损失，可以根据案件具体情况，综合考虑以下因素：

（1）权利人商品销售减少情况；

（2）权利人商品价格下降情况；

（3）权利人商品利润下降情况；

（4）权利人客户或者用户减少情况；

（5）权利人广告收益减少情况；

（6）权利人为恢复商誉所支付的合理费用；

（7）权利人为其权利客体支出的创作、研发成本情况；

（8）权利人网站中相关内容的点击、下载、浏览量情况；

（9）权利许可使用合同或者转让合同因侵权导致不能履行或者难以正常履行产生的预期利益损失。

3.6【侵权获利的计算】

计算侵权人因侵权行为所获得的利益，可以根据案件具体情况，综合考虑以下因素：

（1）侵权商品销售数量及单位利润情况；

（2）侵权商品利润占侵权人整体利润的比重；

（3）侵权人自认的侵权商品销售数量、价格、利润等情况；

（4）网络平台显示的侵权商品销售数量、价格、评价及收益等情况；

（5）被行政执法机关查处或者司法机关查封、扣押的侵权商品数量及价格情况；

（6）侵权人相关账户资金流动或者纳税情况；

（7）侵权人网站、宣传资料、财务报告等公开披露的相关数据；

（8）因侵权行为带来的广告收益情况；

（9）侵权内容在相关网站的点击、下载、浏览量情况；

（10）侵权人因实施侵权行为而减少支出的许可使用费情况；

（11）侵权人主要因实施侵权行为获取的投融资、技术转移、政府资金或者土地支持、高新资质等收益情况。

3.7【商品单位利润的计算】

计算权利人商品或者侵权商品的单位利润，可以根据案件具体情况，综合考虑以下因素：

（1）当事人公开宣传、披露的利润情况；

（2）主管部门、行业协会、第三方平台等发布的统计报告或者行业报告显示的利润情况；

（3）相同或者可替代商品的利润情况；

（4）当事人自认的商品单位利润情况；

（5）当事人在行政审批、投融资过程中披露的利润情况。

3.8【举证妨碍规则的适用】

权利人已经尽了必要举证责任，但侵权获利的证据主要由侵权人掌握，且侵权人无正当理由拒不提供相关证据、仅提供明显少于其实际获利的部分证据，或者故意提供虚假证据，妨碍惩罚性赔偿基数认定的，可以根据案件具体情况，参考权利人的主张及相关证据确定惩罚性赔偿的基数。

3.9【许可使用费或者权利使用费的考量因素】

参照许可使用费的合理倍数或者权利使用费确定惩罚性赔偿的基数时，可以根据案件具体情况，综合考虑以下因素：

（1）许可使用合同的实际履行及相应证据情况；

（2）许可使用与侵权使用的可比性；

（3）许可使用费是否受到诉讼、并购、破产、清算等因素的影响；

（4）许可人与被许可人之间是否存在亲属关系、投资关系或者实际控制关系等关联关系；

（5）同行业或者相关行业通常的许可使用费或者权利使用费标准；

（6）许可使用合同的备案情况。

3.10【许可使用费倍数的考量因素】

以许可使用费的合理倍数计算惩罚性赔偿基数的，可以根据案件具体情况，综合考虑权利客体的性质，商业价值，研发成本，创新高度，可能带来的竞争优势，侵权行为与被许可行为所涉及的权利性质、许可期限、范围的异同等因素确定该倍数。

3.11【知识产权的贡献度】

按照侵权获利方法确定惩罚性赔偿基数时，应根据案件具体情况，适当考量权利人知识产权对于商业价值的贡献程度或者比例，合理确定知识产权贡献度。

3.12【知识产权贡献度的考量因素】

确定知识产权对商业价值的贡献度，可以根据案件具体情况，综合考虑以下因素：

（1）权利客体的创造性、独创性、显著性或者价值性；

（2）权利客体的创作研发成本及市场价格情况；

（3）权利人商品与同类商品的市场价格、销售数量、利润比较情况；

（4）侵权商品的生产经营成本、市场价格、单位利润等情况；

（5）侵权内容分别占权利客体、侵权客体的数量比例或者重要程度情况。

3.13【倍数的确定】

惩罚性赔偿的倍数应与侵权人的侵权故意及情节严重程度相适应。惩罚性赔偿的倍数应在法定范围内酌情确定，但当事人另有约定的除外。

3.14【倍数的考量因素】

确定惩罚性赔偿的倍数，除综合考虑本指南第2.2条、第2.3条、第2.4条、第2.5条规定的情形外，还可以根据案件具体情况，综合考虑以下因素：

（1）侵权故意程度；

（2）侵权持续时间；

（3）侵害知识产权的数量；

（4）侵权行为对行业造成的危害；

（5）侵权人是否多次侵害知识产权；

（6）侵权人是否如实提交侵权获利证据。

3.15【侵害专利权倍数的考量因素】

在侵害专利权案件中确定惩罚性赔偿的倍数，除考虑本指南第 3.14 条规定的因素外，还可以根据案件具体情况，综合考虑以下因素：

（1）专利类型；

（2）专利创新高度；

（3）专利是否属于国务院专利行政部门认定的高价值发明专利；

（4）专利技术是否属于关键核心技术、重点领域或者新兴产业的技术、国家重点支持的高新技术；

（5）专利权剩余有效期；

（6）侵权产品中侵害专利权的数量；

（7）侵权人是否因侵害同一专利权承担过损害赔偿责任及承担损害赔偿责任的具体情况。

3.16【侵害商标权倍数的考量因素】

在侵害商标权案件中确定惩罚性赔偿的倍数，除考虑本指南第 3.14 条规定的因素外，还可以根据案件具体情况，综合考虑以下因素：

（1）权利人的商誉和市场地位；

（2）权利商标的知名度情况；

（3）权利商标与侵权标识相同或者近似程度；

（4）侵权人抢注、攀附商标的情况；

（5）侵权人与权利人的同业竞争情况；

（6）侵权人是否在伪劣商品上使用侵权标识；

（7）侵权人对权利商标提出异议、撤销或者无效宣告请求及其审查情况。

3.17【侵害著作权倍数的考量因素】

在侵害著作权或者与著作权有关的权利的案件中确定惩罚性赔偿的倍数，除考虑本指南第 3.14 条规定的因素外，还可以根据案件具体情况，综合考虑以下因素：

（1）权利人或者权利客体的知名度和影响力；

（2）权利客体涉及的商业模式、收费标准等；

（3）侵害同一著作权或者与著作权有关的权利的权项数量；

（4）侵权人实施侵权行为的手段、方式；

（5）侵权人从侵权内容中的获利情况；

（6）侵权行为是否发生在权利客体的热播期、热映期或者集中宣传推广期间；

（7）侵权平台的规模，侵权持续传播时间，侵权内容的数量及点击、下载、浏览量情况；

（8）侵权人被其他权利人追究侵权的情况。

3.18【侵犯商业秘密倍数的考量因素】

在侵犯商业秘密案件中确定惩罚性赔偿的倍数，除考虑本指南第 3.14 条规定的因素外，还可以根据案件具体情况，综合考虑以下因素：

（1）商业秘密的类型及市场价值；

（2）技术信息的创新程度；

（3）商业秘密的成本投入情况；

（4）权利人采取保密措施的情况；

（5）商业秘密可保持竞争优势的时间；

（6）侵权获取商业秘密手段的恶劣程度；

（7）侵权行为是否导致商业秘密被公开。

3.19【侵害植物新品种权倍数的考量因素】

在侵害植物新品种权案件中确定惩罚性赔偿的倍数，除考虑本指南第 3.14 条规定的因素外，还可以根据案件具体情况，综合考虑以下因素：

（1）授权品种是否属于禁止进出口的种子；

（2）授权品种的市场规模；

（3）侵权品种的生产、繁殖规模；

（4）侵权品种的销售价格及数量；

（5）侵权品种是否以次充好、以假乱真；

（6）侵权品种售出后的种植规模；

（7）是否危及国家粮食安全。

3.20【约定惩罚性赔偿的适用】

权利人请求适用其与侵权人约定的惩罚性赔偿的，一般予以支持。

权利人请求适用的惩罚性赔偿不同于其与侵权人约定的，侵权人主张应在该约定范围内适用惩罚性赔偿的，可以支持侵权人的主张，但权利人提出异议并提供有效证据证明该约定明显不合理的除外。

3.21【惩罚性赔偿的约定内容】

当事人可以约定适用惩罚性赔偿的基数、基数确定方法、倍数及赔偿总额。

当事人约定惩罚性赔偿的倍数不在法定范围内，并请求适用约定的惩罚性赔偿倍数的，一般予以支持，但对方当事人提出异议并提供有效证据证明该约定明显不合理的除外。

3.22【以许可使用费作为基数的约定】

当事人可以约定以许可使用费或者其合理倍数确定惩罚性赔偿基数，但对方当事人提出异议并提供有效证据证明该约定明显不合理的除外。

3.23【法定赔偿中的惩罚性考量因素】

对于故意侵权且情节严重的侵害知识产权案件，权利人请求适用惩罚性赔偿，但赔偿基数难以确定需要适用法定赔偿的，酌情从高确定赔偿数额。

第四部分　惩罚性赔偿对网络服务提供者的适用

4.1【一般规则】

网络服务提供者明知网络用户利用其网络服务实施侵权行为，无正当理由不采取或者延迟采取删除、屏蔽、断开链接等必要措施，致使发生严重侵害知识产权行为，权利人请求对网络服务提供者适用惩罚性赔偿的，一般予以支持。

网络服务提供者教唆网络用户利用其网络服务实施侵权行为，网络用户经教唆严重侵害他人知识产权的，权利人请求对网络服务提供者适用惩罚性赔偿的，一般予以支持。

4.2【明知的认定】

综合考虑案件具体情况，下列情形一般可以认定网络服务提供者明知网络用户利用其网络服务实施侵权行为：

（1）接到权利人发出的侵权通知；

（2）接到知识产权行政主管部门发出的侵权通知；

（3）因网络用户利用其网络服务实施同样的侵权行为而参加相关诉讼、

仲裁等程序；

（4）与网络用户以分工合作方式提供侵权客体。

4.3【情节严重的认定】

综合考虑案件具体情况，网络服务提供者实施的下列行为，一般可以认定为情节严重的情形：

（1）网络用户的行为被依法认定侵权后，仍然教唆或者继续教唆该网络用户实施同样或者类似的侵权行为，网络用户经教唆实施相关侵权行为的；

（2）网络服务提供者因网络用户利用其网络服务实施侵权行为被依法认定侵权后，仍然教唆或者继续教唆网络用户实施同样或者类似的侵权行为，网络用户经教唆实施相关侵权行为的；

（3）网络用户拒不履行认定其侵权的生效判决、裁定，仍然为该网络用户继续实施同样的侵权行为提供网络服务；

（4）网络用户被依法认定侵权后，该网络用户再次实施同样的侵权行为，经权利人通知后，无正当理由不采取或者延迟采取删除、屏蔽、断开链接等必要措施；

（5）网络服务提供者因网络用户利用其网络服务实施侵权行为被依法认定侵权后，仍然为该网络用户继续实施或者再次实施同样的侵权行为提供网络服务；

（6）主要以教唆、帮助他人侵害知识产权为业。

4.4【未履行转通知义务】

网络服务提供者无正当理由故意不履行或者迟延履行转通知义务，致使权利人或者网络用户的知识产权受到严重侵害，权利人或者网络用户请求网络服务提供者与他人共同承担惩罚性赔偿责任的，可以依法予以支持。

4.5【未及时终止措施】

网络服务提供者针对他人恶意投诉行为应当依法终止所采取的措施，无正当理由故意不终止或者迟延终止措施，致使被投诉人的知识产权受到严重侵害，被投诉人请求网络服务提供者与他人共同承担惩罚性赔偿责任的，可以依法予以支持。

前款中的恶意投诉，一般是指以非法获利或者排挤竞争对手为目的，利用网络投诉机制进行无正当理由的投诉，严重影响被投诉人合法权益的行为。

4.6【直接实施侵权行为的法律责任】

网络服务提供者直接实施故意侵害知识产权行为且情节严重，权利人请求适用惩罚性赔偿的，依法予以支持。

4.7【网络直播带货的侵权责任】

网络直播带货的行为人明知其直播带货的商品或者服务侵害他人知识产权，仍然从事直播带货行为并造成严重后果，权利人请求适用惩罚性赔偿的，一般予以支持。

网络服务提供者明知网络直播带货的行为人利用其网络服务从事前款规定的侵害知识产权行为，无正当理由不采取合理有效措施予以制止，依法与网络直播带货的行为人共同承担惩罚性赔偿责任。

4.8【代购的侵权责任】

代购人明知其代购的商品或者服务侵害他人知识产权，仍然代购该商品或者服务并造成严重后果，权利人请求适用惩罚性赔偿的，一般予以支持。

网络服务提供者明知代购人利用其网络服务从事前款规定的侵害知识产权行为，无正当理由不采取合理有效措施予以制止，依法与代购人共同承担惩罚性赔偿责任。

第五部分 程序规定

5.1【请求的提出或者变更】

权利人提出或者变更惩罚性赔偿的基数、基数确定方法及计算方式、倍数及赔偿总额的，一般在一审法庭辩论终结前提出或者变更。

权利人在一审中请求惩罚性赔偿并在其上诉后变更惩罚性赔偿的基数、基数确定方法及计算方式、倍数或者赔偿总额，一般予以支持，但变更后的索赔数额超出诉讼请求且调解不成的，对超出部分不予支持。

5.2【一审不提交计算证据的后果】

权利人在一审中请求惩罚性赔偿，且持有其主张的惩罚性赔偿基数确定方法的计算方式及相应证据，无正当理由拒不提交证据，致使其惩罚性赔偿请求未获支持的，二审一般亦不予支持。

5.3【部分权利人请求】

在侵害同一知识产权的同一案件中，部分共有人请求惩罚性赔偿的，一般及于全部共有人。但是，未明确请求惩罚性赔偿的可依法单独行使权利的权利人，以及明确不同意适用惩罚性赔偿的共有人，一般不宜适用惩罚性赔偿确定其应获得的赔偿数额。

5.4【对权利共有人的一致适用】

同一知识产权的共有人在同一案件中针对同一侵权人请求适用不同基数、倍数的惩罚性赔偿，可告知其明确一致的基数和倍数，亦可在共有人请求范围内根据案件具体情况合理确定惩罚性赔偿的基数和倍数。

5.5【针对同一侵权人的分别适用】

权利人起诉同一侵权人侵害其多项知识产权或者同一著作权及与著作权有关的权利的多个权项时，分别请求适用不同基数、倍数的惩罚性赔偿，或者仅对部分侵权行为请求惩罚性赔偿的，一般予以支持。

5.6【对部分侵权人适用】

权利人仅请求对同一案件的部分侵权人适用惩罚性赔偿的，可以对部分侵权人依法适用惩罚性赔偿，对其他侵权人不宜适用惩罚性赔偿。

5.7【针对不同侵权人的分别适用】

权利人在同一案件中针对不同侵权人请求适用不同基数、倍数的惩罚性赔偿，不同侵权人分别实施侵权行为的，可以根据权利人的请求分别适用惩罚性赔偿；不同侵权人共同实施侵权行为的，可以根据案件具体情况确定惩罚性赔偿的基数和倍数。

5.8【部分适用】

同一侵权行为造成的损害后果中，如果部分损害后果能够确定的，可以依权利人请求对该部分损害后果适用惩罚性赔偿，对难以确定损害后果的部分另行依法确定赔偿责任。

5.9【分阶段适用】

侵权人持续实施侵害知识产权行为，对不符合惩罚性赔偿法定适用要件的持续侵权行为，不宜适用惩罚性赔偿；但侵权人在持续实施侵害知识产权行为过程中满足惩罚性赔偿法定适用要件的，可以自满足惩罚性赔偿法定适用要件时适用惩罚性赔偿。

第六部分　适用范围

6.1【适用范围】

本指南自下发之日起执行，北京市高级人民法院已经发布文件的相关规定与本指南不一致的，以本指南为准。

七、山东省高级人民法院关于审理侵害知识产权民事案件适用惩罚性赔偿的裁判指引

一、关于惩罚性赔偿的适用条件

原告请求判令被告承担惩罚性赔偿责任的，人民法院应当从被告主观是否为故意侵权和侵权情节是否严重两个方面进行审查。在原告未提出明确请求的情况下，人民法院不得主动适用惩罚性赔偿。

二、关于惩罚性赔偿的请求

原告最迟应当在一审法庭辩论终结前提出惩罚性赔偿请求，并明确赔偿数额、计算方式以及所依据的事实和理由。

原告在二审中增加惩罚性赔偿请求的，人民法院可以根据当事人自愿的原则进行调解，调解不成的，告知当事人另行起诉。各方当事人同意由二审法院一并审理的，二审法院向当事人充分释明相关诉讼权利义务后，可以一并裁判。

三、关于适用惩罚性赔偿的举证责任

原告请求惩罚性赔偿的，应当提交证据证明以下内容：

（一）被告行为构成侵权；

（二）被告具有侵权故意；

（三）被告侵权情节严重；

（四）原告实际损失、被告侵权获利或可参照的权利许可使用费。

四、关于侵权故意的认定

对于被告是否具有侵权故意，人民法院应当审查被告主观上是否明知其行为会导致侵权结果的发生，并希望或者放任这种结果发生。审查时应当综合考虑知识产权客体类型、权利状态稳定性、相关产品知名程度、被告与原

告或者利害关系人之间的关系密切程度等因素。

故意包括商标法第六十三条第一款和反不正当竞争法第十七条第三款规定的恶意。

五、关于初步认定侵权故意

原告举证证明被告具有下列情形之一的，人民法院可以初步认定被告具有侵害知识产权的故意：

（一）被告经原告或者利害关系人通知、警告后，仍继续实施侵权行为。通知、警告应当为有效通知、警告，即权利人以书信、传真、电子邮件等方式提交的通知、警告中表明了原告或者利害关系人的权利人身份及被告行为构成侵权的初步证据，且内容应当能使被告对其行为是否构成侵权作出合理判断；

（二）被告或其法定代表人、管理人是原告或者利害关系人的法定代表人、管理人、实际控制人。其中，被告是高级管理人员的，参照法定代表人或者实际控制人的情况来认定；被告是普通管理人员的，结合是否接触过被侵害的知识产权综合判断；

（三）被告与原告或者利害关系人之间存在劳动、劳务、合作、许可、经销、代理、代表等关系，且接触过被侵害的知识产权；

（四）被告与原告或者利害关系人之间有业务往来或者为达成合同等进行过磋商，且接触过被侵害的知识产权；

（五）被告实施盗版、假冒注册商标行为；

（六）被告商标或者注册申请因与原告主张保护的在先商标近似被商标局宣告无效或决定驳回、不予注册，仍然进行使用；

（七）被告因侵权被行政处罚、法院裁判承担责任或者与原告达成和解、调解后，再次实施相同或者类似侵权行为；

（八）其他可以初步认定为故意的情形。

上述第一、二、三、四项中的利害关系人包括知识产权许可合同的被许可人、知识产权财产权利的合法继承人等。

六、关于不宜适用惩罚性赔偿的情形

人民法院在审查被告是否具有侵权故意时，应当综合考虑原告主张的权利状态稳定性或者是否存在阻碍创新等因素。具有下列情形之一的，不宜适

用惩罚性赔偿:

(一) 原告主张的商标权处于撤销审查程序或者商标权、专利权、植物新品种权处于无效宣告审查程序;

(二) 被告技术方案中的技术特征与原告专利技术构成等同;

(三) 其他不宜适用惩罚性赔偿的情形。

七、关于侵权情节严重的认定

对于侵权行为是否构成情节严重,人民法院在审查时应当综合考虑侵权手段、次数,侵权行为的持续时间、地域范围、规模、后果,侵权人在诉讼中的行为等因素。

八、关于侵权情节严重的情形

原告举证证明被告具有下列情形之一的,人民法院可以认定被告侵害知识产权情节严重:

(一) 被告因侵权被行政处罚、法院裁判承担责任或者与原告达成和解、调解后,再次实施相同或者类似侵权行为;

(二) 被告以侵害知识产权为业,即被告实施的知识产权侵权行为系其主营业务、构成主要利润来源。主营业务不应当以被告营业执照登记的经营范围为准,而应当着重考虑其实际经营业务;

(三) 被告伪造、毁坏或者隐匿侵权证据。侵权证据既包括是否构成侵权的证据,也包括能够证明侵权损害的证据;

(四) 被告拒不履行保全裁定,主要包括行为保全和证据保全;

(五) 被告侵权获利或者权利人受损巨大。实践中认定侵权获利或者权利人受损,应当考量侵权行为的持续时间、地域范围、规模、后果、被侵害知识产权的种类、数量等因素。权利人受损既包括经济损失,也包括给权利人造成商誉等合法权益的严重损害;

(六) 被告侵权行为可能危害国家安全、公共利益或者人身健康。公共利益指社会公众的共同利益,包括公共安全、生态环境、公共秩序等;

(七) 被告侵权行为导致商业秘密为公众所知悉;

(八) 被告因侵权行为受到刑事处罚;

(九) 其他可以认定为情节严重的情形。

九、关于惩罚性赔偿计算方式与赔偿总额

惩罚性赔偿数额为惩罚性赔偿计算基数与倍数的乘积。除维权合理开支外的赔偿总额应当为惩罚性赔偿计算基数与惩罚性赔偿数额之和，即赔偿总额为惩罚性赔偿计算基数乘以（1+倍数）。

十、关于惩罚性赔偿计算基数

人民法院确定惩罚性赔偿数额时，应当分别依照相关法律，以原告实际损失数额、被告违法所得数额或者因侵权所获得的利益作为计算基数。实际损失数额、违法所得数额、因侵权所获得的利益均难以计算的，人民法院依法参照该权利许可使用费的倍数合理确定，并以此作为惩罚性赔偿数额的计算基数。为制止侵权行为支付的合理开支应当在确定惩罚性赔偿在内的赔偿数额后另行确定。

十一、关于惩罚性赔偿计算基数的确定

人民法院依法责令被告提供其掌握的与侵权行为相关的账簿、资料，被告无正当理由拒不提供或者提供虚假账簿、资料的，人民法院可以参考原告的主张和证据确定惩罚性赔偿数额的计算基数。被告构成民事诉讼法第一百一十四条规定情形的，人民法院依法追究其法律责任。

当事人对原告实际损失数额、被告违法所得数额或者因侵权所获得的利益争议较大，在案证据不足以证明原告主张或者被告抗辩，且被告不属于本条第一款情形的，人民法院可以根据当事人申请，对相关的账簿、资料进行鉴定。

原告提交的证据可以证明损害赔偿大概数额，但损害赔偿的具体数额仍难以确定的，人民法院在计算赔偿所需的部分数据确有证据支持的基础上，可以根据案情运用裁量权确定计算赔偿所需的其他数据，概括地确定惩罚性赔偿数额的计算基数。

十二、关于惩罚性赔偿计算基数的除外情形

适用法定赔偿确定的数额不作为惩罚性赔偿的计算基数。

十三、关于原告实际损失的计算

人民法院在审查原告实际损失数额时，可以依据以下方法确定：

（一）原告产品销售减少量或者侵权产品销售量与原告产品单位利润的乘

积，单位利润是指每件产品的平均利润。原告主张以侵权产品销售量与原告产品单位利润的乘积为其实际损失数额时，人民法院应当考量侵权产品销售量是否等同于原告产品减少量；

（二）因侵权行为导致商业秘密已为公众所知悉的，实际损失为商业秘密的商业价值。该商业价值可以根据商业秘密研究开发成本、实施该项商业秘密的收益、可得利益、可保持竞争优势的时间等因素确定；

（三）其他可以确定原告实际损失的方法。

十四、关于被告违法所得或者侵权获利的计算

人民法院在审查被告违法所得数额或者因侵权所获得的利益时，可以依据以下方法确定：

（一）侵权产品销售量与该产品单位利润的乘积。侵权产品单位利润无法查明的，按照原告产品的单位利润计算；

（二）被告因侵权所获得的利益一般按照被告的营业利润计算。营业利润是指产品销售利润减去管理、财务等费用后的利润；

（三）对于完全以侵权为业的被告，可以按照销售利润计算。销售利润是指产品销售收入减去相应的成本；

（四）其他可以确定被告违法所得或者侵权获利的方法。

十五、关于知识产权贡献率的问题

人民法院在审查原告实际损失数额、被告违法所得数额或者因侵权所获得的利益时，应当考虑不同知识产权对产品的整体利润的贡献率。

同一侵权产品同时侵犯数个知识产权的，人民法院应当区分涉案知识产权对产品的整体利润的贡献率，合理扣减其他权利以及生产要素等产生的利润。知识产权的贡献率应当根据其在侵权产品中所起作用进行确定。

被告具有本指引第十一条第一款情形，导致侵权获利无法精确计算的，人民法院对其提出考虑知识产权贡献率的抗辩不予支持。

十六、关于销售量与利润的确定

人民法院在审查产品销售量与利润时，可以综合考虑以下因素确定：

（一）被告自认的产品销售量及利润；

（二）被告网站、宣传资料、年度报告等公开披露的相关数据；

（三）被告纳税情况所依据的销售量数据；

（四）生效刑事判决认定的产品销售量及利润；

（五）行政管理部门查处的产品销售量；

（六）国家行政主管部门、行业协会、第三方商业平台等发布的统计报告或者行业报告、同行业上市公司年报显示的行业利润平均数；

（七）其他可以确定产品销售量与利润的因素。

十七、关于许可使用费合理倍数的确定

人民法院在确定权利许可使用费合理倍数时，可以参考以下因素：

（一）权利人与被许可人是否签订许可合同，许可合同是否实际履行；

（二）权利人与被许可人是否存在亲属关系、关联关系等利害关系或者交叉许可等特殊商业关系；

（三）许可的权利类型、许可方式、许可范围等与权利人权利的关联关系；

（四）其他确定许可使用费合理倍数的因素。

权利许可使用费的倍数是权利人损失的一种计算方式，其本身不具有惩罚性。

十八、关于举证妨碍的考量因素

人民法院在审查被告是否符合本指引第十一条第一款情形时，可以综合考虑以下因素认定：

（一）原告是否已经初步举证，是否已经提供被告对侵权获利乃至其整体营利的宣传资料、网站介绍、公司年报等；

（二）被告无正当理由拒不提供，包括无理由、编造理由拒不提供，拒不完全提供等；

（三）被告财务管理是否规范；

（四）其他认定本指引第十一条第一款情形的因素。

十九、关于裁量性方式确定计算基数的因素

人民法院按照本指引第十一条第三款确定惩罚性赔偿数额的计算基数时，可以参照本指引第十三条、第十四条、第十五条、第十六条。

二十、关于惩罚性赔偿倍数的确定

人民法院在确定惩罚性赔偿倍数时，应当综合考虑被告主观故意及侵权情节严重程度等因素。

　　被告属于帮助、教唆侵权的，确定惩罚性赔偿倍数时可以综合考虑适当降低。确定惩罚性赔偿倍数时还应当考虑知识产权客体的创新程度及相关产品的知名度等因素。涉及技术秘密、发明专利权的，惩罚性赔偿倍数可以适当提高；涉及实用新型专利权、外观设计专利权的，惩罚性赔偿倍数可以适当降低。涉及个案中认定驰名商标的、作品处于热播期或者热卖期的，惩罚性赔偿倍数可以适当提高。

　　被告以其同一侵权行为已经被处以行政罚款或者刑事罚金且执行完毕为由，主张减免惩罚性赔偿责任的，人民法院不予支持，但确定惩罚性赔偿倍数时可以综合考虑适当降低。

　　惩罚性赔偿的倍数应当在法定倍数范围内，可以不是整数。

　　二十一、关于惩罚性赔偿与法定赔偿的问题

　　原告一审主张适用法定赔偿确定赔偿数额，在二审中增加惩罚性赔偿请求或者另行起诉主张适用惩罚性赔偿的，人民法院不予支持。

　　在多个被告分别构成侵权的情况下，人民法院对符合惩罚性赔偿要件的被告可以单独适用惩罚性赔偿。

　　在被告侵权行为存在多个事实的情况下，人民法院对能够确定计算基数的部分可以适用惩罚性赔偿，对不能确定计算基数的部分可以适用法定赔偿。

　　二十二、关于先行判决与行为保全的问题

　　人民法院审理侵害知识产权民事案件适用惩罚性赔偿时，对于侵权事实已经查清，能够认定侵权行为成立，但案件标的额较高，赔偿数额计算较为复杂的，可以先行判决停止侵权。

　　原告在一审中提出停止侵权的行为保全申请的，如果情况紧急或者可能造成其他损害，人民法院应当对行为保全申请单独处理，依法及时作出裁定；符合行为保全条件的，人民法院应当及时采取保全措施；无论是否采取保全措施，均不影响先行判决停止侵权。

　　原告在二审中提出停止侵权的行为保全申请的，一般应当按上述规则处理，但人民法院能够在行为保全申请处理期限内作出终审判决的，可以及时作出终审判决并驳回行为保全申请。